Europäische

Akademie Studienbücher

Geschichte

Constantin Goschler, Rüdiger Graf

Europäische Zeitgeschichte

seit 1945

Akademie Verlag

Die Autoren
Prof. Dr. Constantin Goschler, Jg. 1960, Professor für Zeitgeschichte an der Ruhr-Universität Bochum
Dr. Rüdiger Graf, Jg. 1975, Akademischer Rat auf Zeit, Fakultät für Geschichtswissenschaft, Ruhr-Universität Bochum

Bibliografische Information der Deutschen Nationalbibliothek
Die Deutsche Nationalbibliothek verzeichnet diese Publikation in der Deutschen Nationalbibliografie; detaillierte bibliografische Daten sind im Internet über http://dnb.d-nb.de abrufbar.

ISBN 978-3-05-004555-9

www.akademie-studienbuch.de
www.akademie-verlag.de

Einband- und Innenlayout: milchhof : atelier, Hans Baltzer Berlin
Einbandgestaltung: Kerstin Protz, Berlin, unter Verwendung des Plakats
    Solidarność, (10 Millionen Mitglieder, Danzig August '80, Polen 31. August 1981).
    Archiv Forschungsstelle Osteuropa, Bremen.
Satz: Druckhaus „Thomas Müntzer" GmbH, Bad Langensalza
Druck und Bindung: CS-Druck CornelsenStürtz GmbH, Berlin

Printed in Germany

Europäische Zeitgeschichte seit 1945

1 **Zeitgeschichte Europas: Probleme und Grenzen** 9
1.1 Wo liegt Europa? 11
1.2 Was ist Zeitgeschichte? 15
1.3 Probleme einer europäischen Zeitgeschichte 19

2 **Neuordnungen nach dem Krieg** 25
2.1 Bevölkerungsbewegungen und -verschiebungen 27
2.2 „Säuberungen" und Strafgerichte 30
2.3 Die Teilung Europas 33
2.4 Das Ende der europäischen Kolonialreiche 36

3 **Stabilität durch Konfrontation – Der Kalte Krieg in Europa** 41
3.1 Die Entstehung des Kalten Krieges 43
3.2 Krisen und Stabilisierung in Europa 46
3.3 Entspannung und erneute Eskalation 49
3.4 Der Zusammenbruch des Ostblocks 53

4 **Wirtschaftliche und politische Integration** 57
4.1 Die Anfänge der westeuropäischen Integration 59
4.2 „Sozialistische Integration"? Der RGW 63
4.3 Ausweitung und Vertiefung der Westintegration 65
4.4 Die Osterweiterung der Europäischen Union 68

5 **Wirtschaftliche Konjunkturen und Zäsuren** 73
5.1 Der Boom als gesamteuropäisches Phänomen 75
5.2 Wirtschaftshistorische Erklärungsansätze 79
5.3 Normalisierung oder Krise? 82

6 **Migration und Bevölkerungsentwicklung** 89
6.1 Auswanderung, Rückwanderung, Einwanderung 91
6.2 Arbeitsmigration und Asyl 92
6.3 Ost-West- und Süd-Nord-Wanderungen 97
6.4 Demografische Tendenzen und Diskurse 99

7 **Wohlstand und Konsum** 105
7.1 Entwicklungstendenzen des Konsums 107
7.2 Konsum im Kalten Krieg 110
7.3 Konsumbewusstsein und Konsumentenverhalten 114

8	**Veränderte Lebensweisen und Orientierungsmuster**	119
8.1	Der „Wertewandel" und seine Erforschung	121
8.2	Jugendkulturen im Wandel	123
8.3	Geschlechterverhältnisse und Sexualität	127
8.4	Kirche und Religion	130
9	**Wohlfahrtsstaaten und soziale Ordnungen**	135
9.1	Definitionen und Typologien	137
9.2	Wohlfahrtsstaat und Systemkonkurrenz	139
9.3	Expansion der Wohlfahrtsstaaten	142
9.4	„Krise" und Umbau des Sozialstaats	144
10	**Gewalt, Recht, Sicherheit**	149
10.1	Rechtsstaatlichkeit und Menschenrechte	151
10.2	Sicherheit und Repression in Ost und West	153
10.3	Terrorismus und staatliche Reaktionen	156
10.4	Europas Kriege	160
11	**Zivilgesellschaft und soziale Bewegungen**	165
11.1	Begriffe und Entwicklungstendenzen	167
11.2	Zivilgesellschaftliche Opposition in Osteuropa	169
11.3	1968 als Wendepunkt in Westeuropa?	172
11.4	Friedensbewegung und Neue Frauenbewegung	176
12	**Energie und Umwelt**	181
12.1	Energieverbrauch und Energieträger	183
12.2	Ökologische Probleme und Umweltbewusstsein	186
12.3	Nationale und internationale Umweltpolitik	189
13	**Transformationen von Raum, Zeit und Öffentlichkeit**	195
13.1	Transport und Mobilität	197
13.2	Massen- und Kommunikationsmedien	201
13.3	Europäische Öffentlichkeiten	206
14	**Fazit: Europäische Zeitgeschichte**	211
14.1	Räume und Zeitrhythmen	213
14.2	Erinnerung und europäische Identitäten	217
14.3	Europäische Zeitgeschichte erforschen	220
15	**Serviceteil**	225
15.1	Die Praxis historischen Arbeitens	225
15.2	Vorwissen – Lexika und Handbücher	225
15.3	Literaturrecherche und Bibliografien	228
15.4	Zeitschriften	229
15.5	Quellensuche	231

16   Anhang   233

16.1   Zitierte Literatur   233

16.2   Abbildungsverzeichnis   250

16.3   Personenverzeichnis   252

16.4   Glossar   254

        Danksagung und Widmung   256

1 Zeitgeschichte Europas: Probleme und Grenzen

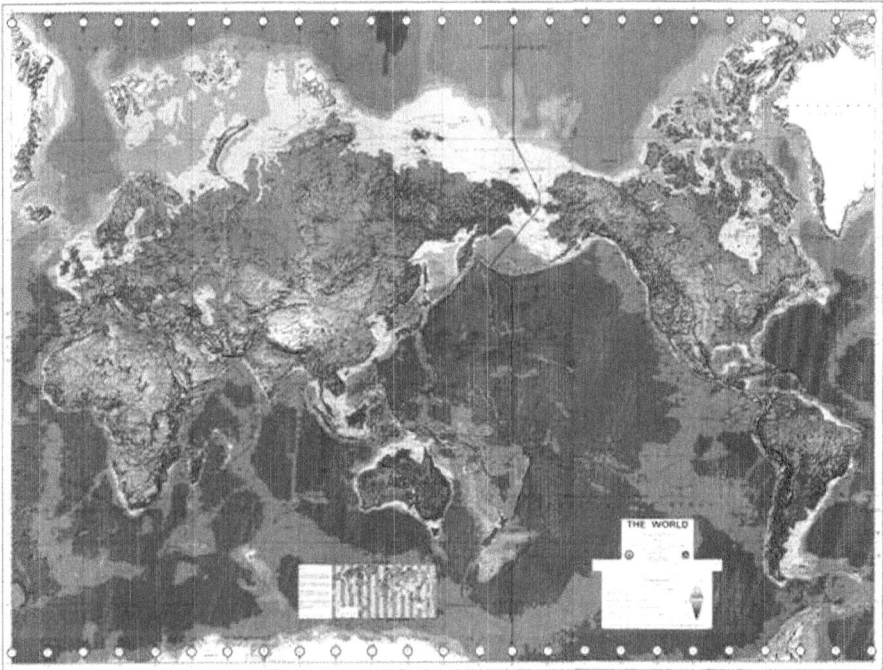

Abbildung 1: The World, Serie 1145, Weltkarte des U. S. Geological Survey (1998)

Diese von der obersten geologischen Behörde der Vereinigten Staaten hergestellte Weltkarte widerspricht europäischen Sehkonventionen: Nicht Europa, sondern der Pazifik steht im Mittelpunkt der Darstellung. Da eine zweidimensionale Abbildung der kugelförmigen Erde prinzipiell zu einem Konflikt von Winkel- und Flächentreue führt, ist die Auswahl sowohl der jeweiligen Kartenprojektion als auch der Perspektive von großer Bedeutung: Damit können der Flächenanteil sowie die Zentralität bestimmter geografischer Räume hervorgehoben oder verringert werden. Auf der hier abgebildeten physikalischen Karte erscheint Europa nicht als eigenständige räumliche Einheit, sondern eher als Ausläufer Asiens. Auch die Lage und der flächenmäßige Anteil Europas vermitteln einen Eindruck von Marginalität, der sich von der selbstbewussten Europazentrierung unserer Karten unterscheidet.

Die Karte verweist auf zentrale Probleme beim Verfassen einer europäischen Zeitgeschichte seit 1945. Zunächst stellt sich die Frage, wo Europa überhaupt liegt. Hier gilt es, vorschnelle Antworten zu vermeiden. Der fortschreitende Prozess der europäischen Integration ist vor allem in der westeuropäischen Wahrnehmung sehr dominant für die Beantwortung dieser Frage geworden. Dabei wird oftmals übersehen, dass Europa mehr ist als nur die Europäische Union (EU). Deshalb muss vorab geklärt werden, von welchem Raum und welchen Grenzen eigentlich die Rede ist, wenn wir von Europa sprechen.

Die Karte verdeutlicht noch ein weiteres Problem, das für jede historische Betrachtung, ganz besonders aber für die Zeitgeschichte zentral ist, nämlich das der Perspektivität. Die politischen Deutungskämpfe um die jüngste Geschichte nach 1945 sind längst noch nicht abgeschlossen, und eine Zeitgeschichtsschreibung darf sich nicht darin erschöpfen, politischen Auffassungen wissenschaftliche Legitimität zu verleihen. Es wird also auch zu klären sein, was Zeitgeschichte ist und wie eine europäische Zeitgeschichte nach 1945 verfasst werden kann.

1.1 Wo liegt Europa?
1.2 Was ist Zeitgeschichte?
1.3 Probleme einer europäischen Zeitgeschichte

1.1 Wo liegt Europa?

Der Begriff Europa stammt aus der griechischen Mythologie und bezieht sich auf die sagenhafte Entführung der gleichnamigen phönizischen Königstochter, die von Zeus in Gestalt eines weißen Stieres gewaltsam aus dem heutigen Libyen nach Kreta verschleppt wurde. Auch als geografischer Begriff existiert Europa bereits seit der griechischen Antike: Ursprünglich bezog er sich lediglich auf Mittelgriechenland, weitete sich dann aber im Zuge griechischer Entdeckungen und römischer Eroberungen immer weiter nach Westen aus (Erdmann 1999). Welche Räume jeweils als Europa bezeichnet wurden, hat sich seither unablässig verändert. Die Frage nach dem Ort und den Grenzen Europas war zu allen Zeiten politisch umstritten und die Antworten waren dementsprechend kontrovers und veränderlich. Auch die Geografie liefert keine objektiven Grenzen Europas. Anders als in früher vorherrschenden essentialistischen Auffassungen gelten Räume heute wesentlich als gesellschaftliche Artefakte. Daraus ergeben sich für die Geschichtswissenschaft die Fragen, wie sich der Europabegriff historisch gewandelt hat und welche Gründe es für diese Veränderungen gibt. Aus einer solchen Betrachtungsweise folgt keineswegs, dass die Grenzen Europas unwirklich oder unwichtig sind. Im Gegenteil: Gerade weil es keine natürlichen Grenzen Europas gibt, waren und sind seine vorgestellten Grenzen stets real als Gegenstand heftiger politischer und kultureller Auseinandersetzungen.

Die Diskussionen über Ort und Grenzen Europas beinhalten einerseits die Suche nach gemeinsamen Merkmalen der zugehörigen Gebiete und andererseits nach Unterscheidungskriterien im Vergleich zu außereuropäischen Räumen. Diskurse über Europa und andere geografische Großräume sind wechselseitig aufeinander bezogen, erfolgt doch die Definition des „Eigenen" oftmals durch Erörterungen des „Fremden". So bilden Auseinandersetzungen über Amerika, aber auch über Asien, Afrika oder den „Orient" wichtige Medien, um den Raum und die Eigenheiten Europas zu bestimmen.

Bei der Frage nach den Grenzen Europas geht es zugleich um die Außengrenzen Europas sowie um die Unterteilung und Abgrenzung verschiedener europäischer Großräume. Europa kann als ein Gefüge variabler und sich überlagernder Grenzstrukturen begriffen werden (Bös 2007, S. 50). Dabei lassen sich in diesem Raum, der aus zahlreichen Nationalstaaten besteht (die ihrerseits selbst wieder historisch veränderliche Gebilde sind), zwei unterschiedliche Typen von Grenzen unterscheiden: zum einen territoriale Grenzen, die durch physi-

Ursprünge des Begriffs Europa

Historischer Wandel des Begriffs

Das Eigene und das Fremde

Geografische Grenzen vs. Mitgliedschaftsgrenzen

sche Markierungen wie beispielsweise Grenzsteine und Schlagbäume Gebiete voneinander abtrennen, und zum anderen Mitgliedschaftsgrenzen, die durch politische, wirtschaftliche oder soziale Beziehungsnetzwerke definiert werden. Mitgliedschaftsgrenzen sind tendenziell viel undurchdringlicher als territoriale Grenzen, wie die Geschichte der Migration in Europa nach 1945 zeigt: So ist es zwar relativ einfach, etwa als Tourist oder als legaler oder illegaler Arbeiter die territorialen Grenzen nach Europa zu überwinden, doch ist es für Migrantinnen und Migranten zumeist sehr schwer, zu einem in jeder Hinsicht vollberechtigten Mitglied der dortigen Gesellschaften zu werden (Rokkan 2009, S. 85–88).

Naturräumliche Abgrenzungen?

Das komplizierte Verhältnis von geografischen Grenzen und Mitgliedschaftsgrenzen macht die Frage nach dem Ort Europas zu einer schwierigen Angelegenheit. Der Bezug auf scheinbar vorgegebene naturräumliche Unterteilungen erweist sich dabei als wenig hilfreich. Nach Westen scheint die Abgrenzung durch den Atlantik geografisch eindeutig, aber besonders mit den USA bestehen intensive politische, ökonomische und kulturelle Verflechtungen. Das Mittelmeer begrenzt Europa nach Süden, doch auch hier bestanden durch die Folgen des Kolonialismus noch nach 1945 weiterhin vielfältige Verbindungen nach Nordafrika (→ KAPITEL 2.4). Schwierigkeiten bereitet zudem die Abgrenzung Europas gegenüber Asien, die sich kaum durch naturräumliche Argumente stützen lässt, sofern nicht einfach der traditionelle Rückbezug auf den Ural und den Kaukasus gewählt wird: Europa erscheint so gesehen allenfalls als Anhängsel der riesigen asiatischen Landmasse.

Strittige Abgrenzungen

Seit etwa 500 Jahren dominiert vor allem die Frage der Zugehörigkeit Russlands die Auseinandersetzung um die Grenzen Europas. Als orthodoxes, autokratisches und wirtschaftlich rückständiges Gebiet, das zugleich lange Zeit räumlich weit nach Asien expandierte, schien es stets schlecht nach Europa zu passen (Davies 1997, S. 10). Noch im 20. Jahrhundert wurde es quer durch das politische Spektrum von Marxisten wie Leo Trotzki bis zu Christdemokraten wie Konrad Adenauer gerne als „halbasiatische" Macht bezeichnet. Ähnlich schwierig gestaltet sich die Abgrenzung zur Türkei, die als Nachfolgerin des Osmanischen Reichs teils Europa und teils Asien zugerechnet wird: Bei der anhaltenden Diskussion über diese Frage geht es neben der institutionellen Machtverteilung in der EU immer auch um die Selbstvergewisserung Europas in geografischer, politischer und kultureller Hinsicht. Die Entscheidung solcher strittigen Abgrenzungen und Ausgrenzungen von Ländern aus Europa kann niemals endgültig getroffen werden: Denn der Annahme von „ewigen Gegnern" widerspricht die Tatsache, dass nicht nur die Institutionen der europäischen Integration das Ergebnis endloser politischer Aushandlungsprozesse darstellen, sondern dass auch Europa selbst ein Ergebnis solcher Prozesse ist (Gosewinkel 2006, S. 45).

Während in der Gegenüberstellung mit dem jeweils „Anderen" gerne die Homogenität Europas hervorgehoben wird, stehen auf der anderen Seite Unterteilungen mithilfe diverser Oppositionen, welche die innere Verschiedenheit Europas hervorheben. Dazu gehören einerseits Unterscheidungen nach Himmelsrichtungen, weshalb etwa von einem Ost-West- bzw. einem Nord-Süd-Gegensatz gesprochen wird. Andererseits gehört dazu die Unterscheidung zwischen dem Zentrum und der Peripherie Europas. Alle diese oftmals normativ eingefärbten Trennungslinien besitzen eine lange Tradition, erfuhren aber nach 1945 einen Bedeutungswandel. Der Gegensatz von Norden und Süden wurde vor allem ökonomisch aufgeladen und entwickelte sich zu einer Chiffre für ein Wohlstandsgefälle sowohl in Europa als auch innerhalb einzelner europäischer Länder. Der alte Gegensatz zwischen West- und Osteuropa erlangte dagegen im Zeichen des Kalten Krieges neue Bedeutung als Beschreibung zweier antagonistischer politischer und gesellschaftlicher Systeme. Dabei konnte es auch geschehen, dass einzelne Länder auf den *mental maps* der Zeitgenossen ihre Position im Ost-West-Koordinatensystem mehrfach veränderten, wofür insbesondere die Tschechoslowakei ein markantes Beispiel bildet (Conrad 2002).

In diesem Zusammenhang spielen nicht zuletzt auch die semantischen und politischen Debatten um die „Mitte Europas" eine zentrale Rolle: „Mitteleuropa" oder auch „Central Europe" sind keine vorgängigen geografischen Einheiten, sondern ebenso wie Europa selbst gedankliche Konstrukte, die jeweils konkreten politischen Zwecken dienen. Die räumliche Beschreibung als „Herz Europas" erwies sich immer wieder als außerordentlich attraktiv und wurde bereits für Belgien, Polen, Böhmen, Ungarn und Deutschland gebraucht. Vor dem Ersten Weltkrieg entstand im Deutschen Reich die Vorstellung eines von diesem dominierten „Mitteleuropa". In der Zwischenkriegszeit verbreitete sich als Reaktion auf die Entstehung zahlreicher neuer Staaten nach dem Ende der Vielvölkerstaaten der Begriff „Ostmitteleuropa" für ein Gebiet, das von Finnland über Polen bis nach Jugoslawien reichen sollte. Seit den 1980er-Jahren wurde der Begriff „Mitteleuropa" dann von einigen osteuropäischen Dissidenten aufgegriffen, die damit gleichermaßen die politisch-kul-

Unterteilungen
innerhalb Europas

„Mitteleuropa"

turelle Zugehörigkeit zu Europa wie den Abstand zur Sowjetunion bzw. nach deren Auflösung zu Russland hervorhoben (Davies 1997, S. 13f.). Eine jüngste Variante dieser politischen Semantik wird seit einigen Jahren in Rumänien vorgeführt, wo offiziell die Selbstbezeichnung als „Südmitteleuropa" vorgeschlagen wurde.

Welche Schlussfolgerungen für eine Zeitgeschichte Europas lassen sich aus diesen Beobachtungen und Überlegungen ziehen?

Vielgestaltigkeit europäischer Räume

Erstens muss eine Geschichte Europas die Heterogenität und Vielgestaltigkeit der europäischen Räume in den Blick nehmen. Über weite Strecken des 19. und 20. Jahrhunderts galt Westeuropa ganz selbstverständlich als Maß aller Dinge oder einer emphatisch verstandenen „westlichen Zivilisation", während Osteuropa nur eine mindere Rolle als Gegenstand europäischer Zeitgeschichte spielte. Demgegenüber haben Historikerinnen und Historiker sich in den letzten Jahren zunehmend der schwierigen Aufgabe gestellt, europäische Zeitgeschichten zu verfassen, die entweder den Anspruch verfolgen, die Ausblendung oder Benachteiligung der osteuropäischen Geschichte durch eine integrierte Darstellung zu überwinden (Mazower 2000; Judt 2006) oder gar das Experiment unternehmen, eine solche Geschichte einmal von der Peripherie und nicht vom Zentrum her zu schreiben (Diner 2000). Diese Bemühungen, die Vielgestaltigkeit Europas in den Blick zu nehmen, gilt es auch in Zukunft fortzusetzen.

Vorstellungen von Europa und seinen Grenzen

Zweitens muss eine europäische Zeitgeschichte den politischen und kulturellen Auseinandersetzungen um die äußeren wie auch inneren Grenzen Europas Rechnung tragen. Anstatt einen räumlichen Begriff Europas einfach vorauszusetzen, müssen die Vorstellungen von Europa und seinen Grenzen sowie ihre historische Wirkmächtigkeit selbst zum Gegenstand der Zeitgeschichtsschreibung werden. Dies ist umso wichtiger, als sich nicht zuletzt die geografische Einheit Europas in der zweiten Hälfte des 20. Jahrhunderts in verschiedenen Hinsichten auflöste: Die Geschichte des Kalten Krieges ist ganz wesentlich die Geschichte des Konflikts außereuropäischer Mächte. Technische Innovationen vor allem im Bereich des Verkehrs und der Kommunikation haben zu einer immer engeren Vernetzung mit außereuropäischen Weltregionen geführt, und die Entwicklung der europäischen Wirtschaft ist nicht unabhängig von den weltwirtschaftlichen Entwicklungslinien zu verstehen. Diese Prozesse führen jedoch nicht zu einer einheitlichen Globalisierungsgeschichte. Vielmehr standen den homogenisierenden Tendenzen in der zweiten Hälfte des 20. Jahrhunderts immer neue Partikularismen und Regionalismen gegenüber, die es im Blick zu behalten gilt (Reynolds 2000).

1.2 Was ist Zeitgeschichte?

Seit der Antike schreiben Menschen die Geschichte ihrer jüngsten Vergangenheit, um ihre Position in der Gegenwart zu bestimmen und ihr Herkommen künftigen Generationen zu übermitteln. Einführungstexte nennen daher oft den griechischen Historiker Thukydides als Begründer des Fachs, der den Peloponnesischen Krieg im 5. Jahrhundert v. Chr. als die „‚gewaltigste Erschütterung‘ seiner Gegenwart" empfunden habe und so dazu gebracht worden sei, seine Geschichte zu schreiben (Hockerts 1993, S. 99). Grundsätzlich wurden Darstellungen der *historia sui temporis*, eben der Zeitgeschichte, durch die Erfahrung von Ereignisschüben ausgelöst, die – wie zum Beispiel in der Französischen Revolution 1789 – das Bewusstsein einer qualitativ veränderten Zeit schufen (Koselleck 1988). Als wissenschaftliche Disziplin ist die Zeitgeschichte jedoch wesentlich jüngeren Ursprungs, zumal sich die Geschichtswissenschaft insgesamt überhaupt erst seit dem späten 18. und dann vor allem im 19. Jahrhundert als selbstständige Wissenschaft auszubilden begann (→ ASB BUDDE/FREIST/GÜNTHER-ARNDT, KAPITEL 10).

Wissenschaftliche Disziplin

Das deutsche Kompositum „Zeitgeschichte" ist eine Begriffsprägung, die in anderen Sprachen nicht möglich ist. So spricht man im Englischen von *contemporary history* und im Französischen von *histoire contemporaine* oder von *histoire du temps présent*. Mit diesen unterschiedlichen Begriffen gehen auch verschiedene Vorstellungen darüber einher, worum es sich bei der Zeitgeschichte handelt, wo sie beginnt und was ihre zentralen Merkmale sind. So bezeichnet *histoire contemporaine* in Frankreich die Geschichte seit der Revolution im Jahr 1789. Denn dieses Ereignis stellte den entscheidenden Bruch der französischen Geschichte dar, durch den sich das Bewusstsein entwickelte, in einer „neuen Zeit" zu leben. Erst seit den 1970er-Jahren bildete sich mit *histoire du temps présent* ein Begriff für die Geschichte seit dem Zweiten Weltkrieg heraus (Martens 2007). In England bezeichnet *contemporary history* zumeist die Epoche seit der Parlamentsreform von 1832 (Möller 2003, S. 15), und in den USA wird oftmals gar keine weitere Unterteilung der *modern history* vorgenommen. Wiederum anders stellt sich die Lage in den osteuropäischen Ländern dar, in denen die Geschichtsbetrachtung bis zum Ende der kommunistischen Herrschaft von einer marxistischen Entwicklungslogik geprägt war. Die Herausbildung des Konzepts einer Geschichte der eigenen Zeit scheint also eng an die Erfahrung von Brüchen gebunden zu sein, das heißt von kurzfristigen fundamentalen

Übersetzungsprobleme

Transformationsprozessen, die von den Zeitgenossen nicht erwartet worden waren und die eine neue Beschreibung der unmittelbaren Vergangenheit im Lichte dieser neuen Erfahrungen verlangten.

In der Bundesrepublik Deutschland erfolgte die Institutionalisierung der Zeitgeschichte nach dem tiefen Einschnitt des Zweiten Weltkriegs und dem Ende des „Dritten Reichs" 1947 mit der Gründung des Deutschen Instituts für die Geschichte der nationalsozialistischen Zeit, das 1952 in Institut für Zeitgeschichte (IfZ) umbenannt wurde.

Definition in Deutschland

Im ersten Heft der vom IfZ gegründeten Zeitschrift, den *Vierteljahrsheften für Zeitgeschichte*, definierte der aus der Emigration zurückgekehrte Hans Rothfels Zeitgeschichte als „Epoche der Mitlebenden und ihre wissenschaftliche Behandlung" (Rothfels 1953, S. 2). In Rothfels' Definition, die noch heute den Ausgangspunkt für die Selbstverständigung des Faches in der Bundesrepublik bildet, schwingt zunächst der eigentümliche Doppelsinn von „Geschichte" mit: Das Wort bezeichnet zum einen *res gestae* (lateinisch; das Geschehene), zum anderen aber auch die Erinnerung und Erzählung vergangener Ereignisse: *memoria rerum gestarum*.

„Betroffensein durch die Geschichte"

Die unmittelbare Vergangenheit sah Rothfels als „Zeitalter krisenhafter Erschütterung", dessen wissenschaftliche Behandlung sich von der Untersuchung anderer Epochen durch ein spezifisches „Betroffensein durch die Geschichte" unterscheide (Rothfels 1953, S. 2). Betroffen sah Rothfels sich und die „Mitlebenden" im Jahr 1953 von der „universalen Konstellation" des Kalten Krieges. Die Konfrontation zwischen den Vereinigten Staaten von Amerika und der Sowjetunion, die die Welt in zwei Blöcke aufgeteilt habe, prägte für ihn nicht nur die internationale Politik, sondern auch die weltweite Entwicklung von Wirtschaft, Gesellschaft und Kultur. Neben der variablen Definition der Zeitgeschichte als „Epoche der Mitlebenden" setzte Rothfels

Epochenjahr 1917

daher das Jahr 1917 als Zäsur und Beginn der Zeitgeschichte, weil sich die universale Konstellation seiner Gegenwart mit der Russischen Revolution und dem Kriegseintritt der USA zum ersten Mal abzuzeichnen begonnen habe (Rothfels 1953, S. 6).

Veränderungen seit 1989

Bis zum Ende des Kalten Krieges, das durch die Revolutionen von 1989 und die Auflösung der Sowjetunion 1991 markiert wurde, blieb diese Periodisierung für die deutsche Zeitgeschichtsschreibung weitgehend konsensfähig, auch wenn mit der zunehmenden Distanz zu 1917 Vorschläge gemacht wurden, zwischen einer älteren Zeitgeschichte bis 1945 und einer jüngeren Zeitgeschichte seit 1945 zu unterscheiden (Bracher 1986). Schließlich betonte die Bundesrepublik den Bruch zum Nationalsozialismus, und auch wenn die ideologische

Konfrontation zwischen Kapitalismus und Kommunismus sich schon vor dem Zweiten Weltkrieg abzuzeichnen begonnen hatte, gewann sie doch erst nach 1945 umfassende Prägekraft für die Entwicklung vieler Länder Europas. Nach dem Zusammenbruch des Kommunismus rief der britische Historiker Eric Hobsbawm ein „kurzes 20. Jahrhundert" vom Anfang des Ersten Weltkriegs bis zum Ende des Kalten Krieges aus (Hobsbawm 1994). Seitdem sind die Periodisierungen erneut im Fluss, und neben Differenzierungen zwischen drei Stufen der Zeitgeschichte (mit der dritten seit 1989–91; Schwarz 2003b, S. 21) stehen andere Periodisierungsvorschläge jenseits der hegemonialen Perspektive auf die Politik der beiden Großmächte.

Die seit den 1980er-Jahren zunehmende Beschäftigung der internationalen, aber inzwischen auch der deutschen Geschichtswissenschaft mit außereuropäischen Regionen vor allem im Rahmen der Kolonialismus/Postkolonialismus-Debatten hat zu einer weiteren Perspektivverschiebung geführt (Conrad/Randeria 2002). Demnach werden zunächst das imperialistische Ausgreifen europäischer Nationalstaaten auf andere Weltregionen und dann der Prozess der Dekolonisierung in der zweiten Hälfte des 20. Jahrhunderts zu den zentralen Veränderungen der europäischen Geschichte. In dieser Perspektive kommt dem Zweiten Weltkrieg und damit dem Jahr 1945 zentrale Bedeutung als Katalysator für zahlreiche antikoloniale Bewegungen zu (Springhall 2003). Auch in wirtschafts- und sozialgeschichtlicher Perspektive stellte der Krieg einen Einschnitt dar, und die Nachkriegszeit erscheint vor allem in Westeuropa als Phase eines exzeptionellen Wirtschaftsbooms, der bis in die Mitte der 1970er-Jahre andauerte. Dieses Jahrzehnt gilt daher zunehmend als wichtige Scharnierphase, in der sich die westeuropäischen Industriegesellschaften grundsätzlich wandelten und zahlreiche neue Problemwahrnehmungen von der Wirtschaft über die Demografie und den Sozialstaat bis zur Umwelt entstanden (Doering-Manteuffel/Raphael 2008).

In Abhängigkeit davon, auf welchem Bereich der Geschichte das Hauptaugenmerk liegt – sei es auf der politischen, wirtschaftlichen, sozialen oder kulturellen Entwicklung –, sehen Zäsursetzungen jeweils sehr verschieden aus, und der Beginn der „Epoche der Mitlebenden" liegt zu unterschiedlichen Zeiten. Debatten über Brüche und Kontinuitäten gehören zwar zum Wesen der Geschichtswissenschaften, sind aber nicht immer erkenntnisfördernd. Daher spricht viel für eine pragmatische Handhabung des Begriffs der Zeitgeschichte, die zunächst von der wissenschaftlichen Disziplin und ihrer konkreten Forschungspraxis ausgeht. Für eine solche forschungspraktische Defi-

Dekolonisierung und Postkolonialismus

Zweiter Weltkrieg als Zäsur

Forschungspraktische Definition

nition der Zeitgeschichte spricht auch die wissenschaftstheoretische Überlegung, dass Gegenstandsbereiche überhaupt erst durch ihre wissenschaftliche Behandlung konstituiert werden. Demnach gehört zur Zeitgeschichte in der Bundesrepublik alles, womit sich Zeithistoriker und -historikerinnen seit der Institutionalisierung des Fachs beschäftigt haben. Diese Zeitgeschichtsschreibung unterliegt drei besonderen Bedingungen, die sie von der Geschichtsschreibung anderer Epochen unterscheidet:

1. In der Geschichtswissenschaft wird – wie beim individuellen Erinnern auch – die Vergangenheit immer aus einer bestimmten Gegenwart und im Lichte einer erwarteten Zukunft betrachtet. Daher kann Geschichtsschreibung nie zum Abschluss kommen, denn die Geschichte kann und muss immer unter dem Eindruck neuer Erfahrungen, die frühere Erwartungen zerstören, umgeschrieben werden (Koselleck 1988, S. 27f.). Dies gilt grundsätzlich für alle Epochen, stellt jedoch für die Zeitgeschichte ein besonderes Problem dar: Der Versuch, die Geschichte der Mitlebenden zu schreiben, ist in viel höherem Maße der Korrektur durch Erfahrungen unterworfen, weil es sich um eine noch unabgeschlossene Geschichte handelt. Zwar kennt niemand das Ende der Geschichte und insofern ist jede Geschichtsschreibung potenziell revisionsbedürftig, aber in der Zeitgeschichte kennen wir oft noch nicht einmal die vorläufigen Endpunkte der konkreten Ereignisfolgen, denen wir uns zuwenden. Darüber hinaus können sich unsere Schwerpunktsetzungen morgen als falsch erweisen, wenn neue Erfahrungen die Zukunftserwartungen korrigieren, aus denen unsere heutigen Akzentuierungen resultieren.

2. Der natürliche Feind des Zeithistorikers, so wird manchmal gesagt, ist der Zeitzeuge, der alles besser weiß und sich durch keine noch so gut begründete Argumentation von seiner Meinung abbringen lässt, weil er schließlich dabei gewesen ist. Diese Beschreibung verdeckt allerdings die wirkliche Problematik der Zeitzeugenschaft für die Zeitgeschichte, die darin besteht, dass diejenigen, die sie schreiben, häufig selbst Zeitzeugen sind. Auch sie beobachteten die Ereignisse, die sie beschreiben, als sie geschahen. Hierin liegen nun gleichermaßen Vorteile und Nachteile. Ein Vorteil besteht in der genauen Kenntnis der Problemkonstellationen, die ein aufmerksamer Zeitgenosse gewinnen konnte und nicht erst mühsam über das Studium von Sekundärliteratur und Quellen erwerben muss. Da die meisten Gegenstände historischen Interesses jedoch schon zeitgenössisch von Konflikten umgeben

Unabgeschlossenheit der Geschichte

Zeitzeugenschaft

waren, resultiert aus der Zeitzeugenschaft zugleich eine bestimmte Perspektive auf die Dinge sowie eine fehlende Distanz. Stärker als bei weiter zurückliegenden historischen Epochen berühren uns die Konflikte noch unmittelbar, ihre historische Behandlung wird so bisweilen zur Stellungnahme in gegenwärtigen politischen Auseinandersetzungen. Zeitgeschichte ist daher in höherem Maße als andere historische Disziplinen auch „Streitgeschichte" (Sabrow 2003; Jarausch / Sabrow 2002).

3. Die Quellenproblematik stellt sich für die Zeitgeschichte ebenfalls grundsätzlich anders dar als für frühere Epochen. Zum einen sind staatliche Archivalien meist mit einer dreißigjährigen oder längeren Sperrfrist versehen, sodass wichtige Entscheidungsprozesse erst nach dieser Frist genau rekonstruiert werden können. Daraus resultiert die unschöne Tendenz der zeithistorischen Forschung, sich an dieser Frist entlang im dreißigjährigen Abstand zur Gegenwart durch die Zeit zu bewegen bzw. sich von einer Dekade auf die nächste zu stürzen. Zum anderen sieht sich die Zeitgeschichtsschreibung durch die Ausweitung der Medien und der Speichertechniken im 20. Jahrhundert einer gewaltigen Menge von nicht nur schriftlichen, sondern auch akustischen und visuellen Quellen gegenüber, die neue hermeneutische, interpretative und darstellerische Verfahren erfordern. Müssen in der Mittelalterlichen und Alten Geschichte oft aus vereinzelten Quellenfunden größere Zusammenhänge rekonstruiert werden, ist die Basisoperation in der Zeitgeschichte die aus Erkenntnisinteresse und Fragestellung resultierende Auswahl eines möglichst aussagekräftigen Quellenkorpus.

Quellen

1.3 Probleme einer europäischen Zeitgeschichte

Grundsätzlich folgen Erzählungen der europäischen Geschichte im 20. Jahrhundert drei verschiedenen Erzählmustern oder Narrativen:

1. Die Perspektive des Niedergangs europäischer Weltgeltung geht davon aus, dass sich die europäischen Staaten am Beginn des 20. Jahrhunderts bis zum Ersten Weltkrieg auf dem Höhepunkt ihrer globalen Machtentfaltung befanden. Durch die zwei Weltkriege von 1914 bis 1918 und 1939 bis 1945 seien sie empfindlich geschwächt worden, weshalb sie im Anschluss ihre Kolonialreiche und damit auch wesentliche Teile ihres weltweiten Einflusses verloren. Stattdessen sei das 20. Jahrhundert das „amerikanische Jahrhundert" gewor-

Niedergang europäischer Weltgeltung

den: Die USA stiegen in den Kriegen zu einer Weltmacht auf, die sich nach 1945 mit der Sowjetunion im Kalten Krieg befand. Dieser wurde nicht zuletzt in Europa ausgetragen, dessen Außen-, Innen-, Wirtschafts-, Gesellschafts- und Kulturpolitik wesentlich durch die beiden Weltmächte bestimmt wurde. Der Niedergang europäischer Weltgeltung sei auch nicht durch das Ende des Kalten Krieges unterbrochen worden, da inzwischen andere Regionen der Welt an Bedeutung gewonnen hatten. Im Zeichen der Globalisierung seien seit den 1980er-Jahren beispielsweise die asiatischen Volkswirtschaften zu bedeutenden Konkurrenten Europas auf den weltweiten Märkten geworden. Auch die Bestrebungen einer gemeinsamen europäischen Außenpolitik im Rahmen der Europäischen Union werden aus dieser Perspektive skeptisch beurteilt (dazu: Dülffer 2004, S. 3f.).

Phönix aus der Asche

2. Der Perspektive des Niedergangs diametral entgegen stehen Erfolgs- und Aufstiegsgeschichten, die zumeist im Jahr 1945 ansetzen: Durch die Zerstörung des Zweiten Weltkriegs habe Europa zu Kriegsende in Trümmern und am Boden gelegen, im Anschluss aber einen raschen und beispiellosen Aufstieg geschafft. Der gesamteuropäische wirtschaftliche Aufstieg habe sich vorrangig in Westeuropa mit einer bis dahin unbekannten Geschwindigkeit vollzogen und ein nie dagewesenes Maß an Wohlstand für breite Bevölkerungsschichten erreicht. Auch demokratische Institutionen und rechtsstaatliche Prinzipien, so wird betont, traten einen Siegeszug an, zuerst in Nordwesteuropa, nach dem Ende der südeuropäischen Diktaturen in den 1970er-Jahren und des Kommunismus in Osteuropa aber auf dem ganzen Kontinent. Triumphalistische Geschichten dieser Art heben hervor, dass die Europäer gegenwärtig freier, friedfertiger und wohlhabender seien als je zuvor in ihrer Geschichte (Buchanan 2006; Hitchcock 2003).

Integration und Homogenisierung

3. Aus der Perspektive von Integration und Homogenisierung wird die Geschichte Europas nach 1945 ebenfalls zu einer Erfolgsgeschichte. Ihr gilt der Prozess der europäischen Integration als die entscheidende Ursache für den wirtschaftlichen (Wieder-)Aufstieg und die politische Befriedung des Kontinents. Betont werden aus der Perspektive der Integrationsgeschichte insbesondere die Konvergenzen in den wirtschaftlichen, politischen und sozialen Entwicklungen der europäischen Länder zunächst in Westeuropa und – seit dem Zusammenbruch des Kommunismus und der EU-Osterweiterung – auch in Osteuropa. Neben konkreten Homogenisierungstendenzen suchen Arbeiten in dieser Perspektive auch nach den Spuren der Entstehung eines gemeinsamen europäischen Be-

shared european consciousness?

wusstseins, das in Analogie zur Nationalismusforschung als entscheidender Faktor für politische Identifikationsprozesse angesehen wird (Kaelble 2007; Kaelble 2008).

Alle diese Perspektiven haben ihre Berechtigung und erfassen wichtige Aspekte der europäischen Geschichte seit 1945. Für sich genommen sind sie jedoch zu homogenisierend und blenden viele Entwicklungslinien aus. Wie oben argumentiert wurde, besteht eine wesentliche Schwierigkeit schon darin, die Grenzen Europas zu bestimmen. Wir haben es mit einem äußerst heterogenen Gebilde zu tun, das sich durch Multiperspektivität auszeichnet: Europa sieht in verschiedenen Perspektiven jeweils anders aus und seine Teile, Länder und Regionen zeigen sehr verschiedene Entwicklungsdynamiken. Darüber hinaus folgten die politischen, wirtschaftlichen, gesellschaftlichen und kulturellen Prozesse jeweils eigenen Zeitrhythmen, die nur mit großen Verlusten in eine einheitliche Periodisierung zu pressen sind. Nicht nur zwischen den verschiedenen Ländern und Regionen, sondern auch innerhalb einzelner Länder verliefen sie oft sehr unterschiedlich. Die wohl wichtigste Ungleichzeitigkeit der Entwicklung ergab sich aufgrund des Kalten Krieges zwischen den Ländern West- und Osteuropas. Weil diese in ihrer Konfrontation immer aufeinander bezogen waren, lässt sich ihre Geschichte nicht ohne die Betrachtung der jeweils anderen Seite verstehen (Judt 2006, S. 20).

> Multiperspektivität

> Ungleichzeitigkeit

Gemäß der oben zitierten Definition von Zeitgeschichte durch Hans Rothfels muss eine Einführung in die Zeitgeschichte sich gleichermaßen auf die Geschichte der Mitlebenden wie auch auf ihre wissenschaftliche Bearbeitung konzentrieren. Es gilt also, nicht nur mit wichtigen Entwicklungen Europas seit dem Ende des Zweiten Weltkriegs vertraut zu machen, sondern zugleich auch in zentrale Forschungsdiskussionen einzuführen. Das wirft insofern Schwierigkeiten auf, als sich die Geschichtsschreibung in Europa wesentlich im Rahmen von Nationalstaaten vollzog, deren Grenzen die Leitfragen, Quellenauswahl und Darstellungsweisen bestimmten. In der Bundesrepublik widmeten sich neben dem 1950 gegründeten Institut für europäische Geschichte in Mainz in jüngerer Zeit weitere Institutionen speziell einer europäischen Geschichtsschreibung, wie zum Beispiel das Berliner Kolleg für vergleichende Geschichte Europas oder das Zentrum für vergleichende Europäische Studien an der Universität zu Köln. Auch wenn europäische Geschichte seit einigen Jahren *en vogue* ist und die Lehrstühle und Graduiertenkollegs zu diesem Thema nur so aus dem Boden schießen, gibt es bei Weitem noch nicht für alle Teilbereiche eine Geschichtsschreibung in europäischer Per-

> Forschungseinrichtungen in Deutschland

spektive. Da diese jedoch mehr ist als eine Addition von Nationalge-schichten, muss eine Einführung in die europäische Zeitgeschichte in einigen Bereichen Neuland betreten.

Nachgeschichte und Vorgeschichte

Wie der Historiker Hans Günter Hockerts bemerkt hat, sollte sich die Zeitgeschichte nicht nur mit der „Nachgeschichte vergangener, sondern auch mit der Vorgeschichte gegenwärtiger Problemkonstella-tionen" beschäftigen (Hockerts 2003, S. VIII). Daher werden im vor-liegenden Band jeweils zentrale Problemkomplexe der Geschichte Eu-ropas von 1945 bis zur Gegenwart exemplarisch entfaltet. Auch wenn der Aufbau damit systematisch und nicht chronologisch ist, liegt ihm dennoch eine gewisse Chronologie zugrunde. So widmen sich die ersten Kapitel den Folgen des Zweiten Weltkriegs, dem Kalten Krieg sowie den politischen und wirtschaftlichen Integrations-prozessen in Ost und West und damit der Nachgeschichte des Krie-ges (→ KAPITEL 2–4). Im Unterschied dazu beschäftigen sich die späteren Kapitel zu Zivilgesellschaft, Rechtsstaatlichkeit und Terrorismus, Energie und Umwelt sowie Technik und Kommunikation (→ KAPI-TEL 10–13) eher mit der Vorgeschichte unserer Gegenwart. Dazwischen werden zentrale Determinanten der wirtschaftlichen, gesellschaftli-chen und kulturellen Entwicklung Europas herausgearbeitet (→ KAPI-TEL 5–9). Die Praxis des zeitgeschichtlichen Arbeitens spielt nur am Rande und im abschließenden Serviceteil (→ KAPITEL 15) eine Rolle (da-zu → ASB BUDDE / FREIST / GÜNTHER-ARNDT 2008).

Standort-gebundenheit und Perspektivität

Geschichtsschreibung ist immer standortgebunden. Doch hängt die Perspektive auf die Zeitgeschichte in besonderem Maße vom ei-genen Standpunkt in der Gegenwart ab. Historikerinnen und Histo-riker können niemals vergangene Totalität abbilden, sondern sie müssen eine Auswahl treffen und die ausgewählten Fakten in narra-tive oder argumentative Zusammenhänge bringen. Dementsprechend wäre es vermessen, die Geschichte Europas im Ganzen oder auch nur in allen Teilen gleichberechtigt abbilden zu wollen. Eine rumäni-sche Historikerin würde andere Aspekte für relevant halten als ein Historiker aus Spanien oder aus der Türkei. Unsere Perspektive auf Europa ergibt sich aus unserer Arbeit als Zeithistoriker in der Bun-desrepublik, sie ist stärker west- als osteuropäisch und orientiert sich zunächst an den Debatten der bundesdeutschen Geschichtswissen-schaft, die wir in europäischer Perspektive zu erweitern suchen.

Wenn Menschen gefragt werden, wer sie sind, erzählen sie meist Geschichten, wo sie herkommen. Genauso sollen durch Erzählungen einer gemeinsamen Vergangenheit oft kollektive Identitäten gestiftet werden – sowohl auf nationaler als auch auf europäischer Ebene.

Mit der vorliegenden Einführung in die Europäische Zeitgeschichte wird jedoch nicht beabsichtigt, einen Beitrag zu einem solchen europäischen Selbstverständigungsprozess und zur Konstruktion einer europäischen Identität zu leisten. Vielmehr sollen, wo immer dies möglich ist, genau diese vereinfachenden, homogenisierenden und meist auf der Ausschließung Anderer beruhenden Identitätskonstruktionen kritisiert werden, indem die Vielgestaltigkeit und Heterogenität Europas herausgearbeitet wird, die sich nicht leicht auf einen gemeinsamen Nenner und in eine einheitliche Geschichte bringen lässt.

Europäische Identität

Fragen und Anregungen

• Wo liegt Europa? Was sind seine heutigen Grenzen? Erläutern Sie, inwiefern sich bei diesen Grenzziehungen normative und deskriptive Elemente vermischen.

• Diskutieren Sie Beispiele für die Korrektur von Geschichtserzählungen durch die Erfahrung von Brüchen.

• Suchen Sie Belege für die verschiedenen Großnarrative, die die Geschichte Europas nach 1945 erfassen sollen, und entwickeln Sie jeweils Gegenargumente.

Lektüreempfehlungen

• **Mary Fulbrook (Hg.): Europe Since 1945 (The Short Oxford History of Europe)**, Oxford 2000. *Sammelband, der in knapper Form über wesentliche Tendenzen der politischen, wirtschaftlichen, sozialen und kulturellen Entwicklung Europas informiert.*

Forschung

• **Hans Günter Hockerts: Zeitgeschichte in Deutschland. Begriff, Methoden, Themenfelder,** in: Historisches Jahrbuch 113, 1993, S. 98–127. *Der Aufsatz stellt kompakt die Geschichte der Zeitgeschichtsforschung und ihres Begriffs in Deutschland dar.*

• **Tony Judt: Die Geschichte Europas seit dem Zweiten Weltkrieg,** Bonn 2006. *Gut lesbare große Erzählung der europäischen Nachkriegsgeschichte, die stark ideengeschichtlich geprägt ist.*

• **Hartmut Kaelble: Sozialgeschichte Europas. 1945 bis zur Gegenwart,** München 2007. *Synthese der Gesellschaftsentwicklung Europas, die in verschiedenen Kapiteln jeweils Konvergenzen, regionale*

Divergenzen und europäische Besonderheiten im Vergleich zur außereuropäischen Welt herausarbeitet.

- Alexander Nützenadel / Wolfgang Schieder (Hg.): Zeitgeschichte als Problem. Nationale Traditionen und Perspektiven der Forschung in Europa, Göttingen 2004. *Knappe Aufsätze führen in die Grundprobleme der zeithistorischen Forschung europäischer Länder ein.*

- David Reynolds: One World Divisible. A Global History Since 1945, New York 2000. *Globalgeschichte, die die Dialektik vereinheitlichender Tendenzen in der Technik- und Wirtschaftsgeschichte sowie die Fragmentierungen und Spaltungen der politischen Geschichte betont.*

2 Neuordnungen nach dem Krieg

	Militär	Zivil	Summe
Arntz, Menschenverluste (1953)	(26,8514)	(23,683)	55
Köllmann, Bevölkerung (1955)	–	–	über 50
Großer Ploetz (1976)	–	–	ca. 55
Schieder, Bevölkerung (1979)	–	–	ca. 35
Brockhaus Enzyklopädie (1981)	–	–	über 55
Weltkriege-Ploetz (1981)	–	–	ca. 55
dtv-Brockhaus (1984)	–	–	über 30 bis 55
Deutsche Dienststelle, Arbeitsbericht (1989)	(27,652)	(24,6415)	55,2935
Deutschland im zweiten Weltkrieg	(20–25)	25–30	50,13
Encyclopaedia Britannica (1989)	–	–	35–60
Encyclopedia of Military History (1970)	15	26–34	(41–49)
Geschichte des zweiten Weltkriegs (1982)	–	–	über 50
Larousse, Guerre Mondiale (1979 / 80)	–	–	40–52
Urlanis, Bilanz (1960)	–	–	über 30
Minimum	15	24,6415	über 30
Maximum	27,652	34	60
Modalwert	–	–	55

Abbildung 2: Angaben über die Todeszahlen im Zweiten Weltkrieg in verschiedenen historischen Darstellungen (in Millionen) (aus: Overmans 1990, S. 103)

Die Tabelle enthält eine Übersicht über die Opfer des Zweiten Welt-
krieges aus 14 verschiedenen deutschen und internationalen Darstel-
lungen. Die dort angegebenen Zahlen zu militärischen und zivilen
Verlusten sowie die daraus resultierenden Summen weisen eine erheb-
liche Schwankungsbreite auf: Die Gesamtzahl reicht von einem Mini-
mum von etwa 30 bis zu einem Maximum von 60 Millionen Toten.
Ähnlich divergierende Angaben erhält man, wenn man nach der Zahl
der menschlichen Verluste im Zweiten Weltkrieg auf der Basis einzel-
ner Länder fragt. Für diese enormen Schwankungen sind eine ganze
Reihe von Faktoren verantwortlich: mangelnde statistische Grundla-
gen, unklare und variierende Definitionen der einzelnen Kategorien,
veränderliche Grenzziehungen und daraus resultierende nationale
Zuordnungen von Opfern, aber auch bewusste Manipulationen. Des-
halb müssen wir anerkennen, dass wir die Zahl der Kriegsopfer nicht
genau beziffern können. Gegenüber der Suggestivität scheinbar exak-
ter Zahlen sollte stets eine vorsichtige Haltung bewahrt werden.

Zeithistorikerinnen und Zeithistoriker werden mit ihrer Arbeit oftmals gewollt oder ungewollt Teil politischer Auseinandersetzungen.
So spielen Opferzahlen in wissenschaftlichen und öffentlichen Debatten eine wichtige Rolle: Sie werden zur Grundlage von vielfältigen
Opferkonkurrenzen, da sie bis in unsere Gegenwart immer wieder
der Legitimierung politischer Ansprüche dienen. Unstrittig bleibt jedoch, dass die menschlichen und materiellen Folgen des Zweiten
Weltkrieges außerordentlich groß waren und Europa in vielerlei Hinsicht geprägt haben: Der Krieg erschütterte nicht nur die Sozialstruktur der europäischen Gesellschaften tiefgreifend, sondern schuf auch
die Voraussetzungen für vielfältige politische Umbrüche im Inneren
und Äußeren. Das Kriegsende darf dabei allerdings nicht als scharfe
Zäsur begriffen werden. Im folgenden Kapitel werden die Auswirkungen des Zweiten Weltkrieges sowie der Umgang mit seinen Folgen in der Nachkriegszeit von der individuellen Ebene bis zu den
weltweiten politischen Erschütterungen zusammenfassend präsentiert.

2.1 Bevölkerungsbewegungen und -verschiebungen
2.2 „Säuberungen" und Strafgerichte
2.3 Die Teilung Europas
2.4 Das Ende der europäischen Kolonialreiche

2.1 Bevölkerungsbewegungen und -verschiebungen

Kriegsende

Am 8. Mai 1945 war der Zweite Weltkrieg in Europa offiziell beendet. Für viele Menschen war er schon vorher vorbei, hatten doch die alliierten Armeen die Wehrmacht seit 1943 allmählich aus den besetzten Gebieten herausgedrängt. Umgekehrt dauerte er in Südost- und Osteuropa in Gestalt von Bürgerkriegen mancherorts noch jahrelang fort. Die Reaktionen der Menschen auf das ungleichzeitig erlebte Kriegsende reichten von Freudentaumel über Trauer bis Apathie. Bombenkrieg und Bodenkämpfe hatten nicht nur zahlreiche Städte in Deutschland, sondern auch in vielen anderen europäischen Ländern zerstört. Neben Köln, Hamburg und Dresden wurden auch Rotterdam, Coventry und Warschau zu Chiffren der Zerstörung. Zudem waren vor allem in den östlichen Teilen Europas, aber auch etwa in den Niederlanden weite Gebiete in apokalyptische Landschaften verwandelt worden, durch die nun Millionen von Menschen irrten.

Opfer des Krieges

Zeitgenössische Fotografien rückten zumeist die zerstörten Städte mit ihrer eigentümlichen Ruinenästhetik in den Mittelpunkt. Anders als die materiellen Zerstörungen blieben die ungeheuren menschlichen Verluste des Krieges jedoch in der Regel außerhalb dieser meist menschenleeren Bilder. Alles in allem hatte der Zweite Weltkrieg in Europa und Asien unter Einbeziehung seiner unmittelbaren Nachwirkungen schätzungsweise weit über 50 Millionen Menschen das Leben gekostet, die Mehrzahl davon Zivilisten. Deutschland bildete insofern eine Ausnahme, als hier die Militärangehörigen neben den etwa 2,8 Millionen getöteten Zivilisten den Großteil der geschätzten 7,2 Millionen Toten des Zweiten Weltkrieges stellten (Herbert/Schildt 1998, S. 25). Während Nordeuropa relativ glimpflich davon- Nord- und Westeuropa kam, starben in den westeuropäischen Ländern während des Krieges jeweils Hunderttausende von Menschen. So verloren in Großbritannien neben 264 000 Soldaten auch 90 000 Zivilisten ihr Leben, während in Frankreich 250 000 Soldaten etwa 350 000 getötete Zivilisten gegenüberstanden, die meisten davon Juden, die auch unter den 204 000 getöteten niederländischen Zivilisten den Hauptanteil ausmachten.

So dramatisch sich diese – wohlgemerkt stets mit Vorsicht zu gebrauchenden – Zahlen ausnehmen, so sehr verblassen sie hinter den Kriegsverlusten in Ost- und Südosteuropa, die nur noch in Millionen Ost- und Südosteuropa gefasst werden können. Erst in den letzten Jahren ist das tatsächliche Ausmaß der materiellen und menschlichen Katastrophe in der Sowjetunion bekannt geworden: Neben der Zerstörung von Zehntausenden von Städten und Dörfern wird in heutigen Schätzungen von etwa 25 Millionen Kriegstoten ausgegangen, davon etwa zwei Drittel Zivilisten (Overy 2003, S. 437–439). Polen verlor ein Fünftel der Vorkriegsbevölkerung, darunter rund drei Millionen Juden. Aber auch die Bevölkerung anderer Länder wie etwa Jugoslawiens wurde dramatisch dezimiert. Die rund sechs Millionen ermordeten Juden traten erst seit den 1970er-Jahren als übernationale Gruppe in den Mittelpunkt der Erinnerung, während sie bis dahin überwiegend unter die nationalen Opfergruppen subsumiert worden waren. Neben den vielen Millionen Toten steht schließlich eine noch größere Zahl körperlich und seelisch verwundeter Menschen. Der Krieg veränderte auch die Geschlechterrelationen: In der Altersgruppe der jungen Erwachsenen gab es in der Nachkriegszeit wesentlich mehr Frauen als Männer.

Wanderungsbewegungen

Zur sozialen Umwälzung nach dem Zweiten Weltkrieg trugen auch die erzwungenen Wanderungsbewegungen und das Lagerleben von Abermillionen von Menschen bei. Unter die hungernde und demoralisierte Bevölkerung Europas mischten sich die befreiten Insassen der nationalsozialistischen Lager, KZ-Häftlinge, ehemalige Zwangsarbeiter und Kriegsgefangene, aber auch deutsche Flüchtlinge und Vertriebene. Angehörige der Vereinten Nationen, die von den Alliierten im Deutschen Reich befreit worden waren, erhielten zu-

Displaced Persons

nächst den Status von *Displaced Persons* (DP), die in Lagern betreut und versorgt wurden. Neben ehemaligen Zwangsarbeitern und KZ-Insassen fanden sich unter den zeitweilig elf Millionen DPs aber auch osteuropäische Wehrmachts- oder SS-Kollaborateure (→ KAPITEL 2.2) (Marrus 1989, S. 335–391).

Rückführung in die Heimat

Während die Rückführung der westeuropäischen DPs in ihre frühere Heimat zügig verlief, war sie im Falle der osteuropäischen DPs mit erheblichen Problemen verbunden. Viele wollten nicht zurück in die von der stalinistischen Sowjetunion beherrschten Gebiete und wurden zwangsweise repatriiert. Nicht nur diejenigen, die in deutschen militärischen Verbänden gedient hatten, sondern auch sowjetische Kriegsgefangene oder Zwangsarbeiter wurden dort als Kollaborateure behandelt und erlitten oftmals ein schlimmes Schicksal. Besondere Probleme warfen zudem die jüdischen DPs auf: Für sie war eine Rückkehr in ihre Heimat in vielen Fällen dadurch unmöglich geworden, dass die deutschen Besatzer ihre früheren Gemeinden und sozialen Strukturen völlig zerstört hatten. Zudem stießen die wenigen überlebenden Rückkehrer in Osteuropa auf feindselige Reaktionen, die sich bis zu Pogromen steigern konnten. So wurden im Juli 1946 im polnischen Kielce 46 Juden aufgrund eines Ritualmordvorwurfs getötet und 80 weitere verletzt. Dies verstärkte die Auswanderung jüdischer Überlebender aus Europa nach Palästina und damit auch die Argumente für die Gründung des Staates Israel im Jahr 1948 (Wyman 1989).

Bereits während des Zweiten Weltkrieges hatte eine andere Wanderungsbewegung von ungeheurem Ausmaß eingesetzt: Im Anschluss an die von den Nationalsozialisten veranlassten gewaltigen Umsiedlungsprojekte, die neben Volksdeutschen vor allem missliebige Bevölkerungsgruppen in den eroberten Gebieten betrafen und Millionen Tote verursacht hatten, flohen nun Millionen Deutsche vor der heranrückenden sowjetischen Roten Armee. Deutsche Zivilisten wurden häufig ausgeplündert, misshandelt, vergewaltigt oder getötet. Zu den Opfern der bis in die Nachkriegszeit anhaltenden Vergewaltigungswelle gehörten aber nicht nur deutsche Frauen, sondern etwa auch Frauen in Ungarn, Rumänien, der Slowakei, Jugoslawien sowie befreite sowjetische Zwangsarbeiterinnen. **Flucht**

Der panischen Flucht vor der Roten Armee folgten „wilde" Vertreibungsmaßnahmen gegen die in Ost- und Südosteuropa zurückgebliebenen Deutschen, die vielfach unmenschliche Züge annahmen und zahlreiche Todesopfer forderten. Nicht selten wurden diese Aktionen von den neu installierten Regierungen geduldet oder sogar gefördert. Auf der Potsdamer Konferenz, wo die Siegermächte USA, Großbritannien und Sowjetunion im Juli / August 1945 über den Umgang mit den im Krieg Unterlegenen verhandelten, wurde die Vertreibung von Millionen von Deutschen aus ihren bisherigen Siedlungsgebieten in Polen, der Tschechoslowakei und Ungarn schließlich zu einem förmlichen Programm erhoben. Der offiziellen Festlegung, dass dies in „ordnungsgemäßer und humaner Weise" zu erfolgen habe, kam unter den damaligen Verhältnissen wenig praktische Bedeutung zu. Durch Flucht und Vertreibung strömten zwischen 1944 und 1950 etwa zwölf Millionen Menschen nach Deutschland, das anfänglich in vier Besatzungszonen aufgeteilt war. **Vertreibung**

Hinzu kamen in ganz Europa viele andere Gruppen von Flüchtlingen und Vertriebenen: Neben Hunderttausenden von Angehörigen ethnischer Gruppen, die dem Gewaltausbruch im Nachkriegsjugoslawien durch Flucht zu entkommen suchten, standen Millionen von Polen und Ukrainern, die im Gefolge der Westverschiebung Polens zur Umsiedlung gezwungen wurden. Während also Ukrainer aus Polen in die nunmehr sowjetisch gewordenen ostpolnischen Gebiete ausgewiesen wur- **Erzwungene Umsiedlung** den, rückten die bislang dort lebenden Polen an die Stelle der aus den neuen polnischen Westgebieten ausgewiesenen Deutschen.

Mit solchen Formen der staatlichen Umsiedlung, die in vielen Fällen einen weitgehenden Bevölkerungsaustausch nach sich zog, erfolgte zugleich eine Abkehr von den nach dem Ersten Weltkrieg geschaffenen „multiethnischen Staaten mit einem austarierten System von Mehrheits- und Minderheitsbevölkerung" zugunsten einer durch Massenmigration herzustellenden ethnischen Homogenisierung Mitteleuropas (Herbert / Schildt 1998, S. 28), wie sich vor allem an Polen, der Tschechoslowakei und Deutschland zeigen lässt. Der Zweite Weltkrieg hatte somit nicht nur Städte, Dörfer, Fabriken, Felder und Verkehrsanlagen in Europa weiträumig zerstört, sondern auch Abermillionen von Menschen getötet, verwundet, verstümmelt oder entwurzelt und fern ihrer alten und oftmals nicht mehr existenten Heimat verpflanzt. Die nationalsozialistische Terrorherrschaft hatte die politische und soziale Gestalt Europas tiefgreifend verändert und damit zugleich die europäischen Nachkriegsgesellschaften nachhaltig geprägt. Nicht zuletzt bereitete die Vernichtung bisheriger sozialer Strukturen dem radikalen Umbruch den Boden, der nun unter sowjetischer Herrschaft in Osteuropa erfolgte.

Ethnische Homogenisierung

2.2 „Säuberungen" und Strafgerichte

Bis auf die wenigen europäischen Länder, die nicht am Zweiten Weltkrieg teilgenommen hatten (Schweiz, Spanien, Portugal, Irland, Schweden), stand bei Kriegsende überall die Frage der Kollaboration auf der Tagesordnung, also wie mit den durch Beteiligung oder Unterstützung der nationalsozialistischen Herrschaft Belasteten umgegangen werden sollte. Dieses Problem stellte sich auch in den vormals besetzten und verbündeten Ländern, wo viele aus Überzeugung, Angst oder Opportunismus mit den Nationalsozialisten zusammengearbeitet hatten. Bei Kriegsende – und zum Teil auch schon vorher – erlebte Europa daher eine Welle der Abrechnung, der „Säuberungen" und der Strafgerichte. Neben Rache und Gerechtigkeitsstreben stand das Verlangen Pate, den unter der Besatzungsherrschaft erlittenen individuellen und kollektiven Demütigungen ein Ventil zu verschaffen. Die Hauptaufmerksamkeit richtete sich zunächst auf die Kollaborateure. Ihnen wurden die Widerstandskämpfer gegenübergestellt, und auf dieser häufig idealisierten Zweiteilung basierte zu großen Teilen die Wiedergewinnung nationalen Selbstbewusstseins. Die Grenzen

Kollaboration

„Säuberungen" und Strafgerichte

bei der Bestimmung der Kollaboration wurden weit gezogen, und gelegentlich ging es bei den anfänglichen Formen der „wilden" Säuberungen weniger um politische als vielmehr um persönliche Abrechnung. Öffentliche Demütigungen, Inhaftierungen und Hinrichtungen hatten bereits in der letzten Kriegsphase eingesetzt und breiteten sich über weite Teile Europas aus. Während in Italien etwa 10–15 000 und in Frankreich etwa 9–10 000 wirkliche oder angebliche Kollaborateure getötet wurden, fielen dem Abrechnungseifer der jugoslawischen Volksbefreiungsarmee überwiegend kroatische und deutsche Militärangehörige, aber auch kroatische, muslimische und volksdeutsche Zivilisten zum Opfer – vorsichtige Schätzungen sprechen von möglicherweise 100 000 Menschen (Mazower 2000, S. 334; Völkl 1991). Und allein in den Niederlanden wurden nach Abzug der Deutschen 150 000 bis 200 000 Menschen als Kollaborateure interniert.

Im östlichen Europa richteten sich solche „Säuberungen" insbesondere gegen ethnische Minderheiten, denen wahlweise die Zusammenarbeit mit den Deutschen oder den sowjetischen Kommunisten vorgeworfen wurde. Im Westen galt der Zorn hingegen neben der politischen und administrativen auch der „sexuellen Kollaboration": Die öffentliche Zurschaustellung kahlgeschorener Frauen, denen intime Beziehungen zu den deutschen Besatzern vorgeworfen wurden, gehörte zu den immer wiederkehrenden Bildern im Gefolge der Befreiung. Die Erfahrung der erlittenen Ohnmacht und Demütigung unter der Besatzungsherrschaft wurde dabei in besonderer Weise an Frauen ausgelebt.

Ethnische Minderheiten

Frauen

Die neu installierten staatlichen Autoritäten suchten die „wilden Säuberungen" so bald wie möglich zu unterbinden und durch justizielle und bürokratische Maßnahmen zu ersetzen. Im besetzten und geteilten Deutschland führten die vier alliierten Siegermächte aufwendige politische Säuberungs- und Umerziehungsprogramme durch. Hunderttausende Deutsche verschwanden nach der Besetzung des Landes für längere oder kürzere Zeit in Internierungslagern (Henke 1991, S. 32–34). In der sowjetischen Besatzungszone erfasste die Inhaftierung allerdings neben wirklichen Nationalsozialisten auch tatsächliche oder potenzielle Gegner der neu zu etablierenden politischen Ordnung, denen unter Umständen weniger ihre NS-Belastung als vielmehr die falsche „Klassenzugehörigkeit" zum Verhängnis wurde.

Politische „Säuberungen" und Umerziehungsprogramme

Die Entnazifizierung der politisch belasteten Bevölkerung reflektierte unterschiedliche Interpretationen des untergegangenen NS-Staates wie auch unterschiedliche politische Zukunftsperspektiven in Ost und West. Die westlichen Besatzungsmächte konzentrierten sich auf die individuelle politische Verantwortung. Im sowjetischen Machtbe-

Entnazifizierung in Ost und West

reich zielten die „Säuberungen" dagegen auf die Umwälzung der sozio-ökonomischen Grundlagen und die Ausschaltung bestimmter sozialer Gruppen. Auch wenn sich die bürokratischen Prozeduren und das quantitative Ausmaß des Prozesses in den vier Besatzungszonen stark unterschieden, war allen Alliierten doch eines gemeinsam: Spätestens ab 1948 überwog das Bedürfnis, den Prozess der personellen „Säuberung" abzuschließen und das Hauptaugenmerk auf die gesellschaftliche Integration der Belasteten zu legen.

Zielte die Entnazifizierung auf politische Belastung, so verhandelten zahlreiche Strafgerichte seit 1945 überall in Europa die strafrechtliche Schuld, und dies in vielen Hunderttausend Fällen. Die **Internationales Militärtribunal** größte öffentliche Wirkung entfaltete das Internationale Militärtribunal gegen die Hauptkriegsverbrecher. Von November 1945 bis Oktober 1946 waren 24 hochrangige Vertreter des „Dritten Reiches" in Nürnberg vor einem aus Vertretern der vier Siegermächte zusammengesetzten Gericht angeklagt. Um ein solches Verfahren gegen verschiedene Akte der Regierungskriminalität durchführen zu können, schufen die Alliierten neue völkerrechtliche Straftatbestände, wozu Verbrechen gegen den Frieden, Kriegsverbrechen und Verbrechen gegen die Menschlichkeit gehörten. Zentrales Anliegen dieser Prozesse war neben der präventiven Wirkung die Offenlegung der Verbrechen des „Dritten Reiches".

Dies galt auch für die anschließend unter Obhut der amerikanischen Militärregierung in Nürnberg durchgeführten zwölf Nachfolge-**Nürnberger Nachfolgeprozesse** prozesse, in denen bis zum letzten Urteil im April 1949 177 hochrangige Vertreter deutscher Führungseliten – Mediziner, Juristen, Industrielle, Beamte und Diplomaten, Militärs, SS- und Polizeiführer – vor Gericht standen. In diesen Prozessen wurden zum Teil mithilfe rückwirkenden Rechts zwischen Todesurteilen und Freisprüchen rangierende Urteile über die Spitzen eines Staates und die gesellschaftlichen Eliten gefällt, was ein absolutes Novum darstellte. Die Zeitgenossen verloren bald das Interesse an diesem Vorgang bzw. beklagten zumindest in Deutschland vielfach die angebliche „alliierte Siegerjustiz". Auf lange Sicht wurden die Nürnberger Prozesse aber zum Präzedenzfall der Weiterentwicklung des Völkerrechts: Die Souveränität des Nationalstaats bietet seither keinen absoluten Schutz mehr vor der Bestrafung von staatlichen Großverbrechen durch die internationale Staatengemeinschaft (→ KAPITEL 10.1).

Weitere Strafprozesse Weitere Strafprozesse gegen NS-Verbrecher fanden nicht nur in der britischen, französischen und sowjetischen Besatzungszone statt, sondern auch in allen Ländern, die während des Zweiten Weltkrieges von den Deutschen besetzt gewesen waren. Neben den rund 100 000 Deutschen und Österreichern, die in ganz Europa 1944/45 zur Rechenschaft gezogen wurden, traf dies eine noch größere Zahl einheimischer Kollaborateure der deutschen Besatzungsmacht. In Polen beispielsweise waren in rund drei Viertel aller Verfahren wegen Kriegsverbrechen polnische Staatsbürger angeklagt (Frei 2006, S. 12, 26).

Ende der 1940er-Jahre schwächte sich der Wille zu politischen „Säuberungen" und Strafgerichten in den meisten Ländern Europas ab. Ursächlich waren gleichermaßen die „Macht der Sachzwänge, der Widerstand der Betroffenen, gesellschaftliche Rücksichtnahmen, Fehler in den Verfahren, justizielle Schwerfälligkeiten, die faktische Kraft übergeordneter politischer Interessen [und] internationale Konflikte" (Henke / Woller 1991b, S. 17). Jahrzehnte später kam es in vielen Ländern Europas zu einer zweiten Welle der Aufarbeitung des Nationalsozialismus, und diese ging oft mit einer scharfen Kritik an den Unterlassungen in der Nachkriegszeit einher. Derartige Urteile sollten aber mit Vorsicht gefällt werden: Für die betroffenen Gesellschaften ging es vorrangig darum, eine Balance zwischen der Bewältigung der Vergangenheit und der Gestaltung der Zukunft zu finden. Auf die ungeheuren Verbrechen im Zweiten Weltkrieg folgte deshalb eine lediglich exemplarische und letztlich symbolische Bestrafung, deren Hauptziel es war, eine klare normative Distanzierung vom Nationalsozialismus herzustellen und damit wesentliche Voraussetzungen gesellschaftlicher Integration in den Nachkriegsgesellschaften zu schaffen.

Zweite Welle der Aufarbeitung

2.3 Die Teilung Europas

In der ersten Hälfte des 20. Jahrhunderts hatten sich drei konkurrierende politische Ordnungsmodelle in Europa herausgebildet: liberale Demokratie, Kommunismus und Faschismus / Nationalsozialismus. Die dritte Option schied nach dem Zweiten Weltkrieg gründlich diskreditiert aus der ideologischen Konkurrenz aus. Übrig blieb der Dualismus von liberaler Demokratie und Kommunismus, und so geriet das Nachkriegsschicksal Europas vor allem in das Spannungsfeld zwischen USA und Sowjetunion. Der weitverbreitete Wunsch, nach dem Krieg alles anders zu machen als zuvor und insbesondere die politischen und ökonomischen Krisen der Zwischenkriegszeit hinter sich zu lassen, stand deshalb im Schatten der sich anbahnenden Konfrontation der beiden verbliebenen Großmächte (→ KAPITEL 3).

Politische Ordnungsmodelle

Diese bestimmte bereits den Ton auf den alliierten Kriegs- bzw. Nachkriegskonferenzen, auf denen die politische Ordnung Europas verhandelt wurde. Während Deutschland dort lediglich die Rolle eines Verhandlungsobjektes spielte, kämpften Großbritannien sowie das erst nach Kriegsende in den Kreis der vier Siegermächte aufgenommene Frankreich um die Reste ihrer einstigen Großmachtstellung.

Anders als nach dem Ersten Weltkrieg blieben die territorialen Veränderungen in Europa nach 1945 relativ gering. Die größte Ausnahme von dieser Regel bildete die auf Wunsch der Sowjetunion vorgenommene Westverschiebung Polens. Dadurch verlor das Deutsche Reich seine östlichen Gebiete und gleichzeitig musste Polen Gebiete an die Sowjetunion abtreten. Begleitet wurden diese Veränderungen von der Aufteilung der Interessensphären zwischen den Großmächten. Die Zerstückelung Deutschlands war prinzipiell bereits Ende 1943 auf der alliierten Kriegskonferenz von Teheran vereinbart worden. Spätestens seit der Konferenz von Jalta im Februar 1945 war dann auch die Westverschiebung Polens beschlossene Sache, und dem folgte die Preisgabe der polnischen Exilregierung in London zugunsten des kommunistisch dominierten „Lubliner Komitees". Im Wesentlichen spiegelte das Ergebnis der alliierten Konferenzen damit die realen militärischen Kräfteverhältnisse während und nach dem Zweiten Weltkrieg wider. Die in der Forschung immer wieder diskutierten Vorwürfe, die westlichen Alliierten hätten mangels diplomatischer Entschlossenheit den „Osten" verraten, greifen daher zu kurz (Judt 2006, S. 125–127).

Mit den im Zweiten Weltkrieg mit dem Deutschen Reich verbündeten Staaten – Italien, Rumänien, Ungarn, Bulgarien und Finnland – wurden bereits am 10. Februar 1947 in Paris Friedensverträge abgeschlossen. Dort erfolgten verschiedene Grenzkorrekturen, die vor allem die im Zweiten Weltkrieg erworbenen Gebietsvergrößerungen dieser Staaten rückgängig machten. Überdies wurden die Kriegsreparationen, die einen Angelpunkt im Umgang der Alliierten mit Nachkriegsdeutschland bildeten, geregelt (Fisch 1994). Auf der Potsdamer Konferenz kam es zur reparationspolitischen Teilung des in vier Besatzungszonen aufgeteilten Deutschlands entlang einer Ost-West-Linie, was bereits ein wichtiger Schritt in Richtung auf die spätere staatliche Teilung war. Aufgrund des sich immer weiter vertiefenden alliierten Zerwürfnisses scheiterte aber nicht allein eine gemeinsame Reparationsregelung, sondern auch ein Friedensvertrag mit Deutschland. Lediglich für Österreich konnten sich die Alliierten 1955 auf

Westverschiebung Polens (margin note)

Friedensschlüsse (margin note)

Reparationen (margin note)

einen Staatsvertrag verständigen, der die Funktion eines Friedensvertrags besaß.

Die allmähliche Verfestigung der außenpolitischen Grenzziehungen zwischen Ost und West ging Hand in Hand mit der inneren Umwälzung bzw. Konsolidierung der politischen Systeme im amerikanischen und sowjetischen Einflussbereich. Die deutsche Teilung, die mit der Gründung der Bundesrepublik Deutschland (im Mai 1949) und der Deutschen Demokratischen Republik (im Oktober 1949) vollzogen wurde, verlief dabei parallel zur Teilung Europas. Sie war nicht das Resultat einer langfristigen alliierten Strategie, sondern das Ergebnis der zunehmend unüberwindlichen Differenzen zwischen den Großmächten bezüglich der Zukunft Deutschlands und Europas. Teilung Europas

Im westlichen Teil Europas etablierten sich nach 1945 überwiegend liberale Demokratien, die nur zum Teil, wie insbesondere in Großbritannien, auf eine ungebrochene Kontinuität zurückblicken konnten. Großbritannien bildet zugleich ein Beispiel für das Überleben der parlamentarischen Monarchie in Europa nach 1945, so auch etwa in den Niederlanden, in Belgien, Dänemark, Schweden, Norwegen und Griechenland. Dagegen wurde die Monarchie in Italien 1946 beseitigt; hier entstand ähnlich wie in Westdeutschland, wo die westlichen Alliierten längere Zeit die Rolle eines politischen Vormundes ausübten, gleichfalls eine liberale parlamentarische Demokratie. Aber auch in Italien und Frankreich nahmen die USA politischen Einfluss, etwa indem sie 1947 die Verdrängung der Kommunisten aus der Regierungsmitverantwortung unterstützten. Westliche Demokratien

Einige konservativ-autoritäre Diktaturen in Südeuropa wie Francos Spanien und Salazars Portugal, die erst in den 1970er-Jahren beseitigt wurden, bildeten zudem im westlichen Europa Relikte des in der Zwischenkriegszeit dominierenden Trends zu autoritären Regimes (→ KAPITEL 10). Nach den krisenhaften Erfahrungen dieser Jahre musste nach 1945 auch im westlichen Europa nicht nur das liberal-kapitalistische Wirtschaftssystem – nunmehr als „freie Marktwirtschaft" – erst wieder Vertrauen erwerben, sondern auch die „bürgerliche Demokratie". Sozialistische und kommunistische Alternativen waren deshalb nach 1945 chancenreicher als es in der heutigen Rückschau erscheinen mag. Diktaturen

Vor diesem Hintergrund muss auch die Durchsetzung der „Volksdemokratien" im östlichen Teil Europas nach 1945 gesehen werden, wo die liberale Demokratie ohnehin kaum verwurzelt war. Anfänglich besaßen kommunistische Ideen in manchen Teilen der nunmehr unter sowjetischen Einfluss gefallenen Gebiete eine gewisse Resonanz „Volksdemokratien"

– weniger allerdings in den Ländern, die bereits ihre eigenen leidvollen Erfahrungen mit der Sowjetunion besaßen, wie zum Beispiel Polen. In anderen Ländern galt die Sowjetunion anfangs noch als Modell für wirtschaftlichen Erfolg und soziale Gerechtigkeit – nicht zuletzt aufgrund ihrer erfolgreichen Abschottung von den fatalen Auswirkungen der Weltwirtschaftskrise 1929/30. So waren die Kommunisten in der Tschechoslowakei kurz nach dem Krieg einem Erfolg durch freie Wahlen nahe. Zunächst hatte die sowjetische Führung in Moskau die kommunistischen Parteien in Europa zu Zurückhaltung gegenüber revolutionären Parolen und zu Koalitionsregierungen gedrängt. Dies begann sich allerdings mit den ersten drastischen Wahlniederlagen zu ändern.

Kommunistische Machtdurchsetzung

Die kommunistischen Parteien im Westen, die seit Sommer 1947 auf verstärkte innenpolitische Konfrontation verpflichtet worden waren, setzten nunmehr in allen Ländern des sowjetischen Machtbereichs die Errichtung von „Volksdemokratien" durch. Ziel war die – als „Diktatur des Proletariats" firmierende – unangefochtene Herrschaft der kommunistischen Parteien. Neben wachsendem politischen Druck und Terror gegen politische Gegner (→ KAPITEL 10) gehörte zur Machtsicherung der Kommunisten auch eine Vereinnahmungsstrategie gegenüber den sozialdemokratischen Parteien: Diese wurden seit 1948 überall in Ost- und Mitteleuropa dazu gedrängt, sich mit den kommunistischen Parteien zu Einheitsparteien zusammenzuschließen. Das Vorbild lieferte die bereits im April 1946 erfolgte Zwangsvereinigung von Kommunistischer Partei (KPD) und Sozialdemokratischer Partei (SPD) zur Sozialistischen Einheitspartei (SED) in der sowjetischen Besatzungszone Deutschlands. In der westlichen Wahrnehmung bildete aber vor allem der kommunistische Staatsstreich in der Tschechoslowakei im Februar 1948 den Wendepunkt, denn hier handelte es sich im Gegensatz zu den meisten abhängigen Ländern im sowjetischen Machtbereich um ein bislang „westliches" Land mit demokratischen Traditionen.

Einheitsparteien

2.4 Das Ende der europäischen Kolonialreiche

Das Ende des Zweiten Weltkrieges markiert auch grundlegende Veränderungen der Rolle Europas in der Welt. Innerhalb weniger Jahrzehnte verschwanden die bislang bestehenden europäischen Kolonialreiche in drei Wellen der Dekolonisation: Um 1800 emanzipierten sich die meisten europäischen Kolonien in Nord- und Südamerika, ab Mitte des 19. Jahrhunderts begann die Transformation der britischen Siedlungskolonien Kanada, Australien und Neuseeland zu fak-

Wellen der Dekolonisation

tisch selbstregierten Mitgliedern des Empires. Nach 1945 kam es dann zu einer dritten Welle des Abbaus von Kolonialherrschaft (Reinhard 1985, S. 203f.). Sowohl der Charakter als auch die Ursachen dieses Prozesses werden intensiv diskutiert. So stellen imperialismuskritische und „postkoloniale" Autoren die Frage, inwieweit sich bei diesem Vorgang lediglich die direkten Formen der Herrschaft, nicht aber die zugrundeliegenden indirekten Abhängigkeiten und Ungleichheiten gewandelt haben (Mommsen 1990, S. 8).

Idealtypisch lassen sich drei Erklärungen der Dekolonisation nach 1945 unterscheiden, die auf verschiedene Weise kombiniert werden können: Eine erste zielt auf Veränderungen in den kolonialen Metropolen, in denen der Wille und die Fähigkeit zur Kolonialherrschaft schwächer geworden seien oder sich die Einsicht in die Unhaltbarkeit kolonialer Verhältnisse durchgesetzt habe. Ein zweiter Erklärungsansatz stellt dagegen die Bedeutung der nationalen Bewegungen in den Kolonien, also in der Peripherie, in den Mittelpunkt. Die dritte Erklärungsstrategie setzt schließlich bei den Veränderungen des internationalen Systems an, das heißt vor allem beim Bedeutungsverlust der europäischen Kolonialmächte in der entstehenden bipolaren Ordnung des Kalten Krieges (Osterhammel 1992, S. 408f.). Erklärungsansätze

Ein auslösender Faktor der Dekolonisation war der Zweite Weltkrieg, wie sich am deutlichsten in Asien zeigt: Dort hatten japanische Truppen die europäischen Kolonialmächte aus vielen ihrer Kolonien vertrieben, wobei sie ihre eigenen imperialistischen Ziele und Praktiken mit antiwestlicher antikolonialistischer Rhetorik drapierten. Als die Niederlande und Frankreich nach der japanischen Kriegsniederlage im August 1945 versuchten, ihren südostasiatischen Kolonialbesitz zurückzugewinnen, stießen sie auf erhebliche Schwierigkeiten. So waren die Niederlande zunächst gar nicht dazu in der Lage, ihr koloniales Erbe in Südostasien aus eigener Kraft wieder anzutreten. Lediglich mit britischer Unterstützung gelang es ihnen 1946 vorerst, in der 1945 von dem Führer der nationalistischen Bewegung Achmed Sukarno ausgerufenen Indonesischen Republik wieder Fuß zu fassen, aber sie mussten nach einem blutigen Krieg 1949 deren Unabhängigkeit akzeptieren. Die USA hatten die Unterstützung der Niederlande eingestellt, weil Sukarno durch den radikalen Kampf gegen die kommunistischen Teile der indonesischen Unabhängigkeitsbewegung ausreichende Gewähr dafür zu bieten schien, dass der Kommunismus in dieser Weltregion eingedämmt werden konnte. Bedeutung des Zweiten Weltkrieges Niederlande

Auch Frankreich war nach 1945 nicht dazu fähig, sein im Zweiten Weltkrieg unter japanische Herrschaft geratenes Kolonialimpe- Frankreich rium in Südostasien wieder zu errichten. Während die Zurückgewinnung von Laos und Kambodscha zumindest vorübergehend gelang, sah sich Frankreich in Vietnam mit dem heftigen Widerstand der kommunistischen Vietminh-Bewegung unter ihrem Führer Ho Chi Minh konfrontiert. Diese hatte zuvor bereits die japanischen Besatzer bekämpft und nach deren Abzug 1945 die unabhängige Demokratische Republik Vietnam ausgerufen. Trotz massiver militärischer Unterstützung durch die USA konnten die Franzosen den Guerillakrieg nicht gewinnen und zogen sich nach der desaströsen Niederlage von Dien Bien Phu 1954 vollständig aus Indochina zurück.

Großbritannien Großbritannien wurde der Rückzug aus seinen kolonialen Besitztümern nach 1945 durch das Selbstbewusstsein erleichtert, Siegermacht des Zweiten Weltkrieges zu sein. Bereits 1947 entließ die britische Regierung ihre Kronkolonie Indien in die formelle Unabhängigkeit – und damit auch in blutige Auseinandersetzungen in den drei daraus hervorgegangenen Staaten Indien, Pakistan und Bangladesch. Die Teilung des bisherigen britischen Mandatsgebiets Palästina und die Gründung Israels 1948 führten gleichfalls sofort zu einem bis heute nicht beendeten gewaltsamen Konflikt. Anders als für die Siegermacht Großbritannien war dagegen für die im Zweiten Weltkrieg von Deutschland besetzten europäischen Kolonialmächte die Rückgewinnung ihrer früheren Imperien von dem Wunsch getrieben, ihr gedemütigtes nationales Selbstbewusstsein wiederherzustellen – allerdings mit geringem Erfolg. Den Briten erleichterte zudem ihre koloniale Tradition der indirekten Herrschaft, die sich erheblich auf lokale Kräfte stützte, den gleitenden Ausstieg. Das unterschied sich von der universalistischen und assimilatorischen Tradition Frankreichs, überall eine zivilisatorische Mission durchzusetzen (Albertini 1990, S. 42f.; Diner 2000, S. 257).

Afrika In Afrika setzte die Dekolonisation zwar ebenfalls in den 1950er-Jahren ein, wurde jedoch teilweise bis in die 1970er-Jahre hinausgezögert. Wie schon in Asien standen die europäischen Kolonialmächte auch in Afrika vor dem Problem, dass der Zweite Weltkrieg – unter Beteiligung von Kolonialtruppen – mit der Devise des Kampfes für die Selbstbestimmung der Völker geführt worden war, diese den Kolonien aber nun weiterhin vorenthalten wurde. Dieser Widerspruch stärkte die afrikanischen nationalen Unabhängigkeitsbewegungen. In den zum Teil blutigen Konflikten und den sich oft anschließenden Bürgerkriegen (→ KAPITEL 10.4) verwandelten sich die ehemaligen Kolonien in „unterentwickelte Gebiete", die künftig die sogenannte Dritte Welt bildeten (Eckert 2008, S. 8).

Die auf Kolonialbesitz gestützten europäischen Großmachtambitionen erwiesen sich also nach dem Zweiten Weltkrieg als ein hinfälliges Relikt. Die entscheidende Zäsur markiert die Suezkrise: 1956 versuchten Frankreich und Großbritannien, die Kontrolle über den von Ägypten verstaatlichten Suezkanal zurückzugewinnen, indem sie gemeinsam mit Israel militärisch gegen dieses Land vorgingen. Die empörten Reaktionen vor allem der USA zwangen Briten und Franzosen zum demütigenden Abbruch der Aktion. Die Suezkrise zeigte in aller Deutlichkeit, dass die europäischen Mächte nicht mehr dazu in der Lage waren, ihre bisherige globale Rolle selbstständig fortzuführen. An ihre Stelle traten immer stärker die USA, deren Politik im Zwiespalt zwischen der Förderung antikolonialer Bestrebungen und der Fortsetzung des kolonialen Erbes im Zeichen antikommunistischer Eindämmungspolitik steckte. Die Folgen des Zweiten Weltkrieges wurden so immer stärker von den Auswirkungen des Kalten Krieges überlagert.

Suezkrise 1956

Fragen und Anregungen

- Erläutern Sie, in welcher Weise der Zweite Weltkrieg die demografische und soziale Ausgangssituation Europas nach Kriegsende prägte.

- Erörtern Sie die Probleme der politischen und juristischen „Säuberung" nach 1945 und berücksichtigen Sie dabei das komplexe Verhältnis von „Siegern" und „Besiegten".

- Erklären Sie, welche politischen Ordnungen sich nach dem Zweiten Weltkrieg in Europa herstellten und welche Ursachen dieser Entwicklung zugrunde liegen.

- Erörtern Sie die Gründe des unterschiedlichen Verlaufs der Dekolonisation nach 1945.

Lektüreempfehlungen

- **Dokumentation der Vertreibung der Deutschen aus Ost-Mitteleuropa. Gesamtausgabe in 8 Bänden, hg. v. Bundesministerium für Vertriebene**, München 2004 (Nachdruck der Originalausgabe 1954–61). *Die Bände dokumentieren nicht nur Flucht und Vertreibung, sondern sind zugleich ein Dokument der bundesdeutschen Erinnerungskultur.*

Quellen

Forschung

- Norbert Frei (Hg.): Transnationale Vergangenheitspolitik. Der Umgang mit deutschen Kriegsverbrechern in Europa nach dem Zweiten Weltkrieg, Göttingen 2006. *Wichtige Zusammenstellung von Beiträgen zur Verfolgung und Bestrafung von Kriegsverbrechern nach 1945 in Europa.*

- Klaus-Dietmar Henke / Hans Woller (Hg.): Politische Säuberung in Europa. Die Abrechnung mit Faschismus und Kollaboration nach dem Zweiten Weltkrieg, München 1991. *Bereits etwas ältere, aber immer noch sehr nützliche vergleichende Darstellung.*

- Michael R. Marrus: Die Unerwünschten. Europäische Flüchtlinge im 20. Jahrhundert, Göttingen / Hamburg 1989. *Eine mittlerweile klassische Studie des Flüchtlingsproblems.*

- Mark Mazower: Der dunkle Kontinent. Europa im 20. Jahrhundert, Berlin 2000. *Gesamtdarstellung, die besonderen Wert auf die Konkurrenz der politischen Systeme legt.*

- Wolfgang J. Mommsen (Hg.): Das Ende der Kolonialreiche. Dekolonisation und die Politik der Großmächte, Frankfurt a. M. 1990. *Ausgezeichnete Einführung in das Thema.*

- Martin Shipway: Decolonization and Its Impact. A Comparative Approach to the End of the Colonial Empires, Oxford 2008. *Kompakte vergleichende Analyse der Dekolonisation in der Nachkriegszeit, die auch über neue Forschungstrends informiert.*

Film

- Rom, offene Stadt. Italien 1945, Regie: Roberto Rossellini. *Filmklassiker des Neorealismus, der den Widerstand gegen die deutsche Besatzung in Rom 1944 darstellt.*

3 Stabilität durch Konfrontation – Der Kalte Krieg in Europa

Abbildung 3: Raketenbasis auf Kuba während der Kuba-Krise 1962 (23. Oktober 1962) (nach picture alliance)

Das Foto, das am 23. Oktober 1962 von einem US-amerikanischen Spionageflugzeug aufgenommen wurde, zeigt eine sowjetische Abschussbasis für atomare Mittelstreckenraketen auf Kuba. Mit der Stationierung von Atomraketen, die Washington hätten erreichen können, wollte der sowjetische Regierungschef Nikita Chruschtschow zum einen Fidel Castros kubanische Revolution schützen. Zum anderen reagierte er auf die Stationierung amerikanischer Mittelstreckenraketen in der Türkei, die ihrerseits Moskau bedrohten. Als US-Präsident John F. Kennedy mit einer Seeblockade seine Entschlossenheit demonstrierte, die Stationierung der sowjetischen Raketen um jeden Preis zu verhindern, rückte in der Kuba-Krise eine atomare Auseinandersetzung der Weltmächte anscheinend so nah wie nie zuvor. Zugleich bemühten sich beide Seiten in geheimen Verhandlungen um einen Kompromiss, der mit dem Abbruch der Stationierung auf Kuba und dem einige Monate späteren Abzug der Raketen aus der Türkei erreicht wurde.

Der Kalte Krieg war kein europäischer, sondern ein globaler Konflikt. Er führte zu gewaltigen Ressourcenverschwendungen, drohte mehrfach in einen „heißen Krieg" überzugehen und forderte zudem in Korea, Vietnam und verschiedenen Stellvertreterkriegen Millionen Opfer. Die globale Konfrontation zwischen den Vereinigten Staaten und der UdSSR bestimmte darüber hinaus die Geschichte Europas vom Ende des Zweiten Weltkrieges bis zur Auflösung der Sowjetunion 1991 in fundamentaler Weise, indem sie Europa in zwei einander feindlich gegenüberstehende Blöcke teilte. Anders als die Friedensregelung am Ende des Ersten Weltkrieges bewirkte die Konfrontation nach 1945 in Europa aber auch eine lange Phase relativer Stabilität. Da der Kalte Krieg ein Konflikt zwischen verschiedenen politischen und wirtschaftlichen Systemen sowie Gesellschaftsordnungen war, bestimmte er nicht nur die internationale Ordnung, sondern auch – in unterschiedlichem Maße – die politischen, sozialen und kulturellen Entwicklungen der europäischen Länder. Während diese Dimensionen in späteren Kapiteln behandelt werden, stehen im Folgenden die Handlungen der politischen Akteure im Vordergrund, die für Entstehung, Entwicklung und Ende des Kalten Krieges verantwortlich waren.

3.1 Die Entstehung des Kalten Krieges
3.2 Krisen und Stabilisierung in Europa
3.3 Entspannung und erneute Eskalation
3.4 Der Zusammenbruch des Ostblocks

3.1 Die Entstehung des Kalten Krieges

Hatten die europäischen Länder bis zum Ersten Weltkrieg nicht nur die Geschicke auf ihrem Kontinent bestimmt, sondern weit darüber hinaus auf die Gestaltung der Welt eingewirkt, waren es nach dem Zweiten Weltkrieg eine außereuropäische und eine nur teilweise europäische Macht, die die Entwicklung Europas wesentlich beeinflussten. Nachdem die einstigen ideologischen Gegner USA und UdSSR gemeinsam das Deutsche Reich besiegt hatten, traten rasch Konflikte über die künftige Gestaltung Europas zutage (→ KAPITEL 2.3). Angesichts der unterschiedlichen politischen und wirtschaftlichen Ordnung sprach der ehemalige britische Premierminister Winston Churchill bereits im März 1946 in Fulton, Missouri von einem „eisernen Vorhang", der von Stettin bis Triest das „freie Europa" vom sowjetisch kontrollierten trenne, um damit zugleich die Vereinigten Staaten zu einem verstärkten Engagement in Europa aufzurufen (Muller 1999).

Konflikte der Alliierten

Ein Jahr später erklärte US-Präsident Harry S. Truman, die Vereinigten Staaten müssten weltweit „freie Völker" in ihrem Widerstand gegen die Unterwerfung durch bewaffnete Gruppen oder äußere Kräfte unterstützen. Konkret forderte er den amerikanischen Kongress auf, ein Hilfspaket für Griechenland und die Türkei zu verabschieden, die von kommunistischen Machtübernahmen bedroht seien. Diese einflussreiche „Truman-Doktrin" war Teil der US-amerikanischen „Eindämmungspolitik" (*containment policy*), die die Konsequenzen aus der Lagediagnose des US-Diplomaten George F. Kennan zog. In seinem „langen Telegramm" hatte Kennan am 22. Februar 1946 aus Moskau berichtet, die Sowjetunion verfolge kompromisslos die weltweite Ausbreitung des Kommunismus, sodass es für die USA keine friedliche Verständigung mit ihr geben könne.

Truman-Doktrin

Aus sowjetischer Perspektive stellte sich die Zweiteilung der Welt nach dem Ende des Krieges ähnlich radikal dar, wenn auch unter umgekehrten Vorzeichen. Schon der Abwurf der Atombomben auf Hiroshima und Nagasaki im August, das abrupte Ende der amerikanischen Lieferungen im Rahmen des Leih- und Pachtgesetzes im September 1945 und die Tatsache, dass die Sowjetunion von den USA aus dem Krieg und damit auch Nachkrieg im Pazifik herausgehalten wurde, hatten massive Befürchtungen erzeugt, von den USA machtpolitisch an die Wand gespielt zu werden (Craig/Radchenko 2008). Bei der im September 1947 erfolgten Gründung des Kommunistischen Informationsbüros (Kominform), der Nachfolgeorganisation der Kommunistischen Internationale, erklärte daher der Vertreter der

Sowjetische Sicht

Sowjetunion Andrej Schdanov, die Welt sei in zwei Lager geteilt: Ein aggressiver amerikanischer Imperialismus, der sich der ökonomischen Expansion bediene, bedrohe den antiimperialistischen und friedfertigen Sowjetkommunismus (Stöver 2007, S. 72–76).

Marshallplan

Ein wichtiges Element der amerikanischen Containment-Politik für Europa war der nach Außenminister George F. Marshall benannte Plan, den europäischen Ländern Hilfe zum wirtschaftlichen Wiederaufbau zukommen zu lassen. Grundsätzlich war das Hilfsangebot 1947 offen für alle Länder Europas, aber weil die Gewährung der Hilfe an ordnungspolitische Forderungen (Freihandel, Meistbegünstigung) gebunden war, wurde es von der Sowjetunion und den unter ihrem Einfluss stehenden Ländern abgelehnt (Herbst 1993). Bereits hier zeichnete sich eine neue politische und ökonomische Geografie Europas ab, die sich über die Auszahlung der Marshallplan-Hilfe verfestigte (→ KAPITEL 4.1).

Die Teilung vollzog sich aber nicht nur durch die ökonomische und politische Integration Ost- und Westeuropas, sondern auch durch die Schaffung verschiedener Militärbündnisse. Im Jahr 1949 gründeten die Vereinigten Staaten, Kanada, Belgien, Frankreich, Luxemburg, die Niederlande und Großbritannien zusammen mit Dänemark, Island, Italien, Norwegen und Portugal die North Atlantic Treaty Organization (NATO) als militärischen Beistandspakt. Die Gründung der NATO bedeutete eine vertragliche Festschreibung des militärischen Engagements der USA in Europa. 1952 wurde das Bündnis vertieft und um die Türkei und Griechenland erweitert. Nachdem die Pläne zur Gründung einer Europäischen Verteidigungsgemeinschaft (EVG), in die auch die noch entmilitarisierte Bundesrepublik Deutschland eingebunden werden sollte, gescheitert waren, wurde diese 1955 in das Bündnis aufgenommen (Maier 1993).

NATO

Warschauer Pakt

Als Reaktion darauf institutionalisierte die Sowjetunion die bilateralen Militärbündnisse, die sie mit den Ländern ihres Einflussbereichs bis 1949 zur Sicherung der Präsenz der Roten Armee geschlossen hatte, zu einem multilateralen Beistandssystem (Mastny / Byrne 2005). Zusammen mit Polen, der DDR, der ČSSR, Ungarn, Rumänien, Bulgarien und Albanien schloss sie 1955 den Warschauer Pakt. Anders als die NATO, die zwar von den USA dominiert wurde, aber kollektive Führungsstrukturen mit gleichberechtigten Mitgliedsländern besaß, war der Warschauer Pakt auch institutionell auf die Sowjetunion zugeschnitten. Während sich der Warschauer Pakt mit dem Ende der Sowjetunion 1991 auflöste, blieb die NATO weiter bestehen und wurde sogar mit der Aufnahme ehemaliger Warschauer Pakt-Staaten nach Osteuropa erweitert.

DIE ENTSTEHUNG DES KALTEN KRIEGES

Die bipolare Struktur erfasste Europa nahezu vollständig: Nur wenige Länder wie Schweden, Finnland, die Schweiz und Österreich blieben aus verschiedenen Gründen blockfrei. Am interessantesten ist hier der Fall Jugoslawiens: Nachdem der kommunistische Partisanenführer Josip Broz Tito zunächst in enger Anlehnung an den sowjetischen Staatschef Josef W. Stalin einen Bundesstaat nach dem Vorbild der Sowjetunion geschaffen hatte, gerieten seine gesellschafts- und außenpolitischen Vorstellungen schnell in Konflikt mit den sowjetischen Ansprüchen auf Hegemonie. Als Jugoslawien 1948 aus dem Kominform ausgeschlossen wurde, bemühte sich Tito mit Unterstützung des Westens, das Land auf einen eigenständigen Kurs zwischen den Blöcken zu bringen. 1961 gründete er die Blockfreienbewegung zusammen mit 24 afrikanischen und asiatischen Staaten, die auf diese Weise versuchten, ihre Interessen innerhalb der bipolaren Weltordnung besser durchzusetzen.

Sieht man von diesen Ausnahmen ab, war Europa in nur wenigen Jahren nach dem Ende des Zweiten Weltkrieges in zwei Blöcke geteilt worden, deren Grenze mitten durch das ehemalige Deutsche Reich verlief (→ KAPITEL 2.3). Für diese Teilung Europas und der Welt bzw. für die Entstehung des Kalten Krieges wurden bis zu seinem Ende vor allem drei Erklärungsmodelle angeboten:

1. Die traditionelle Interpretation des Kalten Krieges schließt an die Selbstdeutung der Truman-Regierung an. Demnach verfolgte die Sowjetunion eine aggressiv-expansionistische Strategie mit dem Ziel, überall kommunistische Satellitenstaaten zu errichten. Gegen diesen weltrevolutionären Kommunismus seien die USA weltweit für Freiheit und Selbstbestimmung eingetreten. In dieser Perspektive erscheint der Konflikt als eine mehr oder weniger notwendige Folge der kommunistischen Ideologie und damit letztlich als eine Radikalisierung des bereits 1917 offen zutage getretenen Ost-West-Konfliktes (→ ASB BLASCHKE).

2. Demgegenüber sahen Deutungen der „revisionistischen" Schule in den 1960er-Jahren im Anschluss an William Appleman Williams' *Tragedy of American Diplomacy* (1959) die Vereinigten Staaten als hauptverantwortlich für den Kalten Krieg. Ihnen zufolge war die Truman-Regierung nicht dazu bereit gewesen, Stalins legitimen Sicherheitsinteressen Rechnung zu tragen. Stattdessen habe die US-Regierung im Bereich der Außenwirtschaft kontinuierlich eine aggressive Politik der „offenen Tür" verfolgt, um sich selbst Märkte und wirtschaftliche Vorteile zu sichern (z. B. Kolko / Kolko 1972).

Blockfreie

Traditionalismus

Revisionismus

Postrevisionismus

3. Vertreter des Postrevisionismus lehnen die Reduktion auf wirtschaftliche Interessen ab und reklamieren für die Außenpolitik stattdessen eine eigene Sphäre, in der sowohl ideologische wie auch ökonomische und machtpolitische Erwägungen eine Rolle spielen können (Gaddis 1983). Die bekannteste Spielart des Postrevisionismus bezieht zudem die Position, dass weder die USA noch die UdSSR allein verantwortlich für den Beginn des Kalten Krieges waren, sondern vielmehr die wechselseitigen Fehlwahrnehmungen und Missverständnisse zu seinem Ausbruch führten (Loth 2002).

Forschung seit 1989

Nach dem Ende des Kalten Krieges entstand zum einen eine triumphalistische Geschichtsschreibung – oftmals eher populären Charakters –, die die traditionelle Deutung des Kalten Krieges erneuerte und den Zusammenbruch des Kommunismus als Sieg von Demokratie und Marktwirtschaft interpretierte (Schrecker 2004). Auf der anderen Seite öffneten sich mit dem Zugang zu osteuropäischen Archiven aber auch neue Forschungsmöglichkeiten, die eine ausgewogenere Betrachtung möglich werden ließen. Übereilte Hoffnungen, durch diese neu zugänglichen Quellen die alten Streitfragen beilegen zu können, erfüllten sich jedoch nur begrenzt (Gaddis 1997; Leffler 1999). Vielmehr bleiben konkurrierende Interpretationen weiterhin bestehen, die Forschung verlagert sich insgesamt stärker von Europa auf die „Dritte Welt", und die kulturelle und gesellschaftliche Dimension gewinnt zunehmend an Aufmerksamkeit (Westad 2000) (→ KAPITEL 7.2).

3.2 Krisen und Stabilisierung in Europa

Im Jahr 1949 veränderten zwei Ereignisse die globalen Machtverhältnisse: Die Sowjetunion zündete zum ersten Mal erfolgreich eine Atombombe, und nach ihrem Sieg im Bürgerkrieg gründeten die chinesischen Kommunisten die Volksrepublik China. Beide Ereignisse beeinflussten die amerikanische Außenpolitik und damit auch die

NSC-68

Gestalt und Qualität des Kalten Krieges in Europa. Der National Security Council Report 68 (NSC-68) ging von einer rasch größer werdenden atomaren Bedrohung durch die Sowjetunion aus und zog daraus zwei Konsequenzen: Erstens müsse die atomare Aufrüstung der USA und zweitens die militärische Stärkung Westeuropas schnell vorangetrieben werden. Die Realisierung beider Forderungen hing

Koreakrieg

wesentlich mit dem Beginn eines Krieges in Korea zusammen, das wie Deutschland infolge des Zweiten Weltkrieges geteilt war. Unterstützt von der Sowjetunion und China überfiel das kommunistische

Nordkorea im Juni 1950 den Süden des Landes und ein blutiger Krieg begann, in dem die Vereinigten Staaten Truppen zur Unterstützung Südkoreas einsetzten. Da der bis 1953 dauernde Koreakrieg die Bedrohung durch den Kommunismus zu belegen schien, wuchs in Westeuropa die Akzeptanz für eine bundesdeutsche Wiederbewaffnung und in Westdeutschland die Bereitschaft zur Westintegration.

Die atomare Rüstung bestimmte die Entwicklung des Kalten Krieges. Nach der Doktrin der „massiven Vergeltung" (*massive retaliation*) sollten die Kosten eines Angriffs für den Gegner so sehr gesteigert werden, dass er vom Einsatz des Militärs Abstand nehme. Diese Idee der atomaren Abschreckung wurde noch einmal radikalisiert durch das Konzept der wechselseitigen Versicherung völliger Vernichtung im Falle eines Nuklearangriffs (*mutually assured destruction*). Nicht zuletzt aufgrund des sorglosen Umgangs mit Atomwaffen in der Frühphase und der ökologischen Belastungen durch Atomtests hatte das Wettrüsten der Supermächte hohe gesellschaftliche Folgekosten. Die atomare Bedrohung gab zudem apokalyptischen Ängsten vor einer Vernichtung des Lebens auf dem Planeten einen realen Gehalt (Boyer 1994). Militärs planten den Ernstfall in unzähligen Szenarien, und Regierungen versuchten, die Bevölkerung auf einen möglichen Atomkrieg vorzubereiten und mit Atombunkern und Zivilschutzübungen zu beruhigen (Davis 2007).

Beide Seiten nutzten die atomare Abschreckung als außenpolitisches Instrument, versuchten aber zugleich, einen atomaren Konflikt zu vermeiden. Daher blieb gerade in den schweren Krisen, in denen für beide Seiten am meisten auf dem Spiel stand, eine militärische Konfrontation der Supermächte aus. Während in der „Dritten Welt" viele Konflikte unterhalb der Schwelle des Einsatzes von Atomwaffen ausgetragen wurden, funktionierte die atomare Abschreckung in Europa, das in den 1950er-Jahren ein Brennpunkt des Kalten Krieges war. Zentral war hier die Deutschlandfrage: Angesichts seiner wirtschaftlichen Kapazität und möglichen militärischen Machtentfaltung war für beide Supermächte ein geteiltes Deutschland erträglich, nicht aber ein vereintes und mit der jeweils anderen Supermacht verbündetes (Gaddis 1997, S. 113–151).

Die Diskussion, ob die deutsche Teilung angesichts dieser Mächtekonstellation unvermeidlich war, konzentrierte sich lange Zeit auf die sogenannten Stalin-Noten: In ihnen bot die UdSSR den Westmächten 1952 angesichts der bevorstehenden militärischen Integration der Bundesrepublik in eine Europäische Verteidigungsgemeinschaft Verhandlungen über ein vereintes, demokratisches und neutrales Deutschland an. Die Debatte über die Ernsthaftigkeit des Angebots ist auch nach der partiellen Öffnung sowjetischer Archive noch immer nicht beigelegt (Zarusky 2002). Doch war die Wiedervereinigung zu diesem Zeitpunkt auch deshalb keine realistische Option, weil Bundeskanzler Konrad Adenauer konsequent den Kurs der Westintegration verfolgte (Herbst 1989, S. 117–126). Die Wiedervereinigung sollte über die Westbindung erfolgen, indem sich die Überlegenheit des westlichen Systems zeigen und eine hohe Anziehungskraft auf Osteuropa und die DDR ausüben würde.

Nach dem Tod Stalins im Jahr 1953 verfestigte sich die Struktur der Blöcke zunächst weiter. Zwar gab es in Osteuropa eine kurze **„Tauwetter"** „Tauwetter-Phase" der inneren Liberalisierung, in der die ideologische Reglementierung vor allem im Bereich der Kultur nachließ. Auf dem XX. Parteitag der KPdSU im Jahr 1956 verurteilte Stalins Nachfolger Nikita Chruschtschow sogar dessen Personenkult und Verbrechen. Als die Öffnung aber zu ungeregelten Reformbewegungen und einer Destabilisierung des Ostblocks zu führen drohte, wurde sie von der sowjetischen Führung rasch wieder eingeschränkt, wie das Beispiel Ungarns zeigt: Die Reformbewegung, die sich hier 1956 unter dem Ministerpräsidenten Imre Nagy von der Sowjetunion abwandte, wurde durch den Einmarsch der Roten Armee umgehend niedergeschlagen (→ KAPITEL 11.2).

Berlin-Krisen Direkte Konflikte zwischen den Alliierten entzündeten sich zunächst 1948 und dann von 1957 bis 1961 an Berlin. Dabei ging es um die Kontrollrechte und den Zugang der Westalliierten zur geteilten Stadt, die quasi das „Schaufenster der Systemkonkurrenz" war (Lemke 2006). Die zweite Berlin-Krise eskalierte, weil sich die DDR-Führung unter Walter Ulbricht in den 1950er-Jahren einem konti-
„Republikflucht" nuierlichen Strom von „Republikflüchtlingen" gegenübersah: Im Schnitt verließen jährlich weit mehr als 200 000 Menschen die DDR nach Westdeutschland und zwar vor allem über Berlin, da die innerdeutsche Grenze stärker gesichert wurde (Heidemeyer 1994). Die Abwanderung gerade qualifizierter Arbeitskräfte schwächte die Wirtschaft der DDR, delegitimierte die Gesellschaftsordnung und schuf politischen Handlungsdruck.

Gegenüber dem neuen amerikanischen Präsidenten Kennedy erneuerte Chruschtschow die schon 1958 gestellte Forderung, Berlin zu einer freien und entmilitarisierten Stadt zu machen. Kennedy antwortete im Juli 1963 mit der Definition von drei wesentlichen Punkten (*three essentials*), die im nationalen Interesse der USA stünden: die Freiheit der Einwohner West-Berlins, die Präsenz amerikanischer

Truppen im Westteil der Stadt sowie der freie Zugang zu West-Berlin. Damit hatte er zugleich deutlich gemacht, dass die Schließung der Grenzen zum Ostsektor nicht zum Einschreiten der USA führen würde (Gaddis 1997, S. 147f.). Tatsächlich begann die DDR-Führung am 13. August 1961 mit der Schließung der Sektorengrenze und kurze Zeit später mit dem Bau der Berliner Mauer, wobei ihr Anteil am Entscheidungsprozess umstritten ist (Harrison 2003, S. 218–223; Wettig 2006, S. 162–179). **Mauerbau**

Die Mauer zementierte die deutsche Teilung, wurde zum Symbol des Kalten Krieges und der Freiheitsbeschränkung durch den Kommunismus (Hertle u. a. 2002). Zugleich zeigte sich in der zweiten Berlin-Krise aber auch die Bereitschaft der Supermächte, den Status quo in Europa zu akzeptieren. Grenzveränderungen wären nur militärisch zu erreichen gewesen, doch barg der Militäreinsatz angesichts der nuklearen Rüstung für beide Seiten zu große Risiken. Die Konfrontation des Kalten Krieges führte somit in Europa zu einer relativ stabilen Nachkriegsordnung, die auf absehbare Zeit nicht mehr veränderlich zu sein schien. Diese Stabilisierung eröffnete zugleich die Möglichkeit und Notwendigkeit, nach Wegen der Entspannung zu suchen (Conze 1998). **Stabilisierung**

3.3 Entspannung und erneute Eskalation

Die Phase von der Berlin- und der Kuba-Krise bis zum Ende der 1970er-Jahre wird mit Blick auf Europa gemeinhin als Phase der Entspannung oder *Détente* beschrieben. Die Auseinandersetzungen zwischen den Supermächten verlagerten sich in die „Dritte Welt", und in direkten Verhandlungen suchten sie nach Wegen der Konfliktentschärfung. Entspannungsbemühungen setzten schon in den 1950er-Jahren nach Stalins Tod ein, brachten aber – wie etwa die erste Gipfelkonferenz der vier Siegermächte des Zweiten Weltkrieges 1955 in Genf – jenseits atmosphärischer Verbesserungen bis in die 1960er-Jahre keine konkreten Ergebnisse. **Phase der Entspannung – Détente**

Eine Analyse der Entspannungspolitik wird dadurch erschwert, dass „Entspannung" ein vager Begriff ist, der in vielfältiger Weise verwendet wird. Grundsätzlich muss man zwischen mindestens zwei verschiedenen Konzepten unterscheiden: Auf der einen Seite standen die Verhandlungen der Supermächte, die die Teilung der Welt in verschiedene Machtblöcke nicht grundsätzlich infrage stellten, wohl aber darauf zielten, die Kosten des Konflikts vor allem im Bereich des Wettrüstens zu verringern und den Ausbruch eines „heißen Krieges" zu verhindern. **Konzepte der Entspannung**

Auf der anderen Seite versuchten einzelne europäische Länder durch Verhandlungen mit der Sowjetunion oder anderen osteuropäischen Ländern zu einer Überwindung der Blockkonfrontation beizutragen (Geyer / Schaefer 2004).

Das erste sichtbare Ergebnis der Verhandlungen zwischen den Atommächten USA, Großbritannien und der UdSSR war der 1963 unterzeichnete Limited / Partial Test Ban Treaty (Atomteststoppvertrag), mit dem Atombombentests im Wasser, in der Atmosphäre und im Weltall untersagt wurden. Fünf Jahre später verabschiedeten die drei Länder den Atomwaffensperr- oder Nichtverbreitungsvertrag, dem nach und nach die meisten anderen Länder beitraten. Kurz darauf begannen komplizierte Verhandlungen zwischen den USA und der UdSSR über die Begrenzung ihrer strategischen Atomwaffen, die Strategic Arms Limitation Talks (SALT). Gegenstand der Gespräche waren zunächst Atomraketen, die das Territorium des Gegners erreichen konnten, sowie die entsprechenden Abwehrsysteme (*anti-ballistic missiles*, ABM). Nachdem 1972 Höchstgrenzen für ABM-Systeme und vorläufige für Interkontinentalraketen festgelegt worden waren (SALT I), wurden die Verhandlungen fortgesetzt, um auch ein Abkommen über die dauerhafte Begrenzung von Interkontinental- sowie Mittelstreckenraketen zu erreichen (Schwarz / Donley 1985). 1979 unterzeichneten der US-amerikanische Präsident Jimmy Carter und der sowjetische Staatschef Leonid I. Breschnew das SALT-II-Abkommen, das aber angesichts der erneuten Abkühlung der Beziehungen (s. u.) von den USA nicht mehr ratifiziert wurde.

Die Rüstungsbegrenzungsverhandlungen waren für Europa von Bedeutung, da hier die Mittelstreckenraketen stationiert waren und ein Atomkrieg mit hoher Wahrscheinlichkeit in Europa ausgetragen worden wäre. Wichtiger für die europäische Entspannung waren jedoch die Verhandlungen im Rahmen der Konferenz für Sicherheit und Zusammenarbeit in Europa (KSZE). An der KSZE nahmen ab 1973 alle europäischen Staaten (außer Albanien) sowie die USA und Kanada teil. Das Hauptinteresse der Sowjetunion an den Verhandlungen bestand darin, eine allgemeine Anerkennung der nach dem Zweiten Weltkrieg veränderten und noch nicht in einem Friedensvertrag bestätigten Grenzverläufe in Osteuropa zu erreichen. Tatsächlich enthielt die KSZE-Schlussakte von Helsinki (1975) das Bekenntnis aller Staaten zur Unverletzlichkeit der Grenzen, das heißt zum Verzicht auf gewaltsame Grenzveränderungen. Darüber hinaus setzten die westeuropäischen Länder eine Erklärung zum Selbstbestimmungsrecht der Völker und zu wesentlichen Menschen- und Freiheitsrech-

Atombombentests

SALT

KSZE

Schlussakte von Helsinki

ten durch, sodass die Schlussakte zum Referenzpunkt oppositioneller Bewegungen in Osteuropa wurde (→ KAPITEL 10.1, 11.2). Zudem enthielt die Schlussakte Absichtserklärungen zur Zusammenarbeit in den Bereichen Wirtschaft, Wissenschaft, Technik und Umwelt sowie in humanitären Fragen und legte den Grundstein für eine Reihe von Nachfolgekonferenzen (Bloed 1993, S. 45–50, 141–218). Als gesamteuropäische Institution bildete die KSZE nach dem Zusammenbruch des Ostblocks einen Rahmen, innerhalb dessen über die Neuordnung Europas verhandelt werden konnte. 1995 wurde sie zur Organisation für Sicherheit und Zusammenarbeit in Europa (OSZE).

Unabhängig von den USA bemühte sich in den 1960er-Jahren der französische Staatspräsident Charles de Gaulle, durch Verhandlungen mit der sowjetischen Führung zu einer Überwindung der Teilung in einem europäischen Sicherheitssystem zu gelangen, durch das auch Deutschland langfristig eingehegt werden sollte. Um eine Reform der NATO und eine größere europäische Eigenständigkeit zu erreichen, zog er 1966 sogar die französischen Streitkräfte aus dem integrierten NATO-Kommando zurück (Soutou 2004). Damit verfehlte de Gaulle sein Ziel jedoch genauso wie bei seinen Verhandlungen mit der UdSSR und Polen.

Erfolgreicher als de Gaulles' Initiativen war die bundesdeutsche Ostpolitik, die wesentlich von Willy Brandt geprägt wurde und dem Prinzip des „Wandels durch Annäherung" folgte. Grundlage westdeutscher Außenpolitik waren zunächst der Alleinvertretungsanspruch und die Nichtanerkennung der DDR gewesen, die 1955 in der „Hallstein-Doktrin" expliziert worden waren: Die Bundesrepublik unterhielt keine diplomatischen Beziehungen zu Ländern, die ihrerseits die DDR anerkannten – mit Ausnahme der UdSSR. Als Regierender Bürgermeister von Berlin, Außenminister der Großen Koalition und ab 1969 als Bundeskanzler einer sozialliberalen Koalition wich Willy Brandt von dieser Linie ab, indem er die Staatlichkeit der DDR anerkannte, um in Verhandlungen Verbesserungen für den Austausch der Menschen über die Blockgrenzen hinweg und damit letztlich auch Veränderungen in Osteuropa zu erreichen (Niedhardt 2004). In den sogenannten Ostverträgen mit der Sowjetunion (1970), Polen (1970), der DDR (Grundlagenvertrag, 1972) und der Tschechoslowakei (1973) erkannte die Bundesrepublik zunächst die Unverletzlichkeit der Oder-Neiße-Grenze an. Darüber hinaus bekannten sich die Vertragspartner zu den Grundsätzen der Vereinten Nationen und vereinbarten einen intensiveren wirtschaftlichen und kulturellen Austausch (Bender 1995, S. 152–202).

Frankreichs Sonderweg

Wandel durch Annäherung

Ostverträge

Debatte über die Ostverträge

Schon die Zeitgenossen stritten heftig über die Ostverträge, und noch heute gehen die Meinungen über ihre Bewertung weit auseinander. Ging das Konzept des „Wandels durch Annäherung" auf, und führten die intensivierten Beziehungen nicht nur zu Erleichterungen für die Menschen, die unter der Teilung Europas litten, sondern auch zu einem Wandel des Ostblocks und damit letztlich zu seiner Auflösung? Oder bewirkten sie nicht vielmehr das Gegenteil, indem sie die interne Opposition schwächten und das bankrotte Wirtschaftssystem des Ostens – vor allem der DDR – durch massive finanzielle Transfers stützten und länger am Leben erhielten? Die Antwort auf diese Fragen hängt wesentlich davon ab, welche Normen und Werte man zugrunde legt. Die Bejahung der zweiten Frage geht allerdings von der Annahme aus, es habe schon vor 1989 eine realistische Option für eine wie auch immer sich vollziehende erfolgreiche Revolution in Osteuropa gegeben. Diese bestand jedoch erst durch eine Reihe von Entwicklungen, die sich im Lauf der 1980er-Jahre vollzogen.

Erneute Eskalation

Um das Jahr 1980 endete die Phase der Entspannung, sodass manche Autoren auch vom Beginn eines zweiten Kalten Krieges sprechen. Diese Begrifflichkeit erfasst zwar die neue Qualität der Auseinandersetzung zwischen den USA und der UdSSR, sie verdeckt aber zugleich, dass die Logik des Kalten Krieges auch in der Ära der Entspannung nie wirklich durchbrochen worden war. Wie kam es zur erneuten Verschärfung der Konfrontation? Zweifel an der Ernsthaftigkeit sowjetischer Entspannungspolitik resultierten im Westen zum einen aus der Modernisierung des Mittelstreckenraketenarsenals durch SS-20-Raketen in Osteuropa, die der UdSSR eine atomare Erstschlagskapazität in Europa verschaffen konnten. Daher reagierte die NATO ihrerseits 1979 mit dem sogenannten Doppelbeschluss zur

NATO-Doppel-beschluss

Nachrüstung mit moderneren Pershing-II-Raketen und Marschflugkörpern (*cruise missiles*), der wiederum heftige Proteste in der Bevölkerung hervorrief (→ KAPITEL 11.4). Zum anderen intervenierte die UdSSR Ende 1979 im afghanischen Bürgerkrieg und marschierte mit massiven Streitkräften ein. Nicht zuletzt aufgrund der US-amerikanischen Unterstützung islamischer Guerillagruppen in Afghanistan resultierte daraus ein langer Krieg.

Unter dem Eindruck dieser Entwicklungen verabschiedeten sich die USA noch unter der Präsidentschaft Jimmy Carters vom Geist der Entspannung, und auch der nachfolgende Präsident Ronald Reagan vollzog diese Wende nach seinem Amtsantritt 1981 konsequent weiter. Reagan rüstete nicht nur rhetorisch auf, indem er die UdSSR als „Reich des Bösen" (*evil empire*) titulierte und sie den USA als

Aufrüstung

dem Hort von Freiheit und Demokratie gegenüberstellte. Darüber hinaus unterstützte er weltweit antikommunistische Aktionen (Westad 2005, S. 331–363), weitete das Militärbudget aus und kündigte die Konstruktion eines Raketenabwehrsystems an (*strategic defense initiative*, SDI), das dem sowjetischen Atomraketenarsenal die abschreckende Wirkung nehmen sollte. In der ersten Hälfte der 1980er-Jahre erhöhte sich also die Intensität der Konfrontation des Kalten Krieges noch einmal deutlich.

3.4 Der Zusammenbruch des Ostblocks

Der Zusammenbruch des Ostblocks wird in vereinfachenden Deutungen oft auf Ronald Reagans kompromisslose Strategie der Stärke zurückgeführt: Die konsequente Hochrüstung der USA habe die Sowjetunion zur Aufgabe der Konfrontation gezwungen, weil sie wirtschaftlich nicht mehr zum Wettrüsten in der Lage gewesen sei (Schweizer 1994). Zweifellos war die Sowjetunion in den 1980er-Jahren wirtschaftlich stark geschwächt, die Militärausgaben verschlangen einen zu großen Teil des Bruttosozialprodukts und die Kosten des Afghanistan-Krieges schlugen nicht nur wirtschaftlich, sondern auch moralisch schwer zu Buche. Hinzu kamen ethnische Konflikte und Autonomiebestrebungen verschiedener Sowjetrepubliken. Nichtsdestoweniger war die Sowjetunion aber noch immer eine Atommacht, sodass Veränderungen der Weltordnung nur mit ihrem Einverständnis zu erreichen waren. Vor diesem Hintergrund scheint Reagans Leistung weniger in seiner Rüstungspolitik bestanden zu haben als vielmehr in der Bereitschaft, mit der UdSSR zu verhandeln. Diese erwiderte auf sowjetischer Seite Michail S. Gorbatschow, der 1985 zum Generalsekretär der KPdSU gewählt wurde (Leffler 2007, S. 354, 448).

 Ihre Verhandlungen vollzogen sich unter anderen Bedingungen als jenen, die den Kalten Krieg erzeugt und aufrechterhalten hatten. Der unmittelbare Anlass für den Konflikt, die Neuordnung Europas, schien in den 1980er-Jahren weitgehend abgeschlossen und auch die Einhegung des deutschen Aggressionspotenzials nachhaltig gelungen zu sein. Angesichts der offenkundigen wirtschaftlichen und technologischen Probleme in Osteuropa sowie des deutlich höheren Lebensstandards in Westeuropa schien auch der Systemkonflikt zugunsten der marktwirtschaftlichen Ordnung entschieden zu sein. Nachdem der Prozess der Dekolonisierung abgeschlossen war (→ KAPITEL 2.4), verlor die kommunistische Ideologie zudem für die Befreiungsbewe-

Wettrüsten

Neue Verhandlungsbedingungen

gungen in der „Dritten Welt" an Attraktivität, deren Existenz zuvor den Glauben an das Kommen der Weltrevolution hatte nähren können. Schließlich hatte sich gezeigt, dass Atombomben zwar ein hohes Abschreckungspotenzial besaßen, aber zugleich in Konflikten nicht einsetzbar waren, sodass das Wettrüsten auf beiden Seiten neu überdacht und infrage gestellt wurde (Leffler 2004).

Gorbatschow

Aus diesen strukturellen Veränderungen resultierte eine andere Politik der Supermächte, auch weil mit der Wahl Gorbatschows die Herrschaftsstrukturen in der UdSSR aufgebrochen wurden. Gorbatschow erkannte die wirtschaftlich desolate Lage seines Landes und war zudem dazu bereit, Veränderungen durchzuführen, um den Kommunismus zu retten und die Lebenssituation der Bevölkerung zu verbessern. Nachdem er seine Macht in der KPdSU gesichert hatte, begann er mit der Umsetzung eines Reformprogramms (Perestroika), das marktwirtschaftliche Elemente in die Zentralverwaltungswirtschaft integrieren sollte. Im Rahmen einer Politik der Offenheit (Glasnost) lockerte er zudem ab 1986 das staatliche Informationsmonopol, die Zensur und die Versammlungsbeschränkungen, sodass es zu einer zunehmenden Diskussion über die Umgestaltung der Sowjetunion kommen konnte (Hildermeier 1998, S. 1019–1052). Außenpolitisch war Gorbatschow nicht nur zur Abrüstung bereit, sondern er gestand den Ostblockstaaten auch größere Souveränität und Unabhängigkeit von der Sowjetunion zu und öffnete so den Weg zur Demokratisierung.

Perestroika und Glasnost

Auch wenn in der Konstellation des Kalten Krieges wenige Entscheidungsträger eine zentrale Rolle spielten, ist eine Erklärung des Wandels unvollständig, wenn sie nicht auch das Verhalten der Bevölkerung miteinbezieht (Lundestad 2004). Vor allem die Geschwindigkeit der revolutionären Veränderungen zeigt die massive Delegitimation der kommunistischen Herrschaftsverhältnisse in Osteuropa. Die zumeist friedlichen Revolutionen des Jahres 1989 vollzogen sich durch mediale Vermittlung nahezu synchron, wenn auch auf unterschiedliche Weise und mit sehr verschiedenen Trägergruppen: In Polen wurde die Transformation wesentlich von der freien Gewerkschaft Solidarność um Lech Wałęsa gestaltet, deren Streikbewegung die polnische Staatsführung schon 1980/81 nur mit der Verhängung des Kriegsrechts hatte niederschlagen können. Demgegenüber setzte sich in der Tschechoslowakei ein Intellektuellenzirkel an die Spitze einer diffusen Reformbewegung, die von einer breiten gesellschaftlichen Mobilisierung getragen wurde (Judt 2006, S. 695–699, 708–715) (→ KAPITEL 11.2). Im Unterschied dazu gingen die Transformationsprozesse in Ungarn stärker aus der kommunistischen Partei selbst hervor, und in Rumänien und Bulgarien hatten

Träger der friedlichen Revolution

sie den Charakter von Palastrevolutionen (Judt 2006, S. 702, 715–722).

In der DDR wurden die Veränderungen 1989 zunächst von einer Gruppe Bürgerrechtler im „Neuen Forum" und dann von einer breiten Demonstrationsbewegung getragen. Hinzu kam eine Massenflucht von Bürgerinnen und Bürgern über die inzwischen offenen Grenzen der osteuropäischen „Bruderländer" in die Bundesrepublik. Weder der Rücktritt von Staats- und Parteichef Erich Honecker und die Ankündigung von Reformen noch die Grenzöffnung am 9. November 1989 konnten die DDR stabilisieren. Trotz der großen Zustimmung in der Bevölkerung – vor allem in Ostdeutschland – zu einer schnellen Vereinigung der beiden deutschen Staaten war dieser Weg keineswegs vorgezeichnet. Angesichts der noch immer geltenden alliierten Vorbehaltsrechte in Bezug auf Berlin und Deutschland als Ganzes war die Vereinigung nur mit Zustimmung der USA und der UdSSR sowie Frankreichs und Großbritanniens zu realisieren. Westliche Widerstände räumte Bundeskanzler Helmut Kohl durch die Versicherung aus, dass auch ein vereintes Deutschland weiterhin fest in die Vertrags- und Sicherheitsstrukturen des Westens eingebunden bleiben würde. Als auch die Sowjetunion der NATO-Mitgliedschaft Deutschlands zustimmte, sofern es die Westgrenze Polens anerkenne und keine Massenvernichtungswaffen besitze, war der Weg für eine Vereinigung frei. Man kann argumentieren, dass mit dieser Entscheidung auch der Kalte Krieg als ordnende Kraft der europäischen Nachkriegsgeschichte zu existieren aufhörte (Leffler 2007, S. 446–448). Mit dem im September 1990 unterzeichneten Zwei-plus-Vier-Vertrag zwischen den beiden deutschen Staaten und den Alliierten wurden diese Bestimmungen von allen Beteiligten anerkannt und damit der Weg für die deutsche Einheit geebnet.

Um das Versprechen des Kommunismus im eigenen Land zu retten, hatte Gorbatschow den sowjetischen Einfluss in Osteuropa aufgegeben, konnte dann jedoch weder die Reformen einhegen noch den Zerfall der sowjetischen Herrschaft stoppen, sodass sich in kurzer Zeit auch die ideologische Konfrontation zwischen Ost und West auflöste. Die politische Landkarte Europas änderte sich mit hoher Geschwindigkeit, neue Nationalismen und Staaten entstanden genauso wie Bemühungen einer gesamteuropäischen Integration jenseits der bipolaren Ordnung (→ KAPITEL 4.4).

Zusammenbruch der DDR

Ende der deutschen Teilung

Fragen und Anregungen

- Wählen Sie ein Ereignis aus der Geschichte des Kalten Krieges und interpretieren Sie es im Sinne der klassischen, der revisionistischen und der postrevisionistischen Schule.

- Erläutern Sie die ambivalente Wirkung der Atomrüstung auf die europäische Nachkriegsgeschichte.

- Diskutieren Sie, ob die Reagansche Rüstungspolitik oder die Entspannungspolitik wichtiger für den Zusammenbruch des Ostblocks war.

Lektüreempfehlungen

Quellen

- **U.S. Department of State: Foreign Relations of the United States (FRUS),** Web-Adresse: www.state.gov/r/pa/ho/frus. *Edition von Quellen zur Außenpolitik der USA; für die Zeit ab 1960 online.*

- **Woodrow Wilson Center, Washington D.C.: Cold War International History Project,** Web-Adresse: www.wilsoncenter.org. *Publiziert Quellen aus ehemals sowjetischen Archiven.*

Forschung

- **Jost Dülffer: Europa im Ost-West-Konflikt. 1945–1991** (Oldenbourg-Grundriss der Geschichte 18), München 2004. *Kompakte Einführung in die Geschichte des Kalten Krieges in Europa sowie in die wichtigsten Forschungsdiskussionen.*

- **John Lewis Gaddis: The Cold War. A New History,** New York 2005. *Neueste Darstellung eines früher führenden Postrevisionisten, der von Buch zu Buch traditionalistisch argumentiert.*

- **Melvyn P. Leffler: The Cold War. What Do „We Now Know",** in: American Historical Review 104, 1999, S. 501–524. *Kritische Auseinandersetzung mit der Geschichtsschreibung im Westen (vor allem von J. L. Gaddis) nach 1989/91.*

- **Bernd Stöver: Der Kalte Krieg. Geschichte eines radikalen Zeitalters 1947–1991,** München 2007. *Breit angelegte Gesamtdarstellung in globaler Perspektive.*

- **Odd Arne Westad (Hg.): Reviewing the Cold War. Approaches, Interpretations, Theory,** London 2000. *Sammlung von Aufsätzen, in denen die verschiedenen Forschungsansätze zum Kalten Krieg kompakt dargestellt werden.*

4 Wirtschaftliche und politische Integration

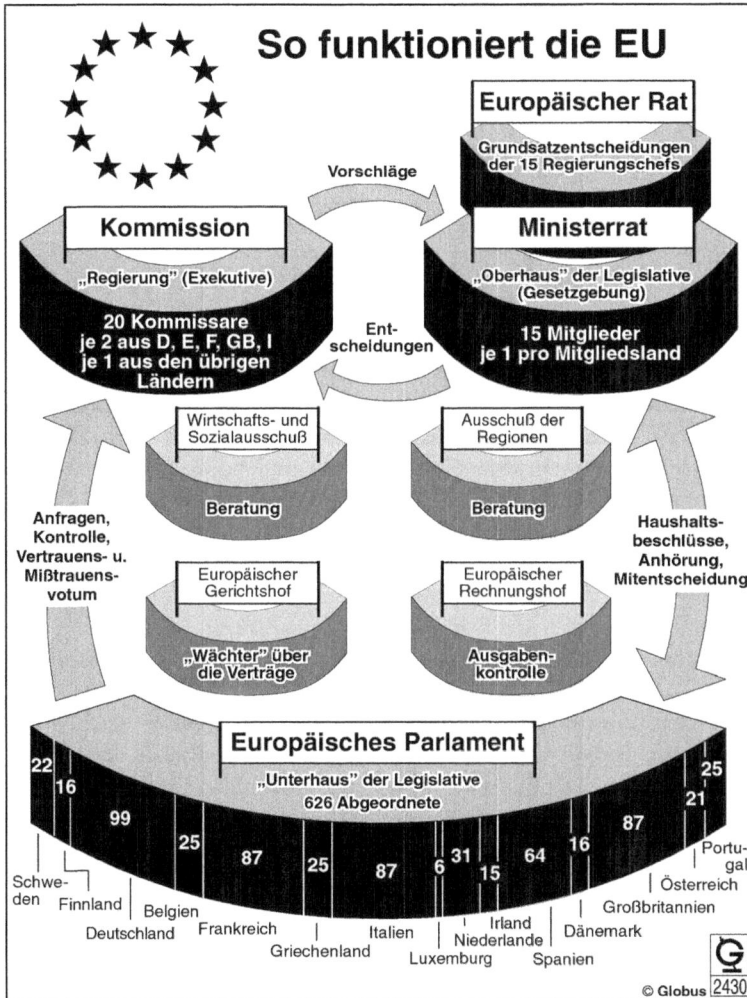

★★★ **So funktioniert die EU**

Europäischer Rat

Grundsatzentscheidungen der 15 Regierungschefs

Vorschläge

Kommission

„Regierung" (Exekutive)

20 Kommissare
je 2 aus D, E, F, GB, I
je 1 aus den übrigen
Ländern

Ministerrat

„Oberhaus" der Legislative
(Gesetzgebung)

15 Mitglieder
je 1 pro Mitgliedsland

Ent-
scheidungen

Wirtschafts- und
Sozialausschuß

Beratung

Ausschuß der
Regionen

Beratung

Anfragen,
Kontrolle,
Vertrauens- u.
Mißtrauens-
votum

Europäischer
Gerichtshof

„Wächter" über
die Verträge

Europäischer
Rechnungshof

Ausgaben-
kontrolle

Haushalts-
beschlüsse,
Anhörung,
Mitentscheidung

Europäisches Parlament

„Unterhaus" der Legislative
626 Abgeordnete

22
16
99
25
87
25
87
6
31
15
64
16
87
25
21

Schwe-
den
Finnland
Belgien
Deutschland
Frankreich
Griechenland
Italien
Luxemburg
Irland
Niederlande
Spanien
Dänemark
Großbritannien
Österreich
Portu-
gal

© Globus 2430

Abbildung 4: So funktioniert die EU (Stand 16. Januar 1995)

Das abgebildete Diagramm veranschaulicht die Funktionsweise der Europäischen Gemeinschaft nach dem Stand vom 16. Januar 1995. Das Europäische Parlament erscheint dabei als Basis der Europäischen Union, auf der die übrigen Institutionen beruhen, namentlich die Kommission als Exekutive der EU, der Ministerrat als „Oberhaus" der Legislative und der Europäische Rat als Organ der Regierungen der damals 15 Mitgliedsstaaten der EU. Weitere Institutionen wie der Europäische Gerichtshof und der Europäische Rechnungshof dienen der Kontrolle bzw. wie der Wirtschafts- und Sozialausschuss und der Ausschuss der Regionen der Beratung. Deutlich wird die Komplexität des institutionellen Aufbaus der EU und insbesondere des Verhältnisses von nationalen und supranationalen Kompetenzen. Nicht zuletzt werden durch derartige Visualisierungen der EU aber auch Bilder Europas geschaffen, in denen nicht nur Machtverteilungen, sondern auch Zugehörigkeiten und Nichtzugehörigkeiten markiert werden.

Die europäische Integration war weder zwangsläufig noch verfolgte sie ein vorgegebenes Ziel. Sie entwickelte sich vielmehr schrittweise in einem Spannungsfeld von Inklusion und Exklusion, da der Zusammenschluss der einen stets den Ausschluss der anderen bedeutete. So trug die europäische Integration zunächst zur Teilung Europas bei, wobei der intensiven ökonomischen und politischen Integration Westeuropas andersgeartete Integrationsmechanismen im östlichen Europa gegenüberstanden. Seit 1989/90 kam es zur Überwindung dieser Teilung und zur Ausdehnung der Europäischen Union (EU) nach Osten. Was waren die Ursachen und Mechanismen der verschiedenen Formen der europäischen Integration? In welcher Weise konkurrierten intergouvernementale (zwischenstaatliche) Zusammenschlüsse von Nationalstaaten mit supranationalen (überstaatlichen) Ansätzen, die auf eine europäische Föderation zielten? Und welche Spannung besteht schließlich zwischen der europäischen Integration als einem Projekt politischer Eliten und ihrer demokratischen Legitimation durch die europäischen Gesellschaften?

4.1 **Die Anfänge der westeuropäischen Integration**
4.2 **„Sozialistische Integration"? Der RGW**
4.3 **Ausweitung und Vertiefung der Westintegration**
4.4 **Die Osterweiterung der EU**

4.1 Die Anfänge der westeuropäischen Integration

Der Zweite Weltkrieg führte zur Wiederherstellung der europäischen Nationalstaaten und zugleich zu Ansätzen, diese in eine größere europäische Struktur einzubinden, um Frieden und Sicherheit zu garantieren. Außerdem ging es darum, auf dem Wege der europäischen Einigung wirtschaftliches Wachstum und Wohlstand zu befördern und so Sicherheit vor sozialen und ökonomischen Krisen herzustellen. Und drittens sollten die nach 1945 verfolgten Europakonzeptionen außenpolitische Bedeutungsverluste kompensieren und Europa als „Dritte Kraft" zwischen den beiden Supermächten USA und Sowjetunion etablieren. Die Bedeutung dieses Prozesses für die europäischen Nationalstaaten ist unter Historikern umstritten: Während etwa für Walter Lipgens die partielle Überwindung des Nationalstaats ein wesentliches Motiv der europäischen Integration bildete (Lipgens 1977), deutet Alan S. Milward diese als Rettungsinstrument der traditionellen Nationalstaaten, die sich nach 1945 unlösbaren ökonomischen und politischen Herausforderungen gegenübergesehen hätten (Milward u. a. 1994).

Europäische Einigungspläne hatten bereits in der Zwischenkriegszeit existiert. Im Zweiten Weltkrieg spielten sie insbesondere im nichtkommunistischen Widerstand gegen den Nationalsozialismus eine wichtige Rolle (Lipgens 1968), neben der Wiederherstellung des Nationalstaats und der Bestrafung Deutschlands (Lagrou 2000). Die frühen Europapläne unterschieden sich hinsichtlich der geografischen Reichweite sowie der Balance zwischen nationalstaatlicher Souveränität und der Übertragung von Souveränitätsrechten auf europäische Institutionen. Die „Unionisten" wünschten ein vereinigtes Europa als Ergebnis einer Zusammenarbeit nationaler Regierungen, die „Föderalisten" hingegen die Übertragung nationaler Souveränitätsrechte auf supranationale, europäische Institutionen.

In den ersten Nachkriegsjahren formierten sich verschiedene politische Bewegungen für die Einigung (West-)Europas. Die föderalistische Union Européenne des Fédéralistes (UEF) entsprach dem französischen Interesse an der Schaffung überstaatlicher Institutionen zur Kontrolle Deutschlands durch Integration. Das unionistische United Europe Movement (UEM) stand dagegen britischen Vorstellungen einer engen Zusammenarbeit souveräner europäischer Nationalstaaten nahe. Eine gemeinsame Konferenz dieser beiden Gruppierungen, die im Frühjahr 1948 unter dem Ehrenvorsitz Winston Churchills in Den Haag veranstaltet wurde, führte letztlich 1949 zur Gründung des Europarats. Mit dieser europäischen Organisation hatten die zehn

Europakonzeptionen

Europapläne

„Unionisten" und „Föderalisten"

Politische Bewegungen

Gründerstaaten eine intergouvernementale Institution geschaffen. Oberstes Organ des in Straßburg tagenden Europarats war ein Ministerkomitee, dem eine beratende Versammlung Berichte und Empfehlungen vorlegen konnte. Zwar konnte der Europarat keine die einzelnen Mitgliedstaaten bindenden Beschlüsse fassen, doch beförderte er „ein spezifisches ‚europäisches Milieu'" und erwarb sich „große Verdienste um ein gemeinsames Rechtsverständnis und eine ähnliche Rechtsausübung seiner Mitgliedstaaten" (Brunn 2002, S. 67) (→ KAPITEL 10.1). Anfänglich handelte es sich um eine rein „westliche" Institution, in die die Bundesrepublik 1951 aufgenommen wurde. Nach dem politischen Umbruch von 1989/90 wurde der Europarat aber zu einem wichtigen Instrument der schrittweisen Einbeziehung der „östlichen" Staaten in die europäische politische Integration.

Europarat

Während die Sowjetunion bei ihrem anfänglichen Misstrauen gegen europäische Integrationsbewegungen blieb, unterstützten die USA seit 1947 (west-)europäische Zusammenschlüsse. Um ein weiteres Vordringen des Kommunismus in Europa zu verhindern, drängten die USA die Europäer zu engerer wirtschaftlicher und politischer Zusammenarbeit. Zum Hauptinstrument wurde der im Juni 1947 angekündigte Marshallplan (→ KAPITEL 3.1). Die Teilnehmerländer an diesem wirtschaftlichen Wiederaufbauprogramm wurden verpflichtet, die Verteilung der Mittel gemeinsam zu organisieren. Zu diesem Zweck gründeten 1948 16 Staaten die Organisation for European Economic Cooperation (OEEC; Organisation für wirtschaftliche Zusammenarbeit in Europa), in der Westdeutschland anfänglich treuhänderisch durch die drei Besatzungsmächte vertreten wurde. Die OEEC war jedoch keine supranationale, sondern eine zwischenstaatliche Institution, die einstimmige Entscheidungen zur Verteilung der amerikanischen Hilfsmittel durch die Vertreter der beteiligten Regierungen traf.

Marshallplan

OEEC

Bei den Anfängen der westeuropäischen Integration spielten Ängste vor einem Wiedererstarken Deutschlands sowie vor einer Expansion der Sowjetunion gleichermaßen eine Rolle. Der Marshallplan sollte den Nachbarländern Westdeutschlands dessen Wiederaufstieg erträglich machen und zugleich eine Immunisierung Westeuropas vor dem Kommunismus bewirken. Eine solche doppelte Blickrichtung auf Deutschland und die Sowjetunion galt zunächst auch für den am 17. März 1948 durch Frankreich, Großbritannien und die Benelux-Staaten unterzeichneten „Brüsseler Pakt", der eine automatische Beistandspflicht im Falle eines militärischen Angriffs auf einen der

Brüsseler Pakt

Bündnisstaaten vorsah. Mit der Gründung des Nordatlantikpakts NATO (North Atlantic Treaty Organization) wurde aber die westeuropäische militärische Integration bereits 1949 um eine transatlantische Komponente verstärkt (→ KAPITEL 3.1).

NATO

Die westeuropäische Zusammenarbeit verhinderte immer stärker eine diskriminierende Behandlung der Bundesrepublik durch direkte Kontrollen der deutschen Wirtschaft. Am 9. Mai 1950 versuchte der französische Außenminister Robert Schuman, die Deutschlandpolitik seiner Regierung aus dieser Sackgasse zu befreien: In einer Erklärung schlug er eine supranationale Institution zur gemeinsamen Kontrolle der deutsch-französischen Kohle- und Stahlindustrie vor. Dieser sektorale Integrationsschritt sollte das Dilemma zwischen Bedürfnissen nach Sicherheit und ökonomischer Entwicklung beseitigen sowie den sich auflösenden französischen Kolonialbesitz in eine europäische Entwicklungsperspektive einbinden. Der kontrovers diskutierte Schuman-Plan führte 1952 zur Etablierung der Europäischen Gemeinschaft für Kohle und Stahl (EGKS), an der neben Frankreich und Deutschland auch Italien sowie die Beneluxstaaten teilnahmen. Der französische Wirtschaftsfachmann Jean Monnet wurde der erste Präsident der nach supranationalen Prinzipien organisierten Hohen Behörde der Montanunion.

Schuman-Plan

Gründung der Montanunion

Versuche, das Modell der sektoralen Integration auf weitere Bereiche auszudehnen, waren zwar weniger erfolgreich, blieben aber nicht folgenlos. Das galt insbesondere für das Projekt einer Europäischen Verteidigungsgemeinschaft (EVG), mit der die französische Regierung im Oktober 1950 die Wiederbewaffnung Westdeutschlands in eine politisch annehmbare Form bringen wollte. Vorgesehen war die Integration kleiner Einheiten deutscher Soldaten in eine unter europäischem Kommando stehende Armee. Dies wurde mit dem gleichfalls von Paris lancierten Projekt einer Europäischen Politischen Gemeinschaft (EPG) verknüpft, die das politische Dach über der Montanunion und der EVG bilden sollte. Beide Projekte scheiterten aber 1954 an der Ablehnung durch die französische Nationalversammlung.

Scheitern von EVG und EPG

Diesen Misserfolgen setzte eine Außenministerkonferenz der sechs Montanunionländer im italienischen Messina 1955 eine Initiative zur Vertiefung der westeuropäischen Integration entgegen. In ihrem Abschlusskommuniqué forderten sie einen Ausbau der Zusammenarbeit im Bereich des Verkehrs und der Energie sowie die Herstellung eines gemeinsamen Marktes. Die alte Frage, wie viel Souveränität die Nationalstaaten an eine supranationale Autorität abzugeben bereit wa-

Messina-Konferenz

ren, stellte sich hier vor allem in Form einer Auseinandersetzung um eine liberale oder dirigistische Ausgestaltung des vorgesehenen europäischen Marktes. Die Messina-Beschlüsse bildeten die Grundlage eines Vertragswerks, das die sechs Montanunionländer am 25. März **Römische Verträge** 1957 in Rom feierlich unterzeichneten. Die Römischen Verträge sahen eine Europäische Wirtschaftsgemeinschaft (EWG) sowie eine europäische supranationale Atombehörde vor. Die Europäische Atomgemeinschaft (EURATOM) war als ein weiterer sektoraler Integrationsschritt nach dem Modell der Montanunion geplant. Dage-**EWG** gen setzte die 1958 gegründete EWG auf horizontale Integration: Ziel war die Herstellung eines gemeinsamen Marktes mittels einer Zollunion und der Angleichung der Produktionsbedingungen. Die Institutionen der EWG wurden weitgehend der Montanunion entlehnt. Neben der supranational geprägten Kommission stand als intergouvernementales Element ein von den Außenministern der Mitgliedsstaaten gebildeter Rat; hinzu kamen zwei von der Montanunion übernommene Institutionen: die Versammlung als Vorstufe eines europäischen Parlaments sowie der Europäische Gerichtshof.

Die Etablierung der EURATOM und vor allem der EWG fand zahlreiche Kritiker. Gingen den einen die Integrationsschritte nicht weit genug, befürchteten die anderen den Verlust nationaler Souveränität. Zudem brachte der Abbau der Zollmauern innerhalb der EWG für die außerhalb verbliebenen Staaten große Wettbewerbsnachteile auf diesem Markt mit sich. Auf Betreiben Großbritanniens **European Free Trade** entstand deshalb 1960 mit der European Free Trade Association **Association** (EFTA) mit Sitz in Genf eine alternative Struktur des wirtschaftlichen Zusammenschlusses, die auf Freihandel und Beibehaltung nationaler Selbstständigkeit setzte. Zu den anfänglich sieben Mitgliedern, die im Handel untereinander schrittweise die Zölle beseitigten, gehörten zunächst neben Großbritannien auch Dänemark, Norwegen, Österreich, Portugal, Schweden und die Schweiz. Später kamen Finnland und Island hinzu. Alle diese Länder wollten „keine Einschränkung ihrer wirtschaftspolitischen Souveränität und keine Beeinflussung der nationalen Wirtschafts- und Sozialpolitik von außen dulden" (Brunn 2002, S. 136). Trotz einiger wirtschaftlicher Erfolge erwies sich die EFTA jedoch langfristig als das weniger attraktive Modell: Im Laufe der kommenden Jahrzehnte traten die meisten ursprünglichen EFTA-Mitglieder der EWG bzw. ihren Nachfolgeinstitutionen bei.

4.2 „Sozialistische Integration"? Der RGW

Auch im sowjetischen Machtbereich entwickelten sich Formen engerer wirtschaftlicher und politischer Zusammenarbeit. Als Reaktion
auf den Marshallplan und die OEEC wurde im Januar 1949 der Rat
für gegenseitige Wirtschaftshilfe (RGW) gegründet. Anfänglich gehörten ihm die Sowjetunion, Polen, Rumänien, Bulgarien und die
Tschechoslowakei an, 1950 wurde die DDR zum Vollmitglied. 1960
kamen die Mongolei, 1972 Kuba und 1978 Vietnam hinzu. Zwar
reagierte der RGW auf die Entwicklungen der westeuropäischen Integration, doch zeigen sich sowohl geografisch als auch strukturell
beträchtliche Differenzen zur EWG. Erstens war die Sowjetunion als
die östliche Führungsmacht unmittelbar einbezogen. Zweitens setzte
der RGW anstelle eines gemeinsamen Marktes auf arbeitsteilige Produktion und Koordination der nationalen Wirtschaftspläne. Und
drittens verfolgte er keinen supranationalen Ansatz, sondern versuchte souveräne Volkswirtschaften zu koordinieren. Die wirtschaftlichen
Austauschbeziehungen wurden weitgehend bilateral organisiert. Zusammenarbeit, nicht Integration war also zunächst das Ziel.

Rat für gegenseitige Wirtschaftshilfe

Ohne Zweifel war der RGW ursprünglich als ein Instrument zur Sicherung der sowjetischen Hegemonie konzipiert und bildete damit später das ökonomische Gegenstück zum 1955 gegründeten Warschauer
Pakt, der den Ostblock militärisch zusammenschloss. Während der
Warschauer Pakt in letzterer Hinsicht sehr effektiv funktionierte, wie
beispielsweise die gemeinsame militärische Intervention in der Tschechoslowakei 1968 zeigte (→ KAPITEL 11.2), fällt das Urteil über den RGW
ambivalenter aus. Zwar ermöglichte er der Sowjetunion, die teilneh-
menden Länder ökonomisch auf die eigenen Bedürfnisse hin auszurichten, wodurch diese ihre Außenhandelsbeziehungen zum Westen stark
reduzieren mussten. Zugleich nahm der „Handel zwischen jedem osteuropäischen Land und der Sowjetunion [...] zu, während die Verbindungen unter den osteuropäischen Ländern geschwächt wurden" (Fallenbuchl 1987/88, S. 108). Das Interesse an der Herrschaftsstabilisierung
im sowjetischen Machtbereich setzte allerdings der ökonomischen Ausbeutung Grenzen: So subventionierte die Sowjetunion ihre Satellitenstaaten lange Zeit in erheblichem Maße durch Rohstofflieferungen
unter Weltmarktpreisniveau (→ KAPITEL 5.3). Dieser scheinbare Vorteil
führte langfristig dazu, dass diese Länder auf Dauer international weniger wettbewerbsfähig wurden.

Sowjetische Hege-
monie im Ostblock

Ausbeutung und Subventionierung

Auch bei der Gestaltung des institutionellen Rahmens des RGW
konnte die Sowjetunion ihre Vorstellungen nur begrenzt durchsetzen:

Nachdem der RGW in den ersten Jahren kaum mehr als bilaterale Handelsabkommen auf den Weg gebracht hatte, versuchte der sowjetische Partei- und Regierungschef Nikita S. Chruschtschow Anfang der 1960er-Jahre, eine supranationale sozialistische Planwirtschaft durchzusetzen. Dies entsprach auch den Interessen stärker industrialisierter und konkurrenzfähigerer RGW-Staaten wie der DDR und der Tschechoslowakei, aber auch Polens und Ungarns. Das Vorhaben scheiterte jedoch vor allem am Widerstand Rumäniens und Bulgariens, die befürchteten, ihre eigenen Industrialisierungspläne opfern zu müssen und dauerhaft Rohstoff- und Nahrungsmittellieferanten zu bleiben. Die stattdessen 1962 eingeführten „Grundprinzipien der internationalen sozialistischen Arbeitsteilung" setzten als Kompromisslösung lediglich auf Koordinierung der Volkswirtschaftspläne statt auf gemeinsame Wirtschaftsplanung (Herbst 1998, S. 141–148).

"Internationale sozialistische Arbeitsteilung"

Zu den Konflikten zwischen den industriell höher und niedriger entwickelten RGW-Staaten kam schließlich auch das Problem, dass die Adaption von Elementen des westlichen Modells der ökonomischen Integration in den Augen mancher Hardliner den Primat der Planwirtschaft infrage zu stellen drohte. Deshalb blieb es lediglich bei vorsichtigen Schritten auf dem weiteren Weg zu einer „sozialistischen Integration", wie es seit Mitte der 1960er-Jahre hieß (Herbst 1998, S. 149f.). 1971 folgte als Reaktion auf weitere Fortschritte der westeuropäischen Integration das „Komplexprogramm für die weitere Vertiefung und Vervollkommnung der Zusammenarbeit und Entwicklung der sozialistischen ökonomischen Integration der Mitgliedsländer des RGW", das die sozialistische Arbeitsteilung intensivieren sollte. Verstärkt wurde die Konzentration bestimmter Industrien in ausgewählten RGW-Staaten gefördert. Unter der Ägide des sowjetischen Staats- und Parteichefs Michael S. Gorbatschow wurde schließlich 1988 noch einmal ein neuer Reformanlauf unternommen, der einen „Gemeinsamen sozialistischen Markt" schaffen sollte.

"Komplex- programm" 1971

Allerdings überlebte der RGW ebenso wie sein militärisches Gegenstück – der Warschauer Pakt – den 1989 einsetzenden Kollaps des Sowjetimperiums schließlich nur um zwei Jahre. Damit blieb er bis zu seinem Ende ein Zweckbündnis zur Koordinierung sozialistischer Volkswirtschaften. Der RGW vertiefte die ökonomische und politische Spaltung Europas und den ökonomischen Rückstand des „Ostens". Doch lagen die Ursachen dafür zum Teil auch im größeren Ausmaß der Kriegszerstörungen und in der westlichen Embargopolitik begründet. Jenseits des wirtschaftlichen Misserfolges war es dem RGW zudem niemals geglückt, eine eigene, supranationale Identität

RGW und „Europa"

zu entwickeln oder gar in einer Weise mit „Europa" gleichgesetzt zu werden, wie es den Institutionen der westeuropäischen Integration gelang.

4.3 Ausweitung und Vertiefung der Westintegration

Seit den Römischen Verträgen standen die Umsetzung und der Ausbau der westeuropäischen Integration im Zeichen des Konflikts von Erweiterung und Vertiefung der Zusammenarbeit. Immer wieder kollidierte der weitere Ausbau supranationaler Institutionen mit Forderungen nach verstärkter intergouvernementaler Zusammenarbeit. Frankreich beheimatete mit Jean Monnet einen der Hauptbefürworter stärkerer supranationaler Integration und zugleich mit Präsident Charles de Gaulle den Wortführer eines von den USA unabhängigen „Europas der Vaterländer" unter französischer Führung. Auch Großbritannien setzte auf intergouvernementale Strukturen, verband dies aber mit einer engen Bindung an das Commonwealth und die USA. In der Bundesrepublik stritten sich schließlich „Gaullisten" und „Atlantiker" um eine stärkere Bindung an Frankreich oder die USA.

Erweiterung oder Vertiefung?

Die Bilanz bei der Umsetzung der Römischen Verträge fällt gemischt aus: Die EURATOM verfehlte die in sie gesetzten Erwartungen. Teils überwogen nationale Einzelinteressen – wie der französische Wunsch zum Aufbau einer eigenen Atomstreitmacht –, teils durchkreuzte der unerwartete Aufschwung des Erdöls als Hauptenergieträger die erhoffte Dynamik dieses sektoralen Integrationsschrittes (→ KAPITEL 13.1). Überraschend erfolgreich verlief dagegen der Abbau der Zollschranken für gewerbliche Güter innerhalb der EWG, der sogar schneller als geplant verwirklicht werden konnte: Seit 1968 existierte eine Zollunion. Erheblich schwieriger war dagegen die Einbeziehung der Landwirtschaft in den gemeinsamen Markt. Das 1960 beschlossene System der Gemeinsamen Agrarpolitik (GAP) bediente vor allem das französische Interesse an Agrarexporten. Umgekehrt profitierte besonders die Bundesrepublik von der Liberalisierung der industriellen Exporte. Die GAP schuf einen durch Zollschranken nach außen abgeschotteten und nach innen durchlässigen Raum für den Handel mit Agrarprodukten. Innerhalb dieser Marktordnung wurden die Preise durch kostspielige Subventionen über das Weltmarktniveau angehoben. Die Folge waren dramatische Produktionssteigerungen, die seit Ende der 1970er-Jahre zu unverkäuflichen

EURATOM

Zollunion

Gemeinsame Agrarpolitik

Überschüssen führten. Damit war zwar der vor noch nicht allzu langer Zeit auch in Europa immer wieder auftretende Lebensmittelmangel überwunden und den verbliebenen Landwirten eine gesicherte Existenz verschafft worden. Die Kehrseite bildeten jedoch „Butter- und Schweineberge" sowie „Milch- und Weinseen", die erst in jüngster Zeit beseitigt wurden.

Finanzierungsfragen der Landwirtschaft führten 1965 zur „Krise des leeren Stuhls": Frankreich blockierte ein Jahr lang durch seine Abwesenheit die Institutionen der EWG, um auf diese Weise Neuordnungspläne zur Finanzierung der GAP zu verhindern. Die Umsetzung der Pläne hätte neben einer Erhöhung der Zuwendungen für die Landwirtschaft einen Kompetenzzuwachs der Kommission und des Parlaments mit sich gebracht. Die Krise konnte schließlich durch das Zugeständnis überwunden werden, dass der Ministerrat künftig de facto nur noch einstimmige Beschlüsse fassen durfte, womit das Prinzip der Supranationalität einen empfindlichen Rückschlag erlitten hatte.

Dieser Konflikt gehörte in eine Reihe von Auseinandersetzungen, die der französische Präsident de Gaulle in seiner Amtszeit (1958– 69) um die Machtverteilung in der EWG führte. Mehrfach blockierte er das 1961 erstmals gestellte Aufnahmegesuch Großbritanniens, das erst 1973 Mitglied der Europäischen Gemeinschaften (EG) wurde, wie EWG, EGKS und EURATOM seit dem Fusionsvertrag von 1965 offiziell genannt wurden. Mit der Aufnahme Dänemarks und Irlands – in Norwegen scheiterte die EG-Mitgliedschaft an einem negativen Plebiszit (Volksabstimmung) – war 1978 die „Norderweiterung" abgeschlossen. Dabei blieb die Frage ungeklärt, ob „der Integrationsprozess in Richtung einer konföderalen, also staatenbündischen, oder föderalen, also bundesstaatlichen Entwicklung verlaufen" sollte (Elvert 2006, S. 87).

Norderweiterung

Vor dem Hintergrund einer seit den 1970er-Jahren immer lauter werdenden Kritik an der Stagnation des Integrationsprozesses, die im Begriff der „Eurosklerose" zugespitzt wurde, entwickelte sich die EG laufend institutionell fort. Dabei wurden die Rechte der nationalen Regierungen gestärkt. Die 1970 beschlossene Europäische Politische Zusammenarbeit (EPZ) intensivierte die regelmäßigen Konsultationen der Staats- und Regierungschefs, die seit 1974 auch zu einer eigenen Institution, dem Europäischen Rat, aufgewertet wurden. Dieser stärkte zugleich das intergouvernementale gegenüber dem in der Kommission verankerten supranationalen Prinzip. An dieser Aufwertung der nationalen Regierungen konnten auch die seit 1979 alle

„Eurosklerose" und institutionelle Fortentwicklung

fünf Jahre in sämtlichen Mitgliedsstaaten abgehaltenen direkten Wahlen der Abgeordneten des Europäischen Parlaments wenig ändern.

Inmitten ständiger Auseinandersetzungen über die institutionelle Reform der EG leistete sie auf verschiedenen Politikfeldern Beträchtliches. Sie schuf durch den gemeinsamen Markt die Voraussetzungen für starkes Wirtschaftswachstum, stabilisierte landwirtschaftliche Einkommen und mitunter, wie beim KSZE-Prozess (→ KAPITEL 3.3), gelang es sogar, außenpolitisch mit gemeinsamer Stimme aufzutreten. Wichtig war auch ihr Beitrag zur Stabilisierung des internationalen Währungssystems, mit dem sie auf den Zusammenbruch des Bretton-Woods-Systems und die Folgen des Ölpreisschocks reagierte (→ KAPITEL 5.3). Bereits in den 1970er-Jahren war nach Antworten auf die Herausforderung der liberalisierten Finanzmärkte gesucht worden. 1979 wurde dann mit dem Europäischen Währungssystem (EWS) ein System stabiler Wechselkurse institutionalisiert, das die Währungsschwankungen innerhalb eines vorgegebenen Rahmens begrenzte. Die Bemühungen zur Stabilisierung des Währungssystems mündeten schließlich 2002 in die Einführung des Euro als gemeinsame Währung.

Hinzu kommt die große Bedeutung der EG für die Festigung der jungen Demokratien in Südeuropa, die seit dem Sturz der autoritären Regimes in Spanien, Portugal und Griechenland entstanden waren. Die in den Jahren von 1981 bis 1986 unternommene Süderweiterung, die ein Bündnis von nunmehr zwölf Staaten schuf, förderte nicht nur die wirtschaftliche Entwicklung dieser Regionen, sondern trug auch zur Stabilisierung des politischen Wandels bei. Wie schon bei der Norderweiterung war die Beitrittsmotivation der südlichen Länder vor allem ökonomisch geprägt. Der Europaenthusiasmus der frühen Nachkriegsjahre war meist rasch verflogen.

Die verbreitete Ernüchterung über die politische Erschöpfung der Europäischen Gemeinschaften führte zu verschiedenen Anläufen, um diese Stagnation in einer weitergehenden Integration zu überwinden. Trotz der Widerstände mancher Länder, denen eine Vertiefung von Gemeinschaftsstrukturen nicht geheuer war, konnte 1987 die Einheitliche Europäische Akte (EEA) in Kraft treten. Damit wurde eine erste Grundrevision der Römischen Verträge geschaffen und zugleich die EPZ stärker institutionalisiert. Gemeinsames Ziel von EEA und EPZ sollte es sein, „zu konkreten Fortschritten auf dem Wege zur Europäischen Union beizutragen" (Einheitliche Europäische Akte 1986, Titel 1, Art. 11986). Während die in der EEA vorgesehene Vollendung des gemeinsamen Marktes künftig eine supranationale wirtschafts-

Politikfelder der EG

Europäisches Währungssystem

Süderweiterung

Einheitliche Europäische Akte

Gemeinsamer Markt

politische Kooperation mit sich brachte, folgte die „außen- und sicherheitspolitische Zusammenarbeit der EPZ hingegen stärker inter-gouvernementalen Prinzipien" (Mittag 2008, S. 201). Die Grund-spannung zwischen Erweiterung und Vertiefung war also in einen Kompromiss gefasst worden, der zwar einen weiteren institutionellen Ausbau zuließ, aber nur schlecht auf die bevorstehende weitere Aus-dehnung der Gemeinschaft vorbereitete.

4.4 Die Osterweiterung der Europäischen Union

Die mit der Einheitlichen Europäischen Akte zum Ziel erhobene Wei-terentwicklung des gemeinsamen Marktes sowie die europäische Wirtschafts- und Währungseinheit wurden seit 1989/90 durch die
Auflösung des
sowjetischen
Imperiums
Auflösung des sowjetischen Imperiums vor völlig neue Herausforde-rungen gestellt. Der Konflikt von Erweiterung und Vertiefung ver-schärfte sich weiter, und auch das Ziel und die Grenzen der Gemein-schaft waren immer schwerer zu fassen. Gleichzeitig wurde die Sorge der europäischen Nachbarländer vor dem Übergewicht des seit 1990 vereinigten Deutschland zu einem wichtigen Motiv, um die europä-ische Integration weiter voranzutreiben.

Ein zentrales Problem bei den Verhandlungen im Gefolge der EEA bildete das Verhältnis zwischen dem Ausbau der Währungs- und Wirtschaftseinheit und dem Aufbau einer Politischen Union. Frank-reich lag besonders Ersteres am Herzen, wohingegen die Bundesre-publik die politischen Akzente gerade andersherum setzte. Aus jahre-langen Beratungen und Konferenzen resultierte schließlich 1992 das Vertragswerk von Maastricht. Der Vertrag über die Europäische
Maastrichter Vertrag
über die Europäische
Union
Union steigerte die Komplexität der Gemeinschaftskonstruktion auf ein nur noch schwer nachvollziehbares Maß, was sich gerade im Hinblick auf die öffentliche Akzeptanz als immer größeres Problem erwies. Nach dem sogenannten Tempelmodell sollte die Europäische Union (EU) aus drei Säulen bestehen: In der ersten Säule fanden sich die bisherigen Europäischen Gemeinschaften (EG), hinzu kamen als zweite Säule als Nachfolgerin der EPZ die Gemeinsame Außen- und Sicherheitspolitik (GASP) sowie als dritte Säule die Zusammenarbeit im Bereich Justiz und Inneres (ZJI). Wurden in der ersten Säule, in der vor allem die gemeinsame Wirtschafts- und Währungspolitik ent-halten war, supranationale Ansätze fortgeführt, herrschte in der zwei-ten und dritten Säule das intergouvernementale Prinzip der Zusam-menarbeit nationaler Regierungen.

Neben der Einführung einer gemeinsamen Währung waren mit dem Vertrag von Maastricht auch Schritte beschlossen worden, welche die Legitimität der europäischen Institutionen vergrößern sollten. Aber gerade der Zuwachs an Gemeinschaftsrechten gegenüber den Nationalstaaten mobilisierte in verschiedenen Ländern wachsenden Widerstand bei den politischen Eliten wie bei der Bevölkerung. Die verbreiteten Bedenken gegenüber der Einführung des Euro bilden nur ein Beispiel. Die äußerst schwierige Ratifizierung des Vertrags vor allem in Dänemark, Frankreich, Großbritannien und auch in Deutschland bot damit bereits einen Vorgeschmack auf künftige Probleme dieser Art. Nach dem Ende des Kalten Krieges entwickelte sich eine ambivalente Situation: Das Beitrittsbegehren zahlreicher Länder sprach für die Attraktivität einer EU-Mitgliedschaft, die allerdings, wie bereits bei den früheren Beitrittswellen, hauptsächlich ökonomisch motiviert war. Auf der anderen Seite wuchs in allen EU-Staaten der Unmut gegen immer neue Erweiterungsrunden, der mit wachsender Kritik an der „Brüsseler Bürokratie" einherging. Erweiterung und Vertiefung der EU wurden so gleichermaßen zum Problem.

Widerstand gegen die Vertiefung

Seit den 1990er-Jahren erfolgten deshalb immer neue Reformanläufe, die eine Antwort auf das Problem zu finden suchten, wie eine Konstruktion, die ursprünglich für sechs Mitglieder konzipiert worden war, perspektivisch für bis zu 30 EU-Mitgliedsstaaten passend gemacht werden könne. In den Verträgen von Amsterdam (1997) und Nizza (1999) wurden institutionelle Reformen beschlossen, welche die EU in die Lage versetzen sollten, auch angesichts einer stark angestiegenen Mitgliederzahl entscheidungsfähig zu bleiben. Hierzu mussten insbesondere schwierige Kompromisse über die finanziellen Regelungen und die Machtverteilung gefunden werden, was sich in Auseinandersetzungen über die Stimmenverteilung sowie über die Bedingungen von Mehrheitsentscheidungen niederschlug.

Institutionelle Reformen

Verträge von Amsterdam und Nizza

In Amsterdam wurde zudem beschlossen, das ursprünglich 1985 von Deutschland, Frankreich, Belgien, Niederlande und Luxemburg abgeschlossene Schengener Abkommen in den Rechtsrahmen der EU einzufügen. Damit entfielen innerhalb des dadurch begrenzten Raumes, der heute fast alle Mitgliedsländer der EU sowie Island, Norwegen und die Schweiz umfasst, Personenkontrollen beim Grenzübertritt. Es entstand ein offener europäischer Bewegungsraum, der zugleich durch verschärfte Kontrollen an den Außengrenzen konstituiert wurde. Diese bekamen vor allem Flüchtlinge zu spüren, was heftige Kritik von Menschenrechtsorganisationen hervorrief (→ KAPITEL 6.3).

Schengener Abkommen

Je größer die EU wurde, desto problematischer waren die Folgen einer Nichtmitgliedschaft für die Anrainerstaaten. So wurden in einer *Beitritt neuer* ersten Beitrittsrunde nach dem Ende des Kalten Krieges diejenigen *Mitglieder* Staaten, die sich bislang aufgrund ihrer Neutralitätspolitik von der EU ferngehalten hatten, auf ihren Wunsch hin aufgenommen. 1995 kamen Finnland, Österreich und Schweden hinzu, während in Norwegen nach erfolgreichen Beitrittsverhandlungen abermals ein Referendum den Beitritt verhinderte. Damit war die EU bereits auf einen Kreis von 15 Staaten angewachsen. Weitaus größer waren jedoch die Herausforderungen, die aus den Beitrittsverhandlungen mit mittelosteuropäischen Staaten resultierten.

Im Gegensatz zu den bisherigen Neumitgliedern hatten diese Staaten zuvor weder kompatible Rechts- noch Wirtschaftsordnungen und wiesen zudem ein erheblich niedrigeres Wohlstandsniveau auf. Dem Beitritt ging daher ein oftmals mühsamer und langwieriger Angleichungsprozess voraus. Dazu gehörte die Übernahme vieler Tausend Rechtsvorschriften der EU in das nationale Recht. In den bisherigen *Osterweiterung* Mitgliedsstaaten wurde die Osterweiterung zum Teil mit Sorge vor einer künftigen Konkurrenz um EU-Fördermittel oder auch vor einer „Überschwemmung" durch „Wohlstandsflüchtlinge" betrachtet. Den Sorgen der Altmitglieder vor den Folgen der Freizügigkeit der Arbeitskräfte stand umgekehrt oftmals die Sorge der Beitrittskandidaten vor der Freizügigkeit des Kapitals entgegen: Die einen fürchteten die Konkurrenz billiger Arbeitskräfte, die anderen den Ausverkauf ihrer Länder. 2004 wurden neben Malta und Zypern auch Estland, Lettland, Litauen, Ungarn, Tschechien, die Slowakei, Polen und Slowenien aufgenommen, 2007 folgten Bulgarien und Rumänien, womit die EU auf 27 Mitgliedsstaaten anwuchs.

Anfang dieses Jahrtausends wurde aus der Reform- eine Verfassungsdebatte: 2004 unterzeichneten die Staats- und Regierungschefs *Europäische* der EU-Staaten in Rom den Entwurf eines „Vertrages über eine Ver- *Verfassung* fassung für Europa". Dadurch sollten die bisherigen Institutionen der EU und EG, die seit dem Maastrichter Vertrag in einem komplizierten Nebeneinander existierten, unter einem gemeinsamen Dach zusammengeführt werden. Allerdings wurde der Verfassungsentwurf kaum als jener Ausgleich von Kompetenzzuwachs der EU und größerer Bürgernähe akzeptiert, als der er sich präsentierte. Aufgrund ablehnender Referenden in Frankreich und den Niederlanden wurde über das Projekt zunächst ein Moratorium verhängt. Mit dem Ende *Lissabon-Vertrag* 2009 in Kraft getretenen Vertrag von Lissabon wurde schließlich ein

Neuanlauf gewagt, der bei einigen Einschnitten zumindest die Grundsubstanz der Verfassung retten sollte.

Ungeachtet dieser Dauerkrise entfaltete die EU weiterhin außerordentlich große Wirksamkeit. Ihre Gesetzgebung hat mittlerweile eine Regelungsdichte erreicht, die tief in zahlreiche Angelegenheiten der nationalen Einzelstaaten eingreift. Und schließlich wurde sie im ersten Jahrzehnt des neuen Jahrtausends sogar militärisch aktiv, wobei sie sich allerdings weiterhin auf die nationalen Armeen ihrer Mitgliedsstaaten stützt: Weitgehend unbeachtet von der Öffentlichkeit unternahm die Europäische Sicherheits- und Verteidigungspolitik (ESVP) seit 2003 zahlreiche Militär- und Polizeiaktionen in aller Welt. Die Ambivalenz in der Beurteilung der EU zeigt sich jedoch auch daran, dass gerade diese Bereiche erfolgreicher Gestaltung stets Hauptansatzpunkte für einen EU-kritischen Dauerdiskurs bilden.

Europäische Sicherheits- und Verteidigungspolitik

Weder ist damit zum gegenwärtigen Zeitpunkt klar, wo die künftigen Grenzen der nunmehr nicht mehr länger allein westeuropäischen Integration liegen werden, noch wo sie enden wird. Sicher scheint nur, dass sie nicht zur Abschaffung der Nationalstaaten in Europa führen wird, sondern zu einem komplexen Gewebe zwischen europäischen, nationalen und regionalen politischen Institutionen. Ausgehend von einer westeuropäischen Sechsergemeinschaft entstand hier im Laufe der folgenden Jahrzehnte ein Institutionengeflecht, das zunehmend mit Europa identifiziert wurde. Kein EU-Mitglied zu sein, zieht nicht nur ökonomische Nachteile nach sich, sondern wird mittlerweile oft mit der Nichtzugehörigkeit zu Europa gleichgesetzt. Damit hat die westeuropäische Integration langfristig in erheblichem Maße zur Umgestaltung der europäischen Landkarte beigetragen. Die Grenzen Europas werden dabei, symbolisiert durch das Schengener Abkommen und bewacht durch die 2004 gegründete FRONTEX (Europäische Agentur für die operative Zusammenarbeit an den Außengrenzen), immer mehr zu einer bewehrten Grenze zwischen Wohlstand und Armut (→ KAPITEL 6.3).

Grenzen und Finalität

Fragen und Anregungen

- Erläutern Sie die Motive der Akteure, die hinter den konkurrierenden Ansätzen einer europäischen Integration standen.

- Erklären Sie, wie sich das Verhältnis zwischen supranationalen Institutionen und intergouvernementaler Zusammenarbeit wandelte.

- Stellen Sie dar, wie die europäische Integration das Verhältnis zu den nicht beteiligten Ländern veränderte.

Lektüreempfehlungen

Quellen
- Curt Gasteyger (Hg.): Europa von der Spaltung zur Einigung. Darstellung und Dokumentation 1945–2000, Bonn 2001.

- Walter Lipgens (Hg.): 45 Jahre Ringen um eine europäische Verfassung. Dokumente 1939–1984. Von den Schriften der Widerstandsbewegung bis zum Vertragsentwurf des Europäischen Parlaments, Bonn 1986.

- Alexander Uschakow (Hg.): Integration im RGW (Comecon). Dokumente, Baden-Baden 1983.

Forschung
- Gerhard Brunn: Die Europäische Einigung von 1945 bis heute, Stuttgart 2002. *Umfangreiche Darstellung mit nützlichem Quellenteil.*

- Jürgen Elvert: Die europäische Integration, Darmstadt 2006. *Kompakte Einführung in die politische Geschichte der europäischen Integration.*

- Franz Knipping: Rom, 25. März 1957. Die Einigung Europas, München 2004. *Ausführliche politikgeschichtliche Einführung.*

- Jürgen Mittag: Kleine Geschichte der Europäischen Union. Von der Europaidee bis zur Gegenwart, Münster 2008. *Kompakte Analyse, die auch in konkurrierende Interpretationen der europäischen Integration einführt.*

- Frank F. Pfetsch: Die Europäische Union. Geschichte, Institutionen, Prozesse, München 2005. *Handbuchartige Übersicht, die sich gut als Nachschlagewerk eignet.*

5 Wirtschaftliche Konjunkturen und Zäsuren

	1820–1870	1870–1913	1913–1950	1950–1973	1973–2000
Zwölf westeuropäische Länder					
Österreich	0.7	1.5	0.2	4.9	2.2
Belgien	1.4	1.0	0.7	3.5	2.0
Dänemark	0.9	1.6	1.6	3.1	1.9
Finnland	0.8	1.4	1.9	4.3	2.2
Frankreich	0.8	1.5	1.1	4.0	1.7
Deutschland	1.1	1.6	0.3	5.0	1.6
Italien	0.6	1.3	0.8	5.0	2.1
Niederlande	1.1	0.9	1.1	3.4	1.9
Norwegen	0.5	1.3	2.1	3.2	2.9
Schweden	0.7	1.5	2.1	3.1	1.5
Schweiz	NA	1.5	2.1	3.1	0.7
Großbritannien	1.2	1.0	0.8	2.5	1.9
Durchschnitt[a]	**1.0**	**1.3**	**0.8**	**4.0**	**1.8**
Fünf Länder der europäischen Peripherie					
Griechenland	NA	NA	0.5	6.2	1.7
Irland	1.2	1.0	0.7	3.1	4.3
Portugal	NA	0.5	1.2	5.7	2.5
Spanien	0.5	1.2	0.2	5.8	2.6
Türkei	NA	NA	0.8	3.3	2.4
Durchschnitt[a]	**0.7**	**1.1**	**0.5**	**5.1**	**2.5**
Sieben osteuropäische Länder					
Bulgarien	NA	NA	0.3	5.2	0.7[b]
Tschechoslowakei	0.6	1.4	1.4	3.1	1.0[b]
Ungarn	NA	1.2	0.5	3.6	0.9[b]
Polen	NA	NA	NA	3.4	0.3[b]
Rumänien	NA	NA	NA	4.8	0.6[b]
UdSSR	0.6	0.9	1.8	3.4	0.7[b]
Jugoslawien	NA	NA	1.0	4.4	1.6[b]
Durchschnitt[a]	**0.6**	**1.0**	**1.6**	**3.5**	**0.7[b]**

[a] Berechnet nach dem durchschnittlichen BIP. Regionale Durchschnittswerte schließen diejenigen Länder aus, deren Daten für die spezifische Periode nicht erhältlich sind. Eine Ausnahme bildet Irland für die Perioden vor 1938, für die Zahlen aus Großbritannien zugrunde gelegt wurden.
[b] Durchschnittswert für 1973–89

Abbildung 5: Wachstum des Bruttoinlandsprodukts pro Kopf, 1820–2000 (durchschnittliche kumulierte jährliche Wachstumsrate) (nach: Eichengreen 2007, S. 17)

Die Tabelle zeigt im europäischen Vergleich die Veränderungen des realen Bruttoinlandsprodukts (BIP) pro Kopf, d. h. also den auf eine einzelne Person entfallenden Anteil des Wertes aller Waren und Dienstleistungen, die in einem Jahr innerhalb der Landesgrenzen einer Volkswirtschaft erwirtschaftet werden. Die gewählte statistische Anordnung nach Ländergruppen und Zeitphasen hebt das in allen europäischen Ländern außerordentlich hohe Wirtschaftswachstum in der Zeit von 1950 bis 1973 hervor. Die Erstellung einer solchen Tabelle ist genauso schwierig wie ihre Interpretation: So ist die Datengrundlage oftmals unsicher und schwer vergleichbar, und die Grenzen und Bevölkerungen der Länder haben sich zwischen 1820 und 2000 stark verändert. Zudem blendet das BIP als Indikator (Messgröße) des nationalen Wohlstands wichtige Aspekte aus: Weder besagt es etwas über die tatsächliche Einkommensverteilung, noch werden dabei etwa unbezahlte Arbeiten, Bildungs- und Gesundheitsstandards oder Umweltzerstörung berücksichtigt. Gleichwohl bleibt es bislang der beste Indikator zum systematischen Vergleich zwischen Volkswirtschaften.

Für den wirtschaftlichen Nachkriegsboom wurden Bezeichnungen wie „Wirtschaftswunder", „Goldenes Zeitalter" (Eric Hobsbawm) oder auch „Trente glorieuses" (Jean Fourastié) geprägt. Demgegenüber sanken die Wachstumsraten in den folgenden Jahren wieder deutlich. Die Beurteilung, ob es sich bei diesem Rückgang um einen krisenhaften „Erdrutsch" oder lediglich um eine „Normalisierung" des wirtschaftlichen Wachstums handelt, ist allerdings strittig. Diese Auseinandersetzung gewinnt ihre besondere Bedeutung vor dem Hintergrund, dass wirtschaftliche und politische Stabilität meist in engem Zusammenhang gesehen werden. Im Folgenden geht es um die Erklärung der Ursachen und der Folgen des langen Nachkriegsbooms. Welche Unterschiede und Gemeinsamkeiten existierten dabei zwischen verschiedenen Ländern und Ländergruppen? Welche Erklärungskraft besitzen die Fragen nach „ökonomischen Gesetzmäßigkeiten", institutionellen Arrangements und menschlichem Handeln? Und wie kann die Zeit nach dem Boom begrifflich und analytisch gefasst werden?

5.1 Der Boom als gesamteuropäisches Phänomen

5.2 Wirtschaftshistorische Erklärungsansätze

5.3 Normalisierung oder Krise?

5.1 Der Boom als gesamteuropäisches Phänomen

Während manche Länder den Zweiten Weltkrieg weitgehend unbeschadet überstanden hatten, waren 1945 in vielen Teilen Europas Produktionsanlagen, Transportwege und wirtschaftliche Austauschbeziehungen zerstört. Hinzu kamen große Verluste menschlicher Arbeitskräfte (→ KAPITEL 2). Fast überall fand aber in der Nachkriegszeit ein bis Anfang der 1970er-Jahre reichender wirtschaftlicher Aufschwung bislang unbekannten Ausmaßes statt. Allerdings dürfen die beeindruckenden Ziffern des wirtschaftlichen Wachstums in allen Teilen Europas (→ ABBILDUNG 5) nicht darüber hinwegtäuschen, dass sich die Lebensverhältnisse der Menschen erst mit einiger Verzögerung spürbar zu verbessern begannen und die Entwicklung Europas regional und zeitlich erhebliche Unterschiede aufwies (→ KAPITEL 7).

Wiederaufbau

Regionale und zeitliche Differenzierung

Die Rahmenbedingungen der wirtschaftlichen Entwicklung unterschieden sich in den westlichen liberalen Marktwirtschaften grundlegend von denen in den östlichen sozialistischen Planwirtschaften. Anders als es sich aus heutiger Perspektive darstellt, war nach 1945 zunächst keineswegs ausgemacht, welches Wirtschaftssystem sich als überlegen herausstellen würde. Dazu trugen vergangene Erfahrungen bei, wie die Weltwirtschaftskrise der 1930er-Jahre, die als Debakel der liberalen Marktwirtschaften wahrgenommen wurde, sowie die Mobilisierungserfolge der Sowjetunion im Zweiten Weltkrieg. Hinzu kamen in der Nachkriegszeit anfänglich eindrucksvolle Aufbauleistungen der sozialistischen Planwirtschaften. Erst in den 1960er-Jahren wurde allmählich offensichtlich, dass die sozialistischen Planwirtschaften mit der Wachstumsdynamik der westlichen Marktwirtschaften nicht Schritt halten konnten.

Wirtschaftlicher Systemwettstreit

Vom Ausmaß der wirtschaftlichen Erfolge nach 1945 darf nicht auf ihre Unausweichlichkeit zurückgeschlossen werden. Nach Kriegsende barg der Wiederaufbau zunächst erhebliche Probleme. So hatten die westeuropäischen Länder Schwierigkeiten, Nahrungsmittel und Investitionsgüter, für die sie auf Importe aus dem Dollarraum angewiesen waren, aus eigener Kraft zu finanzieren. Daraus ergab sich ein wichtiges Motiv für den 1947 angekündigten Marshallplan. Dieser sollte zugleich den wirtschaftlichen Wiederaufstieg Deutschlands ermöglichen, das als traditioneller Lieferant von Investitionsgütern eine Schlüsselrolle für den wirtschaftlichen Wiederaufstieg Westeuropas spielte (→ KAPITEL 2, 4.1). Das European Recovery Program (ERP), wie der Marshallplan offiziell hieß (→ KAPITEL 3.1), war von der ökonomischen Überzeugung geprägt, dass die brachliegenden Pro-

Ökonomische Probleme in Westeuropa

Marshallplan

duktionskapazitäten der westeuropäischen Wirtschaft in Gang gesetzt werden müssten. Die in der OEEC (Organisation for European Economic Cooperation) zusammengeschlossenen ERP-Länder mussten sich zu den Grundprinzipien eines freien Marktes bekennen. Dazu gehörten etwa die Aufhebung von Preiskontrollen, die Stabilisierung von Wechselkursen und ausgeglichene Haushalte (Eichengreen 2001, S. 105).

Wirkungsweise und Effekte des Marshallplans

Mithilfe der im Rahmen des Marshallplans zwischen 1948 und 1951 bereitgestellten 12,4 Milliarden US-Dollar – nach damaligen Maßstäben eine beträchtliche Summe –, wurden die OEEC-Staaten in die Lage versetzt, dringend benötigte Investitionsgüter zu bezahlen und auch den wirtschaftlichen Austausch untereinander wieder zu fördern. Der ökonomische Effekt der Marshallplanmittel wurde überdies durch das Prinzip der Gegenwertmittel vervielfacht: Für die ERP-Hilfslieferungen aus den USA bezahlten die Importeure ihre jeweiligen nationalen Regierungen, welche die dadurch entstandenen Mittel für Infrastrukturmaßnahmen oder Kredite einsetzten. Die Bedeutung des Marshallplans resultierte aus wirtschaftlichen, politischen und psychologischen Momenten, über deren genauen Anteil die Forschung bis heute debattiert. Einigkeit besteht jedoch darüber, dass er einen wichtigen Beitrag zum wirtschaftlichen Aufstieg Westeuropas leistete (→ KAPITEL 4).

Europäische Zahlungsunion

Versetzten die Marshallplangelder die OEEC-Länder also in die Lage, dringend benötigte Importe aus dem Dollarraum zu bezahlen, war damit das Problem noch nicht gelöst, dass die westeuropäischen Länder beim Handel untereinander nicht auf konvertible (umtauschbare) Währungen zurückgreifen konnten. Zu diesem Zweck wurde 1950 die Europäische Zahlungsunion (EZU) geschaffen (Buchheim 1990). Diese funktionierte als multilaterales Verrechnungssystem zwischen den OEEC-Staaten und konnte überdies, gestützt auf ein aus Marshallplangeldern stammendes Gründungskapital, Kredite an Mitgliedsländer vergeben, deren Handelsbilanz vorübergehend im Minus war. Durch die gegenseitige Verrechnung von Zahlungsbilanzüberschüssen und -defiziten sowie die Gewährung von Krediten überwand die in Paris ansässige EZU den Bilateralismus im Handel unter den beteiligten Nationen. Die volle Konvertibilität unter 14 westeuropäischen Währungen wurde erst 1958 erreicht, womit die Tätigkeit der EZU endete. Diese Institution war

Marktliberalisierung

Teil einer weltweiten Liberalisierung des Handels, zu dem auch das 1944 durch das Bretton-Woods-Abkommen begründete System fester Währungsrelationen auf Dollar-Gold-Basis sowie das 1947 erstmals verhandelte Allgemeine Zoll- und Handelsabkommen (General Agreement on Tariffs and Trade; GATT) beitrugen. Zusammen führten diese Abkommen zu einer Intensivierung der internationalen Arbeitsteilung und zu Exportsteigerungen.

Das enorme Wachstum der westeuropäischen Wirtschaft im „Goldenen Zeitalter" resultierte jedoch nicht allein aus der Liberalisierung der Märkte. Einen wesentlichen Anteil an diesem Erfolg besaßen auch institutionelle Ordnungen der Arbeitsbeziehungen. Dazu gehörten neokorporatistische Arrangements zwischen Regierungen, Arbeitgebern und Arbeitnehmern, die nach 1945 in den verschiedenen westeuropäischen Ländern auftraten (Eichengreen 2007, S. 40–47). Die Bedeutung der Dynamik des „freien Marktes" zur Erklärung des Nachkriegsbooms muss überdies insofern eingeschränkt werden, als auch in Westeuropa Elemente der wirtschaftlichen Planung nach 1945 anfänglich eine bedeutende Rolle spielten. Dafür steht neben dem italienischen Modell der staatlichen Industriepolitik und der Nationalisierung zahlreicher Schlüsselindustrien in Großbritannien das französische Modell der *planification*, bei dem Elemente der Planwirtschaft mit dem Prinzip der freien Marktwirtschaft verknüpft wurden. Im Gegensatz zur sozialistischen Planwirtschaft wurden jedoch weder Mechanismen der Preisbildung außer Kraft gesetzt noch Produktionsziffern vorgegeben. Vielmehr ging es um die Entwicklung bestimmter industrieller Schlüsselsektoren, etwa im Bereich der Energie, der Kohle- und Stahlproduktion und des Verkehrs. Die Überzeugung von der Notwendigkeit der Planung bewirkte so die stärkere Einbeziehung des Staates in wirtschaftliche Entscheidungen (Judt 2006, S. 87–93; van Laak 2008, S. 316–318). Planung – bzw. der Einbau von Planungselementen in eine Marktwirtschaft – erwies sich unter den Bedingungen der Nachkriegszeit zunächst als gleichermaßen attraktives wie erfolgreiches ökonomisches Vorgehen. Darüber hinaus wurde das starke Wachstum in Westeuropa insbesondere durch den reichlich vorhandenen Zustrom von Arbeitskräften erleichtert. Insbesondere die Bundesrepublik profitierte vom Zustrom von Flüchtlingen und Vertriebenen und ebenso von der – erst 1961 durch den Mauerbau unterbrochenen – Zuwanderung vielfach hochqualifizierter Menschen aus der DDR.

Die Zunahme industrieller Arbeitskräfte war nicht nur das Ergebnis von – auch postkolonialen – Migrationsprozessen (→ KAPITEL 6.1): Nach 1945 intensivierte sich in weiten Teilen West- und Osteuropas ein Umbruch der Wirtschafts- und Beschäftigungsstruktur. Hauptmerkmal war der starke Rückgang der Landwirtschaft und die Ab-

Neokorporatismus

Planung

Zustrom von Arbeitskräften

Wandel der Wirtschafts- und Beschäftigungsstruktur

wanderung von bislang dort beschäftigten Menschen in Wirtschaftszweige mit höherer Produktivität, was sich auch auf das Wirtschaftswachstum auswirkte. Stand in manchen Teilen Europas zunächst vor allem die Industrie im Vordergrund, gewann anderswo eher der Dienstleistungsbereich an Bedeutung, was auch mit den Mustern der innereuropäischen Arbeitsteilung zu tun hatte (Steiner 2008, S. 30). Die Zeit des Nachkriegsbooms bedeutete so in manchen Teilen Europas den Beginn bzw. in anderen den Abschluss der Umwandlung zu industriell geprägten Gesellschaften, während anderswo bereits der Dienstleistungssektor immer prägender wurde.

Auch im Ostblock ging der Anteil der in der Landwirtschaft Beschäftigten nach 1945 stark zurück. Anders als im Westen wurden in diesem Prozess die privatwirtschaftlichen Eigentumsverhältnisse abgeschafft und oft auch kollektive Bewirtschaftungsformen eingeführt. Während aber etwa in der DDR und in anderen Ostblockstaaten die Entwicklung hin zu großen agrarindustriellen Produktionsformen verlief, blieben zum Beispiel in Polen zahlreiche kleine, privat betriebene landwirtschaftliche Betriebe erhalten. Zugleich vergrößerte sich durch den Auf- und Ausbau insbesondere der Schwerindustrie der Anteil der Arbeiter unter den Beschäftigten. Auch bisher überwiegend agrarisch ausgerichtete Länder wie Bulgarien und Rumänien forcierten nun den Aufbau von Schwerindustrien. Stärker als im Westen blieb damit im Osten das Leitbild der industriegesellschaftlichen Moderne ungebrochen.

Durch die seit Ende der 1940er-Jahre in allen „Volksdemokratien" durchgesetzte Sozialisierung des Privateigentums an Produktionsmitteln und den Übergang zur sozialistischen Planwirtschaft unter staatlicher Aufsicht wurde der Primat der Politik der kommunistischen Parteien über die Wirtschaft durchgesetzt. Damit verbunden waren die weitgehende Abschottung vom Weltmarkt sowie die Aufhebung der Preisbildung über den Markt. Das sowjetische Modell des vorrangigen Ausbaus der Schwerindustrie wurde zur Blaupause der wirtschaftlichen Entwicklung für die sozialistischen Planwirtschaften und verschlang ungeheure Ressourcen bei gleichzeitiger Vernachlässigung der Konsumgüterindustrie und der Landwirtschaft. Anfänglich führte dies zumindest auf dem Papier zu eindrucksvollen Wachstumserfolgen (→ ABBILDUNG 5). Der Aussagewert solcher Zahlen ist allerdings begrenzt. Die in den für die Planwirtschaften charakteristischen Mehrjahresplänen festgelegten Produktionsziffern führten zum Phänomen der „Tonnenideologie": Im Vordergrund stand der quantitative Ausstoß unter Missachtung der Qualität der Produkte.

Industrie und Dienstleistung

Landwirtschaft und Schwerindustrie

Sozialistische Planwirtschaft

Diese Schwierigkeiten entgingen auch nicht den für die Organisation der sozialistischen Volkswirtschaften Verantwortlichen, die mit ständigen Problemen der Planerfüllung zu kämpfen hatten. Neben unablässigen Appellen an die Steigerung der Leistungsbereitschaft der „Werktätigen" gingen deshalb sowohl von einzelnen der sowjetischen Satellitenstaaten als auch von der Sowjetunion selbst wiederholt Versuche zur Reform des planwirtschaftlichen Systems aus. Diese zielten allesamt darauf ab, die systemimmanente Ressourcenverschwendung zu verringern und zugleich die Eigeninitiative zu fördern. Dazu wurde wiederholt mit vorsichtigen Ansätzen experimentiert, ein größeres Maß an Selbstständigkeit an die Betriebe zu delegieren. Als Reaktion auf die wirtschaftliche Stagnation wurde so etwa in der DDR 1963 das „Neue ökonomische System der Planung und Leitung der Volkswirtschaft" verkündet, das jedoch nicht die gewünschten Erfolge hervorbrachte. Die Grundentscheidung von Plan statt Markt wurde aber niemals ernsthaft infrage gestellt bzw. dort, wo dies geschah, wie etwa 1968 in der Tschechoslowakei, wurden die Überlegungen bald wieder unterdrückt (→ KAPITEL 11.2).

Reformversuche der sozialistischen Planwirtschaft

Der Ost-West-Konflikt fand vor allem auf dem Feld der Wirtschaft statt, in den 1960er-Jahren zeigten sich jedoch jenseits dieser Konfrontation auch systemübergreifende Gemeinsamkeiten: Auf beiden Seiten des Eisernen Vorhangs verbreitete sich nach der Überwindung der Nachkriegsnot die Überzeugung, dass ökonomische Krisen – zumindest im eigenen Bereich – durch politische Steuerung beherrschbar seien. Kybernetische Steuerungsmodelle entwickelten sich in diesem Jahrzehnt zu einem gemeinsamen Bezugspunkt zwischen westlichen und östlichen Wirtschaftssystemen und ließen gelegentlich sogar Hoffnungen auf eine konfrontationsüberwindende Angleichung der Systeme aufkommen (Schmidt-Gernig 2004).

Kybernetik

5.2 Wirtschaftshistorische Erklärungsansätze

Der Wirtschaftshistoriker Knut Borchardt formulierte den Grundsatz, dass „periodenspezifische Eigenheiten auch kleiner Zeiteinheiten nicht erfasst werden können, wenn man nicht ein Bild vom langfristigen Ablauf hat" (Borchardt 1977, S. 153). Bei der Interpretation des europäischen Wirtschaftsbooms und der in der folgenden Zeit geringeren Wachstumsraten konkurrieren verschiedene Erklärungsmodelle (Borchardt 1977), die aber miteinander verknüpft und kombiniert werden können. Die Ansätze unterscheiden sich im Hinblick auf ihr Ver-

Konkurrierende Erklärungsmodelle

ständnis und die Erklärung wirtschaftlicher Vorgänge, indem sie die wirtschaftliche Entwicklung entweder als einen geradezu naturhaften Vorgang betrachten oder stärker als Ergebnis menschlichen Handelns. Sie unterscheiden sich aber auch in Bezug auf ihre regionale Reichweite: Die meisten beschränken sich auf Westeuropa, nur wenige nehmen eine gesamteuropäische oder gar globale Perspektive ein.

    Ein erstes Erklärungsmodell, das vor allem der ungarische marxistische Ökonom Ferencz Jánossy entwickelte, basiert auf der Annahme langfristiger Wachstumstendenzen: Werden diese gestört, so erfolgt im Anschluss an eine „Rekonstruktionsperiode" wieder eine Rückkehr zum Normalpfad. Auf dieser Grundlage erklärte der deutsche Wirtschaftshistoriker Werner Abelshauser das „deutsche Wirtschaftswunder" weniger als Folge von – US-amerikanischer – Hilfe und Transfers von außen, sondern vielmehr als Rückkehr zu dem durch den Zweiten Weltkrieg unterbrochenen „normalen" Wachstumspfad (Abelshauser 2004, S. 282–288). Das Ende des steilen Wachstums nach der Rekonstruktionsphase erscheint damit als Ende einer Aufholjagd. Die Vertreter dieses Modells beanspruchen aber auch seine Anwendbarkeit über den (west-)deutschen Fall hinaus.

    Ein zweiter Versuch zur Erklärung des europäischen Nachkriegsbooms stützt sich auf die Theorie der „langen Wellen", die 1926 von dem russischen Wirtschaftswissenschaftler Nikolaj Kondratjew entwickelt und später von seinem österreichisch-amerikanischen Kollegen Joseph Schumpeter ausgebaut wurde. Dieses Modell geht von einer immanenten Krisenanfälligkeit des Kapitalismus aus: Demnach bewegt sich die wirtschaftliche Entwicklung in kapitalistischen Systemen in einem ungefähr 50 Jahre dauernden zyklischen Auf und Ab. Eine wesentliche Rolle zur Erklärung dieser Zyklen spielt die Ausbreitung technischer Innovationen, die nach ihrer allgemeinen Durchsetzung ihr ursprünglich dynamisierendes Momentum verlieren – bis eine neue „Basisinnovation" den Zyklus wieder anwirft (→ ASB PIERENKEMPER, KAPITEL 11).

    Ähnlich wie bei der Rekonstruktionsthese wird also im Modell der „langen Wellen" die wirtschaftliche Entwicklung durch die Annahme eines „normalen", gesetzmäßigen Verlaufes ein Stück weit naturalisiert. Zudem betonen beide Modelle die Rolle langfristiger Entwicklungstrends. Demgegenüber hebt die Strukturbruchthese die Bedeutung von Diskontinuität hervor (Abelshauser 2004, S. 278). Diese gleichfalls vor allem am westdeutschen Fall entwickelte Interpretation stellt die Auswirkungen der liberalen Wirtschaftsreformen nach 1945 in den Mittelpunkt der Erklärung des rasanten Wachstums und hebt damit die posi-

„Rekonstruktion"

„Lange Wellen"

„Strukturbruch"

tive Rolle der „sozialen Marktwirtschaft" hervor. Ist die Tragfähigkeit der Strukturbruchthese aber schon im Hinblick auf die Bundesrepublik fragwürdig, so ist sie erst recht ungeeignet, die ökonomische Nachkriegsentwicklung auf europäischer Ebene zu erklären: Zu verschieden waren die wirtschaftlichen Rezepte, die alle mehr oder weniger zum selben Ergebnis führten, nämlich zu einem starken Wachstum, das erst in den 1970er-Jahren endete. Dies galt mit Einschränkungen sogar dort, wo der radikalste Bruch mit der liberalen Marktwirtschaft erfolgte, nämlich in den sozialistischen Planwirtschaften.

Insbesondere US-amerikanische Wirtschaftshistoriker verfolgten dagegen einen anderen Erklärungsansatz, der zunächst vor allem auf die Erklärung der westeuropäischen Wirtschaftsentwicklung nach dem Zweiten Weltkrieg zielt. Die *catch up*- bzw. Aufhol-Hypothese basiert auf der Annahme, dass der Transfer überlegener amerikanischer Technologie nach 1945 von entscheidender Bedeutung war. Dazu wird die Übernahme fordistischer Produktionsregimes gezählt, die durch stark standardisierte Fertigung die Grundlage der modernen Massenproduktion bilden. Dieser Transfer habe in der Anfangszeit zu einem hohen Produktivitätswachstum geführt, sofern bestimmte Voraussetzungen in den jeweiligen Ländern vorhanden gewesen seien, die die Anpassungsfähigkeit gewährleisteten. Zu den notwendigen Bedingungen gehörten etwa funktionierende Kapitalmärkte und Institutionen zur Regelung der Arbeitsbeziehungen sowie gut ausgebildete Arbeitskräfte (Eichengreen 2007, S. 20–31). Auch diese Erklärung stieß allerdings auf Widerspruch. So wird einerseits die Behauptung eines generellen technologischen Vorsprungs der USA gegenüber Europa nach 1945 bestritten. Andererseits wird aber das Aufhol-Paradigma grundsätzlich infrage gestellt, da es vielgestaltige Einwicklungsstränge ausklammere und die Einsicht verstelle, „daß die Gesellschaften auch in der Vergangenheit die Wahl zwischen verschiedenen Problemlösungen hatten" (Fremdling 1998).

Mit der Aufhol-Hypothese sollte die Beschränkung der bislang aufgeführten Erklärungsansätze auf Westeuropa – oder gar auf Westdeutschland – zugunsten einer gesamteuropäischen Perspektive aufgebrochen werden. Zugleich wurde auf der Grundlage dieser Hypothese versucht, nicht nur die Boomphase, sondern auch die darauf folgende Zeit mit geringerem Wachstum zu deuten. Demzufolge sei einer Phase des extensiven Wachstums eine Phase des intensiven Wachstums gefolgt: Während in ersterer das Kopieren bewährter Produkte und Produktionsverfahren zum wirtschaftlichen Erfolg geführt habe, beruhe das intensive Wachstum auf der Entwicklung und

Aufholen und Transfer

Vom extensiven zum intensiven Wachstum

Einführung neuer Produkte und Technologien. Im Kern läuft dieses Argument darauf hinaus, dass seit den 1970er-Jahren das erfolgreiche Kopieren und Umsetzen bewährter Technologien nicht mehr ausgereicht habe, um das bisherige Wachstum zu ermöglichen. Seither hätten die europäischen Volkswirtschaften es nicht mehr vermocht, mit der marktgesteuerten Dynamik und Innovationskraft der US-amerikanischen Wirtschaft mitzuhalten (Eichengreen 2007). Auch diese Deutung ist insofern normativ, als sie ein bestimmtes – in diesem Fall das US-amerikanische – Wirtschaftsmodell zum Maßstab für die europäischen Volkswirtschaften erhebt. Und empirisch lässt sich einwenden, dass vor allem seit den 1980er-Jahren europäische und asiatische Volkswirtschaften in manchen Bereichen die US-amerikanische Wirtschaft sogar zu überflügeln vermochten.

5.3 Normalisierung oder Krise?

Seit 1973/74 sanken überall in Europa die wirtschaftlichen Wachstumsraten, und dafür stiegen Staatsverschuldung und in Westeuropa auch die Arbeitslosenzahlen deutlich an. Zu diesem Zeitpunkt war jedoch noch nicht ersichtlich, dass es sich nicht nur um eine vorübergehende Schwäche, sondern um eine fundamentale ökonomische Zäsur handelte. Die Erklärungen dafür sind umstritten, zumal es sich um eine bis heute unabgeschlossene Phase handelt, deren Endpunkt noch unbekannt ist. In einer stärker auf Europa konzentrierten Perspektive erscheinen vor allem Interpretationen als plausibel, die im Sinne der Rekonstruktionshypothese auf die „Normalisierung" des Wirtschaftswachstums nach dem Abschluss des Wiederaufbaus hinweisen. In globaler Perspektive dominieren dagegen eher Krisenszenarien: Das Zurückfallen der europäischen Wachstumsraten gegenüber anderen, sich dynamischer entwickelnden Weltregionen wird so etwa als Symptom des Verlustes an Innovationsfähigkeit und des Rückgangs der Investitionstätigkeit interpretiert. Gleichzeitig habe Europa an einstmals erfolgreich den Wiederaufbau fördernden, nunmehr aber lähmend gewordenen korporatistischen Strukturen festgehalten (Olson 1985; Eichengreen 2007). Allerdings muss hier differenziert werden: Während etwa Großbritannien zurückfiel, entwickelten sich die Bundesrepublik, Frankreich und die Beneluxländer erheblich dynamischer.

Ein weiteres globales Phänomen besteht in der Beschleunigung des wirtschaftlichen Strukturwandels. Seit den 1970er-Jahren begann eine

„Normalisierung" oder Verlust der Innovationsfähigkeit?

Diskussion über das Ende der industriellen Arbeitsgesellschaft, als deren Nachfolger der amerikanische Soziologe Daniel Bell die post-industrielle Dienstleistungs- und Wissensgesellschaft prognostizierte (Bell 1975). Hatte in den vorangegangenen Boomjahren die mit dem Namen Henry Fords verbundene fließbandgesteuerte und relativ starre Massenproduktion den Maßstab gesetzt, stiegen seit den 1980er-Jahren neue Vorbilder auf: Neben dem an Benetton orientierten System der flexiblen Produktion in anpassungsfähigen Klein- und Mittelbetrieben war dies die von Toyota eingeführte flexibilisierte *Just-in-time*-Produktion. Die klassische Fabrik veränderte sich zum Bestandteil eines komplexen Netzwerks von Lieferanten und Abnehmern, das von einer ständig wachsenden Armada permanent rollender Schwerguttransporter verbunden wurde. Dabei kamen nicht nur bei der Organisation der Warenströme, sondern auch bei der Produktion immer stärker moderne Informationstechnologien zum Zuge. Der Arbeitsteiligkeit der Produktionsabläufe im klassischen industriellen Zeitalter folgte nun eine globalisierte Arbeitsteilung, wobei die Produktion auf der Suche nach immer günstigeren Herstellungskosten um den Erdball wanderte. Nichtsdestoweniger lebten in der postfordistischen Industriegesellschaft viele Elemente des fordistischen Zeitalters weiter.

Vom Fordismus zur globalisierten Arbeitsteilung

Der Verlust von Arbeitsplätzen durch Industrieroboter und die Verlagerung industrieller Arbeitsplätze in „Billiglohnländer" ging mit einer qualitativen Veränderung der Arbeit einher. Dem schon länger vollzogenen „Abschied vom Bauern" folgte nun vielfach der „Abschied vom Malocher" (Mooser 1983). Immer stärker verschwammen auch die klassischen Grenzen zwischen Industriearbeit und Dienstleistung, etwa wenn Automobilfirmen weiter ins Finanzierungsgeschäft einstiegen. Darüber hinaus erodierte infolge der zunehmenden Flexibilisierung der Arbeitsmärkte der im fordistischen Zeitalter etablierte Typus des „Normalarbeitsverhältnisses". Dieses war durch langfristige, sozialversicherungspflichtige Beschäftigung geprägt und – zumindest in Westeuropa – überwiegend auf den männlichen Alleinverdiener zugeschnitten.

Strukturwandel der Arbeit

Die Wendemarken, die Anfang der 1970er-Jahre den Beginn einer neuen Epoche nach dem europäischen Nachkriegsboom bezeichnen, resultierten gleichfalls aus globalen Zusammenhängen. Dazu gehört erstens das Ende des Bretton-Woods-Systems fester Wechselkurse. Dieses Abkommen hatte seit Kriegsende ein stabiles Fundament für die westlichen Währungen geboten. Es garantierte eine indirekte Golddeckung für die beteiligten Währungen, da es eine feste Dollar-

Ende des Bretton-Woods-Systems

Gold-Relation von 35 Dollar pro Unze Feingold festlegte – und die nordamerikanische Zentralbank sich verpflichtete, den Dollar gegen Gold aus ihren Reserven einzutauschen. Doch die USA beendeten 1971 zunächst die Golddeckung des Dollars und kündigten 1973 das Bretton-Woods-Abkommen endgültig auf. Die Wechselkurse wurden freigegeben, wodurch die bislang unterbewerteten europäischen Währungen angeglichen wurden und dort die Arbeitskosten in die Höhe schnellten. Für das amerikanische Vorgehen war nicht zuletzt die enorme Ausweitung der Dollarmenge zur Finanzierung des Vietnamkrieges verantwortlich, womit die Folgen der europäischen Entkolonialisierungspolitik den alten Kontinent wieder eingeholt hatten. Zugleich wurden die Operationen der internationalen Finanzmärkte beständig umfangreicher und mobiler, und gegen die Fähigkeit, immer größere Kapitalströme in immer kürzerer Zeit über den Globus dirigieren zu können, vermochten sich nationale Währungen und Wirtschaften in Europa und anderswo immer weniger zur Wehr zu setzen. Die 1970er-Jahre stehen also auch in dieser Hinsicht für eine Zäsur (Hobsbawm 1994, S. 346–362).

Internationale Finanzmärkte

Eine zweite Wendemarke bildet die Ölpreiskrise 1973/74 aufgrund der Ölpreissteigerungen, die die Organization of Petrol Exporting Countries (OPEC) durchsetzte. Im Verlauf eines Jahres vervierfachte sich der Ölpreis von drei auf zwölf US-Dollar pro Barrel und belastete damit die Zahlungsbilanzen der ölimportierenden Länder massiv (→ KAPITEL 13.1). Der Ölpreis erhöhte sich noch einmal 1979 im Gefolge der iranischen Revolution und verstärkte die zu dieser Zeit in Europa schon bestehenden Probleme wachsender Arbeitslosenzahlen bei gleichzeitiger Inflation und hohen Haushaltsdefiziten. Neben die Sorge über die wachsende Erdölabhängigkeit traten Befürchtungen über die Auswirkungen der Preissteigerungen auf das globale Finanzsystem: Die rasant steigenden Einnahmen der OPEC-Länder befeuerten nunmehr die grenzüberschreitende Dynamik der internationalen Finanzmärkte.

Ölpreiskrisen in den 1970er-Jahren

Die in der Nachkriegszeit allmählich zur Gewissheit gewordenen Hoffnungen auf die Beherrschbarkeit wirtschaftlicher Krisen wurden in den 1970er-Jahren schwer erschüttert, und weder die drei Jahrzehnte lang zur Selbstverständlichkeit gewordenen außerordentlichen Wachstumsraten, noch das Selbstvertrauen in die Machbarkeit ewigen ökonomischen Fortschritts ließen sich in Europa wieder herstellen (Maier 2003). In den vergangenen Jahrzehnten war die Wohlstandserwartung der Bevölkerung erheblich gestiegen. Die Arbeitnehmerinnen und Arbeitnehmer waren nach dem gefühlten Ende der Nach-

Rückkehr der Krisenangst

kriegszeit immer weniger bereit, die bisherige Verzichthaltung fortzusetzen und hatten bereits in den 1960er-Jahren auf breiter Front das
Ende der Bescheidenheit erklärt. Diese Entwicklung führte dazu, dass
sich die im Westen wie im Osten Europas seit den 1970er-Jahren ohnehin gesunkenen Handlungsspielräume staatlicher Wirtschaftspolitik
noch weiter verringerten.

Zumindest im Bereich des hochindustrialisierten westlichen Europas hatten sich bis zu den 1970er-Jahren die Theorien des britischen
Nationalökonomen John Maynard Keynes (1883–1946) weitgehen-
der Zustimmung erfreut. Der Keynesianismus wollte das Verhältnis **Keynesianismus**
von Angebot und Nachfrage nicht dem freien Spiel der Marktkräfte
überlassen, sondern durch antizyklisches Nachfrageverhalten des
Staates steuern: In Zeiten starken Wachstums sollte sich der Staat
mit seinen Ausgaben zurückhalten und Steuern einnehmen, um dafür
in Zeiten schwächeren Wachstums mehr ausgeben und damit eine
größere Nachfrage erzeugen zu können. Diese nachfrageorientierte
Politik des Staates wurde auch nach dem Abklingen der Zustimmung
zum Keynesianismus fortgesetzt: Teure und meist schnell verpuffende
Konjunkturprogramme und die hohen Kosten der in den Boomjahren großzügig ausgebauten Sozialsysteme (→ KAPITEL 9.3) führten in
den 1970er-Jahren in Westeuropa zu einem rasanten Anstieg der
Staatsverschuldung. Währenddessen stieg die Arbeitslosigkeit trotz
aller kostspieligen Bemühungen kontinuierlich an. Vor dem Hintergrund der von der keynesianischen Theorie nicht vorgesehenen Stagflation – dem Nebeneinander von volkswirtschaftlicher Stagnation
und Inflation – gewann zunehmend ein alternatives wirtschaftspoliti-
sches Paradigma an Boden: der Monetarismus. Diese vor allem mit **Monetarismus**
dem US-amerikanischen Ökonomen Milton Friedmann (1912–2006)
verknüpfte Denkschule stellte anders als der Keynesianismus nicht
die – gegebenenfalls vom Staat zu schürende – Nachfrage, sondern
die umlaufende Geldmenge in den Mittelpunkt. Der Staat sollte nicht
mehr länger den Konsum ankurbeln, sondern die Inflation im Zaum
halten, den Rest würde der Markt regeln – so lautete das Credo der
Monetaristen. Als Musterland des neoliberalen Monetarismus galt
das Großbritannien der seit 1979 regierenden Margaret Thatcher.
Aber ebenso wie im „Goldenen Zeitalter" anscheinend jeder wirtschaftspolitische Weg zum Wachstum geführt hatte, so gelang es nun
weder mit keynesianischen noch mit monetaristischen Strategien,
wieder zu den Wachstumsraten der vorangegangenen Jahre zurück- **Keine Rückkehr zum**
zukehren. Zwar variierte das Ausmaß, mit dem Arbeitslosigkeit und **Wirtschaftsboom**
Staatsverschuldung anstiegen, und in manchen Ländern wie den Nie-

derlanden gelang es, durch energische wirtschaftspolitische Reformen punktuell Erfolge zu erzielen. Einigen Ländern wie Irland und Spanien verhalf auch der EU-Beitritt zu einem rasanten wirtschaftlichen Aufstieg. Aber eine dauerhafte Rückkehr zu den Verhältnissen der Boomphase gelang in Westeuropa nirgendwo (Hobsbawm 1994).

Auswirkungen auf sozialistische Planwirtschaften

Noch schlimmer traf es jedoch die sozialistischen Planwirtschaften im östlichen Teil Europas. Trotz ihrer relativen Abschottung vom Weltmarkt blieben auch sie nicht vom Wandel der Weltwirtschaft verschont. Paradoxerweise verlängerten diese Veränderungen einerseits die Lebensdauer der sowjetisch dominierten Planwirtschaften, andererseits trugen sie schließlich entscheidend zu ihrem Ende bei: Die liberalisierten Finanzmärkte des Westens suchten sichere Anlagemöglichkeiten und fanden diese nicht zuletzt in den kapitalsuchenden und scheinbar kreditwürdigen Ländern hinter dem Eisernen Vorhang. So finanzierten die westlichen Banken die zur Aufrechterhaltung der sozialen Stabilität notwendigen Konsumimporte und sozialpolitischen Wohltaten (→ KAPITEL 9.4) und überdies die Investitionen, mit denen Länder wie Polen und die DDR verzweifelt versuchten, eine devisenschaffende Exportindustrie aufzubauen. Nachdem die Kreditaufnahme dieser Region von 11 Milliarden US-Dollar im Jahr 1972 auf fast 70 Milliarden US-Dollar am Ende des Jahrzehnts angewachsen war, führte der weltweite Anstieg des Zinsniveaus in den 1980er-Jahren schließlich zum Zuschnappen der Schuldenfalle: Als dann Polen 1981 seine Zahlungsunfähigkeit erklärte, schlug das bisherige Vertrauen der westlichen Kreditgeber in einen Kreditboykott um (Eichengreen 2001, S. 137 f.; Eichengreen 2007, S. 297 f.).

Schuldenfalle

Darüber hinaus ließ sich die immer deutlicher zutage tretende Ineffizienz der Planwirtschaft trotz periodisch unternommener Reformansätze allenfalls mildern, aber nicht beheben. Es zeigten sich vielfältige Krisenerscheinungen. Wirtschaftliches Wachstum konnte seit den 1970er-Jahren – wenn überhaupt – nur noch mithilfe eines immer rücksichtsloseren Verschleißes der Produktionsanlagen und der Infrastruktur sowie mithilfe der von der Sowjetunion unter Weltmarktpreisniveau gelieferten Rohstoffe erzielt werden. Die zu hohen Kosten im Westen aufgenommenen Kredite wurden überdies oftmals in ineffizienter Weise investiert. Dafür steht etwa der Versuch der DDR, zu gewaltigen Kosten eine eigene, von Anfang an hoffnungslos veraltete Mikrochipindustrie aufzubauen. Doch ließ sich die übermäßige Nutzung der oftmals nur noch mit größter Improvisationskunst funktionsfähig zu haltenden Produktionsanlagen nicht unendlich fortsetzen. In den 1980er-Jahren ließ die Bereitschaft der Sowjet-

Krisenerscheinungen

union, ihr marodes Imperium zu subventionieren, immer mehr nach. Stattdessen begann sie damit, von den unter ihrem Machteinfluss stehenden Satellitenstaaten Weltmarktpreise für ihre Rohstofflieferungen zu fordern. Dadurch standen die sozialistischen Planwirtschaften schließlich vor der unangenehmen Alternative, entweder ihren Bevölkerungen drastische Belastungen aufzuerlegen oder aber aufzugeben. Angesichts ihrer dramatisch geschrumpften Legitimationsbasis schien diesen Regimes die scharfe Begrenzung der staatlichen Ausgaben meist als nicht umsetzbar. Auch deshalb entschieden sie sich in dieser Situation mehrheitlich für die zweite Option (Steiner 2004, S. 191–226). Der Zusammenhang von Schulden- und Legitimationskrise gehörte zu den wesentlichen Voraussetzungen für den Zusammenbruch des Ostblocks und damit auch für das Ende des Kalten Krieges (→ KAPITEL 3.4).

Zusammenbruch des Ostblocks

Die Transformation der sozialistischen Planwirtschaften zu liberalen Marktwirtschaften bildet im östlichen Europa ein weiteres Glied in einer Kette von Revolutionen der Eigentumsverhältnisse im 20. Jahrhundert. Da Betriebe im Sozialismus Produktionsstätten und zugleich soziale Einrichtungen waren, die weite Bereiche der Versorgung und Daseinsfürsorge abdeckten, reichte der Umbau der Lebenswelt, der mit der Privatisierung der Wirtschaft verbunden war, weit über das hinaus, was man sich „im Westen" vorzustellen vermochte. Die von diesem Transformationsprozess ausgelösten Verwerfungen umfassten gleichermaßen wirtschaftliche, politische und soziale Aspekte und lassen sich nicht auf die Frage einer Übernahme westlicher ökonomischer Standards begrenzen (→ KAPITEL 4.4).

Marktwirtschaftliche Transformation

Das Ende des Kalten Krieges brachte jedoch nicht nur für den „Osten" sondern auch für den „Westen" Veränderungen mit sich: Nach anfänglicher Euphorie über hinzugewonnene Marktpotenziale wuchsen zum Teil auch die Sorgen über die Konkurrenz der neuen Marktwirtschaften im Osten. Die ökonomische Entwicklung Europas ist seit dem Ende des Kalten Krieges mit starken Spannungen im Wirtschafts- und Wohlstandsniveau konfrontiert, die große politische und soziale Konflikte mit sich bringen. Nachdem Anfang der 1990er-Jahre der globale Sieg der am Vorbild der USA orientierten Verbindung von liberalem Kapitalismus und Demokratie gefeiert wurde, scheint die Situation mittlerweile wieder erheblich offener. Spätestens die 2008 ausgebrochene Finanzkrise hat viele Gewissheiten über die Zukunft der europäischen und globalen Wirtschaft wieder infrage gestellt.

Spannungen im Wirtschafts- und Wohlstandsniveau

Fragen und Anregungen

- Stellen Sie die wichtigsten Erklärungsmodelle für den exzeptionellen Wirtschaftsboom in Europa nach 1945 dar.

- Nennen Sie Gründe für das Ende des Wirtschaftsbooms und beschreiben Sie die daraus resultierenden Auswirkungen auf den Ost-West-Konflikt.

- Skizzieren Sie die Grundlinien des wirtschaftlichen Strukturwandels seit 1945 und seine gesellschaftlichen Folgen in Europa.

Lektüreempfehlungen

Quelle
- **50 Years of Figures on Europe. Data 1952–2001,** hg. v. Office for Official Publications of the European Communities, Luxembourg 2003. *Sehr nützliche Statistiksammlung zu Fragen der Bevölkerung, der Wirtschaft, des Verkehrs und des Tourismus in Westeuropa.*

Forschung
- **Gerold Ambrosius: Wirtschaftsraum Europa. Vom Ende der Nationalökonomien,** Frankfurt a. M. 1996. *Kompakte Darstellung der wirtschaftlichen Integration Europas.*

- **Ivan T. Berend: An Economic History of Twentieth-Century Europe. Economic Regimes from Laissez-Faire to Globalization,** Cambridge 2006. *Diskutiert vor allem die ideengeschichtlichen Bezüge der europäischen Wirtschaftsgeschichte.*

- **Barry Eichengreen: The European Economy since 1945,** Princeton / Oxford 2007. *Grundlegende und vieldiskutierte Gesamtdarstellung der europäischen Wirtschaftsgeschichte von 1945 bis zur Gegenwart.*

- **Hartmut Kaelble (Hg.): Der Boom 1948–1973. Gesellschaftliche und wirtschaftliche Folgen in der Bundesrepublik Deutschland und Europa,** Opladen 1992. *Instruktiver Sammelband, der sich allerdings – anders als der Titel verspricht – nur auf Westeuropa bezieht.*

- **Andre Steiner: Von Plan zu Plan. Eine Wirtschaftsgeschichte der DDR,** München 2004. *Am Beispiel der DDR werden die Probleme der sozialistischen Planwirtschaften analysiert.*

6 Migration und Bevölkerungsentwicklung

(Dublin, IRELAND: French football team players listen to the national anthem before the WC 2006 qualifying football match France vs Ireland, 07 September 2005 at the Lansdowne Road Stadium in Dublin, following the wish of a lookalike of French President Jacques Chirac)

Abbildung 6: Die französische Fußballnationalmannschaft in Dublin (2005)

Das Bild zeigt die französische Fußballnationalmannschaft beim Ab-
spielen der Nationalhymne vor einem Spiel gegen Irland in Dublin im
Jahr 2005. Deutlich wird zum einen der große Anteil von Spielern,
deren Familien aus den ehemaligen französischen Kolonien stammen.
Zum anderen zeigt das Bild die demonstrative Verbundenheit dieser
Spieler mit den Grundsätzen der französischen Republik: Ein als
Staatspräsident Chirac auftretender Stimmenimitator hatte zuvor in
einem Telefongespräch mit Mannschaftskapitän Zinédine Zidane und
Trainer Raymond Domenech darum gebeten, beim Absingen der
Marseillaise die Hand aufs Herz zu legen, und die Spieler erfüllten
ihm diesen Wunsch bereitwillig, um so ihre staatsbürgerliche Loyali-
tät auszudrücken.

In der Bevölkerungsgeschichte Europas seit 1945 überlagern sich
mehrere auffällige Entwicklungen, die erhebliche Auswirkungen auf
die europäischen Gesellschaften besaßen: Fast überall stieg die Lebenserwartung weiter an und die Geburtenzahlen gingen nach einem
anfänglichen Aufschwung stark zurück. Gleichzeitig wurde der bis
dahin vor allem als Quelle von Auswanderung in Erscheinung ge-
tretene Kontinent zu einem bedeutenden Einwanderungsziel. Dies
überlagerte sich mit zahlreichen nationalen und transnationalen
Wanderungsbewegungen innerhalb Europas. War Europa nach 1945
zunächst „auf der Linie Alpen – Pyrenäen in Einwanderungs- und
Auswanderungsländer getrennt", nahmen zumindest im westeuropäischen Bereich seit den 1970er-Jahren die Gemeinsamkeiten zu
(Sturm-Martin 2009, S. 216). Im Folgenden werden Verlauf und Ursachen der Migrationsbewegungen sowie des demografischen Wandels erörtert. Welche Folgen hatten diese Prozesse für das Selbstverständnis der europäischen Gesellschaften? Dazu werden zunächst die
verschiedenen Typen der Migration diskutiert, bevor abschließend
die demografischen Entwicklungen und Diskurse insgesamt erörtert
werden.

6.1 **Auswanderung, Rückwanderung, Einwanderung**
6.2 **Arbeitsmigration und Asyl**
6.3 **Ost-West- und Süd-Nord-Wanderungen**
6.4 **Demografische Tendenzen und Diskurse**

6.1 Auswanderung, Rückwanderung, Einwanderung

Der Zweite Weltkrieg und seine unmittelbare Nachgeschichte veränderten die Struktur der europäischen Bevölkerung tiefgreifend – durch Kriegsverluste, durch die gewaltsame Verschleppung von Menschen, aber auch durch Flucht vor den Kriegsgräueln und durch gewaltsame Umsiedlungsaktionen (→ KAPITEL 2.1). Als eine wichtige Folge dieser gewaltigen Bevölkerungsbewegungen war die aus dem 19. Jahrhundert stammende Idee ethnisch homogener und stabiler Nationalstaaten in Ost und West nach dem Krieg ihrer Verwirklichung so nah gekommen wie nie zuvor. Allerdings wich dieser Zustand bald wieder einer neuen, durch Zuwanderung hervorgerufenen Heterogenität und Bewegung (Therborn 2000, S. 61; Sturm-Martin 2009).

Von ethnischer Homogenisierung zu neuer Heterogenität

Kurzfristig kam es nach 1945 allerdings noch einmal zu einem Aufschwung der traditionellen Auswanderung aus Europa, da der zerstörte Kontinent vielen Menschen keine Perspektive zu bieten schien. Millionen von Menschen, insbesondere aus Deutschland, Irland, Italien, Griechenland, Portugal und Spanien, verließen Europa nach dem Krieg überwiegend in Richtung Amerika. Noch in den Jahren 1950–59 besaß Europa einen negativen Wanderungssaldo von 2,7 Millionen Menschen. Erst seit den 1970er-Jahren ist es endgültig von einem Auswanderungs- zu einem Einwanderungskontinent geworden (Bade 2002, S. 300f.).

Vom Auswanderungs- zum Einwanderungskontinent

Die Ursachen dieser Trendwende hatten allerdings bereits früher eingesetzt. Ein erster wichtiger Faktor war die Dekolonialisierung (→ KAPITEL 2.4). Die Migrationsströme in die Kolonien drehten sich nunmehr um, und die einstigen europäischen Auswanderer kehrten meist in ihre Heimatländer zurück. Die eurokoloniale Rückwanderung aus Afrika und Asien erreichte in der Zeit zwischen 1940 und 1975 einen Umfang von etwa sieben Millionen Menschen. Hinzu kamen auch diejenigen Einheimischen aus den ehemaligen Kolonialländern, deren Position durch ihre Kollaboration (Zusammenarbeit) mit den europäischen Kolonialherren prekär geworden war und die sich vor der befürchteten oder tatsächlichen Vergeltung in Sicherheit bringen wollten.

Dekolonialisierung und Rückwanderung

Anfänglich warben die ehemaligen Kolonialmächte aktiv um Arbeitskräfte aus ihren früheren Territorien in Afrika, Asien und anderswo. So versuchte auch Großbritannien durch die Zuwanderung aus den Commonwealth-Ländern die kriegsbedingten Lücken auf dem Arbeitskräftemarkt zu füllen. Das berühmteste Beispiel, das zugleich zum Symbol der postkolonialen Kettenwanderung aus der Ka-

Einwanderung aus ehemaligen Kolonien

ribik wurde, ist die Ankunft der „Empire Windrush" am 22. Juni 1948 in Tilbury in England. Das Schiff transportierte 492 Passagiere aus Jamaica und Trinidad, von denen viele im Zweiten Weltkrieg im Dienste der britischen Armee gekämpft hatten, und die nun Arbeit in Großbritannien suchten. Während die europäischen Rückwanderer vergleichsweise erfolgreich integriert werden konnten, stießen die nichteuropäischen Migranten aus den ehemaligen Kolonien in Europa häufig auf erhebliche Schwierigkeiten und Ressentiments. Dies galt gleichermaßen für die „Harkis" (ehemalige algerisch-muslimische Unterstützer der französischen Kolonialmacht) in Frankreich, die „Molukker" (ehemalige einheimische Angehörige der niederländisch-ostindischen Elitetruppen) in den Niederlanden oder auch für die unter britischer Herrschaft in Ostafrika angesiedelten Inder, die gleichfalls häufig vor postkolonialen Racheakten Zuflucht suchten.

Integration und Ressentiments

Die postkoloniale Zuwanderung führte vor allem in Großbritannien, Frankreich, Belgien, den Niederlanden und später auch in Portugal zur Bildung von Minderheiten aus den ehemaligen Kolonien. Diese profitierten zunächst von bevorzugten Einreisemöglichkeiten, die aus der Zugehörigkeit ihrer Herkunftsländer zu den Kolonialimperien bzw. deren Nachfolgeinstitutionen wie dem britischen Commonwealth resultierten. So besaßen zunächst viele dieser Einwanderer in Großbritannien einen Anspruch auf die britische Staatsbürgerschaft, bis dieser Zugang schrittweise beschränkt wurde. In ähnlicher Weise versuchten auch andere europäische Länder, die postkoloniale Zuwanderung zunehmend einzudämmen (Sturm 2001). Damit versuchte die Politik auch, den teilweise negativen gesellschaftlichen Reaktionen auf die Arbeitsmigranten zu begegnen: Seit Ende der 1950er-Jahre war es immer wieder zu ethnischen Konflikten in Westeuropa gekommen, etwa 1958 im englischen Nottingham, wo Teile der einheimischen Bevölkerung gewaltsam gegen Migranten vorgingen.

Postkolonialismus und Staatsbürgerschaft

Ethnische Konflikte

6.2 Arbeitsmigration und Asyl

Die postkolonialen Wanderungsbewegungen gingen zunehmend im weiteren Zusammenhang der Arbeitsmigration auf, zumal als die anfänglichen Vorteile, die aus dem kolonialen Erbe der Staatsbürgerschaft der Mutterländer resultierten, allmählich an Bedeutung verloren. Die Arbeitsmigration, die überwiegend von der süd- und südosteuropäischen Peripherie bzw. von Nordafrika und der Türkei in die industriellen Kernregionen Westeuropas führte, besaß eine lange Tradition und

Anstieg der Arbeitsmigration 1950–70

folgte häufig eingespielten räumlichen Beziehungsmustern. Der lange wirtschaftliche Nachkriegsboom führte zu einem Arbeitskräftemangel (→ KAPITEL 5), der in den westlichen Ländern vorrangig durch ausländische Arbeitskräfte gedeckt wurde. Dagegen mobilisierten die sozialistischen Planwirtschaften vor allem das Arbeitskräftereservoir der Frauen. Zwischen 1950 und 1970 verdreifachte sich die Zahl der Arbeitsmigranten in der westeuropäischen industriellen Kernzone, wo am Ende dieses Zeitraums etwa zehn Millionen Ausländerinnen und Ausländer gezählt wurden. Auch der relative Ausländeranteil an der Bevölkerung stieg erheblich an, wobei 1970/71 die Schweiz Spitzenreiter war (17,4 %), gefolgt von Belgien (7,2 %), Frankreich (5,1 %) Schweden (5,1 %) und der Bundesrepublik (4,9 %) (Kaelble 2007, S. 245–248). Bei dieser transnationalen Arbeitsmigration handelte es sich meist um eine Süd-Nord-Wanderung innerhalb Europas. Die traditionelle Ost-West-Wanderung wurde dagegen durch den Eisernen Vorhang weitgehend unterbunden. Eine erst durch den Mauerbau 1961 weitgehend beendete Ausnahme bildete Deutschland (→ KAPITEL 3.2).

Entwicklung des Ausländeranteils

Neben der grenzüberschreitenden Migration steht die interregionale Binnenwanderung, die in den Jahren des Wirtschaftsbooms gleichfalls ein hohes Niveau erreichte und anders als die grenzüberschreitende Arbeitsmigration auch in den sozialistischen Planwirtschaften eine erhebliche Rolle spielte. Zu dieser Form der Migration gehören neben der in weiten Teilen Europas verbreiteten Abwanderung aus der Landwirtschaft in städtische Industrie- und Dienstleistungsgewerbe auch Wanderungsbewegungen von ärmeren in wohlhabendere Landesregionen – so etwa in Italien von Süden nach Norden. Mit dem Ausbau der Freizügigkeit für Arbeitskräfte im Zuge der westeuropäischen Integration (→ KAPITEL 4.4) verwischten aber zunehmend die Grenzen zwischen grenzüberschreitender Arbeitsmigration und Binnenwanderung, etwa im Fall der italienischen Arbeitsmigration nach Deutschland (Jansen 2007, S. 40f.). Umgekehrt verlief die Geschichte bei den Russen, die in den Jahren der Sowjetherrschaft in großer Zahl im Baltikum angesiedelt wurden, um das ethnische Gleichgewicht gezielt zu verschieben: Nach der Auflösung der Sowjetunion und der Wiedererlangung der staatlichen Selbstständigkeit dieser Länder wurden diese Menschen in den Kategorien einer Zuwanderung von außen definiert. Denn es bewegen „sich nicht nur Menschen über Grenzen, sondern auch Grenzen über Menschen" (Bade 2002, S. 12).

Interregionale Binnenwanderung

Fließende Grenzen zwischen Migrationsformen

Generell ist die Definition von Migranten abhängig von legislativen und administrativen Prozessen, auf welche die Betroffenen kaum Einfluss besitzen. Aufgrund unterschiedlicher nationaler Ausformungen

Definition von Migranten

des Staatsbürgerrechts besaßen sie zudem sehr verschiedene Chancen zur Einbürgerung und wurden bisweilen gar nicht als „Ausländer" klassifiziert. Dies gilt etwa für Teile der postkolonialen Immigration in Frankreich ebenso wie für die deutschstämmigen Aussiedler in der Bundesrepublik. Beide Länder standen lange Zeit beispielhaft für die beiden Hauptformen des Staatsbürgerrechts, die in Europa in verschiedenen *Ius soli* und *ius sanguinis* Mischformen gültig sind: So herrschte in Frankreich das *ius soli* (Recht des Bodens), das den Geburtsort zum Hauptkriterium der Staatsangehörigkeit erhebt, und in Deutschland das *ius sanguinis* (Recht des Blutes), bei dem die Abstammung im Mittelpunkt steht (Brubaker 1992). Doch auch in diesen Ländern kam es in der Nachkriegszeit zu historischen Wandlungen der Normierung und Praxis des Staatsbürgerrechts, *Staatsbürgerrecht in Europa* welche die reine Typologie durchbrachen. Vor allem seit den 1990er-Jahren verwischten die Unterschiede immer stärker, indem jeweils Elemente des einen und des anderen Modells aufgenommen wurden. Während also etwa die Einbürgerung von in Deutschland geborenen Migrantenkindern dort seit 2000 erheblich erleichtert wurde, erschwerte Frankreich 2006 diesen bislang großzügig ermöglichten Schritt. Weiterhin existieren überall in Europa Unterschiede zwischen Wohnbevölkerung und Staatsvolk, in denen die verschiedenen Traditionen des Staatsbürgerrechts fortwirken (Conrad / Kocka 2001).

Allerdings verlor diese Unterscheidung zumindest für Angehörige aus EU-Staaten in sozialrechtlicher Hinsicht immer mehr an Bedeutung. Dies wurde besonders deutlich, als nach der Phase der aktiven Anwer- *Folgen des Anwerbestopps seit 1973 / 74* bung ausländischer Arbeitskräfte seit 1973 / 74 als Reaktion auf den Anstieg der Arbeitslosenzahlen seit der ersten Ölkrise (→ KAPITEL 5.3) überall in Europa Anwerbestopps verhängt wurden. Als paradoxe Folge sank zwar die Zahl der ausländischen Arbeitskräfte, dafür nahm jedoch durch den Nachzug von Familienangehörigen die ausländische Wohnbevölkerung überall zu. Die Arbeitsmigranten entsprachen also keineswegs jenem verbreiteten Bild einer rechtlich schutzlosen mobilen Arbeitskraftreserve, die nach Belieben wieder nach Hause geschickt werden konnte (Richter / Richter 2009). Die Zahl der Ausländer in Westeuropa stieg zwischen 1970 und 1990 weiter auf rund 16 Millionen. Aus einem vorübergehenden Aufenthalt, der anfänglich sowohl von den Migranten wie den Zielländern erwartet worden war, wurde *Dauerhafte Zuwanderung* nun immer häufiger eine dauerhafte Zuwanderung. Seit den späten 1980er-Jahren wurden aber zunehmend auch solche Länder zum Ziel von Arbeitsmigration, die früher selbst als Ausgangsland solcher Wanderungen gedient hatten, wie etwa Italien, Spanien, Portugal oder Griechenland (→ ABBILDUNG 7).

Land	1950	1997
Belgien	4,3	8,9
Dänemark	–	4,5
Deutschland	1,1	8,7
Finnland	–	1,4
Frankreich	4,1	6,3 (1990)
Großbritannien	–	3,4
Großbritannien[a]	3,2 (1951)	6,0 (1990)[b]
Großbritannien[c]	0,4 (1951)	5,5 (1990)
Irland	–	3,2
Italien	0,7	1,3
Niederlande	1,1	4,4
Norwegen	0,5	3,6
Österreich	4,7	9,1
Portugal	–	1,7
Schweden	1,8	5,6
Schweiz	6,1	18,6
Spanien	–	1,4

a Im Ausland Geborene.
b Außerhalb der Britischen Inseln Geborene.
c Nur „ethnische Minderheiten", d. h. nicht-weiße Bevölkerung.

Abbildung 7: Anteil der ausländischen Bevölkerung in Westeuropa 1950–95 (in Prozent)
(aus: Therborn 2000, S. 62)

Die gesellschaftliche Integration der Migranten verlief ambivalent: Neben beeindruckenden Integrationsleistungen, sozialen Aufstiegsgeschichten und kulturellen Pluralisierungen der Aufnahmegesellschaften blieben auch zahlreiche Probleme bestehen, deren Ursachen vielfältig sind. Einerseits existierten bei den Migranten oftmals Unsicherheiten über die eigene Identität zwischen alter und neuer Heimat, die häufig zu intergenerationellen Konflikten führten. In vielen Ländern hatte insbesondere die zweite Zuwanderergeneration große Probleme, sich ökonomisch zu etablieren und gesellschaftlich zu integrieren. Auf der anderen Seite existierten in vielen Aufnahmeländern große Vorbehalte gegenüber einer dauerhaften Einwanderung. Nahrung erhielten diese auch dadurch, dass insbesondere infolge der Migration aus der Türkei oder aus nordafrikanischen Ländern die Bedeutung des Islam in Europa stark zunahm. Nachdem Religion anfänglich neutral wahrgenommen oder sogar als disziplinierender Faktor der ausländischen Arbeitskräfte begrüßt worden war, verwandelte sich „der Islam" seit den 1990er-Jahren in einen Bezugspunkt für Ängste vor einem Angriff auf die jeweils eigene nationale oder auch europäische Identität, deren Wurzeln in Christentum und Aufklärung

Erfolge und Misserfolge der Integration

Bedeutung des Islam

gesucht wurden. Das Erfolgsmuster der Integration ist somit nicht zuletzt von der unterschiedlichen Akzeptanz verschiedener Migrantengruppen durch die Einwanderungsgesellschaften abhängig, die sich auch über die Zeit hinweg ändern konnte: Katholische Italiener etwa hatten es in dieser Hinsicht in Nordeuropa mittelfristig leichter als muslimische Türken.

Probleme der gesellschaftlichen Integration werden auf der einen Seite als Ergebnis mangelnder staatlicher Unterstützung und fortdauernder gesellschaftlicher Diskriminierungen interpretiert. Auf der anderen Seite werden sie aber auch als Folge mangelnder Anpassungsbereitschaft der Migranten an ihre neue Umwelt gedeutet. Bei dieser Kontroverse bleibt allerdings die Zielperspektive einer geglückten gesellschaftlichen Integration der Migranten umstritten. Letztlich geht es bei dieser **Multikulturelle** Auseinandersetzung, die vor allem im Rahmen von Debatten über **Gesellschaften in** „multikulturelle Gesellschaften" geführt wird, um das Verhältnis zwi- **Europa** schen der Anerkennung von Differenz und der Verbindlichkeit gesellschaftlicher Normen. So stehen die Befürworter einer Anerkennung von Gruppenrechten den selbsternannten Bewahrern „nationaler Identitäten" gelegentlich unversöhnlich gegenüber, wohingegen eine dritte Gruppe auf die Vorzüge der kulturellen Pluralisierung und Vermischung verweist. Viele dieser Konflikte lassen sich aus den Gegensätzen zwischen den Verlierern und Gewinnern der mit der Migration einhergehenden Veränderungen erklären.

Nach den Anwerbestopps in den 1970er-Jahren verlagerte sich die Migration innerhalb Europas bzw. nach Europa – sieht man einmal von Eliten aus Wirtschaft, Politik und Kultur ab – im Wesentlichen auf drei Wege: erstens Rückwanderung und Familiennachzug, zweitens – besonders in Südeuropa – die illegale Beschäftigung über Touristenvisa und **Politisches Asyl** drittens die Beantragung politischen Asyls (Bade 2002, S. 360f.). Insbesondere die Asylfrage beherrschte bei Migrationsdebatten zunehmend die öffentliche Aufmerksamkeit. In Westeuropa existierte mit der Genfer Konvention von 1951 sowie dem Zusatzprotokoll von 1967 ein gemeinsamer rechtlicher Standard, wonach politische Flüchtlinge humanitären Schutz genossen. Diese im Kontext des Kalten Krieges entstandene Regelung zielte zunächst insbesondere auf Flüchtlinge aus dem kommunistischen Osteuropa. Vor dem Hintergrund der erschwerten Arbeitsmigration wurde dieses Instrument aber immer stärker zu einem Weg nach Europa für Migranten auch aus anderen Regionen der Welt, überwiegend aus Afrika und Asien.

Anstieg der Seit Ende der 1970er-Jahre stieg die Zahl der Flüchtlinge und **Flüchtlingszahlen** Asylsuchenden in Westeuropa stark an, und anders als in den Anfangsjahren des Kalten Krieges, als es sich meist um „politisch geneh-me" Flüchtlinge aus dem Ostblock gehandelt hatte, wurde dieses Thema nun politisch skandalisiert: 1980 lag die Zahl der Asylsuch-enden in Westeuropa bei 150 000 und erreichte 1992 mit rund 700 000 eine Rekordmarke. Diese Flüchtlinge konzentrierten sich be-sonders auf einige ausgewählte Länder. Dazu gehörten die Bundesre-publik mit einem damals noch besonders großzügigen Asylrecht, wo allein zwischen 1989 und 1992 rund eine Million Asylanträge ge-stellt wurden, aber auch Frankreich, die Schweiz, die Niederlande und Schweden (Bade 2002, S. 363f., 389). In manchen dieser Länder erstarkten politische Bewegungen, die sich mit Überfremdungsparo-len für eine Beschränkung der Zahlen der Asylbewerber und Flücht-linge bzw. generell von Ausländern einsetzten, darunter der Front National in Frankreich, der Vlaams Blok in Belgien und die Republi-kaner in Deutschland. Aber auch etablierte Parteien wie die Freiheit-liche Partei Österreichs (FPÖ) und die Schweizerische Volkspartei (SVP) bedienten sich mit Erfolg fremdenfeindlicher Parolen, die gera-de in wirtschaftlich schwierigen Zeiten auf Resonanz stießen.

Fremdenfeindlichkeit

6.3 Ost-West- und Süd-Nord-Wanderungen

Die Migration nach und innerhalb Europas veränderte seit den spä-ten 1980er-Jahren zunehmend ihr bis dahin vertrautes Gesicht: Das Ende des Kalten Krieges beseitigte eine bislang bestehende Barriere zwischen Ost und West, und dies betraf in besonderem Ausmaß das seit 1990 vereinigte Deutschland. Zwischen 1991 und 1995 zogen etwa 2,3 Millionen Menschen aus den neuen in die alten Bundeslän-der und etwa 1,8 Millionen in die umgekehrte Richtung, was nun-mehr zur Binnenmigration zählte. Zwischen 1990 und 2004 kamen außerdem fast zweieinhalb Millionen deutschstämmige Spätaussied-ler, meist aus Nachfolgestaaten der Sowjetunion, in die Bundesrepu-blik. Zudem erhielten über 200 000 Juden aus diesen Staaten den Status von Kontingentflüchtlingen, womit eine automatische Aufent-haltserlaubnis, der Rechtsstatus von Flüchtlingen und Ausweisungs-schutz verbunden war. Ethnische Deutsche und russische Juden konnten aus Gründen der besonderen historischen Verantwortung Deutschlands gegenüber diesen Gruppen mit privilegierter Aufnahme in der Bundesrepublik rechnen, wozu auch die sozialrechtliche Gleichstellung gehörte. Dagegen stieß eine andere Minderheit über-wiegend auf Ablehnung: die vor allem in Rumänien, Bulgarien und

Ost-West-Migration

Spätaussiedler und Juden

Roma

Jugoslawien beheimateten osteuropäischen Roma. Viele von ihnen versuchten der anhaltenden Diskriminierung in ihren Heimatländern durch die Auswanderung insbesondere nach Deutschland oder Österreich zu entkommen. Bis heute bildet diese Gruppe eine der rechtlosesten Minderheiten in Europa.

Flüchtlinge aus Osteuropa und Ex-Jugoslawien

Nach dem Ende des Kalten Krieges kamen Millionen von Flüchtlingen überwiegend aus der ehemaligen Sowjetunion und Osteuropa sowie aus dem vom Bürgerkrieg zerrissenen Jugoslawien (→ KAPITEL 10.4) nach West- und nun auch nach Ostmitteleuropa. Dort reagierten die nationalen Regierungen auf die Entwicklung der Flüchtlingszahlen mit Verschärfungen bzw. restriktiven Auslegungen ihrer Asylgesetze. Gleichzeitig wurde die Flüchtlingsfrage mehr und mehr zu einem zentralen Aufgabenfeld der EU, die wesentliche Kompetenzen auf diesem Gebiet übernahm (→ KAPITEL 4.4). Aber auch die partielle Transformation in ein supranationales Politikfeld änderte nichts daran, dass dort die „Logik einer negativ konkurrierenden Politik" vorherrschte, die am Hauptziel ausgerichtet blieb, die jeweils eigenen nationalen Interessen zu schützen (Santel 1995, S. 178). Vor dem Hintergrund der Ambivalenz von zunehmender Liberalisierung der Mobilität nach innen und Abgrenzung nach außen entwickelte sich eine bis heute nicht abgeschlossene Debatte über die „Festung Europa".

„Festung Europa"?

Osteuropa …

… als Ausgangs- und Zielraum

Eine besondere Rolle für die neuen Ost-West-Wanderungen spielte die in den 1990er-Jahren begonnene Osterweiterung der EU (→ KAPITEL 4.4). Bürgerinnen und Bürger aus den neuen ostmitteleuropäischen EU-Staaten genossen nunmehr Freizügigkeit auf dem Arbeitsmarkt westlicher EU-Länder. Davon machten zum Beispiel etwa zwei Millionen Polen Gebrauch, von denen viele in Großbritannien und Irland Arbeit suchten. Allerdings wurde diese neue Ost-West-Wanderung in manchen Fällen durch lange Übergangsfristen hinausgezögert, wie sie etwa die Bundesrepublik aus Sorge vor der Konkurrenz billiger Arbeitskräfte durchgesetzt hatte. Zugleich wurden manche dieser Länder nun selbst zu Wanderungszielen. Polen, Tschechien und Ungarn erlebten einen Ansturm oftmals illegaler Arbeitssuchender insbesondere aus der ehemaligen Sowjetunion. Gleichzeitig wurden die ostmitteleuropäischen Staaten ebenso wie die Staaten der ehemaligen Sowjetunion zu

… als Durchgangsraum

Durchgangsräumen für Migranten aus Asien und Afrika, die dort auf eine Möglichkeit zur Weiterwanderung warteten (Sassen 2000 S. 133; Bade 2002, S. 406f.). Meistens handelte es sich bei der neuen Ost-West-Migration aber auch um ein längeres oder kürzeres Pendeln zwischen Heimatort und den zeitweiligen Orten formeller oder informeller Arbeits- oder Erwerbsverhältnisse. Damit erinnert sie eher an traditionelle

Formen der Wanderarbeit als an dauerhaftere Migrationsformen, welche die industrielle Disziplin der Hochmoderne erfordert hatte.

Dem Trend zur nichtformellen Einwanderung folgte auch die Migration in den Süden Europas. Neben dem Ende des Kalten Krieges erwiesen sich Bürgerkriege, Umweltkatastrophen und andere Elendsfaktoren als ein wichtiges Moment neuer Fluchtbewegungen von Süden nach Norden, die auch durch die erleichterten Reise- und Kommunikationsmöglichkeiten befördert wurden. Allerdings ist die „Geschichte der Süd-Nord-Wanderung nach Europa weniger die Geschichte von Wanderungsbewegungen als die der [...] Angst davor und der Abwehr dagegen" (Bade 2002, S. 440). Denn nur ein winziger Bruchteil jener großen Wanderungsbewegungen, die vor allem den afrikanischen Kontinent durchziehen, erreicht Europa. Diese Migranten gelangen hauptsächlich in die Mittelmeeranrainerstaaten, wo sie einerseits auf große Widerstände treffen und andererseits als stetige Zufuhr eines informellen, illegalen Arbeitskräftesektors eine wichtige ökonomische Funktion besitzen. Aber gerade die Süd-Nord-Wanderung trug zu heftigen politischen Diskussionen bei. Illegale afrikanische Flüchtlinge über das Mittelmeer treffen dabei an den Stränden Europas auf die Exponenten einer legalen Wanderung in umgekehrter Richtung: Rentner und Pensionäre aus dem kalten Norden ziehen in großer Zahl in südliche Ferienregionen, wo sie, wie etwa auf Mallorca, mitunter einen beträchtlichen Bevölkerungsanteil ausmachen. Migrationen lassen sich also in verschiedener Hinsicht differenzieren: etwa nach ethnischer Herkunft und sozialer Lage, nach Geschlecht und nach Alter, und werden dementsprechend als Problem wahrgenommen oder auch nicht. Dies ergibt sich nicht zuletzt aus dem engen Zusammenhang mit der allgemeinen Frage nach der demografischen Entwicklung Europas.

Süd-Nord- und Nord-Süd-Wanderungen

Differenzierung der Migration

6.4 Demografische Tendenzen und Diskurse

Brennende Vorstädte in Paris, in denen sich Migrantenkinder Straßenschlachten mit der Polizei liefern, und Rentnerparadiese auf Mallorca bilden zwei Pole des öffentlichen Bildes vom Zusammenhang zwischen Demografie und Gesellschaft am Anfang des 21. Jahrhunderts. Dahinter stecken gleichermaßen sozialstatistisch erhärtete demografische Befunde wie sozialkonstruktivistisch auflösbare bevölkerungsgeschichtliche Diskurse. Dabei geht es nicht darum, „objektive Realität" gegen „subjektive Deutungen" auszuspielen, sondern vielmehr die entschei-

Statistiken und Diskurse

dende Rolle historisch veränderlicher Kategorien bei der Beschreibung sozialer Wirklichkeiten zu berücksichtigen. Auf diese Weise ist es auch möglich, manchen Krisenszenarien, die die Diskussion über Bevölkerung in Europa das ganze 20. Jahrhundert hindurch begleiteten, eine gelassenere Sichtweise entgegenzusetzen (Etzemüller 2007).

Bevölkerungsstatistik und politische Semantik

Migration gehört neben Geburten und Todesfällen zu den Hauptfaktoren der Bevölkerungsentwicklung. Die vorhandenen Bevölkerungsstatistiken sind jedoch oftmals insofern undeutlich, als nur zum Teil kenntlich gemacht wird, inwieweit Migranten bzw. ihre Kinder in derartige Berechnungen einbezogen werden. Auf diese Weise lassen sich je nachdem mehr oder weniger dramatische statistische Effekte erzeugen, die etwa als „Aussterben" oder „Überalterung" europäischer Gesellschaften bezeichnet werden. Dies kann durch die Wahl geeigneter Metaphern noch unterstützt werden: So erfolgte die Darstellung der Bevölkerungszusammensetzung nicht selten in Diagrammform als stabile „Bevölkerungspyramide", „zerzauste Tanne" oder gar als auf den nahenden „Volkstod" verweisende „Urne" (→ ABBILDUNG 8). Die Analyse der assoziativen Verbindung scheinbar objektiver statistischer Daten mit politischen Semantiken bildet daher eine wichtige Aufgabe der Zeitgeschichte.

Seit dem 19. Jahrhundert hat die Bevölkerung in Europa stark zugenommen. Die wesentlichen Gründe liegen in einer sinkenden Sterblichkeit aufgrund wirtschaftlicher und medizinischer Verbesserungen bei gleichzeitig rückläufigen Geburtenziffern. Nach dem Zweiten Weltkrieg zeigte sich ein neues Muster, wobei sich hier zwei Phasen unterscheiden lassen: Zunächst kam es nach 1945 zu einem starken Anstieg der Geburtenzahlen. Der sogenannte Baby-Boom war vor allem eine Folge der Ablösung des bis dahin in Nordwesteuropa dominierenden Heiratsmusters, wonach einerseits das Heiratsalter meist relativ hoch und andererseits Ehelosigkeit weit verbreitet war. Nach dem Krieg wurde vorübergehend ein neues Muster zur Norm, wonach Paare jung heirateten und früh Kinder bekamen. Seit den 1960er-Jahren begann sich dies jedoch wieder zu ändern: Seither gingen die Geburtenzahlen in Nordwesteuropa stark zurück, um dann – zumindest in einigen Ländern – seit den 1980er-Jahren wieder etwas zu steigen. Diese Entwicklung war weitgehend auf eine erneute Wandlung des Heiratsverhaltens und neue soziale Normen zurückzuführen (Flora 2005, S. XIV), sodass eine einfache Erklärung der gesunkenen Geburtenzahlen durch den „Pillenknick" und die bequemeren und sichereren Methoden der Empfängnisverhütung nicht ausreicht (→ KAPITEL 8.3).

Vom Baby-Boom zum Pillenknick

Altersaufbau der Bevölkerung in Deutschland

am 31.12.1910

Alter in Jahren

Männer · Frauen

100 · 90 · 80 · 70 · 60 · 50 · 40 · 30 · 20 · 10 · 0

1 000 750 500 250 0 — 0 250 500 750 1 000
Tausend Personen · Tausend Personen

am 31.12.1950

Alter in Jahren

Männer · Frauen

100 · 90 · 80 · 70 · 60 · 50 · 40 · 30 · 20 · 10 · 0

1 000 750 500 250 0 — 0 250 500 750 1 000
Tausend Personen · Tausend Personen

am 31.12.2008

Alter in Jahren

Männer · Frauen

1 000 750 500 250 0 — 0 250 500 750 1 000
Tausend Personen · Tausend Personen

am 31.12.2008 und am 31.12.2060

Untergrenze der „mittleren" Bevölkerung
Obergrenze der „mittleren" Bevölkerung

Alter in Jahren

Männer · Frauen

31.12.2008 · 31.12.2008

1 000 750 500 250 0 — 0 250 500 750 1 000
Tausend Personen · Tausend Personen

2009 - 15 - 0831

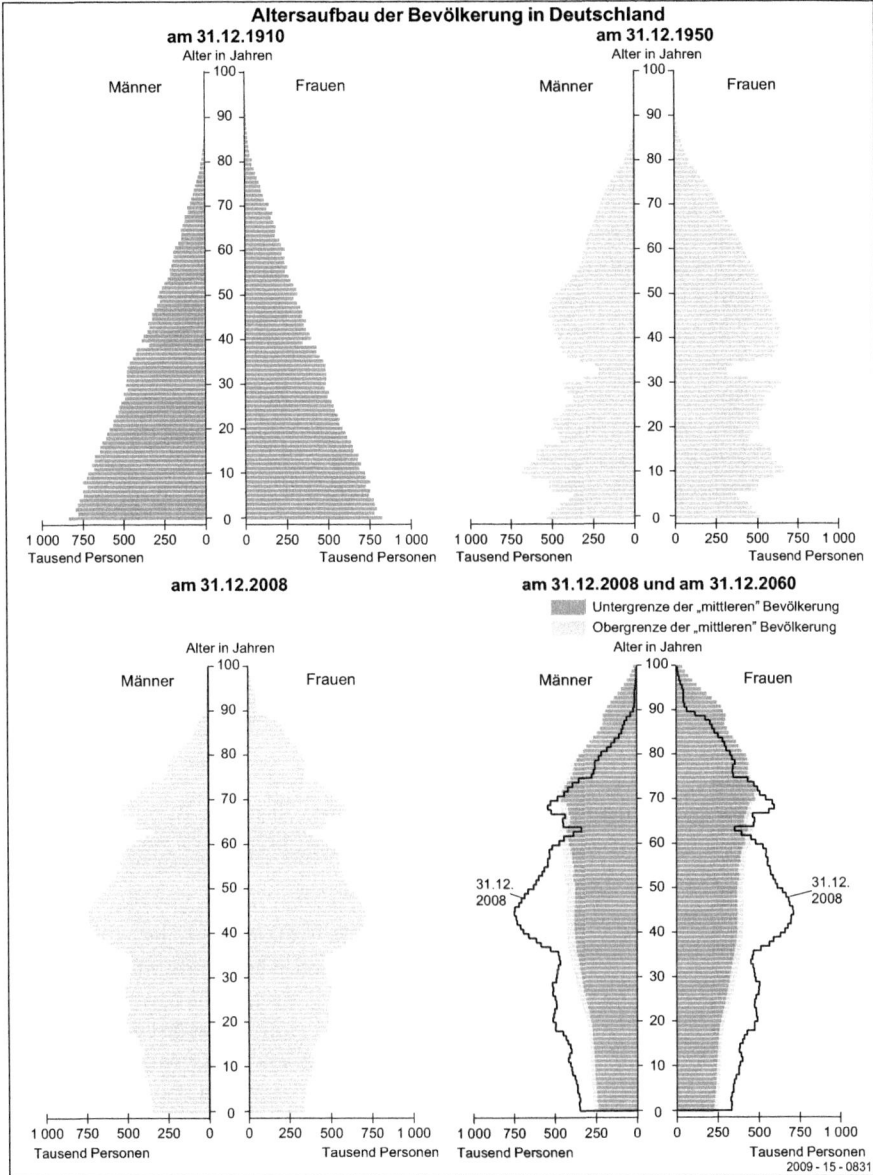

Abbildung 8: Bevölkerung Deutschlands bis 2050 – 12. koordinierte Bevölkerungsvorausberechnung (Statistisches Bundesamt 2006)
Von der ‚Bevölkerungspyramide' über die ‚zerzauste Tanne' zur ‚Urne'

101

Auf der östlichen Seite des Eisernen Vorhangs, wo das Heiratsalter generell niedriger war, setzte der Geburtenrückgang gleichwohl bereits in den 1950er-Jahren ein. Dies wird unter anderem auf die größere Bedeutung der Erwerbstätigkeit von Frauen sowie das großzügigere Abtreibungs- und Scheidungsrecht zurückgeführt. Auf den Zusammenbruch des Kommunismus folgte schließlich im Osten ein starker demografischer Einbruch. Besonders stark prägte er sich in Ostdeutschland aus, wo nach dem Ende der DDR die Geburtenrate auf einen historischen Tiefstand fiel. Nachdem die durchschnittliche Kinderzahl von Frauen zwischen 15 und 49 Jahren 1989 noch bei 1,53 gelegen hatte, war sie 1993 und 1994 in den neuen Bundesländern auf weniger als die Hälfte gesunken und lag bei nur noch 0,77. Auch wenn 2004 zwischen dem Schlusslicht Weißrussland (1,2) und dem Spitzenreiter Island (2,0) eine beträchtliche Spannweite lag, so ergibt sich als Gesamtbefund, dass die Geburtenraten in Europa seit mehreren Jahrzehnten insgesamt unter dem zum Erhalt einer stabilen Bevölkerungszahl als erforderlich geltenden Wert von 2,1 liegen. Dies wurde nur zum Teil durch die Einwanderung ausgeglichen (Frejka 2008).

Im Zusammenhang mit dem weiteren durchschnittlichen Anstieg der Lebenserwartung war eine erste Auswirkung dieser Entwicklung die Verschiebung der Altersstruktur. Dies macht in allen europäischen Gesellschaften komplizierte Anpassungsprozesse der Sozialsysteme und der Arbeitswelt erforderlich. Eine zweite Auswirkung, die gleichfalls bereits seit Jahrzehnten diskutiert wird, ist der Rückgang des relativen Anteils der europäischen Bevölkerung an der Weltbevölkerung. Allerdings steht diese Diskussion nicht mehr im Banne einer Auffassung, die Bevölkerungsgröße unmittelbar mit politischer und militärischer Macht gleichsetzt. Stattdessen dominiert nun die Vorstellung, dass derartige geburtenstarke Grenzregionen zur Quelle neuer „Völkerwanderungen" nach Europa werden könnten.

Bevölkerungsstatistiken, die die Veränderungen bestehender Gesellschaften darstellen sollen, sind stets mit Vorsicht zu genießen. Denn anders als es durch die implizite Metaphorik statistischer Darstellungen häufig suggeriert wird, gibt es erstens kein „natürliches" Optimum des Bevölkerungswachstums – unabhängig davon, ob dieses in einem Gleichgewicht oder wie lange Zeit üblich in einem kontinuierlichen Wachstum gesehen wird. Zweitens verbergen sich hinter Diskussionen über quantitative Bevölkerungsentwicklungen oftmals qualitative Aussagen, die normative Urteile über die Wünschbarkeit der Zunahme der einen und der Unerwünschtheit der Zunahme der

Demografischer Einbruch in Osteuropa

Geburtenraten in Europa

Verschiebung der Altersstruktur

Relativer Anteil an Weltbevölkerung

Kritisches Hinterfragen von Bevölkerungsstatistiken

anderen Bevölkerungsgruppen enthalten. Letztlich geht es also meist um die Frage des relativen Gewichts verschiedener Bevölkerungsteile: Europäer versus Afrikaner oder Asiaten, Einheimische versus Ausländer, Alte versus Junge, Gebildete versus Ungebildete. Und drittens schließlich werden bei der Rede vom Bevölkerungswachstum kollektive Daten über Geburtszahlen, Lebenserwartung und Migration verwendet. Hinter diesen statistisch aggregierten Größen stehen jedoch individuelle und höchst persönliche Angelegenheiten: Kinder zu bekommen, an einem anderen Ort sein Leben in die Hand zu nehmen oder zu sterben. Hinter dem Kollektivsingular der Bevölkerung stehen also die Erfahrungen realer Menschen, deren Geschichte wir uns vor allem zuwenden sollten.

Fragen und Anregungen

- Unterscheiden Sie die Formen der Migration und ordnen Sie diese dem zeitlichen Verlauf der europäischen Nachkriegsgeschichte zu.

- Erörtern Sie die gesellschaftlichen Auswirkungen der Migration in Europa seit 1945.

- Diskutieren Sie die Schwierigkeiten der Erstellung von Bevölkerungsstatistiken sowie die Probleme ihrer Visualisierung.

Lektüreempfehlungen

- Klaus J. Bade / Pieter C. Emmer / Leo Lucassen / Jochen Oltmer (Hg.): Enzyklopädie Migration in Europa. Vom 17. Jahrhundert bis zur Gegenwart, 2. Auflage, München 2008. *Umfassendes Handbuch, das über einzelne europäische Länder und zugleich über zahlreiche verschiedene Migrantengruppen informiert.*   Forschung

- Klaus J. Bade: Europa in Bewegung. Migration vom späten 18. Jahrhundert bis zur Gegenwart (Europa bauen). Brosch., durchgesehene Sonderausgabe, München 2002. *Standardwerk zur europäischen Migrationsgeschichte, das die Entwicklung nach dem Zweiten Weltkrieg verständlich in größere Zusammenhänge stellt.*

- Thomas Etzemüller: Ein ewigwährender Untergang. Der apokalyptische Bevölkerungsdiskurs im 20. Jahrhundert, Bielefeld 2007. *Eine essayistisch gehaltene knappe Darstellung zu Bevölkerungs-*

diskursen im 20. Jahrhundert, die wichtige Grundelemente des wissenschaftlichen und politischen Umgangs mit „Bevölkerung" kritisch hinterfragt.

- **Hartmut Kaelble: Sozialgeschichte Europas. 1945 bis zur Gegenwart,** München 2007. *Knapper Überblick, der die Migration vor allem im Hinblick auf ihre sozialgeschichtlichen Auswirkungen betrachtet.*

- **Jochen Oltmer: Migration im 19. und 20. Jahrhundert** (Enzyklopädie deutscher Geschichte 86), München 2010. *Auf Deutschland konzentrierter Überblick, der auch in die Forschungsdiskussionen einführt und viel Literatur verzeichnet.*

- **Saskia Sassen: Migranten, Siedler, Flüchtlinge. Von der Massenauswanderung zur Festung Europa** (Europäische Geschichte), 3. Auflage, Frankfurt a. M. 2000. *Nützliche und knappe Einführung, die sich zugleich auch als politisches Plädoyer gegen die „Festung Europa" versteht.*

- **Imke Sturm-Martin: Annäherung in der Diversität. Europäische Gesellschaften und neue Zuwanderung seit dem Zweiten Weltkrieg,** in: Archiv für Sozialgeschichte 49, 2009, S. 215–230. *Der Artikel vergleicht den Abschied vom Ideal der homogenen Nation in verschiedenen westeuropäischen Staaten.*

7 Wohlstand und Konsum

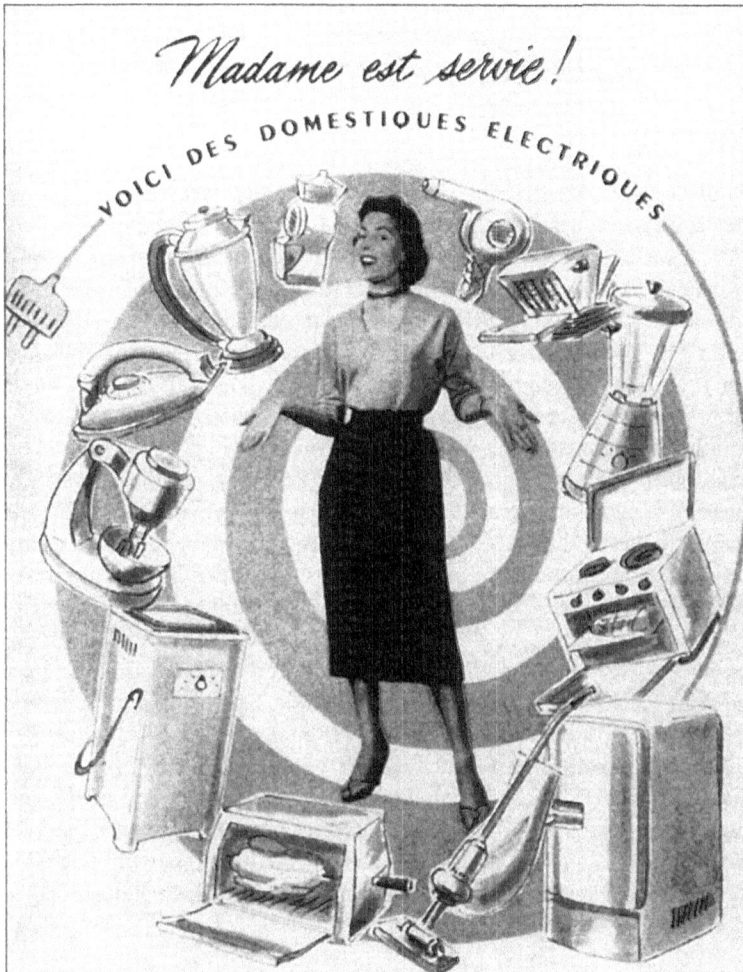

Abbildung 9: Madame est servie! Voici des domestiques électriques (Werbeanzeige aus der Zeitschrift Marie Claire, März 1955)

Die Werbung für eine Haushaltsgeräteausstellung aus der französischen Frauenzeitschrift „Marie-Claire" zeigt eine „moderne Hausfrau", die glücklich lächelt, weil elektrische Geräte ihr die Hausarbeit erleichtern. Anfang der 1950er-Jahre waren die sie umgebenden Produkte nur in Teilen der französischen Haushalte vorhanden. Doch in den folgenden zwanzig Jahren verbreiteten sie sich schnell und gehörten in Frankreich und anderen westeuropäischen Ländern bald zur Standardwohnungsausstattung – zeitversetzt auch in Osteuropa. Zwar erfüllten die Konsumgüter meist nicht die utopischen Versprechen eines glücklichen Lebens, doch entfaltete der Konsum eine hohe Prägekraft für die gesellschaftlichen und politischen Ordnungen in Europa seit 1945.

Traditionell konzentrierten sich die Wirtschaftswissenschaften und daher auch die Wirtschaftsgeschichte auf die Untersuchung der Produktion von Gütern und Dienstleistungen sowie der dazu nötigen Arbeitsprozesse. Durch die Bedeutungssteigerung des Konsums in den USA und in Europa im 20. Jahrhundert wurden der Verbrauch und die Nutzung von Gütern jedoch zu einem wichtigen Thema der Sozialwissenschaften. Insbesondere im Zuge der kulturwissenschaftlichen Erweiterung der Geschichtswissenschaft seit den 1980er-Jahren rückte die Sphäre des Konsums und der Freizeit ins Zentrum historischer Forschung. In der Konsumforschung geht es zunächst um die gesellschaftliche Verteilung und Nutzung von Gütern zur Befriedigung subjektiv empfundener Bedürfnisse. Darüber hinaus werden aber auch die kulturellen Praktiken und Deutungen des Konsums in den Blick genommen. Nach 1945 setzte sich zu verschiedenen Zeitpunkten die „(Massen-) Konsumgesellschaft" in allen europäischen Ländern durch. Anders als es der Begriff suggeriert, diente Konsum weiterhin der Distinktion bzw. In- und Exklusion. Konsum erzeugte soziale, regionale, nationale und geschlechterspezifische Differenzen, aber auch politische Abgrenzungen im Zeichen des Kalten Krieges. Daher werden nach einer Begriffsklärung zunächst die Grundlinien der Konsumentwicklung in Europa vorgestellt, um dann näher auf diese Differenzen vor allem im Zeichen des Kalten Krieges einzugehen. Daran anschließend wird sowohl nach den veränderten Deutungen des Konsums gefragt als auch nach den Formen der Verbraucherpolitik.

7.1 Entwicklungstendenzen des Konsums
7.2 Konsum im Kalten Krieg
7.3 Konsumbewusstsein und Konsumentenverhalten

7.1 Entwicklungstendenzen des Konsums

In seiner Sozialgeschichte der europäischen Gesellschaften seit 1945 erklärt der schwedische Soziologe Göran Therborn, die wichtigste Folge des exzeptionellen wirtschaftlichen Wachstums der Nachkriegszeit (→ KAPITEL 5.1) sei gewesen, dass es „in ganz Europa den Massenkonsumenten hervorgebracht" habe (Therborn 2000, S. 164). Diese Einschätzung ist wohl konsensfähig, doch streiten Historikerinnen und Historiker darüber, wo der Beginn der „Konsumgesellschaft" zu lokalisieren ist. Gegenüber Tendenzen in der angloamerikanischen Forschung, die Anfänge der modernen Konsumgesellschaft schon in der Frühen Neuzeit in den Niederlanden und England oder im späten 19. Jahrhundert mit dem Aufkommen des Warenhauses zu verorten, betonen Heinz-Gerhardt Haupt und Wolfgang König die neue Quantität und Qualität des Konsums in den Vereinigten Staaten und Europa im 20. Jahrhundert (Haupt 2003, S. 25–29; König 2008, S. 9f.). Als Kriterium für die Existenz einer Konsum- bzw. Massenkonsumgesellschaft gilt ihnen, dass die Mehrheit der Bevölkerung über die Mittel verfügt, deutlich über ihre Grundbedürfnisse hinausgehend zu konsumieren und das auch tut. Dem liegt die Annahme einer Stufenfolge von Bedürfnissen zugrunde, der zufolge zunächst Ernährung und Kleidung sichergestellt werden müssen, bevor Status-, Selbstverwirklichungs- oder Luxusbedürfnisse befriedigt werden können.

Der Begriff der „Konsumgesellschaft" hat breite Forschungsperspektiven eröffnet, birgt aber aufgrund seines graduellen Charakters auch Schwierigkeiten. So bildet sich eine Konsumgesellschaft immer in einem längerfristigen Prozess heraus, dessen Beginn und Abschluss nicht genau datiert werden können. Auch wenn eine Mehrheit der Bevölkerung über die Grundbedürfnisse hinaus konsumiert, erfasst der Begriff immer nur einen Teil der Gesellschaft, will aber ihre Gesamtheit beschreiben. Dabei impliziert „Konsumgesellschaft" meist über den Akt des Konsums hinausgehende Aussagen über die Gesellschaftsordnung: So meint König, der Konsument werde zur soziopolitischen Leitfigur, und den Lebensmittelpunkt bilde nicht mehr die Arbeit, sondern der Konsum, der Identifikationen stifte (König 2008, S. 9f., 21, 28). Jenseits aller vereinheitlichenden Tendenzen dient jedoch Konsum immer auch der Distinktion; er wirkt nicht nur vereinheitlichend, sondern schließt grundsätzlich auch Teile der Bevölkerung aus. Selbst wenn die gleichen Güter von allen konsumiert werden, sind die Praktiken des Konsums oft so verschieden, dass sich neue „feine Unterschiede" ergeben (Bourdieu 1987).

„Konsumgesellschaft"

Probleme des Begriffs

Nichtsdestoweniger erhielten im 20. Jahrhundert in Europa breitere Bevölkerungsteile als je zuvor Zugang zu Konsumgütern, die nicht ausschließlich der Befriedigung existenzieller Bedürfnisse dienten. Bereits in der ersten Hälfte des 20. Jahrhunderts entfalteten sich vor allem in den USA Konsumstandards und -praktiken, die sich nach 1945 mit unterschiedlicher Geschwindigkeit auch in den europäischen Ländern durchsetzten. Dabei brachte der Massenkonsum eine Reihe grundlegender Veränderungen mit sich: Erstens wandelten sich Konsumgüter zu Produkten industrieller Massenfertigung, zweitens wurden diese Güter über nationale und soziale Grenzen hinweg konsumiert, drittens veränderte sich die Ausgabenstruktur privater Haushalte, viertens vollzog sich eine Kommerzialisierung des Konsums durch eine Bedeutungssteigerung des Handels, fünftens veränderten sich geschlechterspezifische Konsumpraktiken und sechstens wandelten sich das Nachdenken und die Diskurse über den Konsum (Kaelble 2007, S. 89–92).

Die beiden Grundvoraussetzungen des privaten Konsums, Geld und Freizeit, waren in der zweiten Hälfte des 20. Jahrhunderts in europäischen Privathaushalten in zunehmendem Maße vorhanden. Nachdem die Wochenarbeitszeit in der Industrie in der unmittelbaren Nachkriegszeit in manchen europäischen Ländern wie Westdeutschland, Frankreich und Großbritannien noch einmal angestiegen war, sank sie in den 1960er- und 1970er-Jahren in ganz Europa. Mit dem freien Samstag wurde das Wochenende zum Ort des Freizeitkonsums, und auch die Lebensarbeitszeit insgesamt nahm ab, sodass in Verbindung mit besseren Alterssicherungen neue Konsumpotenziale entstanden. Durch die zunehmenden Realeinkommen stiegen die privaten Konsumausgaben in Westeuropa in der Boomphase bis Anfang der 1970er-Jahre rasch und danach verhaltener an, während die Steigerungen in Osteuropa insgesamt langsamer waren (Schildt 1993; Therborn 2000, S. 22–26; Haustein 2007, S. 51).

Für die Entwicklung des Konsums ist jedoch weniger die Zunahme der Realeinkommen entscheidend als vielmehr die Verschiebung der Ausgabenstruktur. In allen europäischen Ländern sank der Anteil des Budgets, den private Haushalte für Ernährung und Kleidung aufbrachten. Lagen die Ernährungsausgaben österreichischer Haushalte beispielsweise 1950 noch bei fast 50 Prozent, hatten sie sich 1994 auf unter 20 Prozent mehr als halbiert. Auch wenn dies ein Extremfall war, wiesen andere Länder in West- und Osteuropa ähnliche Tendenzen auf. Allerdings machten die Ausgaben für Ernährung und Kleidung in armen Ländern grundsätzlich weiterhin einen größeren

Anteil an den Haushaltsausgaben aus als in reichen. Durch ihre prozentuale Abnahme entstanden zwar auch hier Spielräume für andere Ausgaben. Da in Westeuropa jedoch gleichzeitig die Ausgaben für Wohnen, Transport und Gesundheit erheblich anstiegen, fiel die Zunahme finanzieller Spielräume geringer aus. In den osteuropäischen Planwirtschaften wurden die Wohnkosten zwar konstant gehalten, aber dem Konsum waren hier oft wegen einer geringeren wirtschaftlichen Produktivität und daher niedrigeren Güterversorgung Grenzen gesetzt (Kaelble 2007, S. 69, 95–97; Haustein 2007).

Die Wohlstandssteigerung war ein allgemeiner Trend in Europa und führte grundsätzlich, wie Hartmut Kaelble betont, zu einer europäischen Angleichung der Konsumstandards. Allerdings verlief diese nicht kontinuierlich, sondern in Schüben und löste nationale oder regionale Differenzen nicht vollständig auf. Insgesamt gesehen stiegen jedoch der Lebensstandard und Komfort in den westeuropäischen Ländern vor allem in den 1960er- und 1970er-Jahren stark an. Die Qualität der Ernährung, des Wohnstandards und der Gesundheitsversorgung verbesserten sich, Unterschiede nach Herkunft und Geschlecht schliffen sich ab, sodass sich im Vergleich mit außereuropäischen Ländern eine Vereinheitlichung der Lebensweisen zeigt (Haustein 2007, S. 12, 51; Kaelble 2007, S. 98–105). Dies gilt mit Einschränkungen und einer gewissen zeitlichen Verschiebung auch für Osteuropa, wo der Konsum allerdings grundsätzlich anderen Bedingungen unterlag.

Dass jenseits von Angleichungstendenzen weiter große Differenzen bestanden, zeigt die Verbreitung und Nutzung zentraler Konsumgüter, die zunehmend Lebensstandard und Lebensstil in Europa bestimmten. Nach 1945 setzte sich das Auto massenhaft durch, aber in keinem der europäischen Länder so durchgreifend wie in den USA: Im Mutterland der fordistischen Massenproduktion waren bereits kurz nach dem Ersten Weltkrieg auf 1 000 Einwohner 190 Autos gekommen – eine Quote, die in Europa erst nach 1960 überschritten wurde. Hier nahm die Zahl der Autos pro Einwohner vom Beginn der 1960er-Jahre an stärker zu, wobei die Zunahme in Osteuropa grundsätzlich wesentlich geringer blieb als im Westen. In den osteuropäischen Ländern kamen 1989 im Schnitt nur 149 Pkws auf 1 000 Einwohner, während es in der Bundesrepublik, die Großbritannien und Frankreich in der Autodichte in den 1960er- bzw. 1970er-Jahren überholt hatte, 466 waren. Allerdings war die Verbreitung der Autos in West- und Osteuropa jeweils sehr unterschiedlich: So gab es 1989 in der DDR pro Kopf mehr Pkws als beispielsweise in Irland oder

Angleichung der Konsumstandards

Autos

Portugal, und Ungarn und Bulgarien übertrafen das EG-Mitglied Griechenland (Therborn 2000, S. 166–168; Kaelble 1997, S. 197).

Ein zweites Gerät, das sich in den späten 1950er- und vor allem in den 1960er-Jahren rasch verbreitete und bald zur schichtenübergreifenden Standardausstattung europäischer Wohnungen gehörte, war der Fernseher. Auch die Durchsetzung des Fernsehens vollzog sich in den USA früher und weitreichender, sie verlief aber in Westeuropa ebenfalls rasant, in Osteuropa etwas zeitversetzt (→ KAPITEL 12.2). Allerdings breitete sich das Fernsehen zunächst in den Städten und erst mit einiger Verzögerung auf dem Land aus. Die Existenz von Fernsehern zunächst insbesondere in Gaststätten und dann zunehmend in Privathaushalten führte nicht nur zu einem veränderten Freizeitverhalten und einem Rückgang der Kinobesuche, sondern hatte durch die Werbung auch sonst vereinheitlichende Konsequenzen für den Konsum über soziale und nationale Grenzen hinweg (Hickethier/Hoff 1998, S. 112f., 183; Haustein 2007, S. 200).

Diesen Indikatoren ließen sich viele weitere hinzufügen: So kamen 1986 in Westeuropa auf hundert Einwohner etwa 53 Telefone, im Osten aber nur 13. Die Verbreitung von Konsumprodukten liefert erste, allerdings nur sehr grobe Indikatoren für die verschiedenen Ausprägungen der Konsumniveaus in Europa: Massenkonsum erreichte in Westeuropa grundsätzlich andere Dimensionen als in den Ländern mit Zentralverwaltungswirtschaften. Wie viel konsumiert werden konnte, hing zunächst von den Kriegsschäden ab, deren Auswirkungen aber rasch geringer wurden. Entscheidender waren die unterschiedlichen Industrialisierungsgrade von Nord- und Südeuropa, die sowohl national wie auch regional weit auseinanderklafften. In Italien beispielsweise waren die Konsumstrukturen im industrialisierten und reichen Norden grundsätzlich andere als im agrarisch geprägten armen Süden des Landes. Auch im Ostblock herrschte kein einheitliches Konsumniveau, sondern es nahm von Westen nach Osten ab: In der DDR und der Tschechoslowakei war es am höchsten und jeweils mit einigem Abstand folgten Ungarn und Polen sowie die Sowjetunion (Merl 1997, S. 205).

7.2 Konsum im Kalten Krieg

So eindrücklich Statistiken über Haushaltsausgaben und die Verbreitung von Konsumgütern auch sind, so wenig aussagekräftig sind sie in Bezug auf die unterschiedlichen Praktiken und den jeweiligen Stellenwert des Konsums oder einzelner Produkte, die oft eine sehr unterschiedliche Qualität hatten. So warteten zum Beispiel in der DDR Menschen meist jahrelang auf die Lieferung eines Autos, und der Trabant oder Wartburg, den sie dann erhielten, war westeuropäischen Autos technisch weit unterlegen. In bestimmten Bereichen der Güterversorgung blieb Mangel trotz des insgesamt gestiegenen Lebensstandards eine Zentralerfahrung im „real existierenden Sozialismus": In Westeuropa scheiterte individueller Konsum meist an fehlendem Geld, im Osten war eher Produktmangel das Zentralproblem. Allerdings wäre es verfehlt, Konsum in Osteuropa schlicht als eine schlechtere Kopie des Westens zu begreifen (Merkel 1999, S. 11f.; Crew 2003a). Vielmehr muss die Entwicklung europäischer Konsumpraktiken nach 1945 in ihrer wechselseitigen Beziehung sowie der gemeinsamen Abgrenzung zu den Vereinigten Staaten begriffen werden.

Nach 1945 exportierten amerikanische Unternehmen mit Unterstützung der US-Regierung nicht nur ihre Produkte nach Europa, sondern zugleich amerikanische Konsumstandards und Konsumkulturen. Die Verbreitung des „American Way of Life" in Europa und Asien folgte wirtschaftlichen, aber auch politischen Absichten, in denen sich eine zivilisatorische Mission mit konkreten Herrschaftsansprüchen verband (de Grazia 2005, S. 475). Zentraler Ort des Konsums waren die privaten Haushalte, deren Ausgaben mehrheitlich von den Frauen getätigt und kontrolliert wurden, auch weil nach dem Zweiten Weltkrieg das Modell des männlichen Familienernährers zunächst wieder weitgehend etabliert worden war. Daher kam der „Modernisierung" des Haushaltes, die sich vor allem an die rational agierende, „moderne" Hausfrau richtete, eine hohe Bedeutung zu. Mithilfe von Marshallplan-Geldern (→ KAPITEL 4.1) wurden zum Beispiel Anfang der 1950er-Jahre in Berlin, München, Mailand, Paris, London, Amsterdam und Triest Ausstellungen amerikanischer Haushaltsgegenstände gezeigt, um die Europäer für amerikanisches Design und amerikanischen Lebensstil zu begeistern (Castillo 2005, S. 271). Mit den Wohnungsbauprogrammen der Nachkriegszeit änderten sich die Wohnungsgrößen sowie die Standardausstattungen der Wohnungen mit Haushaltsgeräten: Befand sich 1954 in nur acht Prozent der französischen Haushalte eine Waschmaschine, war sie 1961 in 27, 1971 in 57 und 1980 in 80 Prozent der Haushalte vorhanden und avancierte zum inelastischen Konsumgut, das als notwendig erachtet wurde (de Grazia 2005, S. 443).

Im Zeichen des Kalten Krieges (→ KAPITEL 3) wurde der Konsum privater Haushalte politisiert, wie die berühmte Küchendebatte zwischen US-Vizepräsident Richard Nixon und Nikita S. Chruschtschow zeigt, die sich 1959 auf einer amerikanischen Ausstellung in Moskau ereignete. Während das sowjetische Ausstellungspendant, das im gleichen Jahr in New York stattfand, durch den Sputnik beflügelt die eigenen Errungenschaften in Wissenschaft und Technik präsentiert hatte, stellten die Amerikaner Konsumgüter aus. In einem Modellhaus wurden alle Annehmlichkeiten des „American Way of Life" vorgeführt und damit zugleich der Anspruch erhoben, besser für die Industriearbeiter zu sorgen und mehr für die Befreiung der Frauen von der Hausarbeit zu tun als der Kommunismus. Der verbale Schlagabtausch über diese Frage zwischen Nixon und Chruschtschow beim gemeinsamen Besuch der Ausstellung zeigt, welche Bedeutung die beiden Regierungen Fragen des Konsums für die Legitimität und Stabilität ihrer jeweiligen politischen Ordnungen beimaßen (Castillo 2005; Kusmierz 2008).

Auch wenn die Sowjets die amerikanische Konsumorientierung kritisierten und US-Produkte als Instrumente des Imperialismus ablehnten, ließen sie sich doch ab der zweiten Hälfte der 1950er-Jahre auf den Wettstreit ein, welches System besser dazu in der Lage sei, die Bedürfnisse der eigenen Bevölkerung zu befriedigen. Nach Stalins Tod wurde dem Konsum höhere Bedeutung zugemessen und Chruschtschow verfolgte das Ziel, den Kommunismus zur Überflussgesellschaft zu machen und den Konsum stärker von der individuellen Arbeitsleistung zu entkoppeln. Bis 1980 sollte das Konsumniveau der Vereinigten Staaten übertroffen werden (Merl 1997, S. 210). Deshalb wurden in den osteuropäischen Zentralverwaltungswirtschaften Verbrauchsnormen festgelegt, die erreicht werden sollten. Trotz aller Plananstrengungen näherten sich die Konsumniveaus in West und Ost aber nicht hinreichend an, und dies trug vor allem in den 1980er-Jahren massiv zum Legitimationsverlust des Staatssozialismus bei. Für die Führung der DDR war diese Frage am drängendsten, da die Bevölkerung den eigenen Konsumstandard mit dem westdeutschen vergleichen konnte, zum einen durch Pakete und Besuche von Verwandten aus der Bundesrepublik, zum anderen zunehmend durch das Westfernsehen (Crew 2003b).

Auch in Westeuropa stießen die US-amerikanische Warenwelt und die mit ihr verbundene Konsumkultur auf Vorbehalte, die sich in den kritischen Diskussionen über die „Amerikanisierung" konzentrierten. Eines ihrer Symbole war und ist Coca-Cola, gegen deren Expansion auf die einheimischen Märkte es in Italien und Frankreich in der Nachkriegszeit heftige Proteste gab, die in Frankreich sogar zum zeit-

Systemwettstreit um Konsumniveau

„Amerikanisierung" und Coca Cola

weiligen Verbot des Getränks führten. Dass Coca-Cola im Nachkriegsdeutschland begeistert getrunken wurde – unterstützt durch den in den arbeitsreichen 1950er-Jahren verführerischen Slogan „Mach mal Pause" –, heißt allerdings nicht, dass nicht auch hier die Gefahren der „Amerikanisierung" bisweilen in hysterischer Weise diskutiert wurden (Schutts 2003). Massenkonsum schien nicht nur die klassischen gesellschaftlichen Grenzen zu nivellieren und die traditionelle Geschlechterordnung aufzulösen, sondern er war gerade in seinen kulturellen Ausprägungen häufig mit rassistischen Stereotypen versehen (→ KAPITEL 8.2).

In der Forschung ist viel darüber diskutiert worden, ob es richtig ist, den Prozess, der die Zeitgenossen so erregte, als „Amerikanisierung" zu bezeichnen, oder ob es sich nicht vielmehr um einen Prozess der wechselseitigen Durchdringung und Aneignung von Praktiken und Deutungen zwischen den USA und Europa handelte. Sicherlich war ein solcher – oft als „Westernisierung" (Doering-Manteuffel 1999) bezeichneter – Vorgang für den Erfolg des Prozesses von essentieller Bedeutung. Nichtsdestoweniger handelte es sich dabei aber auch um die Ausdehnung eines friedfertigen amerikanischen „market empire", das anderen Nationen nur eine begrenzte Souveränität über die eigene öffentliche Sphäre zugestand, Teile seiner Zivilgesellschaft exportierte, Normen setzte und Demokratie sowie Egalisierung durch Konsum versprach (de Grazia 2005, S. 6–9). | „Westernisierung"

In diesem Prozess veränderten sich zum einen die Konsumprodukte und die mit ihnen verbundenen Deutungen, und zum anderen die Praktiken des Einkaufs. Selbstbedienungsläden und Supermärkte ersetzten seit den 1950er-Jahren den klassischen Einzelhändler, der hinter seiner Ladentheke verkaufte; ein Prozess, der in Italien wesentlich langsamer als in anderen Ländern verlief. In den 1960er-Jahren entstanden dann in Belgien, Frankreich und Deutschland die ersten Einkaufszentren, die sich in den folgenden Jahrzehnten multiplizierten und die Struktur der Städte veränderten (de Grazia 2005, S. 397). Versandhauskataloge offerierten die bunte Warenwelt auch in der Provinz, und Ratenkauf sowie Konsumkredite ermöglichten auch ärmeren Bevölkerungsteilen größere Anschaffungen. Die zunehmende Anonymisierung des Einkaufs, die seit den 1990er-Jahren durch das *World Wide Web* noch einmal ganz neue Dimensionen erreichte, erleichterte es auch Männern, stärker an der klassisch weiblich konnotierten Sphäre des Konsums teilzuhaben. | Einkaufspraxis

Ein geradezu idealtypischer Konsumbereich, der in der zweiten Hälfte des 20. Jahrhunderts in zuvor nicht bekannter Weise expan-

Tourismus als Konsum

dierte, war der moderne Tourismus. Ende des 20. Jahrhunderts stellte er die größte Branche der Weltwirtschaft dar. Touristen konsumieren einen ganzen Komplex von Dienstleistungen und Gütern, um „solch flüchtige Dinge wie Erfahrungen und Erholung, Bilder und Prestige" zu erlangen (Berghoff 2004, S. 205). Großbritannien fungierte seit dem 19. Jahrhundert als Schrittmacher des modernen Tourismus mit der Erfindung der Pauschalreise, des Cluburlaubs und der billigen Charterflugreise ans Mittelmeer. Steigende Einkommen bei sinkenden Jahresarbeitszeiten ermöglichten in Verbindung mit der Massenmotorisierung und dann zunehmend billigeren Flugreisen immer größeren Bevölkerungskreisen, andere europäische und außereuropäische Länder kennenzulernen (→ KAPITEL 12.1). In Osteuropa nahmen Urlaubsreisen in die „sozialistischen Bruderländer" in den 1970er- und 1980er-Jahren ebenfalls zu. Die Einschränkungen der Reisefreiheit gehörten zu den zentralen Quellen der Unzufriedenheit osteuropäischer Bürgerinnen und Bürger. Legitimationsprobleme der politischen Führungen entstanden nicht nur durch die Verweigerung von Reisen, sondern auch durch die häufig ausbleibende Rückkehr der Menschen bei erteilten Reisegenehmigungen. Welche Auswirkungen die west-, ost- und gesamteuropäische Expansion des Tourismus oder auch spezifische Reiseangebote – wie zum Beispiel der 1972 für Jugendliche eingeführte Interrailpass – auf nationale und europäische Identifikationsprozesse hatten, gehört zu den noch offenen Forschungsfragen.

Fehlende Reisefreiheit in Osteuropa

7.3 Konsumbewusstsein und Konsumentenverhalten

Veränderungen der Konsumpraktiken gingen vielfach mit intensiven Debatten über ihre Qualität und Bedeutung einher. Während die Kritik an Luxus und Überfluss wahrscheinlich so alt ist wie der Luxuskonsum selbst, konzentrierte sich im 20. Jahrhundert eine breite Strömung der Konsumkritik gerade auf die egalisierenden Tendenzen des Konsums. Wie bereits bei der Diskussion um die „Amerikanisierung" waren es zumeist die angeblich durch den Konsum hergestellten Vereinheitlichungen, Standardisierungen und „Vermassungen", die bei den Zeitgenossen Besorgnis hervorriefen. Konservative Intellektuelle kritisierten den Verlust nationaler oder regionaler Besonderheiten durch globale Marken oder auch – wie in Deutschland zum Beispiel Arnold Gehlen und Hans Freyer – die Aufhebung gesellschaftlicher Ordnungen und Hierarchien im Rahmen einer angeblichen „Konsumdiktatur" (König 2008,

Konsumkritik

Konservative Kritik

S. 17). Der Staatsrechtler Ernst Forsthoff sah den „Staat der Industrie-gesellschaft" in Auflösung begriffen, da die Integration des sozialen Ganzen nur noch über wirtschaftliches Wachstum und Wohlstandsstei-gerung hergestellt werde (Forsthoff 1971).

In den Formulierungen ähnelte ihre Kritik dabei oft der Konsum-kritik, die in neomarxistischer Perspektive auf der politischen Linken geäußert wurde (Wirsching 2009, S. 175–179). Hier stellte vor allem die Frankfurter Schule die Frage, warum im fortgeschrittenen Kapita-lismus – anders als in der marxistischen Prognose – Klassenspannun-gen und revolutionäre Tendenzen nicht zu-, sondern abnahmen. Ei-nen Grund hatten die Philosophen Theodor W. Adorno und Max Horkheimer bereits in den 1940er-Jahren im US-amerikanischen Exil in der sogenannten Kulturindustrie lokalisiert: Diese erzeuge ein „fal-sches Bewusstsein", indem sie in den Menschen genau die Bedürf-nisse wecke, die der Kapitalismus dann befriedigen könne (Horkhei-mer / Adorno 1969, S. 128–176). Herbert Marcuse popularisierte diese Idee des Massenbetrugs zur Vorstellung einer effektiven Unter-drückung der Ausgebeuteten. Damit wurde er zu einem zentralen Stichwortgeber der linken Protestbewegungen in den 1960er-Jahren (→ KAPITEL 11.2). Diese hatten aber insgesamt ein eher ambivalentes Verhältnis zum Konsum und zu den erweiterten Konsumpraktiken und -möglichkeiten, auch wenn sie sie verbal kritisierten (Malinow-ski / Sedlmaier 2006). Nichtsdestoweniger setzte sich diese Linie der neomarxistischen Konsumkritik bis in die Gegenwart fort. So diag-nostiziert zum Beispiel der Soziologe Zygmunt Bauman, dass durch die Veränderungen des Arbeitsmarktes und neue Marketingstrategien die Subjekte verdinglicht, das heißt selbst zu handelbaren Konsum-objekten gemacht würden (Bauman 2007, S. 12).

Neomarxistische Konsumkritik

Aus der Perspektive der politischen Linken war es eine zentrale Fra-ge, ob, wann und warum Individuen aufhörten, sich als Angehörige einer durch ihre Stellung im Produktionssystem bestimmten Klasse zu begreifen und sich stattdessen als Konsumenten sahen. In der vor allem in Großbritannien intensiven Forschung zur Konsumgeschichte wurde diese Frage unter dem Stichwort des „consumerism" übernommen. „Consumerism" kann einerseits eine Auffassung von Wirtschaft be-zeichnen, in der die Steigerung des Konsums von zentraler Bedeutung ist. Andererseits umfasst der Begriff aber auch die vielfältigen Versuche, für die Rechte der Konsumenten einzutreten oder sie zur Aktivität zu bewegen (Trentmann 2004, S. 383; Hilton 2003, S. 4f.).

„Consumerism"

Nach dem Zweiten Weltkrieg gründeten sich in allen westeuropäi-schen Ländern Vereine, die das Ziel hatten, durch vergleichende Tests von Konsumprodukten die Konsumenten in den Stand zu setzen, rational die richtige Kaufentscheidung zu fällen. So veröffentlichte die britische Consumers' Association seit dem Ende der 1950er-Jahre die Zeitschrift *Which?*, in der einer zunehmenden Leserschaft das jeweils beste Produkt empfohlen wurde. Der Bedarf war groß: Bis Ende der 1960er-Jahre erreichte *Which?* eine Auflage von 500 000 und in den 1980er-Jahren mehr als einer Million Exemplaren. Seit 1951 informierte in Frankreich die Union fédérale de la consommation die Konsumenten, seit 1953 in den Niederlanden der Nederlandse Consumentenbond und in Norwegen der Forbrukerrådet sowie ab 1957 in Belgien die Association des Consommateurs und in Schweden der Konsumentråd. 1960 schlossen sich fünf nationale Konsumentenorganisationen zur International Organisation of Consumers' Unions zusammen, der nach und nach mehr Verbände beitraten, sodass die 1994 in Consumers International umbenannte Organisation im Jahr 2000 über 250 Mitgliedsorganisationen in 115 Ländern hatte (Hilton 2003, S. 301–313).

Konsumenten-verbände und Warentests **[margin note]**

Konsumentenaktivität richtete sich oft in *single-issue*-Kampagnen auf konkrete Missstände und erzielte insbesondere in den 1960er- und 1970er-Jahren die größten Erfolge, die sich in zahlreichen Verbraucherschutzmaßnahmen und -gesetzen niederschlugen. Grundsätzlich kann man zwischen verschiedenen nationalen Modellen der Verbraucheraktivität und -gesetzgebung unterscheiden: In Deutschland, Österreich, Großbritannien oder auch Japan sollten Konsumenten vor allem dadurch geschützt werden, dass sie ausreichend über die Produkte informiert wurden und das Funktionieren des Wettbewerbs sichergestellt wurde. In den skandinavischen Ländern wurden Konsumenten eher als eine Interessengruppe neben anderen wahrgenommen, während sie in Frankreich als Bürger mit bestimmten Rechten und als soziopolitische Akteure begriffen wurden (Trumbull 2001; Hilton 2007). Seit den 1970er-Jahren verloren diese Unterschiede jedoch dadurch an Relevanz, dass im Rahmen der europäischen Integration eine gemeinsame Verbraucherschutzpolitik institutionalisiert wurde. 1975 verabschiedete der Ministerrat ein Programm zum „Schutz und zur Unterrichtung der Verbraucher", und auch in den späteren Vertragswerken kam dem Verbraucherschutz eine hohe Bedeutung zu.

Typen des Verbraucherschutzes **[margin note]**

Europäische Ver-braucherschutzpolitik **[margin note]**

Seit der Osterweiterung der Europäischen Union erstrecken sich diese Regelungen auch nach Osteuropa. Dort hatten allerdings während des Staatssozialismus – trotz aller Lippenbekenntnisse, sich an den Bedürfnissen der Menschen auszurichten –, eher produktivistische Ideologien vorgeherrscht: Arbeiter definierten sich durch ihre

Stellung im Produktionsprozess und Arbeiterstaaten durch die erreichten Produktionsziffern. Abgesehen von meist kurzen kollektiven Protesten infolge von Preiserhöhungen oder Versorgungsengpässen sowie von informellen Netzwerken zur Bewältigung der Mangelwirtschaft, blieb Konsumentenaktivität hier grundsätzlich individualisiert in Form von Eingaben an staatliche Stellen und Betriebe, da unabhängige Konsumentenvereinigungen nicht zugelassen waren. Eine Ausnahme bildete allerdings die 1981 im Zusammenhang der Solidarność gegründete polnische Federacja Konsumentów, die kein Teil des Staatsapparates war und in Zusammensetzung und Zielen westeuropäischen Konsumentenvereinigungen ähnelte (Mazurek / Hilton 2007).

Konsumenten in Planwirtschaften

Bei allen Formen der koordinierten Verbraucheraktivität kann man grundsätzlich zwischen zwei verschiedenen Verständnissen der Konsumenten unterscheiden: Entweder sie werden vorrangig als wirtschaftlich Handelnde gesehen, denen die Möglichkeit gegeben werden soll, rational zu entscheiden und für ihr Geld den größtmöglichen Gegenwert zu erhalten. Oder aber Konsumenten werden als Bürger begriffen, die mit ihren Konsumentscheidungen auch politische Vorstellungen verknüpfen und realisieren können. Diese Form des politisierten Konsums in Boykotten oder Aufrufen zum gezielten Kauf nur bestimmter Waren wurden mit der grundsätzlichen Bedeutungssteigerung des Konsums populärer. Vor allem seit den 1970er-Jahren bemühen sich diverse Nichtregierungsorganisationen darum, durch Änderungen des Konsumverhaltens Umweltzerstörungen zu reduzieren und eine gerechtere internationale Arbeitsteilung zu verwirklichen (→ KAPITEL 12.3).

Konsum als politischer Akt

Fragen und Anregungen

- Beschreiben Sie, inwiefern es zu einer Angleichung der Konsumniveaus in Europa kam und auf welche Ursachen die fortbestehenden Differenzen zurückzuführen sind.

- Stellen Sie dar, in welchen Zusammenhängen und Varianten Konsum nach 1945 in Europa politisiert wurde.

- Erläutern Sie die verschiedenen Modelle der Konsumentenaktivität und überlegen Sie, wie die 1964 auf Initiative des Bundeswirtschaftsministeriums gegründete Stiftung Warentest in diesen Kontext einzuordnen ist.

Lektüreempfehlungen

Forschung

- Martin Daunton / Matthew Hilton (Hg.): The Politics of Consumption. Material Culture and Citizenship in Europe and America, Oxford 2001. *Enthält Studien zu Konsumentenbewegungen nicht nur im 20. Jahrhundert sowie eine Einleitung zum Verhältnis von Konsum und Staatsbürgerschaft.*

- Victoria de Grazia: Irresistible Empire. America's Advance Through Twentieth-Century Europe, Cambridge, Mass. 2005. *Intensiv diskutierte Arbeit, die die Ausbreitung amerikanischer Massenkonsumgüter in Europa als Durchsetzung eines unwiderstehlichen Imperiums interpretiert.*

- Hartmut Kaelble: Sozialgeschichte Europas. 1945 bis zur Gegenwart, München 2007. *Knappe und besonders als Einführung geeignete Darstellung der Übereinstimmungen und Unterschiede europäischer Konsumentwicklungen.*

- Ruth Oldenziel / Karin Zachmann (Hg.): Cold War Kitchen. Americanization, Technology, and European Users, Cambridge, Mass. 2009. *Aufsätze zu verschiedenen europäischen Ländern zeigen, wie die Technisierung der Haushalte im Zeichen des Kalten Krieges politisch aufgeladen wurde.*

- Hannes Siegrist (Hg.): Europäische Konsumgeschichte. Zur Gesellschafts- und Kulturgeschichte des Konsums (18. bis 20. Jahrhundert), Frankfurt a. M. 1997. *Enthält zahlreiche Überblicks- und Detailstudien zu zentralen Aspekten der Konsumgeschichte Europas.*

- Frank Trentmann: Beyond Consumerism. New Historical Perspectives on Consumption, in: Journal of Contemporary History 39.3, 2004, S. 373–401. *Methodisch instruktiver Aufsatz über die Probleme und Perspektiven der Konsumgeschichte, der kritisch in die Begrifflichkeit der (vor allem englischen) Forschung einführt.*

- Frank Trentmann: The Long History of Contemporary Consumer Society. Chronologies, Practices, and Politics in Modern Europe, in: Archiv für Sozialgeschichte 49, 2009, S. 107–128. *Kritik an einer zu homogenisierenden Konsumgeschichte sowie der Annahme einer qualitativ neuen Massenkonsumgesellschaft im 20. Jahrhundert; plädiert für eine genauere Analyse der Konsumpraktiken.*

8 Veränderte Lebensweisen und Orientierungsmuster

Abbildung 10: Janette Beckman / Redferns: Foto der Sex Pistols, London (1. Januar 1977)

Das Foto zeigt die britische Band „Sex Pistols", die in der zweiten Hälfte der 1970er-Jahre die Musikrichtung Punk wesentlich prägte. Dem Namen der Musikrichtung entsprechend (englisch „punk" = Dreck, Abfall, Abschaum) befinden sich die Bandmitglieder in einem Müllcontainer. Mit Texten wie „I am an antichrist, I am an anarchist; Don't know what I want; But I know how to get it, I wanna destroy the passerby" und ihrem Auftreten, das etablierte ästhetische und soziale Normen bewusst verhöhnte, trieben sie den Provokationsgestus, der auch früheren jugendkulturellen Bewegungen innegewohnt hatte, ins Extrem. Dabei negierten Punks nicht nur den Wertekosmos des kulturellen Establishments, sondern richteten sich in Kleidung, Habitus und Symbolsprache gerade auch gegen die vorangegangenen pazifistischen Jugendkulturen wie zum Beispiel die Hippies. Trotz der provokativen Ablehnung etablierter Wertvorstellungen und dem Anspruch auf authentisches, individuelles Kunstschaffen, das jedem möglich sei, erwies sich Punk von Beginn an als genauso kommerzialisierbar wie andere Jugendkulturen. Daher dient Punk oft als Paradebeispiel zur Diskussion des dialektischen Verhältnisses von Subkultur und Mainstream.

Einer Mehrheit der älteren Briten dürfte allein der Anblick der *Sex Pistols* oder anderer Punks in den 1970er-Jahren als Beweis genügt haben, dass sich Lebensweisen und Orientierungsmuster radikal gewandelt hatten. So leicht diese These aus impressionistischen Beobachtungen abgeleitet werden kann, so schwierig ist es doch, sie überzeugend zu belegen. Diesem Thema widmet sich seit den 1970er-Jahren die sozialwissenschaftliche „Wertewandelforschung", deren Methoden, Thesen und Grenzen im ersten Unterkapitel dargestellt werden. Da die jüngere Generation als wesentlicher Akteur des Wertewandels gilt, skizziert der nächste Abschnitt die Entwicklungen der Jugendkulturen in Europa. Die letzten beiden Unterkapitel behandeln dann zwei Kernbereiche, an denen die Veränderung der Lebensweisen und Orientierungsmuster oft fixiert wird und die vom Ende des Zweiten Weltkrieges bis in die Gegenwart im Zentrum großer gesellschaftlicher Kontroversen standen: Sexualität und Religion.

8.1 Der „Wertewandel" und seine Erforschung
8.2 Jugendkulturen im Wandel
8.3 Geschlechterverhältnisse und Sexualität
8.4 Kirche und Religion

8.1 Der „Wertewandel" und seine Erforschung

Dass Lebensweisen und Orientierungsmuster sich wandeln, ist eine alte Erfahrung, die nicht auf das 20. Jahrhundert oder gar seine zweite Hälfte beschränkt ist. Allerdings konstatierten in diesem Zeitraum viele Beobachter einen sich beschleunigenden Wandel der Wertvorstellungen und versuchten, diesen mit sozialwissenschaftlichen Methoden zu erfassen. „Werte" gelten hierbei als gesellschaftliche Orientierungsmaßstäbe, an denen das individuelle und kollektive Handeln explizit oder implizit ausgerichtet wird und die zur Bewertung eigenen und fremden Handelns herangezogen werden können. Sie sind grundsätzlich auf eine existierende Gesellschaft bezogen, und ihrer Gültigkeit und Allgemeinverbindlichkeit wird häufig eine hohe Bedeutung für den Fortbestand der Gesellschaftsordnung zugemessen. Wertewandel ist daher immer umstritten: Während er von seinen angeblichen Protagonisten begrüßt wird, beschreiben ihn Kritiker oft kulturpessimistisch als Verfall und setzen die Pluralisierung von Wertvorstellungen mit wachsender Unsicherheit und Orientierungslosigkeit gleich.

„Werte"

Die diffuse Wahrnehmung eines Wandels von Moral, Lebensstil, Geschlechterverhältnissen und den auf Wirtschaft und Politik bezogenen Vorstellungen fasste der amerikanische Politologe Ronald Inglehart in den 1970er-Jahren begrifflich als Wandel vom „Materialismus" zum „Postmaterialismus". Das Wertesystem verschiebe sich in den westlichen Industriegesellschaften seit dem Zweiten Weltkrieg von der Betonung des materiellen Wohlergehens zur Betonung der Lebensqualität (Inglehart 1977, S. 3). Inglehart, der die sozialwissenschaftliche „Wertewandelforschung" maßgeblich prägte, ging in seiner Theorie von zwei Hypothesen aus: Zum einen schätzten Menschen gerade jene Güter besonders hoch, die selten seien, und zum anderen werde das Wertesystem eines Menschen in einer formativen Jugendphase geprägt und bleibe danach relativ stabil. Wer in seiner Jugend materielle Not erlitten habe, werde demnach immer körperliche und wirtschaftliche Sicherheit hoch schätzen, während jemand, der im Überfluss aufgewachsen sei, stärkeren Wert auf Selbstentfaltung lege.

Vom „Materialismus" zum „Postmaterialismus"

Auf der Basis von Umfragen, die vor allem in den Ländern der Europäischen Gemeinschaften durchgeführt wurden, stellte Inglehart für den Beginn der 1970er-Jahre tatsächlich signifikante Unterschiede zwischen der jüngeren und der älteren Generation fest. Von den vier Werten „Ordnung und Sicherheit", „Preisstabilität", „politische Partizipation" und „Meinungsfreiheit" entschieden sich die 16- bis 25-Jährigen eher für die letzten beiden (postmaterialistischen) Werte als die ältere Gene-

Umfragen zum „Wertewandel"

rationen, die in großer Mehrheit zu den materialistischen Werten tendierten (Inglehart 1977, S. 28–32). Diese Differenz führte Inglehart auf die wirtschaftlichen Wachstumsprozesse, die Bildungsexpansion, technologische Innovationen, Veränderungen in der Beschäftigungsstruktur und die Entwicklung der Massenkommunikation zurück (→ KAPITEL 5, 7, 12). Denn in den Ländern, in denen die wirtschaftlichen und politischen Veränderungen besonders schnell verliefen (Bundesrepublik, Belgien, Italien, Frankreich), waren auch die Wertunterschiede zwischen Jüngeren und Älteren besonders groß, während sie in Großbritannien, wo die Wirtschaft langsamer wuchs, geringer ausfielen.

Entwicklung des „Wertewandels"

Nachdem diese Schlüsse aus einer Befragung abgeleitet worden waren, die eine Momentaufnahme darstellte, prognostizierte Inglehart die weitere Entwicklung des Wertewandels für die betreffenden Länder und überprüfte sie in den folgenden Jahrzehnten mit immer breiteren und genaueren Befragungen. In den 1990er-Jahren erweiterte er seine Datenbasis und bezog auch ost- und außereuropäische Länder mit ein, um zu Aussagen über die globale Entwicklung der Wertesysteme zu gelangen (Abramson / Inglehart 1995). Darüber hinaus veränderte er seine Gesamtinterpretation, indem er den Wandel zum Postmaterialismus nur noch als Teil einer größeren kulturellen Verschiebung von der „Moderne" zur „Postmoderne" definierte, in der pluralere Vorstellungen über Politik, Geschlechterverhältnisse und Religion herrschten (Inglehart 1997). Auch wenn Inglehart seitdem aufgrund der wirtschaftlichen Schwierigkeiten in den jüngsten Generationen in Westeuropa eine Abwendung vom Postmaterialismus ausmacht, betont er doch, dass im Jahr 2006 zum ersten Mal mehr Postmaterialisten als Materialisten in Westeuropa lebten (Inglehart 2008, S. 136).

Interne Kritik

Trotz Ingleharts beeindruckendem Forschungsaufwand und der intuitiven Plausibilität seiner Thesen, haben sie doch intensive Kritik auf sich gezogen. Eine Reihe von Sozialwissenschaftlern kritisierte die zu einfache Frageanordnung und Alternativbildung sowie seine deterministischen Annahmen über den Wertewandel. Einige versuchten, für diese Entwicklungen alternative und genauere Beschreibungen zu finden. So diagnostizierte Helmut Klages einen Wertewandelschub in den westlichen Gesellschaften, der von der Mitte der 1960er- bis in die Mitte der 1970er-Jahre zu einer geringeren Bedeutung der Pflicht- und Akzeptanzwerte bei gleichzeitiger Aufwertung der Selbstentfaltungswerte geführt habe. Für die Bundesrepublik unterschied er zu Beginn der 1990er-Jahre fünf verschiedene „Wertetypen": Konventionalisten (17 %), perspektivlos Resignierte (15 %), aktive Realisten (34 %), hedonistische Materialisten (17 %) und non-konforme Idealisten (17 %) (Hillmann 2001, S. 24–26; Klages 1993).

Jenseits interner Kritik dieser Art, die die Wertewandelforschung mit besseren Methoden und schärferen Begriffen verbessern will, gibt es auch grundsätzlichere Einwände. Diese richten sich zunächst gegen die Methode, auf der Basis von Umfragen, die oft einen sehr artifiziellen Charakter haben, Rückschlüsse auf Einstellungen und Verhaltensweisen der Bevölkerung zu ziehen. Noch grundsätzlichere Skepsis bezieht sich auf die Annahme der Wertgebundenheit menschlichen Verhaltens. Darüber hinaus haben alle Ergebnisse der Wertewandelforschung durch die Befragungskonstellation eine hohe Unschärfe, tendieren aber dazu, diese in apodiktischen Aussagen über Großtrends des gesellschaftlichen Wertewandels zu verschleiern. *Grundsätzliche Kritik*

Dennoch versucht auch die Geschichtswissenschaft die Ergebnisse der Wertewandelforschung und die Umfragen der *European Values Study* oder des *World Values Survey* zur Beschreibung des gesellschaftlichen Wandels in der Zeitgeschichte zu nutzen (Rödder / Elz 2008; Kaelble 2007, S. 121–144). Grundsätzlich erweisen sich dabei generalisierende Aussagen über Gesellschaftsentwicklungen und vor allem die Arbeit mit feuilletonistischen Labels wie „Erlebnisgesellschaft" oder den unzähligen Generationskonzepten (Generation X, Golf, etc.), aber auch mit Begriffen wie „Hedonismus" oder „Postmoderne" als wenig produktiv, da sie zumeist mehr verdecken als sie erklären. Sie sollten vielmehr – genauso wie die Methoden und Thesen der Wertewandelforschung – selbst zum Untersuchungsgegenstand gemacht werden, anstatt sie einfach in die Analysesprache zu übernehmen. Zu fragen ist also, wer Gesellschaften wann, wie und warum als „Wertewandelsgesellschaften" begreift. Darüber hinaus bleiben jedoch auch die vielfältigen und häufig gegenläufigen Veränderungen von Lebensweisen und Orientierungsmustern wichtige Gegenstände einer europäischen Zeitgeschichte, wenn sie weniger sozialstatistisch als vielmehr qualitativ über ihre jeweiligen Praktiken und Deutungen untersucht werden. *Konsequenzen für die historische Forschung*

8.2 Jugendkulturen im Wandel

Als wesentlicher Agent der Veränderungen gilt meist die junge Generation, deren Entwicklung in Westeuropa intensiv diskutiert wurde. Als Lebensspanne zwischen Kindheit und Erwachsensein ist „Jugend" keine natürliche oder biologische, sondern vielmehr eine soziale Kategorie, die in Europa an der Wende vom 19. zum 20. Jahrhundert entstand. Die *Entstehung der Kategorie „Jugend"*

Entdeckung der Jugend setzt zum einen die Existenz der Kindheit voraus und resultiert zum anderen aus der Ausdifferenzierung des Arbeitsmarktes, die zunehmend komplexere und längere Berufsausbildungen erfordert. Während dieser gelten Menschen nicht mehr als Kinder, aber sie haben auch noch nicht alle Rechte und Pflichten der Erwachsenen. In der Mitte des 20. Jahrhunderts nahm das öffentliche wie auch das sozialwissenschaftliche Interesse an der Jugend in den USA und in Europa rasant zu und konzentrierte sich auf die neu entstandene Figur des „Teenagers", der in Gruppen von Gleichaltrigen eine spezifische Jugendkultur ausbilde (Parsons 1949).

Erwartungen an die Jugend nach 1945

In den vom Zweiten Weltkrieg betroffenen Ländern wurde der Jugend eine zentrale Rolle beim ökonomischen, aber auch beim gesellschaftlichen und kulturellen Wiederaufbau zugewiesen (Jobs 2007). Im öffentlichen Diskurs verbanden sich mit der Jugend daher nicht nur in den kommunistisch regierten Ländern, wo sie als junge Generation frei von bürgerlichen Traditionen eine neue Gesellschaft aufbauen sollte, sondern auch in Westeuropa große Hoffnungen. Gerade diese Erneuerungserwartungen eröffneten Raum für viele Enttäuschungen und kritische Debatten über Jugendliche, die diesen Vorstellungen nicht entsprachen.

Sozial auffällige Jugendliche

Auffällig durch Äußeres und Sozialverhalten wurden in der zweiten Hälfte der 1950er-Jahre die ähnlichen Figuren des „Teddy Boy" in England, des „Halbstarken" in der Bundesrepublik und des „Blouson Noir" in Frankreich. Angeregt durch US-amerikanische Filmstars wie Marlon Brando (*The Wild One*, 1953; *Der Wilde*, 1955) oder James Dean (*Rebel Without a Cause*, 1955; *Denn sie wissen nicht, was sie tun,* 1956) kleideten sich männliche Jugendliche in Jeans und Lederjacken, bildeten Gruppen und verweigerten sich klassischen Männlichkeitsvorstellungen und Umgangsformen (Kurme 2006).

Delinquenz

Auch weil es im Anschluss an Rockkonzerte immer wieder zu gewalttätigen Auseinandersetzungen kam, wurde diese erste breite Nachkriegsjugendkultur, die sich wesentlich über Musik (Rock'n'Roll) sowie über Mode und Filme definierte, als Problem jugendlicher Delinquenz wahrgenommen. Dabei unterschieden sich die negativen Reaktionen auf die Übernahme amerikanischer Populärkultur im östlichen und westlichen Teil Kontinentaleuropas zunächst nicht wesentlich.

Staatliche Reaktionen in Ost und West

Sowohl in der Frühphase der Bundesrepublik als auch in der DDR wurden beispielsweise Rockmusik, amerikanische Filme und Mode als Bedrohung für die deutsche Jugend wahrgenommen. Im Zeichen des Kalten Krieges wurde Populärkultur aber in Westdeutschland bald als ungefährlicher Ausdruck jugendlichen Abgrenzungsstrebens entpolitisiert, um sich damit gegen den „totalitären" Ostblock abzugrenzen und „freie" Jugendkultur so auf einer anderen Ebene erneut zu politisieren (Poiger 2000, S. 1, 11).

Diese Strategie ging vor allem deshalb auf, weil die Reaktion auf US-amerikanische Jugendkultur in der DDR und in Osteuropa allgemein deutlich unflexibler und repressiver war. Die kommunistischen Parteien erhoben den Anspruch, die Jugend in staatlichen Massenorganisationen nach Altersstufen gestaffelt vollständig zu erfassen, um mit ihr den Aufbau des Sozialismus voranzutreiben (Wallace / Kovatcheva 1998, S. 40). Autonome Gruppenbildungen, die sich an westlichen Vorbildern orientierten und sich staatlichen Vorgaben widersetzten, wurden als Produkte amerikanischer Zersetzung diffamiert, politisiert und bisweilen sogar kriminalisiert. Nichtsdestoweniger erwies sich der Eiserne Vorhang als sehr durchlässig für westliche Populärkultur: Selbst in einem stark an der Sowjetunion orientierten und weit vom Westen entfernten Land wie Bulgarien interessierten sich Jugendliche in den 1960er- und 1970er-Jahren zunehmend für westliche Musik und Mode (Taylor 2006). Rock- und Popmusik bildete wichtige Identifikationspotenziale für Jugendliche in Osteuropa, sodass die oft intolerante staatliche Kulturpolitik Unzufriedenheit schuf und unwahrscheinliche Allianzen erzeugte – wie zum Beispiel zwischen der offenen Arbeit der Kirche und der Punk-Bewegung in der DDR (Ryback 1990; Rauhut 2002, S. 115).

Jugend im Kommunismus

Rock in Osteuropa

Seit den 1950er-Jahren folgten jugendkulturelle Strömungen in den USA und Europa in rascher Folge aufeinander: Beatniks, Rocker, Hippies, Punks, Skinheads, Popper, Rapper, Raver, usw. Dabei kennzeichnete alle Strömungen – in den Worten des Popkulturtheoretikers Diedrich Diederichsen – ein „Amalgam aus schnöden und erzbürgerlichen Abgrenzungsstrategien […] und ödipalem Distinktionsbemühen […] mit einer aber auch nicht wegdiskutierbaren Auseinandersetzung oder Identifikation mit den jeweiligen Inhalten des Modells" (Diederichsen 2004, S. 48). In je verschiedenen Mischungsverhältnissen war also bei den Gruppen insgesamt wie auch bei einzelnen Angehörigen das Interesse an einem neuartigen Phänomen in Mode, Musik, aber bisweilen auch Politik und Gesellschaft gepaart mit dem Bedürfnis, sich von der Elterngeneration zu unterscheiden und sozial exklusive Gruppen zu bilden. Diese waren nur denjenigen zugänglich, die die entsprechenden Codes und Zeichen beherrschten. Die schnelle Abfolge der subkulturellen Strömungen und ihre interne Ausdifferenzierung folgte dabei einer inneren Distinktionslogik. Nach dieser müssen neue Ausdrucksformen und Zeichen gefunden werden, sobald die alten von zu vielen geteilt werden und damit ihre Unter-

Abfolge von Jugendkulturen

Distinktionslogik

scheidungskraft verlieren. Gruppenintern wird dieser Prozess zumeist in Debatten über Kommerzialisierung und Authentizität bzw. das Verhältnis von Subkultur und Mainstream reflektiert.

Jugendkulturen lösten einander aber nicht einfach ab, sondern sie existierten zumeist parallel weiter, addierten sich auf und erlebten oft zahlreiche Revivals. Deshalb besteht ihre Bedeutung für die Veränderung von Lebensweisen zunächst einmal in deren Pluralisierung. Auch wenn viele Jugendbewegungen aus bestimmten sozialen Milieus hervorgingen, lösten sich ihre kulturellen Formen doch von diesen ab. Sie wurden Optionen in einer Reihe von Lifestyle-Angeboten und bildeten für Jugendliche ganz verschiedener sozialer oder regionaler Herkunft Identifikationsangebote, wodurch sich traditionelle Milieubindungen weiter auflösten (Schildt/Siegfried 2006). Paradoxerweise wurde diese Pluralisierung von Lebensstilen gerade durch ihre massenmediale Verbreitung in Printmedien, Radio, Fernsehen und dem *World Wide Web* erzeugt, die zeitgenössisch zumeist als Vereinheitlichung erlebt und diskutiert wurde. Denn diese Medien ermöglichten zum einen nicht nur die Überlagerung lokaler Kulturen, sondern auch deren globale Verbreitung. So ist skandinavische Arbeitsfunktionskleidung bei amerikanischen Ghettorappern beliebt, deren Musik in osteuropäischen Plattenbausiedlungen gehört wird, oder europäische Jungmanager üben sich in fernöstlichen Meditationstechniken, wenn sie nicht am Mittelmeer zu mit Punkelementen angereichter irischer Volksmusik tanzen.

Debatten um jugendkulturelle Entwicklungen kreisten nach 1945 zumeist um die Bewahrung nationaler oder regionaler Besonderheiten gegen vermeintliche Vereinheitlichungstendenzen. Dabei entwickelten sie bisweilen auch rassistische Tendenzen wie zum Beispiel bei der anfänglichen Diffamierung von Jazz und Rock als „schwarze", kulturell niedrig stehende Musik, die animalische Instinkte wecke. Gegen den Verlust nationaler oder regionaler kultureller Besonderheiten durch ausländische Einflüsse richteten sich aber auch staatliche Kulturförderprogramme, die den internationalen Konkurrenzdruck auf einheimische Kulturschaffende verringern sollten. Am weitesten ging hierbei die französische Regierung, indem sie 1994 eine Quotenregelung einführte, derzufolge Radiosender zu mindestens 40 Prozent französischsprachige Musik spielen müssen. Zeitgleich stellten allerdings Rap- und Hip-Hop- Musiker, die meist Kinder von Immigranten aus den ehemaligen Kolonien waren (→ KAPITEL 6.1), musikalisch und textlich infrage, was überhaupt französische Kultur ausmacht, wobei sie sich vielfach auf republikanische Ideale beriefen (Hüser 2003).

Pluralisierung von Lebensweisen

Globalisierung und lokale Kultur

Nation und Ethnizität

Auch jenseits der offenen Politisierung von Jugendkulturen wie in den staatssozialistischen Ländern, der Debatten über einen angeblichen kulturellen Verfall durch bestimmte Musikstile oder auch der Strategien staatlicher Kulturförderung wurde an viele der jugendkulturellen Bewegungen die Frage gerichtet, inwiefern diese selbst politisch seien. Vor allem in Bezug auf die gegenkulturellen Strömungen der späten 1960er-Jahre in Westeuropa wird diskutiert, ob diese integraler Bestandteil der politischen Bewegung von „1968" waren, nur deren Begleitmusik darstellten oder ihr vielleicht sogar entgegenliefen (Tanner 1998; Siegfried 2006; Malinowski / Sedlmaier 2006) (→ KAPITEL 11.3). Dabei hängen die Positionen vom politischen Standpunkt des Betrachters und dem zugrundeliegenden Politikverständnis ab.

Politisch oder unpolitisch?

Schließlich wurde anhand von jugendkulturellen Bewegungen immer wieder intensiv über eine befürchtete Veränderung oder gar Auflösung der Geschlechterordnung diskutiert. Obwohl die meisten Jugendkulturen genauso wie die Jugendkulturforschung männlich dominiert waren, ging es dabei um eine für beide Geschlechter wahrgenommene Gefahr. So weckte Elvis Presleys Hüftschwung Ängste vor einer effeminierten Männlichkeit, und die Reaktionen seiner weiblichen Fans erzeugten Ängste vor ungezügelter, weiblicher Sexualität (Poiger 1997). Hippies galten in noch stärkerem Maße als verweiblicht, während Disco zunächst mit männlicher Homosexualität konnotiert wurde. Deutungskämpfe dieser Art um die sexuelle Bedeutung von Jugendkulturen wurden zwischen den Generationen, wie auch zwischen verschiedenen Jugendgruppen ausgetragen.

Auswirkungen auf Geschlechterverhältnisse

8.3 Geschlechterverhältnisse und Sexualität

Nicht nur unter Jugendlichen, sondern auch gesamtgesellschaftlich waren Geschlechterverhältnisse in vielen europäischen Ländern in der zweiten Hälfte des 20. Jahrhunderts im Fluss, wurden neu verhandelt und waren oft Gegenstand heftiger Debatten. Diese konzentrierten sich häufig auf die Veränderungen der Ehe als gesellschaftliche Institution zur Legitimation von Sexualität und Nachkommenschaft. Das Modell der Kern- oder Kleinfamilie, das eine Entlastung der Familie von wirtschaftlichen Funktionen, eine Emotionalisierung des Privaten und eine Polarisierung der Geschlechter entlang von Erwerbstätigkeit und Häuslichkeit beinhaltete, hatte sich seit der Wende vom 18. zum 19. Jahrhundert in weiten Teilen Europas als Norm durchgesetzt (Wirsching 2008, S. 70). In den vom Zweiten Weltkrieg betroffenen Ländern wurde diese

Ehe und Familie

Lebensform in der unmittelbaren Nachkriegszeit zunächst durch die temporäre oder dauerhafte Abwesenheit vieler Männer sowie durch Kriegszerstörungen, Fluchtbewegungen und Wohnungsnot infrage gestellt. In Abgrenzung zu den „unordentlichen" Geschlechterverhältnissen der Nachkriegsjahre, die von manchen als Befreiung, von anderen als Kulturverfall wahrgenommen wurden, erlebte aber das „häusliche Leben in der Kernfamilie" in den 1950er-Jahren als normatives Modell und gesellschaftliche Wirklichkeit noch einmal einen Höhepunkt in Europa (Therborn 2000, S. 48).

Hochphase der „traditionellen" Familie

Von den 1960er-Jahren an verlor dann allerdings die Kleinfamilie mit dem männlichen Familienernährer schrittweise ihre Selbstverständlichkeit und Verbindlichkeit – mit unterschiedlichen Geschwindigkeiten und Durchsetzungsgraden. Diese Entwicklung lässt sich andeutungsweise über die Veränderung der Scheidungsraten nachvollziehen, die überall mehr oder weniger kontinuierlich anstiegen: In Großbritannien lag das Verhältnis von Ehescheidungen zu Hochzeiten zu Beginn der 1960er-Jahre bei weniger als zehn zu einhundert, zu Beginn der 1990er-Jahre schon bei fast fünfzig zu hundert. Auch in Italien, wo Ehescheidungen erst Anfang der 1970er-Jahre erlaubt wurden, nahmen sie in den folgenden Jahren zu. Im europäischen Durchschnitt stieg die Zahl der Ehescheidungen im Verhältnis zu den Hochzeiten von Anfang der 1960er- bis zum Beginn der 1990er-Jahre von etwa zehn auf vierzig zu hundert (Kaelble 2007, S. 36).

Ehescheidungen

Für den Anstieg der Scheidungsraten, der sowohl national als auch regional verschieden stark ausfiel – auf dem Land behielt das ältere Ehemodell stärkere Verbindlichkeit – waren viele Faktoren verantwortlich. Zunächst erleichterten die Liberalisierungen des Eherechts Scheidungen. Darüber hinaus nahmen ökonomische Abhängigkeiten, die Ehen früher stabilisiert hatten, durch die wachsende Beteiligung von Frauen am Arbeitsmarkt ab: Zwischen 1960 und 2004 stieg in den 15 älteren EU-Ländern in der Altersklasse von 15 bis 64 Jahren der Anteil der erwerbstätigen Frauen von ca. 42 auf über 62 Prozent an (Wirsching 2008, S. 73). In den staatssozialistischen Ländern lag die Frauenerwerbsquote oft noch deutlich höher. Auf ideologisch-mentaler Ebene war die wohl schwerwiegendste Veränderung, die maßgeblich von der Frauenbewegung vorangebracht wurde, die Transformation der „Mutterschaft" von einem lebenslangen Status und weiblichen Identitätsmarker zu einer sozialen Rolle, die angenommen und wieder abgelegt sowie mit anderen Rollen kombiniert werden konnte (Allen 2005, S. 220). Hinzu kamen schließlich nur schwer zu messende vergrößerte Ansprüche an Ehe und Familie einerseits und individuelle Glücksverwirkli-

Frauen-erwerbstätigkeit

„Mutterschaft"

chung andererseits, die immer wieder Anlass zu kulturpessimistischen Reflexionen über wachsenden Hedonismus und Individualismus boten.

Die Kehrseite des Verbindlichkeitsverlustes der Kernfamilienidee war eine Pluralisierung von Ehe- und Partnerschaftsformen, die zwar von verschiedenen politischen Akteuren unterschiedlich bewertet, aber doch immer allgemeiner für legitim gehalten wurden: Nachdem in der Bundesrepublik noch bis 1973 Eltern oder Vermieter dafür bestraft werden konnten, wenn sie unverheirateten mündigen Paaren die gemeinsame Übernachtung in einem Zimmer ermöglichten, stieg die Zahl der Paare, die ohne Trauschein zusammenlebten, kontinuierlich. Unverheiratetes Zusammenleben auf Probe, bevor man sich zur Heirat entschließt, ist inzwischen in Europa – mit nationalen und regionalen Unterschieden – genauso üblich wie dauerhaftes Zusammenleben und Familiengründung ohne Heirat. Doppelverdienerehen mit oder ohne Kinder gab es schon immer, auch wenn in wirtschaftlichen Krisenzeiten gegen sie gewettert wurde. In den 1950er- und 1960er-Jahren wurden sie dann sogar häufiger als Ehen mit nur einem Berufstätigen. Die hohen Scheidungsraten produzierten zudem viele Familien mit nur einem Elternteil – zumeist alleinerziehenden Müttern – und bei Wiederverheiratung Fortsetzungs- oder sogenannte Patchwork-Familien, in denen Halbgeschwister zusammenleben und oft noch Kontakt zum zweiten leiblichen Elternteil halten (Kaelble 2007, S. 37–40).

Pluralisierung von Partnerschaftsmodellen

Trotz dieser individuell gewollten oder ungewollten Pluralisierung von Lebens- und Partnerschaftsmodellen genossen Ehe, Familiengründung und lebenslange Bindung zwischen zwei Personen auch an der Jahrtausendwende in Umfragen noch immer eine hohe Wertschätzung (von Trotha 2008). Diese zeigt sich nicht zuletzt auch in den Bestrebungen Homosexueller, eine der heterosexuellen Ehe möglichst äquivalente Institution für gleichgeschlechtliche Paare zu schaffen. Nachdem 1989 zunächst in Dänemark und dann in anderen skandinavischen Ländern die rechtliche Möglichkeit für Lebenspartnerschaften zwischen Personen gleichen Geschlechts geschaffen wurde, sind sie inzwischen in den meisten west- und einigen osteuropäischen Ländern eingeführt worden. Die sogenannte Schwulenehe ist zunächst das Ergebnis der aktiven Schwulen- und Lesbenbewegungen, die sich als Teil der neuen sozialen Bewegungen seit den 1970er-Jahren vor allem in den westlichen Industrienationen erfolgreich für die rechtliche Gleichstellung Homosexueller einsetzten (→ KAPITEL 11).

Gleichgeschlechtliche Partnerschaft

Auch wenn Homosexuelle gegenwärtig noch immer in vielen Ländern, insbesondere in Süd- und Osteuropa sowie in ländlichen Regionen, diskriminiert werden, zeigt sich doch grundsätzlich eine höhere gesellschaftliche Akzeptanz für verschiedene Formen sexuellen Verhaltens. Im Hintergrund steht hier die oben geschilderte Entkopplung von Ehe und legitimer Sexualität einerseits und von Sexualität und Fortpflanzung andererseits. Letztere resultierte aus der Verbesserung von Verhütungstechniken und speziell der Einführung der Pille in den 1960er-Jahren. Zunächst nur von wenigen Frauen genutzt, setzte sie sich am Ende des Jahrzehnts rasch durch und führte zu einem angstfreien Umgang mit Sexualität sowie einer Verringerung der Geburtenraten (→ KAPITEL 6.4). Bereits in der medialen „Sexwelle" der frühen 1960er-Jahre und dann in der „sexuellen Revolution" avancierte Sex darüber hinaus zu einem wichtigen Bestandteil einer ausgeglichenen Lebensgestaltung. Weil ihm ein höherer Stellenwert für die individuelle Persönlichkeitsentwicklung zugemessen wurde, kam auch Ansprüchen an individuelle sexuelle Erfüllung zunehmend mehr Bedeutung zu (Herzog 2005, S. 140–161; Cook 2005, S. 263–295).

Entkopplung von Sex und Fortpflanzung

8.4 Kirche und Religion

Die sexuelle Liberalisierung erregte vor allem bei den Kirchen Besorgnis, die sich traditionellerweise als Zentralinstanzen für die Vermittlung von Wert- und Moralvorstellungen begriffen. Kirchenvertreter waren über die von ihnen wahrgenommenen Veränderungen von Lebensweisen und Orientierungsmustern umso alarmierter, als sie mit einem Bedeutungsverlust ihrer Institutionen einherzugehen schienen. Grundsätzlich verloren die Kirchen in der zweiten Hälfte des 20. Jahrhunderts in Europa an politischem und gesellschaftlichem Einfluss, und die Kirchenbindung in der Bevölkerung nahm ab (Gabriel 2008; Kaelble 2007, S. 123). Diese Grundtendenz entspricht den Annahmen der sozialwissenschaftlichen Modernisierungstheorien, denen zufolge Industrialisierung, Urbanisierung, Rationalisierung und funktionale Differenzierung der Gesellschaft mit dem Bedeutungsverlust der Religion einhergehen. Dieser Prozess der „Säkularisierung" wird dann entweder als Verlust von Religiosität gedeutet oder als ihre Transformation in andere, weltliche Formen (Pollack 2006, S. 83).

Einflussverlust der Kirchen

„Säkularisierung"

Allerdings verlief die Säkularisierung keineswegs so linear oder gar zielgerichtet, wie es die klassischen Modernisierungstheorien vorausgesagt haben. Vielmehr gab es Beschleunigungen und rückläufige Bewegungen, die meist nicht in einfacher Verbindung zu allgemeineren Modernisierungsphänomenen standen. Zudem verliefen Säkulari-

Differenzen und Geschwindigkeiten

sierungen in den verschiedenen europäischen Ländern und Regionen so unterschiedlich, dass allgemeine Aussagen jenseits der oben konstatierten Grundtendenz nur schwer möglich sind. Eine wesentliche Differenz bestand nach 1945 zwischen den westeuropäischen und osteuropäischen Ländern, in denen von den kommunistischen Regierungen eine gezielte Säkularisierungspolitik betrieben wurde, um die Kirchen als alternativen Machtfaktor auszuschalten. Die Erfolge dieser Politik waren jedoch von Land zu Land verschieden, sodass die Differenz innerhalb der Blöcke sehr groß blieb.

Blickt man auf die religiöse Landkarte Westeuropas in der Mitte des 20. Jahrhunderts, so stehen Länder, in denen der Katholizismus fast die einzige Form der Religion war (Österreich, Belgien, Frankreich, Irland, Italien, Portugal, Spanien), neben Ländern, die seit der Reformation fast ausschließlich protestantisch waren (skandinavische Länder und England), sowie neben gemischtkonfessionellen Ländern (Niederlande, Schweiz, Bundesrepublik Deutschland). In Letzteren gab es allerdings zumeist nahezu rein katholische bzw. protestantische Regionen. Als Indikatoren für die Intensität der Kirchenbindung dienen oft die formale Kirchenzugehörigkeit, die Teilnahme an kirchlichen Ritualen wie Taufe und Hochzeit sowie die Kirchenbesuchshäufigkeit, deren Daten aber zumeist genauso auf Umfragen beruhen wie die Angaben zu Religiosität und Gläubigkeit oder der Bedeutung der Kirchen in diesem Zusammenhang. Insgesamt zeigt sich, dass die Kirchenbindung nach dem Zweiten Weltkrieg in Westeuropa zunächst auf einem hohen Niveau stabil blieb und in einigen Ländern sogar noch anstieg: Für eine große Mehrheit der Bevölkerung war es bis zum Beginn der 1960er-Jahre selbstverständlich, der Kirche und dem Glauben einen Platz in ihrem Leben einzuräumen (Crouch 1999, S. 263–266).

Von den 1960er- bis zu den 1980er-Jahren ließ die Kirchenbindung in den meisten westeuropäischen Staaten jedoch nach: Menschen gingen seltener in die Kirche, immer mehr entschieden sich dagegen, ihre Kinder taufen oder sich kirchlich trauen zu lassen und verbanden Glauben nicht mehr notwendig mit den etablierten Kirchen. Diese spielten auch in der Erziehung eine geringere Rolle. Durch die Migrationsbewegungen innerhalb Europas und vor allem aus den ehemaligen Kolonien nach Europa (→ KAPITEL 6.1) sowie durch die Ausbildung zahlreicher alternativer Glaubensgemeinschaften pluralisierten sich die religiösen Angebote. Während sich die beiden christlichen Kirchen nach dem Zweiten Vatikanischen Konzil in der ersten Hälfte der 1960er-Jahre annäherten, verstärkten sich zudem innerkonfessionelle Richtungskämpfe

Konfessionen in Westeuropa

Indikatoren der Kirchenbindung

Rückgang der Kirchenbindung

Beispiel: Niederlande

(McLeod 2007, S. 1f.). Besonders deutlich waren die Säkularisierungstendenzen in den Niederlanden: 1960 gehörten über 80 Prozent der Holländer einer Kirche an und von diesen erklärten drei Viertel, sie besuchten zumindest einmal, gewöhnlich aber mehrmals im Monat einen Gottesdienst. Zu Beginn der 1990er-Jahre war mehr als die Hälfte der Bevölkerung konfessionslos und auch die Kirchenbesuchszahlen hatten stark abgenommen (van Rooden 1997).

Abweichungen vom Trend

Wenngleich diese Zahlen in anderen Ländern nicht so dramatisch ausfielen, zeigten sich ähnliche Tendenzen doch überall. Ausnahmen waren das protestantische Norwegen und Griechenland, wo die griechisch-orthodoxe Kirche ihre traditionell starke Stellung sehr lange behaupten konnte – hier wurde zum Beispiel die Zivilehe erst 1982 eingeführt. Grundsätzlich spielte die katholische Kirche in den weniger stark industrialisierten Ländern und Regionen Südeuropas länger eine bedeutende Rolle, wobei ihre Zentralstellung in den Rechtsdiktaturen auf der Iberischen Halbinsel und vor allem in Francos Spanien bis Mitte der 1970er-Jahre noch einmal einen Sonderfall darstellt (→ KAPITEL 10.2). Nicht nur angesichts dieser Regionen, sondern auch aufgrund der in den 1990er-Jahren in Umfragen noch immer hohen und bisweilen sogar ansteigenden Bekenntnisse zu einem Glauben sind die westeuropäischen Gesellschaften also weder „postchristlich" noch rein säkular geworden (Graf / Große Kracht 2007, S. 8, 21).

Säkularisierungspolitik in Osteuropa

Nachdem die Kirchen unmittelbar nach dem Ende des Zweiten Weltkrieges in Osteuropa ein starker Machtfaktor gewesen waren, begannen die kommunistischen Parteien nach ihren Regierungsübernahmen überall mit einer staatlichen Säkularisierungspolitik. Deren Erfolg hing von der Intensität der Repressionen, aber auch von der vorherrschenden Konfession, dem Grad der wirtschaftlichen und gesellschaftlichen Entwicklung, der Stellung der Kirchen zum Staat sowie dem Verhältnis von Kirche und Nationalismus ab. So schaffte es die katholische Kirche am besten und die evangelische am schlechtesten, ihre Mitglieder zu halten. Darüber hinaus hielten sich die Verluste der orthodoxen Kirchen in der Ukraine, Weißrussland, Rumänien oder Serbien im Vergleich zu Russland in Grenzen. Dies galt auch für Kroatien, Bulgarien oder Polen, wo die Kirchen, wie auch in Serbien, eine bedeutende Rolle im Nationsbildungsprozess gespielt hatten. In der DDR und in der Tschechoslowakei war der Säkularisierungsprozess durchgreifender: Erklärten 1946 noch 64 Prozent der Bevölkerung in der Tschechoslowakei, sie glaubten an Gott, waren es 1963 nur noch 34 Prozent (Pollack 1998, S. 14, 19–27).

Polen bildet in Bezug auf die Säkularisierungsbemühungen der Kommunisten insofern eine Ausnahme, als sie hier ins Leere liefen. Indem sich die katholische Kirche den Machthabern gegenüber einerseits flexibel, anderseits aber auch prinzipienfest zeigte, konnte sie ihre Stellung behaupten und ausbauen. Seit den späten 1970er-Jahren wurde sie zum Hort einer alternativen Wertebasis für Personen und Gruppen, die sich gegen das System richteten (Luks 1997). Diese Funktion erfüllten die Kirchen auch in anderen kommunistischen Ländern, sodass ihnen in den Transformationsprozessen Ende der 1980er- und Anfang der 1990er-Jahre hohe moralische Autorität zugesprochen wurde und sie wieder einflussreicher wurden. So profitierten die Kirchen kurzfristig von einer Rechristianisierungswelle, die jedoch bald abflaute (Furman 1997).

Ausnahme: Polen

Trotz dieser eher kurzfristigen Bedeutungsverschiebungen der Religion ändern sich religiöse Werthaltungen grundsätzlich eher langsam, sodass kein abschließendes Urteil über ihren Status in Europa gefällt werden kann, zumal auch immer umstritten ist, was zum Bereich des Religiösen gehört. In den 1990er-Jahren und am Beginn des neuen Jahrtausends wurde Religion und ihre Bedeutung für die Wertorientierungen europäischer Gesellschaften wieder intensiv diskutiert. Vor allem wegen der wachsenden muslimischen Gemeinden wurden vor dem Hintergrund des islamistisch-fundamentalistischen Terrorismus oftmals hysterische Debatten über die Bewahrung vermeintlich europäischer Werte in einem angeblichen „Kampf der Kulturen" geführt – eine Begriffsprägung, die auf das Buch *Clash of Civilizations* (1998) des US-amerikanischen Politikwissenschaftlers Samuel P. Huntington zurückgeht. Auch in Bezug auf den möglichen EU-Beitritt der Türkei taucht das Argument der Religion und der christlichen Wertebasis Europas auf – häufig in sehr durchsichtiger Weise zur Verschleierung politischer Machtansprüche. Anders als solche Konstruktionen einheitlicher europäischer oder auch nationaler Leitkulturen suggerieren, zeichnete sich die Geschichte Europas allerdings eher durch ihre Vielgestaltigkeit, Pluralität und die Integration von Vielfalt durch gemeinsame Rechtsordnungen aus.

Bedeutung der Religion

„Clash of Civilizations"?

Fragen und Anregungen

- Welche Probleme ergeben sich aus der Erforschung des „Wertewandels" mit Umfragen? Überlegen Sie, wie Orientierungsmuster und ihre Veränderungen sonst erfasst werden können.

- Diskutieren Sie das Verhältnis von generationeller Abgrenzung, klassischem Distinktionsstreben und Interesse an den Inhalten am Beispiel einer ausgewählten Jugendkultur.

- Erläutern Sie die Ursachen der Pluralisierung von Lebensformen und Orientierungsmustern. Welche Rolle spielte dabei der Faktor der Religion?

Lektüreempfehlungen

Quellen

- **European Values Study**, Web-Adresse: www.europeanvaluesstudy. eu. *Umfragen über „Werte" von 1981, 1990 und 1999.*

- **Ronald Inglehart: Changing Values among Western Publics from 1970 to 2006**, in: West European Politics 31, 2008, 1/2, S. 130–146. *Kurze und prägnante Zusammenfassung von Ingleharts Methode und seinen Thesen für die letzten drei Jahrzehnte des 20. Jahrhunderts.*

Forschung

- **Friedrich Wilhelm Graf / Klaus Große Kracht (Hg.): Religion und Gesellschaft. Europa im 20. Jahrhundert,** Köln 2007. *Bilanziert den Stand und die Perspektiven einer europäischen Religionsgeschichte und lotet in Detailstudien das Verhältnis von Religion und Gesellschaft aus.*

- **Dagmar Herzog: Sex after Fascism. Memory and Morality in Twentieth-Century Germany,** Princeton, N. J. 2005. *Deutet die Geschichte der Sexualität im geteilten Deutschland vor dem Hintergrund der NS-Vergangenheit.*

- **Uta G. Poiger: Jazz, Rock, and Rebels. Cold War Politics and American Culture in a Divided Germany,** Berkeley 2000. *Vergleicht die jugendkulturellen Entwicklungen sowie die staatlichen Reaktionen in der Bundesrepublik und der DDR im Zeichen des Kalten Krieges.*

- **Axel Schildt / Detlef Siegfried (Hg.): Between Marx and Coca-Cola. Youth Cultures in Changing European Societies, 1960–1980,** New York 2006. *Sammelband zu verschiedenen Aspekten der Jugendkultur mit einem Schwerpunkt auf der Bundesrepublik.*

9 Wohlfahrtsstaaten und soziale Ordnungen

Abbildung 11: Victor Weisz: *Welfare State*, Evening Standard, 5. August 1965

*Die Karikatur aus der Londoner Tageszeitung „Evening Standard"
vom August 1965 zeigt den britischen Premierminister Harold Wilson als Atlasstatue. Wilson trägt eine Weltkugel, auf der die internationalen Verpflichtungen Großbritanniens markiert sind: „BAOR"
steht für British Army of the Rhine, womit die britischen Truppen ge-
meint sind, die in Deutschland zur Abwehr eines befürchteten Angriffs des Warschauer Pakts stationiert waren, „East of Suez" symbolisiert die vielfältigen Verpflichtungen Großbritanniens in Asien.
Auf dem unter der Last des Globus bröckelnden Podest findet sich
die Aufschrift „Welfare State". Anlass der Karikatur war ein Kabi-
nettsmemorandum vom 12. Juli 1965 über die erheblichen Kosten-
steigerungen für staatliche Unterstützungsleistungen. Wilsons Labour
Party hatte 1964 die Wahlen zum britischen Unterhaus unter anderem mit einer Mindesteinkommensgarantie für Rentner gewonnen.
Die Karikatur visualisiert damit den finanziellen Konflikt zwischen
den internationalen Verpflichtungen Großbritanniens und den steigenden Kosten des Wohlfahrtsstaats.*

Nach dem Zweiten Weltkrieg kam es überall in Europa zu einer starken Expansion sozialstaatlicher Maßnahmen. Dabei ging es nicht
nur um die bessere Absicherung biografischer Risiken, sondern in
unterschiedlichem Ausmaß auch um politische Korrekturen bei der
Verteilung von Lebenschancen. Der moderne Wohlfahrtsstaat, wie er
nach 1945 in verschiedenen Ausprägungen in Europa entstand, ist
damit ein entscheidender Indikator für die grundsätzliche Frage nach
dem jeweiligen Verhältnis von Politik, Wirtschaft und Gesellschaft
sowie für damit verbundene konkurrierende Gleichheits- und Gerechtigkeitsmodelle. Unter dieser leitenden Perspektive geht es im
Folgenden zunächst um Definitionen und Typologien des Wohlfahrtsstaats. Anschließend werden die Ursachen der zentralen Rolle
des Wohlfahrtsstaats in den politischen Debatten der Nachkriegszeit
erörtert. In einem dritten Schritt wird die Expansion der Sozialstaaten in den Boomjahren analysiert, um dann abschließend nach dem
wachsenden Missverhältnis zwischen sozialstaatlichen Aufgaben und
wirtschaftlicher Leistungsfähigkeit nach dem Ende des Wirtschaftsbooms zu fragen.

9.1 Definitionen und Typologien
9.2 Wohlfahrtsstaat und Systemkonkurrenz
9.3 Expansion der Wohlfahrtsstaaten
9.4 „Krise" und Umbau des Sozialstaats

9.1 Definitionen und Typologien

In der Literatur werden die im Zusammenhang der Industrialisierung seit dem 19. Jahrhundert allmählich entstandenen modernen Systeme staatlicher sozialer Sicherung entweder als „Wohlfahrtsstaat" oder als „Sozialstaat" bezeichnet. In diesen Begriffen kommen unterschiedliche nationale Traditionen zum Ausdruck: International ist seit einigen Jahrzehnten in erster Linie vom Wohlfahrtsstaat die Rede. In der bundesdeutschen Diskussion, wo in der Nachkriegszeit „Wohlstand" statt „Wohlfahrt" zum Leitbegriff wurde, dominiert dagegen meist der Begriff des Sozialstaats (Hockerts 2007, S. 8f.; Ritter 1989, S. 9–13). Allerdings sind mit diesen Begriffen, welche die Last jahrzehntelanger politischer Auseinandersetzungen mit sich schleppen, auch unterschiedliche Vorstellungen über die Reichweite des Gegenstandes verbunden: Beide beziehen sich im Kern zunächst auf staatliche Maßnahmen zur Absicherung fundamentaler Lebensrisiken (Krankheit, Invalidität, Armut, Arbeitslosigkeit, Alter). Während „Wohlfahrtsstaat" zusätzlich meist den Bereich der Bildung mit einschließt, umfasst der in Deutschland gebräuchliche Begriff des Sozialstaats hingegen auch die rechtliche Regelung der Arbeitsbeziehungen. Die unterschiedliche Begriffsverwendung verweist bereits auf Unterschiede des Gegenstands, womit verschiedene Varianten des Verhältnisses von Staat und Wirtschaft verbunden sind. Für eine genuin europäische Perspektive bildet der Begriff des Wohlfahrtsstaats einen besseren Ausgangspunkt als der eng mit dem deutschen Fall verbundene Begriff des Sozialstaats.

Wohlfahrtsstaat oder Sozialstaat?

Bei der Analyse ergibt sich jedoch ein weiteres Problem: Es ist in der Forschung durchaus umstritten, ob nur westlich-liberale Staaten als Wohlfahrtsstaaten bezeichnet werden können oder ob diese Bezeichnung auch auf staatssozialistische Regimes anwendbar ist (dagegen: z. B. Kaufmann 2003, S. 80; dafür: z. B. Schmidt u. a. 2004, S. 184f.). Dieser Gegensatz resultiert im Wesentlichen aus der Frage, inwieweit der Begriff des Wohlfahrtsstaats notwendigerweise an liberale demokratische Verhältnisse geknüpft und damit normativ aufgeladen ist. Seit dem Ende des Kalten Krieges setzte sich in der Forschung zunehmend die Tendenz durch, den Begriff des Wohlfahrtsstaats gleichermaßen für West und Ost einzusetzen, nicht zuletzt, um damit bessere Vergleichsperspektiven zu ermöglichen bzw. langfristige Kontinuitäten in den Blick zu bekommen.

Wohlfahrtsstaat im Staatssozialismus?

Mehrfach wurde versucht, die unterschiedlichen Ausprägungen wohlfahrtsstaatlicher Entwicklung in eine Typologie zu fassen. Die erfolgreichste Einteilung, die unter der Bezeichnung „Wohlfahrtskapitalismus" allerdings nur nord- und westeuropäische Länder berücksichtigt, geht auf den dänischen Soziologen Gösta Esping-Andersen zurück (Esping-Andersen 1989). Er unterscheidet idealtypisch nach dem jeweiligen Grad der Dekommodifizierung – d. h. der Entkoppelung von Lebensunterhalt und Arbeitsmarkt – drei Modelle des Wohlfahrtsstaats:

Drei Typen des „Wohlfahrtskapitalismus"

- Der in den angelsächsischen Ländern (USA, Australien, Großbritannien) ausgeprägte *liberale* Wohlfahrtsstaat bindet den Lebensunterhalt weitgehend an den Arbeitsmarkt. Die Sozialleistungen sind bescheiden und meist an eine Bedarfsprüfung gekoppelt.
- In den mitteleuropäischen *konservativen* Wohlfahrtsstaaten (Deutschland, Frankreich, Italien, Österreich) sind dagegen alle Bürgerinnen und Bürger in die soziale Sicherung einbezogen und die Marktabhängigkeit des Lebensunterhalts ist abgeschwächt. Zugleich sind die sozialen Leistungen einkommensabhängig und reproduzieren so die sozialen und geschlechterspezifischen Ungleichheiten.
- In den *sozialdemokratischen* Wohlfahrtsstaaten (Schweden, Dänemark, Norwegen, Finnland) ist dagegen der Lebensunterhalt des Einzelnen vom Arbeitsmarkt abgekoppelt. Mithilfe einer hohen Umverteilungsquote wird ein größeres Maß an Gleichheit erreicht, das auch Geschlechterunterschiede stark einebnet.

Kritik und Erweiterung der Typologie

Die Typologie Esping-Andersens wurde immer wieder kritisiert, teils wegen empirischer oder methodischer Unstimmigkeiten, teils wegen ihrer regionalen Beschränkung, aber auch wegen der bisweilen erheblichen Unterschiede zwischen einzelnen Ländern, die einem gemeinsamen Typus zugeordnet werden. Letztlich handelt es sich aber ohnehin nur um Idealtypen, nicht um Beschreibungen tatsächlich existierender Wohlfahrtsstaaten. Deshalb ist diese Typologie vor allem von heuristischem Wert, d. h. ein Hilfsmittel, um den Gegenstand fragend zu erschließen. So ermöglicht sie es, strukturelle Gemeinsamkeiten und Unterschiede verschiedener Wohlfahrtsstaaten besser zu analysieren und Dimensionen der Angleichung oder der Auseinanderentwicklung zu erfassen. Darüber hinaus erlaubt sie die Bildung weiterer Typen, von denen zwei hervorgehoben werden sollen: Erstens der südeuropäische Typus des Wohlfahrtsstaats (Griechenland, Spanien, Portugal), wo bis zum Sturz der Diktaturen und der nachfolgenden Einbeziehung in die europäische Integration (→ KAPITEL 2.3, 4.3) lediglich rudimentäre, korporatistisch (durch friedliches Einvernehmen der einzelnen Interessengruppen geprägte) verfasste Formen des Wohlfahrtsstaats existierten. Zweitens schließlich der staatssozialistische Typus des autoritären Wohlfahrtsstaats im sowjetischen Machtbereich, wo soziale Sicherung in hohem Maße an Arbeit geknüpft war. Anders als in den kapitalistischen Ländern wurde dieser Zusammenhang aber nicht über den Markt, sondern politisch gesteuert. Fasst man also die drei von Esping-Andersen aufgestellten Typen unter einer gemeinsamen Oberkategorie zusammen, so gelangt man zu insgesamt drei Haupttypen des Wohlfahrtsstaats. Diese korrespondieren mit dem in der Nachkriegszeit noch nachwirkenden Grundmuster politischer Systeme der Zwischenkriegszeit, nämlich liberal-kapitalistisch, faschistisch / nationalsozialistisch und kommunistisch. Mit dem Ende des Kalten Krieges wurde diese Aufteilung endgültig hinfällig, und mit der Europäischen Union entstand ein neuer Rahmen wohlfahrtsstaatlicher Politik, der seit einiger Zeit zu Diskussionen über ein „europäisches Sozialmodell" geführt hat. Damit wird versucht, oft gleichermaßen normativ wie deskriptiv, eine spezifische europäische Sozialordnung auszumachen (Aust u. a. 2000; Kaelble / Schmid 2004).

Europäische Sozialordnung?

Neben einer solchen idealtypischen und synchronen Betrachtungsweise lässt sich zudem eine stärker historisierende, diachrone Perspektive auf das Phänomen des Wohlfahrtsstaats in Europa werfen. Der Historiker Hartmut Kaelble hat die Genese des „europäischen Sozialmodells" in vier Phasen eingeteilt: Erstens die Entstehungszeit der öffentlichen Sozialpolitik zwischen dem 16. und dem 19. Jahrhundert, zweitens die Entstehung staatlicher Sozialpolitik im Zeitalter der Industrialisierung seit der Mitte des 19. Jahrhunderts, drittens die Blütezeit des modernen Wohlfahrtsstaats in den 1950er- und 1960er-Jahren und viertens eine bis heute nicht abgeschlossene Phase der Krise und Umgestaltung des Wohlfahrtsstaats seit den 1970er-Jahren (Kaelble 2000, S. 41–46). Bei der zeithistorischen Analyse des Wohlfahrtsstaats in Europa müssen also sowohl die strukturellen Pfadabhängigkeiten und globalen Veränderungen der Rahmenbedingungen wie auch die veränderlichen Erfahrungen und Leitvorstellungen der Akteure untersucht werden (Raphael 2004, S. 70).

Vier Phasen des „europäischen Sozialmodells"

9.2 Wohlfahrtsstaat und Systemkonkurrenz

Der Zweite Weltkrieg wurde von den kriegführenden Mächten vielfach mit Versprechungen auf eine bessere Zukunft legitimiert. Vor dem Hintergrund der bedrückenden Erfahrungen der Weltwirtschaftskrise ging

Weltwirtschaftskrise und Zweiter Weltkrieg

es ihnen nicht nur um die politische, sondern auch um eine soziale Rechtfertigung ihrer Kriegsziele. Dabei sollte zugleich die Erfahrung der nationalen Solidarität der Kriegszeit in die Zeit danach weitergetragen werden. Die Nationalsozialisten begrenzten solche Versprechungen, die auch eine starke wohlfahrtsstaatliche Komponente besaßen, auf die deutschen „Volksgenossen" und propagierten damit ein exklusives Modell auf Kosten ausgeschlossener Gruppen und unterdrückter Völker. In anderen Teilen Europas entstanden dagegen Pläne, die tendenziell alle Staatsbürger umfassten. Gerade die liberalen Demokratien standen hier unter Druck, weil sich ihre Ökonomien in der Weltwirtschaftskrise als besonders anfällig erwiesen hatten. „Soziale Sicherheit" sollte somit auch vor politischer Radikalisierung schützen. Gleichzeitig hatte die Kriegserfahrung Visionen der Machbarkeit und Planbarkeit ökonomischer und gesellschaftlicher Entwicklungen befördert. So rangierte in der Atlantik-Charta, die im August 1941 von US-Präsident Franklin D. Roosevelt und dem britischen Premierminister Winston Churchill verkündet wurde, *social security* an prominenter Stelle unter den alliierten Kriegszielen (Hockerts 2007, S. 4f.).

Aus dieser Konstellation heraus entstand in Großbritannien Ende 1942 ein geradezu revolutionäres Konzept zur Neugestaltung des britischen Wohlfahrtsstaats. Der mit dem Namen des liberalen Beamten William H. Beveridge verbundene Plan enthielt ein umfassendes und obligatorisches Modell der Sozialvorsorge durch ein einheitliches Versicherungssystem für alle britischen Staatsbürger, das sämtliche Lebensrisiken „von der Wiege bis zur Bahre" abdecken sollte. Gleichzeitig sollten beschämende Bedürftigkeitsprüfungen, die zum traditionellen Armenrecht gehörten, abgeschafft werden. Neben dem Universalismus des Beveridge-Plans und der Verknüpfung mit dem Ziel der Vollbeschäftigung stach besonders der Gedanke eines einheitlichen, wenngleich eher bescheidenen Mindestunterhalts als soziales Staatsbürgerrecht hervor, der auf die Idee einer – auf der Beseitigung von Not basierenden – gerechteren Gesellschaft verwies (Mergel 2005, S. 65–68, 76).

Wesentliche Grundelemente des Beveridge-Plans wurden in Großbritannien unmittelbar nach Kriegsende umgesetzt, auch wenn diese, anders als von seinem Namensgeber vorgesehen, nicht durch Versicherungsleistungen, sondern durch Steuern finanziert wurden. Nachdem 1945 ein einheitliches Kindergeld ab dem zweiten Kind eingeführt worden war, entstand 1946 mit dem Aufbau des National Insurance Act (Sozialversicherungsgesetz) ein einheitliches Kranken- und Rentensystem, das 1948 durch das sozialhilfeähnliche Instru-

Beveridge-Plan

Umsetzung des Beveridge-Plans in Großbritannien

ment des National Assistance Act (staatliches Fürsorgegesetz) ergänzt wurde. In diesem Jahr startete mit dem National Health Service auch ein kostenloser staatlicher Gesundheitsdienst. Wichtige Bestandteile dieser Reformen bildeten aber auch Verbesserungen des Bildungszugangs sowie der Wohnraumversorgung.

Der Beveridge-Plan und die darauf aufbauenden Reformen des britischen Wohlfahrtsstaats beeinflussten auch in anderen europäischen Ländern die Diskussionen über die sozialpolitische und gesellschaftliche Neugestaltung. Nach 1945 war in Europa lediglich ein Bruchteil der Bevölkerung gegen existenzielle Lebensrisiken abgesichert, während die Zahl der Hilfsbedürftigen infolge des Krieges explodiert war. Mit Großbritannien konkurrierte vor allem das wohlfahrtsstaatliche Modell Schwedens. Hier lag mit der seit der Zwischenkriegszeit popularisierten „Volksheim"-Ideologie, die Gleichheit und harmonische Zusammenarbeit in den Mittelpunkt stellte, ein alternatives, stärker gemeinschaftsorientiertes Modell sozialer Gerechtigkeit zugrunde. In Fortführung älterer Ansätze wurden unter anderem 1946 „Volkspensionen" eingeführt, die allen Bevölkerungsgruppen einen überwiegend aus Steuern finanzierten Mindestlebensstandard im Alter garantieren sollten. Hinzu kamen bald darauf staatliche Kredite für Eigenheime, ein allgemeines Kindergeld und weitere Maßnahmen, die auf die allgemeine Zugänglichkeit von Bildung zielten (Götz 2001).

Schweden als Alternativmodell

In Deutschland entwickelten sich die sozialen Sicherungssysteme schon früh in zwei verschiedene Richtungen: In den westlichen Zonen wurden die Traditionen der auf Bismarck zurückgehenden deutschen Sozialgesetzgebung, die Gerechtigkeit als Verhältnismäßigkeit zwischen sozialen Leistungen und sozialem Status definierte, zäh gegen alliierte Reformversuche verteidigt. Letztere wollten dagegen die im deutschen Sozialsystem festgeschriebene Reproduktion sozialer Ungleichheit reduzieren. Der deutsche Sozialstaat galt in Westdeutschland als einer der wenigen übriggebliebenen Reste positiver deutscher Traditionen nach dem Nationalsozialismus – und war somit auch eine Quelle deutscher Überlegenheitsgefühle gegenüber den Siegern. In Ostdeutschland kam es dagegen zu Reformen, die vorrangig auf eine Vereinheitlichung der zahlreichen unterschiedlichen Versicherungssysteme abzielten, worin sich deutsche Reformimpulse aus der Zeit der Weimarer Republik mit Elementen des sowjetischen Systems vermischten (Hockerts 1998, S. 9).

Soziale Sicherung im geteilten Deutschland

In Westeuropa verbanden sich nationale Traditionen mit der Aufnahme von Elementen des britischen und des schwedischen Modells. Dabei wurden – wie etwa mit der hochgradig berufsständisch organisierten Securité sociale (Sozialversicherung) in Frankreich – ver-

Wohlfahrt und Ost-West-Teilung

schiedene eigenständige Wege in den modernen Wohlfahrtsstaat beschritten. Im sich formierenden Ostblock überlagerte dagegen der Einfluss der Sowjetunion zunehmend die verschiedenen wohlfahrtsstaatlichen Traditionen dieser Länder, die sich auf sehr unterschiedlichen ökonomischen Entwicklungsniveaus befanden. Die Aufhebung der Trennung von Wirtschaft und Politik und der fehlende Einfluss einer unabhängigen Öffentlichkeit verbanden sich dabei mit einer strikten Orientierung auf die im Produktionsprozess stehenden Menschen.

9.3 Expansion der Wohlfahrtsstaaten

Mit dem wirtschaftlichen Nachkriegsboom (→ KAPITEL 5.1) war in den meisten Teilen Europas ein dramatischer Ausbau des Wohlfahrtsstaats verbunden. In den westlichen Ländern diente dieser Schritt auch dazu, möglichen Verteilungskonflikten von vornherein die Spitze abzubrechen und die boomenden Marktwirtschaften gegen Kritik von links abzuschirmen. Der lang anhaltende wirtschaftliche Aufschwung schuf die ökonomischen Spielräume, welche die Expansion des Wohlfahrtsstaats

Anstieg der Sozialausgaben

überhaupt erst ermöglichten. Nachdem es schon in den 1950er-Jahren zu kräftigen Steigerungsraten gekommen war, stieg der Anteil der Sozialausgaben am Bruttoinlandsprodukt in den westeuropäischen OECD-Ländern von 1960 bis 1974 im Durchschnitt von 9,5 auf 13,2 Prozent, um dann – trotz der Versuche zur Begrenzung des Anstiegs – bis 1989 weiter auf 16,8 Prozent zu klettern. Über die Entwicklung in den Ländern östlich des Eisernen Vorhangs in dieser Zeit verfügen wir über weniger statistisches Material, doch zeigte sich etwa in Ungarn in der Zeit von 1960 bis 1974 ebenfalls ein Anstieg von 3,2 auf 7,5 Prozent (Kaelble 2007, S. 342).

Wohlfahrtsstaaten in Westeuropa

Die Grundtendenz des Ausbaus der westeuropäischen Wohlfahrtsstaaten lässt sich bei aller Verschiedenheit im Einzelnen in vier Punkten zusammenfassen: Erstens wurde der Wohlfahrtsstaat auf immer weitere Personenkreise ausgedehnt. Die ursprünglich meist streng abgegrenzten Versorgungssysteme für bestimmte Berufsgruppen umfassten am Ende tendenziell die ganze Bevölkerung. Zweitens wurden die Sozialleistungen erheblich ausgedehnt: Hatten sie bislang zumeist allenfalls das physische Existenzminimum gedeckt, orientierten sie sich nun zunehmend an dem während des Erwerbslebens erreichten Lebensstandard. Durch den Rückbezug auf das Arbeitseinkommen wurden zugleich die sozialen Unterschiede, die im Arbeitsleben entstanden waren, im Sozialsystem fortgeschrieben. Drittens wurden die Leistungen vor allem im Bereich der Alterssicherung in immer mehr Ländern dynamisiert und partizipierten nun an der allgemeinen Einkommensentwicklung. Und viertens wurden neue Leistungen und Leistungsarten eingeführt. Über das Spektrum der klassischen Lebensrisiken hinaus förderte Sozialpolitik dabei immer stärker etwa das Wohnen, Ausbildung, Gesundheit, Beschäftigung und anderes mehr (Hockerts 2007, S. 11f.). Im modernen Wohlfahrtsstaat wurde Sozialpolitik somit zunehmend zu einem umfassenden politischen Steuerungsinstrument zur Beeinflussung der sozialen Ordnung. Zugleich wurde die sozialpolitische Leitkategorie der „sozialen Sicherheit" in der Expansionsphase des Wohlfahrtsstaats zu einem festen Bestandteil der politischen Kulturen Westeuropas (Kaufmann 1973; Raphael 2004, S. 60) und prägte damit auch Mentalitäten und Erwartungshaltungen der Bevölkerung. In dieser Phase wurde der Wohlfahrtsstaat zudem fest mit dem fordistischen Produktionsmodell (→ KAPITEL 5.3) verklammert. Dies bedeutete in vielen westlichen Ländern – wobei zum Beispiel Schweden eine Ausnahme bildete – meist auch die Festschreibung des normativen Modells des männlichen Alleinverdieners.

Sozialpolitik als politisches Steuerungsmittel

„Soziale Sicherheit"

Für den Systemwettstreit zwischen West und Ost spielte zumindest in den ersten beiden Nachkriegsjahrzehnten der Vergleich der sozialen Absicherung der Bevölkerung eine zentrale Rolle. Dabei musste allerdings den grundsätzlich verschiedenen Konzepten der Sozialpolitik Rechnung getragen werden, und dazu gehörte auch, dass in den staatssozialistischen Ländern zunächst behauptet wurde, die Überwindung des Kapitalismus habe den Reparaturbetrieb „Sozialpolitik" an sich überflüssig gemacht. So wurde Sozialpolitik in diesen Ländern erst seit den 1960er-Jahren wieder offen als solche thematisiert. Auf der östlichen Seite des Eisernen Vorhangs stand das normative Modell der industriellen Lohnarbeit eher noch stärker im Zentrum als im Westen. Die Überwindung der Arbeitslosigkeit, die als zentrales Übel des Kapitalismus angesehen wurde, galt dabei als zentrale Errungenschaft des Sozialismus, wo Arbeit tendenziell vom Recht zur Pflicht wurde. Damit entfiel auch das sozialpolitische Feld der Arbeitslosenversicherung, das im Westen eine so große Rolle spielte. Im Zentrum stand dagegen das Prinzip egalitärer Grundsicherung bei Krankheit, Invalidität und Alter, das durch eine umfangreiche Subventionierung der Grundversorgung – vor allem von Nahrungsmitteln, Wohnen und öffentlichem Transport – ergänzt wurde. Eine Besonderheit war auch die große Rolle der Betriebe, die wichtige so-

Wohlfahrtstaaten in Ostmittel- und Osteuropa

Egalitäre Grundsicherung

zialpolitische Funktionen übernahmen. Im Verein mit der starken Produktionsorientierung der östlichen Sozialstaaten hatte dies unter anderem zur Folge, dass die „unproduktiven" Rentner in der Regel sehr schlecht gestellt waren. Allerdings wurde der egalitäre Universalismus der sozialistischen Wohlfahrtsstaaten mehr und mehr durch zusätzliche Versorgungssysteme privilegierter Gruppen durchbrochen, wodurch die Gleichheitsrhetorik empfindlich konterkariert wurde. Darüber hinaus unterschied sich das Niveau der wohlfahrtsstaatlichen Entwicklung auch nach dem Grad der industriellen Entwicklung, wobei Länder wie die DDR, die Tschechoslowakei, Ungarn und Polen an der Spitze standen. In diesen Ländern wurde Sozialpolitik in den 1960er- und 1970er-Jahren zu einem wesentlichen Element des Herrschaftssystems (Raphael 2004, S. 56–58; Tomka 2004, S. 124f.; Kaelble 2007, S. 338–340). Dabei entstanden auch in den sozialistischen Wohlfahrtsstaaten spezifische Erwartungshorizonte und Anspruchshaltungen, die ähnlich wie im Westen in dem Moment für Schwierigkeiten sorgten, als die ökonomische Entwicklung die Finanzierung dieser Leistungen immer mehr zum Problem werden ließ.

Sozialpolitik als Herrschaftsinstrument (Randbemerkung)

9.4 „Krise" und Umbau des Sozialstaats

Das Ende des langen wirtschaftlichen Nachkriegsbooms und der damit einhergehende Verlust des Vertrauens auf die Möglichkeit immerwährenden Wachstums (→ KAPITEL 5.3) stellte die in den vorangegangenen Jahrzehnten stark ausgebauten europäischen Wohlfahrtsstaaten in West und Ost vor große Herausforderungen, was sich vielerorts in der Wahrnehmung einer „Krise des Sozialstaats" ausdrückte: Während die zur Verteilung stehenden wirtschaftlichen Zuwächse sanken, nahmen die Sozialausgaben weiter zu (→ ABBILDUNG 12) und zwar sowohl aufgrund wachsender Zahlen der Hilfsbedürftigen als auch aufgrund mittlerweile fest etablierter Anspruchshaltungen. Die ökonomischen Zwangslagen waren im Prinzip auf beiden Seiten der politischen Systemgrenze dieselben, doch wirkten sie sich unterschiedlich aus und wurden unterschiedlich beantwortet.

Herausforderungen für die Sozialsysteme (Randbemerkung)

Im Westen wurde neben der demografischen Entwicklung (→ KAPITEL 6.4) vor allem die treppenförmig ansteigende, strukturelle Arbeitslosigkeit zur zentralen Herausforderung der Sozialsysteme seit den 1970er-Jahren. Kurz gesagt hieß dies: immer mehr Rentnerinnen und Rentner, immer weniger Erwerbstätige. Angesichts dieser Entwicklung gab es zahlreiche Bemühungen, zumindest den weiteren steilen

Umbau der westlichen Wohlfahrtsstaaten (Randbemerkung)

Länder	1960	1974	1989	1989 neue Berechnung	1998
Belgien	11,5	18,0	23,2	16,3	16,0
Dänemark	7,4	12,0	18,3	17,8	18,2
Deutschland	12,0	14,6	15,7	15,7	18,9
Finnland	5,1	7,6	14,4	13,5	18,4
Frankreich	13,5	15,5	21,1	16,7	18,4
Griechenland	5,3	7,1	15,4	14,9	15,6
Großbritannien	6,8	9,2	11,2	11,7	13,7
Irland	5,5	11,4	14,2	14,2	9,8
Italien	9,8	13,7	17,6	17,6	17,0
Niederlande	–	20,7	24,7	24,7	13,0
Norwegen	7,6	13,3	15,4	15,4	15,0
Österreich	12,9	15,5	19,7	18,0	18,6
Polen		–	–	17,9	17,3
Portugal	3,0	9,5	10,7	10,4	11,7
Schweden	8,0	14,3	19,4	19,4	19,3
Schweiz	5,7	10,6	13,6	13,4	11,9
Tschechien	–	–	–	12,9	12,5
Ungarn	3,2	7,5	–	11,5	14,5
Europäische OECD-Länder Durchschnitt	9,5	13,2	16,8	16,0	16,8
Japan	3,8	6,2	10,9	10,9	14,6
USA	5,1	9,6	10,6	10,6	12,6

Abbildung 12: Sozialausgaben der westeuropäischen und ostmitteleuropäischen OECD-Staaten, 1960–2000 (durchschnittliche Anteile in Prozent des Bruttoinlandsprodukts) (aus: Kaelble 2007, S. 342)

Kostenanstieg der Sozialausgaben im Wohlfahrtskapitalismus zu bremsen. Unter Rückgriff auf die von Esping-Andersen entworfenen Idealtypen lassen sich drei Hauptstrategien des Umgangs mit der Arbeitslosigkeit beschreiben: erstens der radikale Bruch mit dem keynesianischen (→ KAPITEL 5.3) Vollbeschäftigungs-Sozialstaat, wie er in Großbritannien vollzogen wurde; zweitens eine aktive keynesianische Arbeitsmarkt- und Sozialpolitik à la Schweden und drittens ein mittlerer Weg zwischen britischem Marktradikalismus und schwedischem Wohlfahrtskapitalismus, der etwa in der Bundesrepublik gewählt wurde (Süß 2007, S. 111f.). In allen Fällen führte der Umbau der westlichen Wohlfahrtsstaaten zu Einschnitten bei einzelnen Sozialprogrammen, die bestimmten Statusgruppen empfindliche Verluste zufügten. Der Anteil der Sozialausgaben am Bruttosozialprodukt stieg jedoch bis in die 1990er-Jahre in den entwickelten Demokratien fast überall weiter an, nicht zuletzt weil die sozialstaatlichen Maßnahmen eine hohe Eigendynamik entwickelt hatten. Diese Tendenz galt selbst in Margaret Thatchers

Soziale Einschnitte

Großbritannien, wo der Angriff auf die angeblichen Exzesse des Sozialstaats zum guten Ton gehörte (Hockerts 2007, S. 24f.).

Angesichts der enormen Herausforderungen des Wohlfahrtsstaats erwiesen sich die institutionellen Mechanismen der westlichen Gesellschaften als sehr flexibel. Allerdings ging der daraus resultierende Umbau der westlichen Wohlfahrtsstaaten, der nunmehr hauptsächlich einer Politik des „Durchwurstelns" folgte, auch mit tieferen Veränderungen des normativen Gefüges einher. Denn mit der stärkeren Marktsteuerung der Wirtschaft schwand im Zielsystem des westlichen Sozialstaats die Bedeutung von „Gleichheit", Subsidiarität und Solidarität. Damit geriet die „Sozial- und Verteilungspolitik [...] gegenüber der Beschäftigungspolitik des ‚aktivierenden Staates' ins Hintertreffen" (Boyer 2009, S. 53). Diese Entwicklung war umso bedeutsamer, als die Frage der sozialen Ungleichheit auch in Westeuropa allmählich wieder größere Bedeutung erhielt. Die Fähigkeit des Wohlfahrtskapitalismus, soziale Konflikte auszugleichen, ließ insgesamt nach, und dies brachte tendenziell auch Risiken für die von ihm bislang geleistete Legitimation der liberalen Demokratien und ihrer Gerechtigkeitsvorstellungen mit sich.

Die staatssozialistischen Länder waren zwar von ähnlichen wirtschaftlichen Schwierigkeiten betroffen, reagierten darauf aber in anderer Weise. Zum Ersten erfolgte dort der Übergang in die postfordistische Industriegesellschaft (→ KAPITEL 5.3) nur verzögert. Das ersparte ihnen zwar das Problem der Arbeitslosigkeit, aber nur um den Preis eines immer weiteren Zurückfallens im Produktivitätswettbewerb mit dem Westen. Zum Zweiten reagierten verschiedene der kommunistischen Staatsparteien auf soziale Unruhen in ihrem Machtbereich – beispielsweise in Polen –, aber auch auf die in den 1970er-Jahren zutage getretenen Turbulenzen des westlichen Wohlfahrtskapitalismus mit der Ankündigung einer „Einheit von Wirtschafts- und Sozialpolitik", wie etwa 1976 in der DDR. Diese Strategie war der sich im Westen durchsetzenden verstärkten Marktorientierung diametral entgegengesetzt. Als gleichermaßen systemlegitimierende und loyalitätssteigernde Maßnahmen wurden in den staatssozialistischen Ländern auf breiter Front Investitionen in sozialpolitischen Konsum umgeleitet. Am weitesten ging dies beim ungarischen „Gulaschkommunismus", der politische Linientreue mit wirtschaftspolitischen Erleichterungen verband. Diese Entwicklung wurde schließlich zu einem wesentlichen Faktor jener Kreditkrise, die Ende der 1980er-Jahre den Ostblock entscheidend destabilisierte (Boyer 2008, S. 110f.; Stöver 2007, S. 308) (→ KAPITEL 5.3).

Normativer Wandel

Frage der sozialen Ungleichheit

Entwicklung der Sozialpolitik im Staatssozialismus

„Einheit von Wirtschafts- und Sozialpolitik"

Nach dem Ende des Kalten Krieges näherten sich schließlich die meisten der ehemaligen staatssozialistischen Länder dem westlichen Wohlfahrtsmodell an. Nicht zuletzt war dies auch erforderlich, um den Schock abzufedern, den die mehr oder weniger radikale Umstellung von einer sozialistischen Planwirtschaft auf eine liberale Marktwirtschaft bedeutete. Dazu gehörte insbesondere der Aufbau einer Absicherung im Falle von Arbeitslosigkeit, die in den staatssozialistischen Ländern lediglich in verdeckter Form existiert hatte, nun aber mit der Schließung zahlreicher Staatsbetriebe zu einem massiven Problem wurde. Vorhersagen, dass sich in Ostmittel- bzw. Osteuropa ein neoliberal eingefärbtes Sozialsystem mit geringer Inklusion, d. h. Einbeziehung von Leistungsberechtigten, entwickeln würde, haben sich allerdings nicht bewahrheitet, und auch die Nivellierung der europäischen Sozialstandards nach unten ist nicht in dem oftmals befürchteten Umfang eingetreten (Tomka 2004, S. 126–130). So kümmerte sich die Europäische Union, die bislang primär den Aufbau eines gemeinsamen Binnenmarktes vorangetrieben hatte, seit dem Ende des Kalten Krieges zunehmend um flankierende Maßnahmen einer transnationalen Sozialpolitik, um dem europäischen Markt eine soziale Dimension zu verleihen.

Ost- und Ostmitteleuropa seit 1990

Transnationale Sozialpolitik

Der vor allem durch die Osterweiterung der EU (→ KAPITEL 4.4) beschleunigte Prozess der Angleichung der Sozialstandards in den neuen Mitgliedsländern beförderte die Diskussionen um ein „Europäisches Sozialmodell". Dieser Begriff dient dazu, gemeinsame Merkmale europäischer Wohlfahrtsstaatlichkeit analytisch zu bestimmen. Zugleich wurde er als normative Alternative zum neoliberalen US-Modell formuliert und zielt damit auf europäische Identitätsbildung. Das Europäische Sozialmodell bildet also auch einen idealisierten Gegenentwurf zu einem als „Kapitalismus pur" stilisierten Wirtschafts- und Gesellschaftssystem der USA, im Unterschied zu dem Europa „wirtschaftliche Dynamik mit sozialem Ausgleich" zu verbinden sucht (Aust u. a. 2000, S. 7). Die Frage nach dem Wohlfahrtsstaat in Europa bleibt somit eng verknüpft mit der Gestaltung und Rechtfertigung sozialer Ordnung.

Europäisches Sozialmodell

Fragen und Anregungen

- Erörtern Sie die Möglichkeiten und Probleme einer typologischen Erfassung der europäischen Wohlfahrtsstaaten nach 1945.

- Nennen Sie die wichtigsten Faktoren, die für die Entstehung und die Veränderungen der europäischen Wohlfahrtsstaaten nach 1945 verantwortlich sind, und erläutern Sie die unterschiedlichen Reaktionen.

- Diskutieren Sie die verschiedenen Gerechtigkeitsmodelle, die den konkurrierenden wohlfahrtsstaatlichen Ansätzen in Europa zugrundeliegen sowie die damit verbundenen Perspektiven auf das Problem sozialer Ungleichheit.

Lektüreempfehlungen

Forschung

- **Archiv für Sozialgeschichte 47, 2007.** *Von Friedhelm Boll und Anja Kruke herausgegebener Band zum „Sozialstaat in der Krise", dessen Aufsätze die Entwicklungen in Deutschland mit anderen Ländern vergleichen.*

- **Christoph Boyer: Zwischen Pfadabhängigkeit und Zäsur. Ost- und westeuropäische Sozialstaaten seit den siebziger Jahren des 20. Jahrhunderts,** in: Konrad H. Jarausch (Hg.), Das Ende der Zuversicht? Die siebziger Jahre als Geschichte, Göttingen 2008, S. 103–119. *Dieser Artikel informiert präzise und in einer konsequent vergleichenden Perspektive über Herausforderungen und Reaktionen der Sozialstaaten seit den 1970er-Jahren.*

- **Gösta Esping-Andersen: The Three Worlds of Welfare Capitalism,** New York 1989. *Klassische Typologie westlicher Wohlfahrtsstaaten, die zwar viel kritisiert wurde, aber dennoch den Bezugspunkt der meisten Darstellungen zu diesem Thema bildet.*

- **Hartmut Kaelble / Günther Schmid (Hg.): Das europäische Sozialmodell. Auf dem Weg zum transnationalen Sozialstaat,** WZB-Jahrbuch 2004, Berlin 2004. *Enthält wichtige Beiträge, die vorrangig die transnationalen, europäischen Aspekte der sozialstaatlichen Entwicklung in den Blick nehmen.*

- **Franz-Xaver Kaufmann: Varianten des Wohlfahrtsstaats. Der deutsche Sozialstaat im internationalen Vergleich,** Frankfurt a. M. 2003. *Knappe und gleichermaßen gehaltvolle vergleichende Darstellung, die den westeuropäischen Wohlfahrtsstaat als eine Art „dritten Weg" zwischen Kapitalismus und Kommunismus darstellt.*

- **Manfred G. Schmidt / Tobias Ostheim / Nico A. Siegel / Reimut Zohlnhöfer (Hg.): Der Wohlfahrtsstaat. Eine Einführung in den historischen und internationalen Vergleich,** Wiesbaden 2007. *Politikwissenschaftliches Lehrbuch, das Wohlfahrtsstaaten diachron und synchron international vergleicht.*

10 Gewalt, Recht, Sicherheit

Abbildung 13: Beisetzung von Bobby Sands, 7. Mai 1981

Das Foto zeigt die Beerdigung von Bobby Sands, einem Mitglied der Irish Republican Army (IRA). Sands war am 5. Mai 1981 infolge eines Hungerstreiks in britischer Haft gestorben, nachdem er kurz zuvor ins britische Parlament gewählt worden war. Die maskierten Männer rechts und links des Sarges bilden die sogenannte Ehrengarde der IRA, die seit dem Ende der 1960er-Jahre verstärkt mit Terroranschlägen für die Unabhängigkeit der sechs irischen Nordprovinzen von Großbritannien kämpfte. Terror erschöpft sich nicht im Gewaltakt, sondern zielt wesentlich auf die psychische Wirkung auf Dritte. Bilder von Terror und Gewalt sollen Angst und Schrecken erzeugen, aber auch – wie diese Aufnahme der Beerdigung und der trauernden Familie – Unterstützung und Solidarität hervorrufen. Darüber hinaus symbolisiert die „Ehrengarde" die Herausforderung des staatlichen Gewaltmonopols durch die IRA.

Im Unterschied zur ersten Hälfte des 20. Jahrhunderts, in der Millionen von Menschen in den zwei Weltkriegen umkamen, war Europa nach 1945 wesentlich friedlicher. Von europäischen Staaten ging weniger kriegerische Gewalt aus und auch die Gewalt des Staates nach innen wurde in vielen Ländern durch rechtsstaatliche Prinzipien begrenzt. Diese galten allerdings im Einflussgebiet der Sowjetunion und bis in die 1970er-Jahre auch auf der Iberischen Halbinsel nur sehr eingeschränkt. Vielmehr wurden in den europäischen Diktaturen der zweiten Hälfte des 20. Jahrhunderts individuelle Freiheiten durch starke Polizei- und Sicherheitsdienste oft unter Einsatz von Gewalt unterdrückt. Demokratische Rechtsstaaten zeigten sich systemkritischem Verhalten gegenüber grundsätzlich offener, reagierten aber auf terroristische Angriffe auf ihr Gewaltmonopol bisweilen auch mit Einschränkungen von Freiheitsrechten. Zunächst werden die Versuche vorgestellt, über Nationsgrenzen hinweg die Sicherheit der Menschen vor Gewalt und unwürdiger Behandlung zu garantieren. Dann wird gefragt, wo in Europa Menschen- und Bürgerrechte durch Staatssicherheitsdienste eingeschränkt wurden. Die Gefährdungen von Sicherheit und Freiheit durch Terrorismus und staatliche Reaktionen sind Gegenstand des dritten Abschnitts. Im letzten Teil wird diskutiert, wo und wie europäische Staaten auch nach 1945 noch immer kriegerische Gewalt ausübten.

10.1 Rechtsstaatlichkeit und Menschenrechte
10.2 Sicherheit und Repression in Ost und West
10.3 Terrorismus und staatliche Reaktionen
10.4 Europas Kriege

10.1 Rechtsstaatlichkeit und Menschenrechte

Die Idee universeller Menschenrechte gilt vielen als große europäische Errungenschaft, während andere gerade die Kontextgebundenheit und gleichzeitigen Universalitätsansprüche der „white man's rights" kritisieren (Lauren 1998; Wright 2001, S. 2, 13). Mit der Virginia Declaration of Rights (1776) und der Erklärung der Menschen- und Bürgerrechte in der Französischen Revolution (1789) sowie ihren Vorläufern hat die Vorstellung eine lange Tradition, Menschen besäßen angeborene und unveräußerliche Rechte, die von der Staatsgewalt nicht willkürlich eingeschränkt werden dürften. Die Geltung oder Nichtgeltung dieser Rechte war aber bis in die Mitte des 20. Jahrhunderts davon abhängig, ob sie von den jeweiligen Staaten garantiert wurden. Menschenrechte waren weder international kodifiziert, noch gab es international agierende Nichtregierungsorganisationen (NGOs), die auf ihre Einhaltung geachtet hätten (Cmiel 2004, S. 117). In der zweiten Hälfte des 20. Jahrhunderts wurde jedoch zunehmend versucht, Menschenrechten auch über Staatsgrenzen hinaus Geltung zu verschaffen. Die Länder Europas wurden in internationale Rechtsstrukturen eingebunden, zu deren Ausbildung sie zugleich maßgeblich beitrugen.

Tradition der Menschenrechte

Vor allem die nationalsozialistischen Verbrechen hatten eine Konstellation geschaffen, in der die Befürworter einer auch internationalen Kodifzierung der Menschenrechte immer mehr Unterstützung gewannen (Normand u. a. 2008, S. xvi). Die gegen Deutschland und die Achsenmächte „Vereinten Nationen" wollten nicht nur deutsche Kriegsverbrecher zur Rechenschaft ziehen (→ KAPITEL 2.2), sondern nach dem Sieg eine internationale Organisation zur Aufrechterhaltung des Friedens schaffen. Bereits deren Gründungsdokument – die auf einer Konferenz in San Francisco im Juni 1945 verabschiedete Charta der Vereinten Nationen (UN) – enthielt ein Bekenntnis zum Schutz elementarer Rechte. Genauer ausbuchstabiert wurden diese Rechte in der Allgemeinen Erklärung der Menschenrechte, die am 10. Dezember 1948 von der UN-Vollversammlung bei Enthaltung der Ostblockstaaten beschlossen wurde. Die in dreißig Artikeln formulierten Freiheitsrechte, wie die Rechte auf Leben und Sicherheit, Meinungsäußerung, Glauben und Gleichheit vor dem Gesetz, die um wenige soziale Rechte erweitert wurden, sollten für alle Menschen ohne Unterschied von Rasse und Geschlecht gelten. Die Deklaration war jedoch völkerrechtlich nicht bindend, sondern beschrieb eher ein anzustrebendes Ideal (Schraepler 1998, S. 35f.). Angesichts dieses un-

Vereinte Nationen

Allgemeine Erklärung der Menschenrechte

Internationale Pakte

befriedigenden Zustandes und der offenkundigen Missachtung von Menschenrechten auch durch Mitgliedsstaaten wurden in langen Verhandlungen bis 1966 der Internationale Pakt über bürgerliche und politische Rechte (Zivilpakt) und der Internationale Pakt über wirtschaftliche, soziale und kulturelle Rechte (Sozialpakt) erarbeitet, die zehn Jahre später in Kraft traten. Unter den Bedingungen des Kalten Krieges war jedoch angesichts der Struktur der UN die Sanktionierung von Menschenrechtsverletzungen kaum möglich, da entweder die Sowjetunion oder die USA Verfolgungen blockierten.

Entwicklung seit 1989

Diese Situation änderte sich erst nach dem Ende der Blockkonfrontation: Auf Anregung der Wiener Konferenz für Menschenrechte (1993) wurde im Folgejahr ein Hoher Kommissar der Vereinten Nationen für Menschenrechte ernannt, der ihre Einhaltung überwachen sollte. Der Sicherheitsrat der Vereinten Nationen beschloss die Einrichtung von Strafgerichtshöfen, um die während der Kriege im ehemaligen Jugoslawien bzw. in Ruanda begangenen schweren Verbrechen zu verfolgen.

Internationaler Strafgerichtshof

Darüber hinaus wurde 1998 mit dem Rom-Statut ein Internationaler Strafgerichtshof zur Verfolgung von Kriegsverbrechen, Verbrechen gegen die Menschlichkeit und Völkermord geschaffen, der 2003 in Den Haag seine Arbeit aufnahm. Während die meisten europäischen Länder das Rom-Statut ratifiziert haben, verweigern sich andere Länder wie zum Beispiel die Vereinigten Staaten, Russland, Israel, Iran, China, Indien oder Pakistan (Struett 2008).

Europäische Staaten sind aber nicht nur über die Vereinten Nationen in internationale Strukturen zum Schutz von Menschenrechten eingebunden. Auch auf europäischer Ebene gab es nach 1945 Bemühungen zur überstaatlichen Garantie der Menschenrechte. Der 1949 von zehn Staaten gegründete Europarat (→ KAPITEL 4.1), dem nach und nach die meisten Länder Westeuropas beitraten, verabschiedete am

Europäische Menschenrechts- konvention

4. November 1950 die Konvention zum Schutze der Menschenrechte und Grundfreiheiten (Blackburn 2001, S. 4f.). Im Unterschied zur bloßen Absichtserklärung der UN schuf der Europarat mit der Europäischen Kommission für Menschenrechte und dem Europäischen Gerichtshof in Straßburg auch Instanzen, die die Geltung der Rechte garantieren sollen. Sie können nicht nur von den Mitgliedsstaaten, sondern auch von individuellen Personen, die ihre Rechte verletzt sehen, gegen die Staaten, in denen sie leben, angerufen werden.

Geltung von Menschenrechten

Aufgrund des grundsätzlichen Auseinandertretens von Rechtsordnung und Rechtswirklichkeit gibt der Ratifizierungsprozess der Menschenrechtskonvention keine zuverlässige Auskunft über den Stellenwert und die Geltung individueller Freiheitsrechte in Europa.

Nichtsdestoweniger ist es bezeichnend, dass Spanien und Portugal erst nach dem Ende der Diktatur in den 1970er-Jahren dem Europarat beitraten und die Konvention in Griechenland nach dem Putsch der Militärs 1967 von diesen ausgesetzt wurde. Allerdings ratifizierte auch Frankreich, das sich gern als Mutterland der Menschenrechte sieht, die Konvention erst 1974 und gestand das Recht auf individuelle Petition erst 1981 zu. Osteuropäische Länder traten dem Europarat und dem Geltungsbereich der Menschenrechtskonvention ab 1990 bei (Blackburn/Polakiewicz 2001). Zuvor war nur in der Schlussakte von Helsinki (1975) versucht worden, eine gesamteuropäische Einigung über die Geltung von Menschenrechten zu erreichen, die jedoch keine bindende Wirkung hatte (→ KAPITEL 3.3).

10.2 Sicherheit und Repression in Ost und West

In der zweiten Hälfte des 20. Jahrhunderts waren also grundlegende Menschenrechte in den Ländern des Europarates formal garantiert, und Prinzipien der Rechtsstaatlichkeit bzw. eine unabhängige Gerichtsbarkeit eröffneten Individuen Schutz vor etwaigen Missachtungen ihrer Rechte auch durch den Staat. Demgegenüber wurden in den Diktaturen Ost- und Südeuropas Grundrechte oft nicht gewährt oder an Bedingungen geknüpft, und es bestand kein oder nur ein sehr eingeschränkter Schutz gegen willkürliche politische Verfolgung. Angeblich um die „Sicherheit" des Staates und der Bevölkerung zu garantieren, agierten hier Militär, Polizeiformationen oder Sicherheitsdienste im Dienste der Staatsführung weitgehend ohne eine unabhängige gerichtliche Kontrolle.

Fehlende Rechte in Diktaturen

Italienischer Faschismus und Nationalsozialismus waren mit der Niederlage im Zweiten Weltkrieg beseitigt worden. Doch die Rechtsdiktaturen auf der Iberischen Halbinsel, die im Unterschied zu jenen in Deutschland und Italien nicht auf einer Massenpartei basierten, blieben bis in die Mitte der 1970er-Jahre bestehen. In Portugal hatte António Salazar zunächst als Finanzminister und dann als Ministerpräsident zu Beginn der 1930er-Jahre seine Macht immer weiter ausgebaut. Der von Salazar wesentlich ausgestaltete „neue Staat" war ein korporatives, autoritäres Einparteiensystem mit einer starken Exekutivgewalt. Zwar kannte die Verfassung von 1933 Freiheitsrechte, ordnete diese jedoch der Staatsgewalt unter (Miranda 2003). Während der Herrschaft Salazars stagnierte die Analphabetenquote bei über 30 Prozent, und weniger als 25 Prozent der Bevölkerung

Rechtsdiktaturen in Südeuropa

Portugal unter Salazar

durften an Wahlen teilnehmen, deren Ergebnisse zudem manipuliert wurden. Oppositionelle Bewegungen wurden durch die Pressezensur in ihren Aktionsmöglichkeiten eingeschränkt und von der Geheimpolizei Polícia Internacional e de Defesa do Estado (PIDE) überwacht und unterdrückt. Diese entfaltete ein umfassendes Überwachungssystem und setzte gezielt Terror gegen all jene ein, die das Salazar-Regime infrage stellten. Eine gewisse Autonomie bewahrte sich nur das Militär, von dem dann auch die Destabilisierung des autoritären Systems ausging (Gallagher 1979; Sapelli 1995, S. 127).

Spanien unter Franco In Spanien war demgegenüber das Militär die entscheidende Säule, auf die sich die Diktatur Francisco Francos stützte, der exekutive und legislative Gewalt auf seine Person vereinte. Nach dem Sieg im Bürgerkrieg (1936–39) entfaltete das Militär eine systematische Terrorkampagne, um mögliche Oppositionsquellen auszuschalten und Francos Herrschaft zu stabilisieren (Preston 1995, S. 134). Das Militär und die Militärgerichtsbarkeit spielten auch danach eine zentrale Rolle im Repressionsapparat, dessen Instrumentarium mit der Guardia Civil, der Polizei, neuen Staatssicherheitsorganen, Sondergerichten und der Zensur sowie Berufsverboten noch erweitert wurde (von Beyme 1971, S. 104f.). Nach 1945 gewährten zwar die sogenannten Grundgesetze des Staates bürgerliche Rechte, diese blieben aber praktisch wirkungslos, zumal ihre Wahrnehmung an die Grundprinzipien des Staates sowie an Familie, Gemeinde und Arbeitsstätte gebunden war. Nachdem Spaniens wirtschaftlicher Autarkiekurs die Probleme des Landes verstärkt hatte, brachten ab 1957 Technokraten des erzkatholischen *Opus Dei* die spanische Wirtschaft auf einen liberaleren Kurs (Bernecker / Pietschmann 2005, S. 385f.). Der anschließende wirtschaftliche Aufschwung in den 1960er-Jahren darf zwar nicht überschätzt werden, doch gerieten die Liberalisierung und gerade die boomende Tourismusbranche in Widerspruch zum autoritären Regime. Auch diese Spannungen trugen dazu bei, dass Spanien nach Francos Tod zur Demokratie überging (Judt 2006, S. 588; Preston 1986, S. 7–10).

Griechische Militärdiktatur Mitte der 1970er-Jahre vollzog sich nicht nur auf der Iberischen Halbinsel ein Wandel zur Demokratie, sondern 1974 endete auch die griechische Militärdiktatur. Um Wahlen und eine Regierung der Linken in dem seit dem Zweiten Weltkrieg konservativ regierten Griechenland zu verhindern, hatte sich 1967 eine Gruppe von Militärs an die Macht geputscht. Das Militärregime (Junta) hob Freiheitsrechte auf, manipulierte Wahlen und ging mit hartem Polizeiterror gegen die politische Opposition vor – unter anderem mit der brutalen Niederschlagung einer Demonstration im Athener Polytechnikum am

17. November 1973. Verantwortlich für ihren Fall waren weder eine innere Opposition noch externer Druck, sondern eher die Unfähigkeit der Militärs, 1974 nach dem von ihnen unterstützten Putsch auf Zypern und der türkischen Invasion die Macht über die Insel zu gewinnen (Sapelli 1995, S. 147–149).

Auch in Osteuropa galt der Grundrechtsschutz gegen Übergriffe der Staatsgewalt bis 1989 – und in manchen Ländern auch darüber hinaus – nur eingeschränkt. Die Gewährung von Freiheiten war in den Verfassungen nach sowjetischem Vorbild daran gebunden, sie im Sinne der sozialistischen Ordnung einzusetzen, und es gab keine von den Staatsparteien unabhängige Rechtssprechung, die Rechtssicherheit hätte gewährleisten können. Die Etablierung der Volksdemokratien (→ KAPITEL 2.3) stieß in vielen Ländern – wie vor allem im Baltikum, in Kroatien, Bulgarien, Rumänien und Polen – auf starken, teils gewalttätigen Widerstand, der von den Kommunisten mit einem rasch ausgebauten Polizei- und Sicherheitsapparat niedergeschlagen wurde (Pollack/Wielgohs 2004b). In Polen beispielsweise sah sich die Bauernpartei, die vor den Wahlen 1947 das Zentrum der Opposition bildete, massivem Terror mit Entführungen und gezielten Tötungen ausgesetzt. Mit der Einrichtung des Kominform (→ KAPITEL 3.1) wurde die kommunistische Herrschaft in Osteuropa vereinheitlicht und zentralisiert. Unter der Führung Josef Stalins war die sowjetische Diktatur geprägt von Personenkult, einer genauen Kontrolle der gesellschaftlichen Organisationen, der Unterdrückung und systematischen Terrorisierung der Bevölkerung, der Verfolgung Andersdenkender sowie politischen „Säuberungen". Diese spätstalinistischen Prinzipien wurden auf die Länder im sowjetischen Einflussbereich übertragen und forderten zahlreiche Opfer (Baberowski 2003).

Nach Stalins Tod 1953 schwächte sich der unmittelbar tyrannische Charakter der kommunistischen Herrschaft in Osteuropa ab, zumal die stärksten Widerstandsgruppen beseitigt worden waren. Nichtsdestoweniger konnten sich neu entstehende oppositionelle Gruppen nirgendwo frei betätigen. Dies lag zum einen an der staatlichen Zensur und zum anderen an der weiterhin massiven Überwachung und Repression durch die ausgebauten Sicherheitsapparate. Gegen sie, die zumeist an den jeweiligen Regierungen vorbei direkte Verbindungen zur sowjetischen Führung unterhielten, gab es keinen rechtlichen Schutz, weil die Justiz der Parteiführung unterstand, die Prozesse von den Polizei- und Sicherheitsdiensten bis zum Ergebnis vorbereitet wurden und ihnen zudem auch noch die Kontrolle über Gefängnisse oblag (Lewis 1994; Wentker 2003). Die Abnahme der akuten

Repression in Osteuropa

Spätstalinismus

Sicherheitsdienste

Bedrohung der kommunistischen Herrschaft führte nicht zu einem Abbau der Sicherheitsdienste, wie insbesondere das Beispiel des Ministeriums für Staatssicherheit (MfS) in der DDR zeigt, dessen Mitarbeiterstab sich alle zehn Jahre verdoppelte (Giesecke 2001, S. 73, 86f.). Bis in die 1980er-Jahre unterdrückten die Polizei- und Sicherheitsdienste der osteuropäischen Länder Systemkritik relativ erfolgreich (→ KAPITEL 11.2).

10.3 Terrorismus und staatliche Reaktionen

Definition
Als Terrorismus werden vorsätzliche physische Gewalttaten bezeichnet, die zwar punktuell und unvorhersehbar sind, aber im Rahmen einer politischen Strategie ausgeübt werden. Sie erschöpfen sich nicht im Akt der Gewalt, sondern zielen vor allem auf die psychische Wirkung auf Dritte über die physisch Betroffenen hinaus. Im Unterschied zum Staatsterror wird Terrorismus von nichtstaatlichen Akteuren zumeist gegen eine bestehende Ordnung ausgeübt (Walther 2006, S. 65; Hoffman 2006, S. 79f.). Durch ihre Gewalttaten wollen Terroristen ihre ungleich stärkeren Gegner nicht direkt besiegen, sondern sie verfolgen eine komplexere Kommunikationsstrategie, die wesentlich medial vermittelt wird: Die Terrorakte sollen den betroffenen Staat zu harten Reaktionen provozieren, Angst verbreiten und das Vertrauen in die Schutzfunktion der Ordnungsmacht untergraben, zugleich aber bei zu interessierenden Dritten Unterstützungsbereitschaft erzeugen (Waldmann 2005, S. 12–16). Eine Gefährdung für Recht und Sicherheit liegt daher nicht nur im Terrorakt selbst, sondern auch in den Reaktionen auf ihn und der resultierenden Eskalationsdynamik.

Die breite mediale Darstellung des Terrorismus beschränkt sich meist auf das Nacherzählen spektakulärer Anschläge und Fragen von Schuld oder Rechtfertigung. Demgegenüber sollte eine historische Analyse die Ermöglichungsbedingungen des Terrorismus in den Blick nehmen, die Eskalation der Gewalt durch die Dialektik von Terrorakt und staatlicher Reaktion begreifen und ihre gesellschaftlichen Auswirkungen in Bezug auf Recht und Sicherheit analysieren. Terroristische Gruppen unterscheiden sich in ihren Zielsetzungen, Gruppenstrukturen und Aktionsstrategien. Zur Analyse empfiehlt es sich, **Typen des Terrorismus** idealtypisch zwischen drei verschiedenen Typen zu unterscheiden:

1. einem nationalistisch-separatistischen Terrorismus, wie er vor allem in Nordirland von der Irish Republican Army (IRA) und im Baskenland von der Gruppe Euskadi Ta Askatasuna (ETA) ausgeübt wurde,

2. einem eher sozialrevolutionären Terrorismus, dem zum Beispiel die italienischen Brigate Rosse, die deutsche RAF, die französische Action Directe und die griechische Bewegung 17. November zuzurechnen sind, sowie

3. dem auch in Europa agierenden inter- oder transnationalen Terrorismus, der zum Beispiel der Palestinian Liberation Organization (PLO) oder von al-Qaida ausgeübt wurde.

Nachdem Katalonien und dem Baskenland während der zweiten spanischen Republik (1931–39) regionale Sonderrechte zugestanden worden waren, wurden diese in der Franco-Diktatur wieder zurückgenommen. Gegen die Unterdrückung der baskischen Sprache und Kultur und für eine baskische Autonomie trat die 1959 gegründete Organisation ETA (deutsch: Baskenland und Freiheit) ein (Brunn 1982; Kasper 1997, S. 166f.). Von der zweiten Hälfte der 1960er-Jahre an verübte ETA Terroranschläge, auf die das Franco-Regime mit aller Härte des Militär- und Polizeiapparates reagierte. Die erneute Intensivierung der staatlichen Repression in Spanien war aber kontraproduktiv, indem sie ETA zur Speerspitze der Opposition machte. Durch gezielte Tötungen von Repräsentanten des Systems offenbarte ETA die Verwundbarkeit des Franco-Regimes, dessen harte Reaktionen wiederum Sympathien für ETA in der Bevölkerung erzeugten (Preston 1986, S. 2, 14; Preston 1995, S. 154–170). Als ETA auch nach dem Übergang Spaniens zur Demokratie die Strategie der gezielten Tötungen fortsetzte, die sich zunehmend auch gegen einfache Polizisten, Politiker sowie Angehörige der eigenen Bevölkerungsgruppe richteten, verlor die Gruppe, deren Terror bis heute mehr als 830 Menschen zum Opfer fielen, an Unterstützung in der Bevölkerung (Sànchez-Cuenza 2007, S. 291).

Die Entwicklung der terroristischen Gewalt in Nordirland weist zahlreiche Gemeinsamkeiten zum ETA-Terror auf, hatte aber eine wesentlich längere Tradition. Schon nach der Teilung Irlands hatte die IRA in den 1920er-Jahren mit Terroranschlägen versucht, die sechs Nordprovinzen vom Vereinigten Königreich zu lösen. Nach einer längeren Phase relativer Ruhe kam es in den 1960er-Jahren in Anlehnung an die amerikanische Bürgerrechtsbewegung zu Protesten der katholischen Minderheit Nordirlands gegen Benachteiligungen durch die protestantische Mehrheit (Mulholland 2007, S. 398). Die gewalttätigen Reaktionen nicht nur der nordirischen Polizei Royal Ulster Constabulary, sondern auch der protestantischen Ulster Volunteer Force, die von der (Provisional) IRA mit Anschlägen beantwortet wurden, ließen die Situation schnell eskalieren. Auch der Einsatz

Separatistischer Terrorismus: ETA in Spanien

IRA in Nordirland

der britischen Armee erwies sich als nicht geeignet, die Situation zu befrieden. Grausame Anschläge vonseiten der IRA und der Unionisten sowie ungerechtfertigte Internierungen und im Hungerstreik verstorbene Häftlinge führten zur Ausbildung und Tradierung spezifischer Gewaltkulturen sowie zur bürgerkriegsähnlichen Ausweitung und Verlängerung des Konflikts. Bis das Karfreitagsabkommen 1998 die Grundlage für ein friedlicheres Zusammenleben in Nordirland legte und die IRA ihre Waffen abgab, fielen dem Konflikt ca. 3 700 Menschen zum Opfer und ungefähr jeder fünfzigste Nordire wurde in ihm verletzt (Moloney 2002, S. 13f.).

Ausbildung von Gewaltkulturen

Neben dem IRA-Terror waren auch die radikalen Kräfte aufseiten der Protestanten, die im Oranier-Orden oder der Ulster Volunteer Force organisiert waren, entscheidend für die Eskalation und Verlängerung des Konfliktes verantwortlich. Ihre unnachgiebige Haltung verhinderte, dass die britische Regierung weiter auf die Forderungen der Katholiken eingehen konnte. Eine ähnliche Konstellation lag auch im Algerienkrieg vor (s. u.), wo neben dem algerischen Front de Libération Nationale (FLN) auch der Terrorismus der Organisation Armée Secrète (OAS), einer radikalen Siedlerorganisation, eine Bedrohung für die französische Regierung darstellte (Branche 2007).

Terror und Gegenterror

Im Unterschied zum nationalistischen Terrorismus, der territoriale Herrschaftsansprüche zu verwirklichen suchte, war der sozialrevolutionäre Terrorismus stärker ideologisch geprägt, hatte einen wesentlich geringeren gesellschaftlichen Rückhalt und forderte weniger Opfer. Nichtsdestoweniger löste der Linksterrorismus vor allem in den 1970er-Jahren in manchen Ländern eine intensive Verfolgungstätigkeit und heute irrational anmutende gesellschaftliche Ängste aus (Weinhauer 2004). Vergleicht man zwei der aktivsten Gruppierungen, die RAF und die Roten Brigaden, so lassen sich zwar gemeinsame Terrorstrategien ausmachen, aber auch deutliche Differenzen in Bezug auf Ideologie und Sozialstruktur feststellen.

Sozialrevolutionärer Terrorismus

Die Mitglieder der Roten Brigaden stammten mehrheitlich aus dem Arbeitermilieu und konzentrierten sich in ihren Aktionen zunächst auf konkrete Missstände in den großen Industriebetrieben Norditaliens. Erst 1974 gingen sie zum Angriff auf Repräsentanten staatlicher Institutionen über und setzen rücksichtsloser Waffen ein (Jansen 2004). Eine Spezifik der politischen Konstellation Italiens bestand zudem darin, dass der größere und blutigere Teil politischer Gewalttaten auf das Konto der extremen Rechten ging, die mit ihrem Terror versuchten, das Klima für einen Rechtsputsch zu schaffen (Ferraresi 1996, S. 129–138). Große mediale Aufmerksamkeit erhielt

Rote Brigaden in Italien

die Entführung des für eine Verständigung mit den Kommunisten eintretenden christdemokratischen ehemaligen Ministerpräsidenten Aldo Moro durch die Roten Brigaden im Jahr 1978. Sie nutzten hier die gleichen terroristischen Techniken und bedienten sich ähnlicher visueller Kommunikationsstrategien wie im Jahr zuvor die RAF bei der Entführung des bundesdeutschen Arbeitgeberpräsidenten Hanns Martin Schleyer (Terhoeven 2007).

Rolle der Medien

Im Unterschied zu den Roten Brigaden hatte die Rote Armee Fraktion (RAF) eine stärker akademisch gebildete Mitgliederstruktur und formulierte von Beginn an einen expliziteren intellektuellen Überbau für ihre Aktionen. Sie wollte die Staats- und Gesellschaftsordnung der Bundesrepublik Deutschland revolutionieren und sah sich als Teil eines weltweiten „anti-imperialistischen Kampfes". Nach der Festnahme der ersten Generation im Jahr 1972 beschränkten sich die Aktivitäten der Nachfolger allerdings wesentlich darauf, die Gefangenen freizupressen, deren Haftbedingungen skandalisiert wurden. Die Bundesregierung reagierte auf den RAF-Terror unter anderem mit dem Ausbau des Bundeskriminalamtes, neuen Fahndungstechniken, der Einführung des Straftatbestandes der Mitgliedschaft in einer terroristischen Vereinigung und Veränderungen in der Strafprozessordnung. Diese Maßnahmen erzeugten eine heftige innenpolitische Debatte, in der die eine Seite meinte, die Bundesrepublik entferne sich von rechtsstaatlichen Prinzipien, während die andere jede Kritik an der Regierungspolitik unter den Verdacht des Sympathisantentums stellte (Weinhauer 2006).

Rote Armee Fraktion in der Bundesrepublik

Staatliche Reaktion

Auch wenn neuere Forschungen betonen, dass Terroristen im 20. Jahrhundert oft eine über den nationalen Rahmen hinausgehende Agenda hatten und international vernetzt waren (Gerwarth / Haupt 2007), erreichte die internationale Dimension doch mit dem palästinensischen Terrorismus eine neue Qualität. Als nach der Niederlage im Sechstagekrieg (1967) zwischen Israel und seinen arabischen Nachbarn die lokalen militärischen Aktionen radikaler Palästinenserorganisationen wirkungslos blieben, setzten diese auf Terroranschläge in anderen Ländern, um weltweit Aufmerksamkeit zu erzeugen. Sie nutzten vor allem Flugzeugentführungen als Terrorinstrument und erreichten die Weltöffentlichkeit unter anderem durch die Geiselnahme der israelischen Olympiamannschaft bei den Olympischen Spielen in München 1972.

Palästinensischer Terrorismus

Weltöffentlichkeit

Der Terrorismus der Palästinenser war zwar strategisch international, aber in seinen Zielen doch auf ein nationales Problem bzw. auf den lokalen Konflikt mit Israel ausgerichtet. Eine noch konsequentere Inter- oder Transnationalisierung sowohl der Organisation wie auch ihrer Ziele zeichnet demgegenüber die Ende der 1980er-Jahre in Afghanis-

tan gegründete Organisation al-Qaida aus, deren Terroranschläge sich
weltweit insbesondere gegen die USA richten (Schneckener 2006,
S. 57). Auf die spektakulären, oft an mehreren Stellen simultan ausge-
führten Attentate mit hohen Opferzahlen wie am 11. September 2001
in New York und Washington reagierten nicht nur die Vereinigten Staaten, sondern auch europäische Länder mit umfassenden Antiterror- und
Sicherheitsgesetzen. Einerseits scheinen die blutigen Anschläge von Is-
tanbul (2003), Madrid (2004) und London (2005) die Intensität der
Terrorgefahr in Europa zu belegen. Auf der anderen Seite wird aber diskutiert, wie wirksam die sogenannten Antiterror-Maßnahmen sind und
ob sie nicht zu große Freiheitsbeschränkungen mit sich bringen bzw. die
Sicherheit bestimmter Bevölkerungsgruppen gerade nicht erhöhen, sondern verringern (Moeckli 2008).

10.4 Europas Kriege

Körperliche Sicherheit und Menschenwürde sind selten so bedroht
wie in kriegerischen Auseinandersetzungen. Als 1991 im auseinan-
derbrechenden Jugoslawien ein blutiger Bürgerkrieg begann, äußer-
ten viele Beobachter entsetztes Erstaunen, dass solche Formen exzes-
siver Gewalt im zivilisierten Europa noch möglich seien. Tatsächlich
erreichten die Gewalttaten im ehemaligen Jugoslawien Dimensionen,
die in Europa seit dem Ende des Zweiten Weltkrieges unbekannt waren. Bei näherer Betrachtung verhielten sich die europäischen Länder
allerdings auch in der zweiten Hälfte des 20. Jahrhunderts nicht ganz
so unkriegerisch, wie das populäre Urteil suggeriert. Abgesehen von
den Bürgerkriegen und bürgerkriegsähnlichen Zuständen in der unmittelbaren Nachkriegszeit übten sie diese kriegerische Gewalt aber
meist nicht auf europäischem Boden, sondern vielmehr auf anderen
Kontinenten im Prozess der Dekolonisierung aus (→ KAPITEL 2.4).
Da Großbritannien am ehesten bereit war, koloniale Herrschaftsansprüche aufzugeben, vollzog sich die Auflösung des Empire grundsätzlich am friedlichsten. Beim Rückzug aus Südostasien kam es jedoch
trotzdem auf der malaiischen Halbinsel zu teilweise langwierigen militärischen Konflikten (Bayly / Harper 2007). Bei der Auflösung ihrer kolonialen Besitzungen in Afrika schlugen die Briten in den 1950er-Jahren
in Kenia den Mau-Mau-Aufstand blutig nieder und unternahmen später nichts gegen die brutale Politik der weißen Siedler in der ehemaligen
Kolonie Rhodesien (Springhall 2003, S. 146f.). Auch den Nordirland-
konflikt kann man als quasi-kolonialen Krieg begreifen, in dem Groß-

britannien seine Armee einsetzte und zweifelhafte Internierungs- und Verhörmethoden anwandte. Die Bereitschaft zur Nutzung militärischer Gewalt, um imperiale Ansprüche zu sichern, zeigte sich noch einmal 1982: Nachdem die Falklandinseln im Südatlantik vom benachbarten Argentinien beansprucht und besetzt worden waren, setzte die Regierung unter Margaret Thatcher hier das Militär ein, um die britische Herrschaft wieder herzustellen.

Wesentlich brutaler versuchte Portugal, den Verlust seiner kolonialen Besitzungen in Afrika zu verhindern. Weil das rückständige Land auf die Kolonien wirtschaftlich angewiesen war, unterdrückte das diktatorische Regime Salazars die sich ab 1961 bildenden Aufstandsbewegungen mit massivem Militäreinsatz. In Angola, Guinea-Bissau und Moçambique kämpften über 200 000 portugiesische Soldaten, deren unmenschliches Vorgehen in den 1960er-Jahren zur Flucht von ca. 400 000 Angolanern in den Kongo führte (Reinhard 1990, S. 158f.). Die hohen Kosten des Militäreinsatzes wurden zunehmend zur Belastung für das Mutterland und trugen zum Machtverfall der Diktatur bei, nach deren Ende die Kolonien 1974 unabhängig wurden (Oliveira Marques 2001, S. 573). *Portugal*

Das undemokratische Portugal stellte zwar einen Extremfall dar, aber auch die Niederlande und Frankreich gaben ihre kolonialen Besitzungen in Südostasien nur nach schweren militärischen Auseinandersetzungen mit vielen Todesopfern auf (→ KAPITEL 2.4). Nach dem Rückzug aus Indochina, wo die USA nun, der Logik des Kalten Krieges folgend, Krieg gegen die kommunistischen Vietminh führten, kämpfte Frankreich weiter um seine Kolonien in Nordafrika. Hier war Algerien zwar 1947 ein gewisser lokaler Sonderstatus zugestanden worden, grundsätzlich wurde es aber als Teil Frankreichs behandelt. Schon am Ende des Zweiten Weltkrieges hatten die Franzosen algerische Unabhängigkeitsbestrebungen brutal unterdrückt. Als sich 1954 die Nationale Befreiungsfront FLN (Front de Libération National) und ihre Armee ALN erneut gegen die französische Herrschaft erhoben, reagierte Frankreich wieder mit einem massiven Militäreinsatz. Zeitweilig kämpften mehr als 500 000 Soldaten in Algerien einen blutigen Krieg gegen die Aufständischen. Die Situation eskalierte nicht zuletzt durch die mehr als eine Million französischen Siedler im dünn besiedelten Algerien, die am wenigsten bereit waren, die Zugehörigkeit zu Frankreich aufzugeben. Einen traurigen Höhenpunkt des Konflikts bildete die sogenannte Schlacht um Algier (1957), in der französische Fallschirmjäger auch unter Einsatz von Folter den FLN zeitweilig zerschlugen (Clayton 1994, S. 127–135). *Niederlande und Frankreich*

Algerien

Der Krieg in Algerien hatte vielfältige Auswirkungen auf das Mutterland: Zum einen stürzte er die Regierungen der Vierten Französischen Republik (seit 1946) in massive Krisen und führte so letztlich
1958 zur erneuten Regierungsübernahme Charles de Gaulles und zur
Stärkung der Präsidialgewalt in der Verfassung der Fünften Republik. De Gaulle weitete zwar zunächst das militärische Engagement
aus, war aber schnell dazu bereit, Algerien in die Unabhängigkeit zu
entlassen, was 1962 mit dem Vertrag von Evian auch geschah. Zum
anderen wurden sowohl der Terror als auch die kolonialen Repres-
sionsmethoden in die Metropole getragen, wie zum Beispiel bei dem
missglückten Attentat der terroristischen Siedlerorganisation OAS
(Organisation de l'armée secrète) auf de Gaulle oder der brutalen
Niederschlagung einer vom FLN organisierten Demonstration durch
die Pariser Polizei unter dem Polizeipräfekten und ehemaligen Nazi-
Kollaborateur Maurice Papon im Oktober 1961 (House 2006).

Im europäischen Bewusstsein fanden die verschiedenen Dekolonisierungskriege in weiter Ferne statt, und da sie zumeist mehr als
20 Jahre zurücklagen, war 1991 die Bestürzung über den Ausbruch
des Bürgerkriegs in Jugoslawien umso größer. Nach Titos Tod
(1980) hatten sich in der Bundesrepublik Jugoslawien zunehmend
Konflikte zwischen den Teilrepubliken entwickelt, die sowohl wirtschaftlich als auch ethnisch-nationalistisch motiviert waren. Während
die Regierungen in Slowenien und Kroatien Autonomie wollten,
strebte die serbische Staatsführung unter Slobodan Milošević eine
von Serbien dominierte Einheit des Landes an. Nachdem Referenden
in den Teilrepubliken – die in Kroatien und in Bosnien-Herzegowina
von den jeweiligen serbischen Minderheiten boykottiert wurden –
Mehrheiten für eine Autonomie ergaben und Slowenien und Kroatien
ihre Unabhängigkeit erklärt hatten, setzte Serbien das Bundesheer gegen die Republiken ein. Der Krieg in Slowenien war durch internationale Vermittlung schnell beendet und Slowenien wurde selbstständig. Dagegen zog sich der Krieg in Kroatien länger hin und der
Konflikt weitete sich auf Bosnien aus (Blitz 2006; Ramet 2005).

In der noch stärker ethnisch gemischten Teilrepublik gelang es den
bosnischen Serben unter Führung von Radovan Karadžić mit militärischer Unterstützung aus Serbien rasch, zwei Drittel des Landes in
ihre Gewalt zu bringen. Die im Konflikt von Serben begangenen
Menschenrechtsverletzungen lösten im Westen und weltweit massive
Proteste aus, die zur Einrichtung des UN-Tribunals für Kriegsverbrechen im ehemaligen Jugoslawien in Den Haag führten, wo gegen Milošević und zahlreiche Führer der bosnischen Serben prozessiert wurde

Auswirkungen auf Frankreich

Das Ende Jugoslawiens

Jugoslawienkriege

Kriegsverbrechen

und wird. Nichtsdestoweniger waren die Proteste zunächst genauso wirkungslos wie die UN-Sanktionen gegen Restjugoslawien 1992 und die Einrichtung von UN-Schutzzonen, in denen UN-Soldaten Kriegsverbrechen oft tatenlos zusahen (Calic 2006). Menschenrechtsverletzungen dienten auch als Argument dafür, dass die NATO mit sofortigen Luftangriffen auf Serbien intervenierte, als nach dem Friedensschluss von Dayton (1995) in der zweiten Hälfte der 1990er-Jahre der Konflikt um die serbische Provinz Kosovo eskalierte. Die ursprünglich gegen die Sowjetunion gegründete Militärallianz führte damit 1999 zum ersten Mal einen Krieg, an dem sich selbst die – eigentlich als Verteidigungsarmee definierte – deutsche Bundeswehr beteiligte.

Kosovo-Krieg

So wie das Ende des Kalten Krieges das Auseinanderbrechen Jugoslawiens katalysiert hatte, war auch der Einsatz der NATO im Kosovo erst durch das Ende der Blockkonfrontation denkbar geworden. Die Vereinigten Staaten sahen sich nun als einzig verbliebene Supermacht und zeigten eine hohe Bereitschaft, ihre Streitkräfte im Rahmen einer globalen Militärstrategie einzusetzen. An den daraus resultierenden Kriegen beteiligten sich auch europäische Länder in unterschiedlichen Allianzen. Am ersten Krieg gegen den Irak nach dessen Überfall auf Kuwait nahmen 1991 britische und französische Truppen teil, und nach den Terrorangriffen vom 11. September 2001 erklärten sich die meisten europäischen Länder solidarisch mit den USA. Großbritannien, Frankreich, Deutschland und Italien beteiligten sich an der Operation Enduring Freedom vor allem zur Zerstörung terroristischer Ausbildungslager im von den Taliban beherrschten Afghanistan, wie auch – im Verbund mit weiteren Ländern – an der International Security Assistance Force (ISAF), die mit einem UN-Mandat zum Wiederaufbau und zur Stabilisierung Afghanistans eingesetzt wurde. Als die Vereinigten Staaten 2003 unter Vorspiegelung falscher Tatsachen erneut den Irak angriffen, schieden sich jedoch die europäischen Geister: Auf der einen Seite stand die sogenannte Koalition der Willigen, die den USA folgte. Sie bestand unter anderem aus Großbritannien, Spanien, Portugal, Italien, Dänemark, der Niederlande und Ländern aus dem ehemaligen Einflussbereich der Sowjetunion – wie Polen, Ungarn, Ukraine, Lettland, Litauen, Bulgarien, Rumänien oder der Slowakei. Auf der anderen Seite standen vor allem Deutschland und Frankreich, die den neuen Irak-Krieg kritisierten. Diesen innereuropäischen Gegensatz brachte der US-Verteidigungsminister Donald Rumsfeld auf die polemische Unterscheidung zwischen dem „neuen" und dem „alten Europa", die zum Schlagwort avancierte.

Irak-Kriege

Afghanistan-Einsatz

„Neues" und „altes" Europa

Fragen und Anregungen

- Erläutern Sie die verschiedenen Versuche, den Menschenrechten nach 1945 international Geltung zu verschaffen, und bewerten Sie ihren Erfolg.

- Diskutieren Sie das Verhältnis von Sicherheit, Gewalt und Terror in europäischen Rechtsstaaten und Diktaturen nach 1945.

- Charakterisieren Sie die verschiedenen Formen des Terrorismus in ihrer Beziehung zur Gesellschaft und stellen Sie Unterschiede und Gemeinsamkeiten dar. Sind auch andere Klassifikationen denkbar?

Lektüreempfehlungen

Quellen
- Gerhard Commichau (Hg.): Die Entwicklung der Menschen- und Bürgerrechte von 1776 bis zur Gegenwart, 6. Auflage, Göttingen / Zürich 1998. *Einführung und zentrale Dokumente zur Geschichte der Menschenrechte.*

Forschung
- Sabrina P. Ramet: Thinking about Yugoslavia. Scholarly Debates About the Yugoslav Breakup and the Wars in Bosnia and Kosovo, Cambridge 2005. *Zusammenfassung der unübersichtlichen medialen und wissenschaftlichen Debatten zum Krieg im ehemaligen Jugoslawien.*

- Martin Shipway: Decolonization and Its Impact. A Comparative Approach to the End of the Colonial Empires, Malden, Mass. 2008. *Zusammenfassende Darstellung der Dekolonisierung mit einem instruktiven Kapitel zu den Dekolonisierungskriegen.*

- Peter Waldmann: Terrorismus. Provokation der Macht, 2. Auflage, München 2005. *Kompakte und systematische Einführung in Geschichte und Gegenwart des Terrorismus.*

- Klaus Weinhauer / Jörg Requate / Heinz-Gerhard Haupt (Hg.): Terrorismus in der Bundesrepublik. Medien, Staat und Subkulturen in den 1970er Jahren, Frankfurt a. M. 2006. *Sammelband, der am Beispiel der Bundesrepublik die vielfältigen methodischen Zugänge zur Geschichte des Terrorismus demonstriert.*

11 Zivilgesellschaft und soziale Bewegungen

Abbildung 14: Plakat der Solidarność, August 1981 (Solidarność, 10 Millionen Mitglieder, Danzig August '80, Polen 31. August '81)

Das Plakat der unabhängigen polnischen Gewerkschaft Solidarność (Solidarität) vermittelt mit nur wenigen Elementen eine komplexe Botschaft. Neben dem charakteristischen Namenszug der Gewerkschaft bezieht sich „Gdansk 31 Sierpnia '80" auf ihre Gründung aus der Streikbewegung, die ihren Ursprung im Sommer 1980 an der Danziger Leninwerft hatte. „Polska 31 Sierpnia '81" verweist gemeinsam mit der Zahl zehn Millionen auf die landesweite Ausdehnung der Gewerkschaft und ihre rasche Mitgliederzunahme, die sie innerhalb eines Jahres zu einem ernstzunehmenden Machtfaktor im kommunistischen Polen hatte werden lassen. Nach Verhängung des Kriegsrechts im Dezember 1981 konnte Solidarność nur noch im Untergrund agieren, spielte aber weniger als zehn Jahre später eine entscheidende Rolle bei der Überwindung der kommunistischen Herrschaft in Polen.

In den Oppositionsbewegungen gegen die kommunistischen Diktaturen Osteuropas während der 1970er- und 1980er-Jahre wurde der Begriff „Zivilgesellschaft" populär. Er beschreibt eine Sphäre freiwilliger Zusammenschlüsse von Bürgerinnen und Bürgern zur Artikulation und Organisation von Interessen und Anliegen jenseits von staatlichen Institutionen. „Zivilgesellschaft" bezeichnete somit zunächst das Ideal einer anzustrebenden pluralistischen Selbstorganisation des Gemeinwesens gegen den alleinigen Herrschaftsanspruch der kommunistischen Parteien. In den 1990er-Jahren avancierte der Begriff zu einer zentralen Kategorie in den Sozial- und Geschichtswissenschaften, um den Bereich zwischen Politik, Wirtschaft und Privatem zu erfassen. Nach einem kurzen Überblick über Begriff und Entwicklungstendenzen der Zivilgesellschaft in Europa nach 1945 werden wesentliche osteuropäische Gruppen und Strömungen präsentiert, die in Konflikt mit dem politischen System gerieten. Für die demokratischen Länder Westeuropas, in denen die zivilgesellschaftliche Sphäre grundsätzlich vielfältiger war, wird gemeinhin angenommen, dass sie sich in den 1960er- und 1970er-Jahren durch die Entstehung der „neuen sozialen Bewegungen" grundlegend transformierte. Daher wird zunächst die Bedeutung der Protest- und Studentenbewegungen der späten 1960er-Jahre diskutiert, bevor dann zwei (neue) soziale Bewegungen exemplarisch vorgestellt werden.

11.1 **Begriffe und Entwicklungstendenzen**
11.2 **Zivilgesellschaftliche Opposition in Osteuropa**
11.3 **1968 als Wendepunkt in Westeuropa?**
11.4 **Friedensbewegung und Neue Frauenbewegung**

11.1 Begriffe und Entwicklungstendenzen

Die Herkunft des Begriffs „Zivilgesellschaft" aus der osteuropäischen Oppositionsbewegung erzeugt eine gewisse Ambivalenz: Einerseits soll der Begriff in der historiografischen Analyse einen „Sektor der Gesellschaft jenseits von Politik und Wirtschaft" (Kaelble 2007, S. 299) – sowie bloß Privatem – bezeichnen, der durch Vereine, Assoziationen, Netzwerke und soziale Bewegungen gestaltet wird. Andererseits sehen die meisten Forscherinnen und Forscher in einer bestimmten Form bzw. oft schlicht in der Ausweitung und Pluralisierung der Zivilgesellschaft ein anzustrebendes Ideal. Denn es wird angenommen, dass der „Raum gesellschaftlicher Selbstorganisation" grundsätzlich „ein Bereich der Dynamik und Innovation und ein Ort der Anstrengung für das Gemeinwohl sein kann, so unterschiedlich dieses in einer pluralen Gesellschaft auch verstanden wird" (Kocka 2000, S. 21). Es wird zwar anerkannt, dass gesellschaftliche Selbstorganisation in Vereinen ausschließenden und intoleranten Charakter haben kann, doch werden der Zivilgesellschaft, die manchmal auch Bürgergesellschaft genannt wird, zumeist emanzipatorische und fortschrittliche Eigenschaften zugeschrieben (Keane 2003).

Normative und deskriptive Dimension des Begriffs

Grundsätzlich unterschieden sich Intensität und Charakter der Zivilgesellschaft in Europa nach 1945 entlang von zwei wesentlichen Trennungslinien. Zum einen war der Organisationsgrad der Bürgerinnen und Bürger in Skandinavien, den Niederlanden, in Deutschland, aber auch in Osteuropa wesentlich höher als in den romanischen Ländern: Im nord-östlichen Europa gehörten 1990/91 mehr als zwei Drittel der Bevölkerung einer freiwilligen Organisation an, im Süden war es nur gut ein Drittel (Therborn 2000, S. 317).

Nord-Süd-Differenz

Zum anderen waren die Bedingungen der zivilgesellschaftlichen Organisationsformen im demokratischen Westeuropa andere als im sowjetischen Einflussbereich. In den kommunistischen Diktaturen Osteuropas dominierten neben gänzlich unpolitischen Vereinen vor allem autoritär auf den Staat bzw. den ausschließlichen Herrschaftsanspruch der kommunistischen Parteien ausgerichtete Organisationsformen. Unabhängige Vereinigungen und Assoziationen gerieten unter diesen Bedingungen rasch in grundsätzlichen Konflikt mit dem Staat und waren als Widerstands- und Oppositionsbewegungen oder Netzwerke von Dissidenten Repressionen ausgesetzt. Während „Widerstand" individuelle oder kollektive Handlungen mit dem Ziel der Beseitigung des Herrschaftssystems bezeichnet, bezieht sich „Dissi-

Ost-West-Differenz

Widerstand, Dissidenz, Opposition

denz" auf all jene Aktivitäten, die außerhalb des Einflussbereichs der Staatsparteien darauf angelegt waren, autonome Sphären der öffentlichen politischen und kulturellen Kommunikation zu schaffen (Pollack/Wielgohs 2004c, S. xii–xiii). Der Oppositionsbegriff beschreibt demgegenüber die koordinierten Handlungen von Gruppen, die entweder eine Alternative innerhalb des Systems anbieten wollten oder dieses grundsätzlich infrage stellten. Aufgrund des staatlichen Medien- und Informationsmonopols verfügten all diese Gruppen nur über sehr begrenzte Artikulationsmöglichkeiten, sodass ein wesentlicher Teil ihrer Tätigkeit in der Herstellung alternativer Kommunikationsräume bzw. von Gegenöffentlichkeiten bestand.

Medien und Öffentlichkeit

Demgegenüber waren die Assoziationsmöglichkeiten für zivilgesellschaftliche Gruppierungen in Westeuropa grundsätzlich weniger eingeschränkt und auch ihre Artikulationsmöglichkeiten über die mediale Öffentlichkeit freier (→ KAPITEL 13.4). Dies nutzten verschiedene zivilgesellschaftliche Akteure, die als Kollektive unterschiedliche Organisationsgrade aufwiesen. Auf der einen Seite des Spektrums standen spontane und kurzlebige Protestbewegungen und Allianzen manchmal sehr unterschiedlicher Personengruppen, die sich wegen eines bestimmten Zieles zusammenfanden (*single issue movements*).

Organisierte Verbände

Auf der anderen Seite befanden sich hochgradig organisierte Verbände, die die Interessen ihrer festen Mitglieder umfassend zu vertreten suchten und oft längere Traditionen aufwiesen. Einen hohen Organisationsgrad wiesen nach dem Krieg zum Beispiel die Gewerkschaften auf, die sich in den meisten westeuropäischen Ländern von den 1960er- bis in die frühen 1980er-Jahre auf dem Höhepunkt ihrer Machtentfaltung befanden, bevor sie Mitglieder und Einfluss verloren (Therborn 2000, S. 317–322). Weitere wichtige zivilgesellschaftliche Akteure, deren Bedeutung in der Nachkriegszeit hoch war und dann in vielen europäischen Ländern abnahm, waren die Kirchen (→ KAPITEL 8.4).

Definition „soziale Bewegung"

Abgesehen von diesen fest organisierten Gruppen hat – vor allem in der Bundesrepublik – der Aufstieg der neuen sozialen Bewegungen großes Forschungsinteresse erfahren. Als „soziale Bewegungen" werden gemeinhin Netzwerke von Organisationen und Gruppen bezeichnet, die ein gemeinsames Ziel der gesellschaftlichen oder politischen Veränderung eint, das sie über einen längeren Zeitraum durch verschiedene Formen des Protests (Resolutionen, Versammlungen, Demonstrationen, ziviler Ungehorsam) zu erreichen suchen (Roth/Rucht 2008). Als Scharnierphase der westeuropäischen Protest- und Bewegungsgeschichte, die in nicht unwesentlichen Teilen von ehema-

Scharnierphase

ligen Protagonisten selbst geschrieben wird, gelten gemeinhin die späten 1960er- und frühen 1970er-Jahre. In dieser Zeit entstanden aus der Studentenbewegung heraus und vor dem Hintergrund der erfolgreichen amerikanischen Bürgerrechtsbewegung eine Reihe „neuer sozialer Bewegungen", wie Frauen-, Umwelt-, Friedens-, Dritte-Welt- und Homosexuellenbewegung, Menschenrechtsorganisationen und Zusammenschlüsse von Globalisierungsgegnern. Diesen Bewegungen wird oft eine wesentliche Rolle bei der Öffnung und Pluralisierung der westlichen Demokratien zugeschrieben. Da bei vielen von ihnen sowohl die Zielsetzungen als auch die Assoziationsformen über nationale Grenzen hinausreichen, werden sie auch als Schöpfer einer transnationalen, europäischen oder globalen Zivilgesellschaft angesehen (Kaelble 2007, S. 319). Ein Gegenbeispiel sind jedoch die rechtsextremen Bewegungen, die in den 1990er-Jahren erstarkten und sich zwar international vernetzten, aber doch auf die jeweilige exklusiv imaginierte Nation bezogen blieben.

„Neue soziale Bewegungen"

11.2 Zivilgesellschaftliche Opposition in Osteuropa

Die Geschichte der zivilgesellschaftlichen Opposition im sowjetischen Herrschaftsbereich nach 1945 wird zumeist anhand bestimmter Stichjahre (1953, 1956, 1968, 1980/81, 1989/90) erzählt. In diesen Jahren wurde die kommunistische Herrschaft jeweils in bestimmten Ländern in spektakulären und gewaltförmigen Ereignisabläufen herausgefordert: Am 17. Juni 1953 protestierten Arbeiter in der DDR gegen die Erhöhungen der Arbeitsnormen und erhielten immer mehr Zulauf, bis der Einsatz des sowjetischen Militärs den Aufstand beendete. In Ungarn bildeten sich 1956 aus verschiedenen Quellen spontane Bewegungen gegen die kommunistische Parteidiktatur, die eine pluralisierte Öffentlichkeit entstehen ließen und auch von dem reformerisch gesinnten und inzwischen zur Symbolfigur gewordenen Regierungschef Imre Nagy nicht eingehegt werden konnten. Sowjetische Truppen schlugen daher die Protestbewegung nieder und stützten János Kádár als neuen Regierungschef. Ganz ähnlich beendete der Einmarsch der Armeen des Warschauer Paktes 1968 den Prager Frühling. Hier hatte Regierungschef Alexander Dubček in Reaktion auf eine innenpolitische und wirtschaftliche Krise sowie Proteste von Studenten und Intellektuellen versucht, durch Reformen einen „Sozialismus mit menschlichem Antlitz" zu schaffen. Als 1980/81 die Solidarność in Polen nicht nur Verbesserungen der Arbeitsbedingungen, sondern auch darüber hinausgehende Ver-

Aufstände im Ostblock

änderungen forderte, marschierten keine ausländischen Truppen ein, sondern die polnische Regierung unter General Wojciech Jaruzelski verhängte das Kriegsrecht und übernahm die Unterdrückung der Gewerkschaftsbewegung selbst. Schließlich wuchsen die Oppositionsbewegungen Ende der 1980er-Jahre in den meisten osteuropäischen Ländern wieder an und trugen in unterschiedlichem Maße zum Zusammenbruch des Kommunismus bei (→ KAPITEL 3.4).

Abgesehen davon, dass eine Fokussierung komplexer Herrschaftszusammenhänge auf ihre ereignisgeschichtliche Verdichtung einprägsam ist, sprechen auch inhaltliche Argumente für die Schwerpunktsetzung der historischen Forschung auf diese kurzen Ereignisabläufe.

**Identifikations-
prozesse und
Kontroversen**

Denn sie spielten und spielen in den jeweiligen Ländern eine wichtige Rolle für nationale Selbstverständigungs- und kollektive Identifikationsprozesse, im Rahmen derer die Geschichtswissenschaft eine zentrale Rolle einnehmen kann. In der Bundesrepublik Deutschland zum Beispiel wurde der 17. Juni zum Nationalfeiertag erhoben, bis er nach der Vereinigung 1990 durch den 3. Oktober als „Tag der deutschen Einheit" ersetzt wurde. Kontroversen entzündeten sich an der

DDR 1953

Frage, ob es sich bei den Ereignissen am 17. Juni 1953 in der DDR um eine vom Westen gesteuerte Provokation, eine spontane Arbeiterrevolte, eine Volkserhebung oder sogar um eine (gescheiterte) Revolution gehandelt habe (Engelmann/Kowalczuk 2005).

Ungarn 1956

Auch in Bezug auf Ungarn 1956 werden die Bezeichnungen „Aufstand" oder „Revolution" genauso kontrovers diskutiert wie die Frage, welche Bevölkerungsteile die entscheidenden Träger der Proteste waren. Unabhängig von der Bezeichnung herrscht jedoch Konsens darüber, dass es sich dabei um das „Schlüsselereignis der ungarischen Nachkriegsgeschichte" handelt; so kamen noch am 16. Juni 1989 Hunderttausende zu einer Kundgebung anlässlich des Jahrestages der Hinrichtung von Imre Nagy und artikulierten damit zugleich ihren Protest gegen das kommunistische Regime (von Klimó 2006, S. 24–41).

Prager Frühling

Debatten über den Prager Frühling speisten sich lange Zeit aus der Frage, inwiefern hier die realistische Möglichkeit zu einem „Dritten Weg" zwischen Kommunismus und Kapitalismus, wie ihn der Wirtschaftsreformer Ota Šik, aber auch Teile der westeuropäischen Linken angestrebt hatten, von sowjetischen Panzern zerschlagen worden sei.

Solidarność

Kontrovers in Bezug auf die Solidarność ist weniger ihre Bedeutung für die Überwindung des polnischen Kommunismus, die allgemein anerkannt wird, als vielmehr ihre Antriebskräfte: Wie verhielt sich die Arbeiterbewegung zu den vorangegangenen zivilgesellschaftlichen Bestrebungen und welche Rolle spielten nationale und religiöse Motive?

Letztere waren durch die Wahl des polnischen Geistlichen Karol Wojtiłas zum Papst im Jahr 1978 und seine Besuche in Polen in der Bevölkerung befeuert worden (Kühn 1999; Sonntag 2004). Und schließlich ist die Frage, welche Gruppen maßgeblich für die Revolutionen Ende der 1980er-Jahre verantwortlich waren, von entscheidender Bedeutung für die Selbstdeutungen der postkommunistischen Staaten und der Bundesrepublik Deutschland.

Trotz der hohen Bedeutung dieser Aufstände verdeckt ihre alleinige Betrachtung jedoch zwei wichtige Aspekte. Zum einen handelte es sich nicht um singuläre Geschehnisse in einzelnen Staaten, sondern vielmehr um die hervorstechendsten Ereignisse im Zusammenhang grundsätzlicher Systemkrisen des Ostblocks, die sich schwächer auch in anderen Ländern zeigten (Bispinck u. a. 2004; Foitzik 2001). Zum anderen gehen die breiteren und oft heterogenen zivilgesellschaftlichen Bestrebungen in den osteuropäischen Ländern nicht in der Erzählung der spektakulären Ereignisabläufe auf (Falk 2003; Pollack 2004a).

Erweiterung der Perspektive

In Abhängigkeit von der politischen und gesellschaftlichen Entwicklung der Vorkriegszeit waren Zivilgesellschaften und oppositionelle Bewegungen in den einzelnen osteuropäischen Ländern verschieden strukturiert und entwickelten sich demgemäß auch unterschiedlich. Allerdings wurde ihre Entwicklung synchronisiert durch den politischen, wirtschaftlichen und gesellschaftlichen Einfluss der Sowjetunion auf die Ostblockstaaten. In der Anfangsphase bestanden zivilgesellschaftliche Organisationen zunächst fort und bildeten eine Quelle für oppositionelles und widerständiges Verhalten, wurden aber im Prozess der Etablierung der kommunistischen Alleinherrschaft durch harte Repressionen weitgehend ausgeschaltet. In der „Tauwetterphase" nach Stalins Tod kam es zu stärkeren sozialen Protesten, nach deren Niederschlagung sich 1956 eine zehnjährige Periode ohne nennenswerte oppositionelle Bewegungen anschloss. 1968 markiert insofern eine Wende, als mit dem gewaltsamen Ende des Prager Frühlings Hoffnungen auf eine Reform des Kommunismus zunächst einmal ad acta gelegt wurden. Die vorwiegend intellektuellen Dissidentenkreise der 1970er-Jahre konzentrierten sich daher auf die Schaffung von Gegenöffentlichkeiten und die Forderung der Einhaltung der in der Schlussakte von Helsinki verbrieften Menschenrechte (→ KAPITEL 3.3). Sieht man von den anderthalb Jahren der Solidarność in Polen ab, kam es dann erst in den späten 1980er-Jahren wieder zu breiteren oppositionellen Zusammenschlüssen (Pollack / Wielgohs 2004b).

Entwicklungslinien der Zivilgesellschaft

Die Trägergruppen der oppositionellen Bestrebungen waren in den osteuropäischen Ländern sehr unterschiedlich strukturiert. In Ungarn

Trägergruppen

formierte sich eine innerparteiliche Opposition in Reaktion auf eine breitere öffentliche Bewegung, die aus Arbeitern, Studenten und Intellektuellen, aber auch spontanen jugendlichen Straßenkämpfern bestand. In ähnlicher Weise wurde der Prager Frühling zunächst wesentlich von Reformkräften innerhalb der Partei getragen, bis sich Intellektuelle im Juni 1968 die Liberalisierung zunutze machten und im „Manifest der 2000 Worte" radikalere Reformen forderten. Auch den Protest für die Einhaltung der Menschenrechte formulierten in der Tschechoslowakei vor allem Intellektuelle wie der Schriftsteller Václav Havel und der Philosoph Jan Patočka, die am 1. Januar 1977 die Charta '77 gründeten. Trotz massiver staatlicher Repressionen wurde die Charta bis 1988 von etwa 1 400 Personen unterzeichnet, aber die Bewegung blieb dennoch auf einen engen Kreis der intellektuellen Elite beschränkt (Pauer 2000). Demgegenüber schafften die polnischen Intellektuellen mit dem Komitee zur Verteidigung der Arbeiter (KOR) den Brückenschlag zur Arbeiterbewegung und waren eng mit den Protesten der Solidarność verbunden.

Kommunikation und Netzwerke

Eine Synchronisierung der oppositionellen Bewegungen ergab sich nicht nur dadurch, dass sie den gleichen politischen Veränderungen in der Sowjetunion ausgesetzt waren. Darüber hinaus kursierten Ideen über die Ländergrenzen hinweg in einer Gegenöffentlichkeit, die durch die im Selbstverlag produzierte und illegal verbreitete Samisdat-Literatur geschaffen wurde. Die Schriften Václav Havels sowie polnischer oder ungarischer Intellektueller wie Adam Michnik oder György Dalos wurden genauso wie die der sowjetischen Dissidenten in allen osteuropäischen Ländern gelesen. Dabei vollzog sich die Verbreitung oft auf dem Umweg über Westeuropa wie zum Beispiel im Falle von Alexander Solschenizyns Kritik des sowjetischen Terrors in seinem Buch *Archipel Gulag*, das zuerst Ende 1973 in Paris veröffentlicht wurde. Zudem diente Westeuropa nicht nur als Verbreitungsweg eigener Ideen, sondern auch als Anregung für neue Proteste. So gründeten sich in den 1970er- und 1980er-Jahren nach dem Vorbild der neuen sozialen Bewegungen auch im sowjetischen Herrschaftsbereich Umwelt-, Dritte-Welt- und Friedensbewegungen.

11.3 1968 als Wendepunkt in Westeuropa?

In der Geschichte des demokratischen Westeuropas gibt es – abgesehen von Nordirland – seit dem Zweiten Weltkrieg keine Protestereignisse oder Aufstände, die eine ähnliche Bedeutung für kollektive

Identifikationsprozesse entwickelten wie in Osteuropa. Vergleichbar sind hier höchstens die Proteste in der zweiten Hälfte der 1960er-Jahre, die überwiegend von Studenten getragen wurden. Da diese Proteste in einigen Ländern im Jahr 1968 eskalierten und dann auch international synchron verliefen, dient diese Jahreszahl häufig als Schlagwort zur Bezeichnung der komplexen und vielschichtigen Protestbewegungen. An der Frage, welche Bedeutung „1968" für die Entwicklung der westlichen Gesellschaften hatte, entzünden sich immer wieder kulturkämpferische Debatten, die von der Vergangenheit der Beteiligten in den 1960er-Jahren einerseits und grundsätzlichen Vorstellungen darüber, wie eine Gesellschaft aussehen soll, andererseits geprägt sind. In schöner Regelmäßigkeit flammen sie – vor allem in der Bundesrepublik – zu den Jahrestagen auf, wobei die Übergänge zwischen historischer Forschung und feuilletonistischer Auseinandersetzung oft fließend sind.

„1968"

Dabei gehen die Bewertungen der Ereignisse weit auseinander. Eric Hobsbawm betrachtet 1968 als ein Epiphänomen der westlichen Gesellschaftsentwicklung, das selbst eher Symptom als kausal wirksam war (Hobsbawm 1995, S. 286). Andere Historiker sehen es als ein Jahr, in dem die Welt verändert wurde (Fink u. a. 1998a). Auch bei der Bewertung dieser Veränderungen herrscht – zum Beispiel in Bezug auf die Bundesrepublik – Uneinigkeit: Für manche Historiker sind die Protestbewegungen Teil einer „Fundamentalliberalisierung" (Herbert 2002), die eine offenere und demokratischere Gesellschaft geschaffen habe, während andere ihnen einen intoleranten oder gar faschistoiden Charakter zuschreiben (Aly 2008). Gerne wird 1968 von konservativer Seite auch für alle angeblichen gesellschaftlichen Übel vom Geburtenrückgang über den Verfall der Bildung bis zur Jugendkriminalität verantwortlich gemacht. Jenseits dieser Differenzen zeigt sich jedoch eine Tendenz der historischen Forschung, die Studentenproteste der 1960er-Jahre trotz ihrer nationalen Besonderheiten nicht mehr aus der Perspektive einzelner Länder zu betrachten und auch nicht als ein europäisches Phänomen, sondern sie vielmehr in ihren transnationalen und globalen Zusammenhängen zu untersuchen (Gilcher-Holtey 1998; Frei 2008).

Unterschiedliche Bewertungen von „1968"

Dieser Trend zur transnationalen Betrachtung von 1968 trägt vier Beobachtungen Rechnung: Erstens hatten die Protestbewegungen trotz ihrer national spezifischen Ausprägungen ähnliche Ursachen in der Entwicklung der westlichen Gesellschaften seit dem Zweiten Weltkrieg. Zweitens verfolgten sie verwandte Zielsetzungen, die oft über den nationalen Rahmen hinausgingen und sich auf eine Veränderung der inter-

Transnationale Perspektive

nationalen Ordnung bezogen. Drittens kommunizierten sie auf vielfältige Weise miteinander, sei es in direkten Kontakten oder vermittelt über die Massenmedien. Und schließlich liefen die Proteste auch aufgrund der ähnlichen Reaktionen vonseiten des Staates in den meisten Ländern auf ähnliche Weise ab (Fink u. a. 1998b).

Gesellschaftliche Ursachen

1. Die protestierenden Studierenden stammten mehrheitlich aus den im oder direkt nach dem Krieg geborenen Jahrgängen, die materielle Not, wenn überhaupt, nur in der frühen Kindheit erfahren hatten. Prägend war für sie vielmehr die Erfahrung des exzeptionellen wirtschaftlichen Booms der 1950er- und 1960er-Jahre sowie der mit dem Wachstum einhergehenden Wohlstandssteigerungen gewesen (→ KAPITEL 5.1). Hinzu kam die Bildungsexpansion, welche die zweite Hälfte des 20. Jahrhunderts insgesamt kennzeichnete, aber in den meisten Ländern schon rasch nach dem Krieg einsetzte. Hatten 1950 noch vier Prozent der 20- bis 24-Jährigen studiert, waren es 1970 bereits 14 Prozent, wobei der Prozentsatz im demokratischen Westeuropa zumeist höher lag als in Osteuropa (Kaelble 2007, S. 391f.). Wohlstandswachstum und Bildungsexpansion katalysierten einen Wertewandel, der den Protest für überindividuelle Ziele als sinnvolle und wichtige Aktivität erscheinen ließ (→ KAPITEL 8.1).

Zielsetzungen

2. In den meisten Ländern richteten sich die Proteste zunächst gegen konkrete Missstände an den Universitäten wie fehlende studentische Mitbestimmungsrechte, die Ausrichtung der Lehr- und Lerninhalte auf ihre ökonomische Verwertbarkeit oder auch Disziplinierungsmaßnahmen gegen politisch auffällige Studenten. Angeregt durch die Proteste der US-amerikanischen Bürgerrechtsbewegung und die Gesellschaftskritik der „Neuen Linken" weiteten sich Ziele und Forderungen der Studierenden jedoch rasch aus. Vor allem der Krieg der Vereinigten Staaten in Vietnam, dessen Grausamkeiten nahezu ungefiltert in Fotos und Filmaufnahmen in den westlichen Medien zu sehen waren, wurde zum zentralen Thema der Protestierenden, das eine hohe Mobilisierungskraft entfaltete. Studierende erklärten sich solidarisch mit den Völkern der „Dritten Welt" und sahen sich als Teil ihres „antiimperialistischen Befreiungskampfes", der in die Metropolen getragen werden müsse, um eine neue Weltordnung zu verwirklichen.

Vernetzungen und Medien

3. Durch den Vietnamkrieg und seine Darstellung in den Medien verliefen die Studierendenproteste, die heterogene Ursprünge hatten, zeitlich parallel und wurden auf ein gemeinsames Ziel hin ausgerichtet. Allerdings bemühten sich die Führungsfiguren der Studentenbewegungen nicht erst auf dem internationalen Vietnamkongress, der im Februar 1968 in Berlin stattfand, um eine Koordination ihrer Ak-

tivitäten. Schon vorher waren immer wieder Delegationen in beratender und unterstützender Funktion, aber auch um zu lernen, in europäische und außereuropäische Länder zu ideologisch nahestehenden Gruppen gereist. Auch durch die Vermittlung der Medien wurden die Protestbewegungen in einzelnen Universitätsstädten international wahrgenommen und ihre Anliegen und Protestformen verbreitet. So übernahmen nicht nur die Studierenden amerikanischer sondern auch europäischer Universitäten die in Berkeley erprobten, aus der Bürgerrechtsbewegung stammenden Aktionsformen der begrenzten, kalkulierten Regelverstöße, der Sit-ins und Teach-ins.

4. Die oftmals unverhältnismäßigen Reaktionen der Universitätsleitungen, vor allem aber der staatlichen Stellen und der Polizei trugen wesentlich zur Radikalisierung der Proteste und einer Gewalteskalation bei. Fast überall wurden gewalttätige Konfrontationen mit Polizeikräften – wie am People's Park in Berkeley, im Pariser Mai, in der Valle Giulia in Rom oder am Tegeler Weg in Berlin – zu mythischen Erzählungen verdichtet, die der Initiation neuer Mitglieder sowie der weiteren Legitimation des Kampfes dienten. In Italien und Deutschland waren es Todesopfer aufseiten der Studierenden bzw. das Attentat auf Rudi Dutschke, die Führungsfigur der bundesdeutschen Studentenbewegung, die die Gewalt eskalieren ließen. Auch wenn der Zugang zu den Medien für Protestbewegungen in den westlichen Demokratien grundsätzlich freier war als beispielsweise in Osteuropa, sahen sie sich doch ebenfalls massiv diffamiert und reagierten mit Protesten gegen bestimmte Presseorgane – in Deutschland vorrangig gegen die der Springer-Presse –, oder mit dem Versuch, Gegenöffentlichkeiten zu schaffen (von Hodenberg 2006).

Radikalisierung und Eskalationsdynamik

Trotz dieser transnationalen Gemeinsamkeiten der Protestgeschichte von 1968 ist diese jedoch ohne die nationalen Besonderheiten und Spezifika nur unzureichend beschrieben. So hatten die Proteste in den USA aufgrund der direkteren Betroffenheit durch den Vietnamkrieg eine andere Brisanz als in Europa. In England liefen die Studentenproteste friedlicher ab als in den anderen westeuropäischen Ländern. Demgegenüber erreichten sie in Frankreich und Italien, wo zeitweise ein Brückenschlag zwischen Studenten und Arbeiterbewegung gelang, eine besondere Intensität (Gehrke 2007). Insbesondere Frankreich geriet im Mai 1968 durch die Besetzung der Universität Sorbonne und einen dreiwöchigen Generalstreik in eine regelrechte Staatskrise, der sich Staatspräsident Charles de Gaulle kurzfristig ins westdeutsche Ausland zu entziehen glauben musste. In der Bundesrepublik wiederum erhielten die Auseinandersetzungen

Nationale Besonderheiten

der späten 1960er-Jahre eine besondere Dimension durch den Rückbezug auf die nationalsozialistische Vergangenheit und den Vorwurf, der Bruch mit dieser sei nicht ausreichend vollzogen worden. Vor allem die Verabschiedung der Notstandsgesetze im Mai 1968, die die Handlungsfähigkeit des Staates in Krisensituationen auch durch Freiheitsbeschränkungen sichern sollten, rief eine breite Opposition hervor, die hier ein „neues 1933" herannahen sah.

Wirkung der Proteste

Die Frage nach der Wirkung der Studentenproteste muss differenzierter beantwortet werden, als es die einseitigen Heldengeschichten oder die diffamierenden Kampfschriften tun. Zunächst trugen die Proteste zur Auflösung autoritärer Strukturen an den Hochschulen bei. Der gesamtgesellschaftliche Prozess der Liberalisierung und Partizipationssteigerung war jedoch wesentlich breiter, setzte früher ein und dauerte länger an. Die Proteste des Jahres 1968 waren eher Teil eines umfassenderen Transformationsprozesses, als dass sie ihn ausgelöst oder maßgeblich mitgestaltet hätten. Zudem hatte die Bewegung auch intolerante und gewaltbereite Elemente, die teilweise in terroristische Gruppen mündeten, sodass sie nicht einfach in eine Liberalisierungsgeschichte eingeordnet werden kann (→ KAPITEL 10.3). Nichtsdestoweniger wirkte 1968 gerade dadurch, dass es als Symbol zur Fixierung und Fokussierung komplexerer Wandlungsprozesse diente und dadurch explizite gesellschaftliche Auseinandersetzungen über eben diese ermöglichte (Ross 2002). Darüber hinaus bildeten die Studentenbewegungen Ursprung und Vorbild für zahlreiche neue soziale Bewegungen, die sich teils aus ihnen heraus und teils in Abgrenzung zu ihnen entwickelten.

11.4 Friedensbewegung und Neue Frauenbewegung

Soziale Bewegungen

Die in Bezug auf gesellschaftliche Mobilisierung und politische Wirksamkeit wohl wichtigsten sozialen Bewegungen der Nachkriegszeit waren die Umwelt-, die Friedens- und die Frauenbewegungen. Sie entwickelten sich in unterschiedlichen Intensitätsgraden in allen westeuropäischen – unter anderen Bedingungen auch osteuropäischen – Ländern, waren international ausgerichtet und beeinflussten sich wechselseitig entweder über direkte Kontakte oder vermittelt durch die Medien. Die Umweltschutzbewegung entstand als ernstzunehmendes politisches Phänomen erst in den 1960er- und 1970er-Jahren (→ KAPITEL 13), wohingegen Friedens- und Frauenbewegung eine längere Geschichte hatten.

Die „erste Welle" der Frauenbewegung, die vor allem vom ausgehenden 19. bis ins frühe 20. Jahrhundert wirkmächtig war, forderte die politische und rechtliche Gleichstellung der Frauen. Während die Frauen nach dem Ersten Weltkrieg in den USA, dem kommunistischen Russland und den meisten europäischen Staaten das aktive und passive Wahlrecht erhalten hatten – in Frankreich erst 1945 und in der Schweiz sogar erst 1971 –, dauerte die rechtliche Gleichstellung länger. So unterscheidet Göran Therborn drei Wellen, in denen Frauen in Ehe und Familie die gleichen Rechte wie Männer erhielten: Zunächst um 1929 in den USA, den skandinavischen Ländern und der UdSSR, dann nach dem Zweiten Weltkrieg in den kommunistischen Ländern Osteuropas und mit einiger Verspätung in der Bundesrepublik und schließlich um 1975 bzw. 1985 in den übrigen Ländern Westeuropas (Therborn 2000, S. 126; Bock 2000, S. 333).

Die Neuen Frauenbewegungen, die in der zweiten Hälfte der 1960er-Jahre nach dem Vorbild der USA in den westeuropäischen Ländern entstanden und bis Mitte der 1980er-Jahre ihre Hochphase hatten – mit Ausnahme von Portugal und Island, wo sie sich später entwickelten –, waren demgemäß weniger Frauenrechts- als vielmehr Frauenbefreiungsbewegungen. Sie richteten und richten sich – inzwischen in einer dritten, internationaler agierenden Welle seit den 1990er-Jahren – gegen die trotz ihrer formalrechtlichen Gleichstellung fortdauernde Diskriminierung von Frauen in Beruf und Familie. Dabei entwickelten sie sich auch aus der Studentenbewegung heraus, indem sie deren männlich-chauvinistischen Charakter kritisierten, aber zugleich viele Aktions- und Organisationsformen der Studentenproteste übernahmen und produktiv weiterführten (Gerhard 2008; Therborn 2000, S. 326).

Eine zentrale Forderung der Neuen Frauenbewegungen, über die eine sehr breite Mobilisierung erreicht wurde, war die Entkriminalisierung der Abtreibung in den Ländern, die sie unter Strafe stellten. So organisierte das französische Mouvement pour la libération des femmes im April 1971 ein Selbstbekenntnis von 343 Frauen, abgetrieben zu haben, das im *Nouvel Observateur* veröffentlicht wurde. Die deutsche Feministin Alice Schwarzer wiederholte die Aktion in der Zeitschrift *Stern*, um auch hier auf die mit der Kriminalisierung der Abtreibung einhergehende Doppelmoral aufmerksam zu machen (Schulz 2002, S. 106–174). Einen weiteren Aktivitätsschwerpunkt der Frauenbewegungen bildeten lokale Initiativen, um autonome Räume für weibliche Aktivität und Gestaltung zu schaffen. Vor allem innerfamiliäre Gewalt gegen Frauen wurde zum öffentlichen Thema gemacht und mit der Einrichtung von Frauenhäusern – dem ersten 1971 im Londoner Vorort Chiswick – be-

Erste Welle der Frauenbewegung

Rechtliche Gleichstellung

Befreiung als Ziel

Entkriminalisierung der Abtreibung

Lokale Initiativen

troffenen Frauen Schutz geboten. Auch die Wissenschaftslandschaft wandelte sich seit dem Ende der 1970er-Jahre durch die Frauenbewegung mit dem Aufstieg der feministischen Studien und dem Einbezug von Geschlechterfragen in den Geisteswissenschaften (→ ASB SCHÖSSLER).

Feminismus

In den osteuropäischen Ländern entwickelten sich keine vergleichbaren autonomen Frauenbewegungen. Das lag neben der grundsätzlichen Beschränkungen zivilgesellschaftlicher Aktivität auch daran, dass in den kommunistischen Staaten die formalrechtliche Gleichstellung der Frauen bereits nach dem Krieg erreicht worden war, die Frauen in höherem Maße am Arbeitsmarkt beteiligt waren und ihnen gleichberechtigt Bildungschancen offenstanden. Darüber hinaus erklärte die marxistische Theorie die Frauenfrage zum Nebenwiderspruch, der nur in der kommunistischen Gesellschaft, nicht aber durch eine spezifische Frauenpolitik gelöst werden könne. Frauenorganisationen waren zumeist staatlich bzw. von den kommunistischen Parteien organisiert und sie betrieben – wie auch die großen kommunistischen Frauenorganisationen in Westeuropa, Union des femmes françaises und Unione donne italiane –, keine eigenständige Geschlechterpolitik (Allen 2005, S. 213). Jenseits der Emanzipationsversprechen waren Frauen auch in den staatssozialistischen Ländern kaum in den staatlichen Machtzentren vertreten und sahen sich durch Berufstätigkeit und Familienarbeit oft einer doppelten Belastung gegenüber. Zwar waren Frauen an oppositionellen Bewegungen beteiligt, aber auch hier häufig marginalisiert (Gal / Kligman 2000). Der Zusammenbruch des Kommunismus ging weniger mit der Gründung autonomer Frauenbewegungen als vielmehr in vielen Ländern mit der Rehabilitierung traditioneller Rollen- und Geschlechterbilder oder auch mit einer erneuten Verschärfung des Abtreibungsrechts einher wie zum Beispiel im katholischen Polen (Einhorn / Sever 2005; Funk / Mueller 1993).

Wie die Frauenbewegung hatte auch die Friedensbewegung ihre Ursprünge im 19. Jahrhundert, erhielt aber nach dem Zweiten Weltkrieg eine neue Qualität. Da sie sich gegen den Krieg als Mittel der Außenpolitik richtete, war sie von Beginn an internationaler angelegt. Während die europäischen Friedensgesellschaften sich bis 1945 im Wesentlichen aus den Mittelschichten rekrutierten, weitete sich ihre soziale Basis in der zweiten Hälfte des 20. Jahrhunderts aus. Zwar wurde die Friedensbewegung noch immer von wenigen intellektuellen Führungsfiguren geprägt, doch konnte sie in Demonstrationen Massen mobilisieren. Diese Mobilisierung geschah nun im Zeichen des Kalten Krieges und der atomaren Bedrohung, die im Zentrum der Aktivitäten stand.

Im europäischen Vergleich war die Friedensbewegung am stärksten in Ländern mit einer vornehmlich protestantischen Tradition, wie
in Skandinavien oder Großbritannien. Auch in den gemischtkonfessionellen Ländern, den Niederlanden oder der Bundesrepublik, waren die Hauptaktivisten Protestanten, während die Bewegung in katholischen Ländern wie Italien oder Frankreich vorwiegend von den
kommunistischen Parteien getragen wurde (Ziemann 2008, S. 33).
Die höchsten Mobilisierungserfolge erreichte die Friedensbewegung
Ende der 1950er- bzw. Anfang der 1960er-Jahre und zu Beginn der
1980er-Jahre, wobei Themen und Aktionsformen über Ländergrenzen eng miteinander verflochten waren. So organisierte die britische
Campaign for Nuclear Disarmament 1958 einen Protestmarsch zur
Atomwaffenanlage in Aldermaston, was 1960 mit den Ostermär-
schen in der Bundesrepublik und dann auch in anderen europäischen
Ländern – wie zum Beispiel in Griechenland mit den Märschen von
Marathon nach Athen – übernommen wurde (Ziemann 2008, S. 35).
An diesen Protesten, die zeitweise mehr als 100 000 Teilnehmer hatten, nahmen wie in den USA namhafte Künstler und Musiker teil,
die ihnen visuell und musikalisch Ausdruck verliehen, sodass eine
transnationale Protestkultur entstand.

Konfessionelle Dimension

Erste Welle um 1960

Die zweite große Mobilisierungswelle resultierte aus dem Be-
schluss der NATO, eine neue Generation von Mittelstreckenraketen
(Pershing II) und Cruise Missiles in Westeuropa zu stationieren (→ KA-
PITEL 3.4). Dabei griff die Friedensbewegung auf erprobte Protestformen zurück. Dazu gehörten öffentliche Erklärungen (den Krefelder
Appell gegen die Stationierung unterzeichneten vier Millionen Menschen), Demonstrationen und Formen des zivilen Ungehorsams wie
Sitzblockaden. Trotz der breiten Unterstützung in der Bevölkerung
konnte die Friedensbewegung ihre politischen Forderungen nicht
durchsetzen. Insgesamt war sie erfolgloser als die zeitgleich agierenden Umwelt- und Frauenbewegungen, mit denen sie sich teilweise
überschnitt.

Zweite Welle ab 1980

Die von der westeuropäischen Friedensbewegung inspirierten pazifistischen Zirkel und Wehrdienstverweigerer in Osteuropa blieben
aufgrund der staatlichen Repression zivilgesellschaftlicher Organisationen zahlenmäßig kleiner. Dennoch wurden sie ein wirkmächtiger
Teil der Oppositionsbewegung gegen den hegemonialen Herrschaftsanspruch der kommunistischen Parteien wie zum Beispiel in der
DDR, wo die Friedensinitiativen unter dem Dach der Kirche agierten
(Ohse/Pollack 2008). Nach dem Ende des Kalten Krieges gab es
zwar wieder große Proteste gegen Europas und Amerikas neue Krie-

Osteuropa

ge, aber sie erreichten nicht mehr die gleiche Mobilisierungsdynamik und Intensität der Auseinandersetzung wie zu den Zeiten, als viele Menschen die Bedrohung durch einen atomaren Krieg in Europa als sehr hoch empfanden.

Fragen und Anregungen

- Beschreiben Sie die unterschiedlichen Bedingungen zivilgesellschaftlicher Artikulation in Ost- und in Westeuropa.

- Stellen Sie dar, welche Rolle die Medien für die verschiedenen Protestbewegungen spielten.

- Erläutern Sie die Beziehung der Friedens- und der Neuen Frauenbewegungen zu den Studentenprotesten der 1960er-Jahre.

Lektüreempfehlungen

Forschung

- **Gisela Bock: Frauen in der europäischen Geschichte. Vom Mittelalter bis zur Gegenwart (Europa bauen)**, München 2000. *Über das 20. Jahrhundert hinausgehende Einführung in die Geschichte der Frauen sowie der Frauenbewegungen in Europa.*

- **Norbert Frei: 1968. Jugendrevolte und globaler Protest**, München 2008. *Nach Ländern geordnete einführende Erzählung der weltweiten Protestereignisse des Jahres 1968.*

- **Detlef Pollack / Jan Wielgohs (Hg.): Dissent and Opposition in Communist Eastern Europe. Origins of Civil Society and Democratic Transition**, Aldershot 2004. *Einzelne Aufsätze stellen die Oppositionsbewegungen in den verschiedenen osteuropäischen Ländern seit 1945 dar.*

- **Roland Roth / Dieter Rucht (Hg.): Die sozialen Bewegungen in Deutschland seit 1945. Ein Handbuch**, Frankfurt a. M. 2008. *Auf Deutschland konzentrierte, aber methodisch hilfreiche Darstellungen der verschiedenen sozialen Bewegungen der Nachkriegszeit.*

- **Benjamin Ziemann (Hg.): Peace Movements in Western Europe, Japan and the USA During the Cold War (Frieden und Krieg 8)**, 1. Auflage, Essen 2008. *Aufsatzsammlung, die Mobilisierungsformen und symbolische Repräsentationen der westeuropäischen Friedensbewegungen der Nachkriegszeit untersucht.*

12 Energie und Umwelt

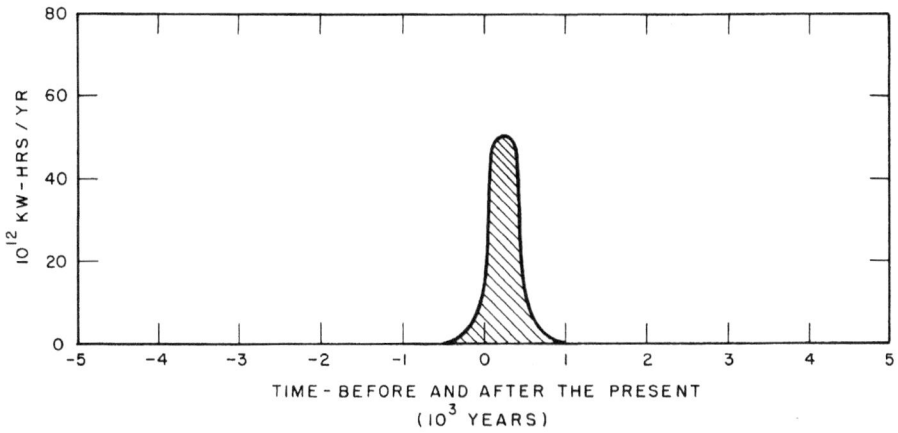

Abbildung 15: Marion King Hubbert: Verbrauch fossiler Energieträger in der Geschichte
(Hubbert 1962, S. 91)

Die Grafik aus dem Bericht des Geologen M. King Hubbert für die US-amerikanische Akademie der Wissenschaften bildet die Nutzung fossiler Energieträger (Kohle, Öl, Gas) durch die Menschen ab. Durch die extreme Ausdehnung der Zeitspanne erscheint die Zeit der Nutzung fossiler Energieträger als eine nur sehr kurze Epoche der menschlichen Geschichte, die sich in naher Zukunft dem Ende zuneigen wird. Das Diagramm verdeutlicht, dass in der Energie- und Umweltgeschichte oftmals ganz andere Zeitdimensionen eine Rolle spielen als in der Politik-, Sozial- oder auch Kulturgeschichte. Ihre Probleme machen zudem weder an nationalen, noch an regionalen Grenzen halt, sondern sind vielmehr globaler Natur. Genau diese Globalisierung und zeitliche Perspektiverweiterung der Betrachtung von Umwelt und Energie ist jedoch keineswegs selbstverständlich, sondern sie setzte sich erst in der zweiten Hälfte des 20. Jahrhunderts allgemein durch.

Menschliche Gesellschaften standen immer in engem Austausch mit ihrer natürlichen Umwelt und nutzten deren Energieressourcen für ihre Zwecke. Auch wenn es dabei schon in früheren Jahrhunderten zu Problemen wie zum Beispiel der „Holznot" kommen konnte, erreichten ökologische Fragen doch in der zweiten Hälfte des 20. Jahrhunderts eine neue Dimension und Qualität. Der rasant steigende Verbrauch fossiler Energieträger und hier vor allem des billigen Öls sowie die Nutzung der Kernenergie veränderten nicht nur das Leben in den Industrieländern grundlegend, sondern brachten darüber hinaus bislang nicht gekannte globale und langfristige Umweltgefahren mit sich. Erst in einem längeren Prozess, der in der Nachkriegszeit einsetzte und bis in die Gegenwart andauert, wurde die „Umwelt" zu einem wichtigen Gegenstand gesellschaftlicher Diskussionen und politischen Handelns. Dabei machten weder die ökologischen Probleme noch die Lösungsstrategien an den wie auch immer definierten Grenzen Europas halt. Im Folgenden wird zunächst die Entwicklung des Energieverbrauchs und der Primärenergieträger in Europa nachgezeichnet, um dann die Debatten über die daraus resultierenden ökologischen Gefahren darzustellen. In einem dritten Schritt wird gefragt, inwiefern aus dem gestiegenen Umweltbewusstsein veränderte Umweltpolitiken resultierten.

12.1 Energieverbrauch und Energieträger
12.2 Ökologische Probleme und Umweltbewusstsein
12.3 Nationale und internationale Umweltpolitik

12.1 Energieverbrauch und Energieträger

Umweltgeschichte ist eine verhältnismäßig junge Teildisziplin der Geschichtswissenschaft, die direkt aus der Umweltbewegung entstanden ist und unter dem Eindruck der globalen ökologischen Bedrohungen in den letzten Jahrzehnten einen starken Boom erfahren hat. Ihre Vertreter teilen oft die Anliegen der Umweltaktivisten und leiten daraus Erkenntnisinteresse und Fragestellungen ab. Umweltgeschichte sollte aber weder die ältere Fortschrittsidee einer wachsenden Naturbeherrschung durch den Menschen reproduzieren, noch sollte sie versuchen, die Verbrechen des Menschen an einer vormals angeblich reinen Natur aufzulisten. Vielmehr behandelt eine „unbefangene Umwelthistorie […] Organisations-, Selbstorganisations-, Dekompositionsprozesse in hybriden Mensch-Natur-Kombinationen" (Radkau 2000, S. 14). Weil sie damit alle Aspekte und Bereiche menschlichen Lebens betrifft, ist sie letztlich eine Form der Gesellschaftsgeschichte, die eigenständige historische Periodisierungen ermöglicht und die Analyse geografischer Räume jenseits von Nationalstaaten oder anderen politischen Einheiten erfordert (Blackbourn 2006; Engels 2006). Für die zweite Hälfte des 20. Jahrhunderts kann eine europäische Umweltgeschichte nur im globalen Kontext geschrieben werden.

Insofern es der Umweltgeschichte nicht um die Geschichte der Natur, sondern um das sich wandelnde Verhältnis zwischen Menschen und ihrer Umwelt geht, sind Fragen der Energienutzung und des Energiehaushaltes von zentraler Bedeutung. Komplexe menschliche Gesellschaften konstituieren sich unter anderem dadurch, dass sie die in ihrer Umwelt gespeicherte Energie zu ihren Zwecken umwandeln. Unter dem Eindruck der expandierenden Nutzung fossiler Energieträger im 20. Jahrhundert haben Sozialwissenschaftler und Anthropologen, aber auch Historiker begonnen, ganze Zivilisationsgeschichten über die sich wandelnden Formen der Energienutzung zu entwerfen. Nachdem über Jahrtausende vor allem regenerative Energieträger (Wasser, Wind) die Grundlage menschlichen Wirtschaftens gebildet hatten, basierte die erste industrielle Revolution im späten 18. und 19. Jahrhundert auf der Förderung und Verbrennung des fossilen Energieträgers Kohle, der bis in die zweite Hälfte des 20. Jahrhunderts der Hauptenergieträger in den Industrienationen blieb (Sieferle 1982).

Noch der Wiederaufbau und die ersten Jahre des Nachkriegsbooms beruhten auf der Nutzung der Kohle, die folgerichtig in der Europäischen Gemeinschaft für Kohle und Stahl (EGKS) auch einen zentralen Gegenstand der wirtschaftlichen Integrationsbemühungen

Umweltgeschichte als Disziplin

Energie und Umwelt

Regenerative und fossile Energieträger

Kohle und Öl

bildete (→ KAPITEL 4.1). Seit dem Ende des 19. Jahrhunderts gewann jedoch mit dem Öl ein zweiter fossiler Energieträger zunehmend an Bedeutung. Nachdem Öl im 19. Jahrhundert im Wesentlichen als Beleuchtungsmittel in Petroleumlampen eingesetzt worden war, wurde es als Treibstoff des Verbrennungsmotors im 20. Jahrhundert zum Antriebsstoff der Massenmotorisierung. Darüber hinaus diente es der chemischen Industrie als Grundstoff zur Produktion einer breiten Palette von Waren sowie zur Herstellung von Kunstdünger, der Produktionssteigerungen der Landwirtschaft ermöglichte. In den meisten Industrienationen löste in der Phase des ökonomischen Booms vom Ende des Zweiten Weltkrieges bis zum Beginn der 1970er-Jahre das Öl die Kohle als hauptsächliche Primärenergiequelle ab. In Frankreich zum Beispiel lag das Verhältnis von Kohle und Öl am Gesamtenergieaufkommen im Jahr 1960 noch bei zwei Drittel zu einem Drittel, aber schon zehn Jahre später hatten sich diese Werte umgekehrt (Commissariat Général 1979, S. 5–8). Seit 1950 vervielfachte sich weltweit und in Europa der Verbrauch an Primärenergie, wobei Erdöl und Erdgas für den Löwenanteil der Verbrauchssteigerungen verantwortlich waren.

Ursachen und Wirkungen des Ölverbrauchs

Was waren die Gründe für die bisweilen atemberaubenden und von den Zeitgenossen nur in Teilen vorhergesehenen Energieverbrauchssteigerungen bzw. die wachsende Bedeutung des Öls? Im Vergleich zur Kohle erzeugt das Öl beim Verbrennen mehr Wärmeenergie, ist wegen seines flüssigen Aggregatzustandes leichter zu transportieren und verbrennt mit weniger Rückständen. Anders als bei der arbeitsintensiven Steinkohleförderung konnte die Ölförderung weitgehend von den Arbeitskosten entkoppelt werden, sodass sich das Öl vor allem wegen der zunehmenden Erschließung reichhaltiger Vorkommen im Mittleren Osten in den Nachkriegsjahrzehnten zunächst verbilligte. Im Überfluss vorhandenes billiges Öl ließ Energiesparen unnötig erscheinen und ermöglichte Veränderungen der Lebensweisen wie die Suburbanisierung und wachsende Mobilisierung, die wiederum einen steigenden Energiebedarf nach sich zogen (→ KAPITEL 13.1). Angesichts dieser gesellschaftsverändernden Kraft des Öls, die sich in Europa nach dem Zweiten Weltkrieg ausprägte, und seiner Bedeutung in den globalen Kriegen und Konflikten des 20. Jahrhunderts, spricht der Historiker Daniel Yergin

„Century of Oil"

auch vom „Century of Oil" und beschreibt die gegenwärtigen Gesellschaften in den Industrieländern suggestiv als Kohlenwasserstoffgesellschaften oder „Hydrocarbon Societies" (Yergin 1991, S. 14f., 540–60).

Die unbegrenzte Verfügbarkeit billiger Energie war zwar nicht der Auslöser für die ökonomischen Wachstumsprozesse der Nachkriegszeit, bildete aber einen wichtigen Nährboden, der allerdings zunächst kaum reflektiert wurde (Siegenthaler 1996, S. 99). Dies änderte sich in den Industrienationen an der Wende von den 1960er- zu den 1970er-Jahren, als zum einen die Abhängigkeit von Öllieferungen vor allem aus dem Mittleren Osten größer wurde und zum anderen grundsätzlichere Diskussionen über die möglichen „Grenzen des Wachstums" geführt wurden (→ KAPITEL 12.2). Nachdem die Erschließung und Förderung der Ölfelder im Mittleren Osten anfangs auf der Basis von Konzessionen durch westliche Ölfirmen erfolgt war, wuchsen im Zuge der Dekolonisierung (→ KAPITEL 2.4, 10.4) die Ansprüche der Förderländer, über ihre Rohstoffe selbst zu verfügen. Der 1960 gegründeten Organisation erdölexportierender Staaten (OPEC) gelang es zu Beginn der 1970er-Jahre, signifikante Ölpreissteigerungen durchzusetzen und den Ölmarkt bis in die Mitte der 1980er-Jahre zu dominieren.

Politische Veränderungen des Ölmarktes

Verdeutlicht wurde die Abhängigkeit der westlichen Industrieländer von Öllieferungen aus den Förderländern um den Persischen Golf durch ein Embargo und Produktionseinschränkungen, die die arabischen Mitglieder der OPEC im Oktober 1973 gegen diejenigen Länder verhängten, die im Yom-Kippur-Krieg nicht die arabische Seite gegen Israel unterstützten. Früheren Embargos – wie zum Beispiel 1967 im Sechstagekrieg zwischen Israel und seinen Nachbarn – hatten die Vereinigten Staaten durch eine Erhöhung der eigenen Förderung die Wirkung nehmen können. Seit dem Ende der 1960er-Jahre produzierten die amerikanischen Ölfelder aber am Limit. Die dadurch entstandene Abhängigkeit von Ölimporten aus dem politisch instabilen Mittleren Osten veranlasste die Regierungen der westlichen Industrienationen zur Entwicklung von Energieprogrammen. Durch je verschiedene Kombinationen von Energiesparmaßnahmen, Pluralisierungen der Energieträger und Erweiterungen der Bezugsländer sollte Versorgungssicherheit garantiert werden.

Ölembargo

Energieprogramme

Die alternative Energie, auf die die Zeitgenossen große Hoffnungen für die Sicherung des zukünftigen Verbrauchs setzten, war die Atomenergie. Vor allem in Frankreich war die Atomenergie schon seit den 1950er-Jahren eng mit Vorstellungen nationaler Größe und gesellschaftlicher Modernisierung verbunden gewesen. Als die Energieversorgung angesichts fehlender eigener Rohstoffreserven auf dem Spiel zu stehen schien, setzte die Regierung auf den schnellen Bau neuer Kernkraftwerke, die Mitte der 1990er-Jahre tatsächlich 80 Prozent der in Frankreich verbrauchten Elektrizität lieferten (Hecht 1998; Bess 2003, S. 94). Auch wenn es vereinzelte Proteste gegen die Atomenergie gab, erfreute sie sich in Frankreich doch relativ hoher gesellschaftlicher Akzeptanz. Heftiger war der Widerstand gegen eine intensivere Kernener-

Atomkraft als Ausweg

gienutzung hingegen im Nachbarland Bundesrepublik. Hier wie auch in anderen europäischen Ländern setzten Kernkraftgegner und Umweltbewegungen auf einen Ausbau der Energieerzeugung aus erneuerbaren Energieträgern wie Sonne, Wind und Biomasse. Dieser erfolgte in nennenswerter Weise allerdings erst seit den 1990er-Jahren, sodass der Energieverbrauch in den Industrieländern – trotz einer höheren Energieeffizienz – seit den 1970er-Jahren in vielen Bereichen weiter stieg und noch immer wesentlich auf fossilen Energieträgern beruhte; ein wichtiger Grund war auch, dass die Atomenergie in Europa bei Weitem nicht die in sie gesetzten Hoffnungen erfüllte (Unander 2004).

Erneuerbare Energieträger

Die Energieversorgung der osteuropäischen Länder wurde ebenfalls vor allem von fossilen Energieträgern sichergestellt. Die Lage unterschied sich allerdings insofern von Westeuropa, als die reichhaltigen Kohle- und Ölvorkommen in der Sowjetunion den Ostblock von Ölimporten unabhängig machten. Im Gegenteil profitierten die öl- und gasproduzierenden osteuropäischen Länder – genauso wie die Förderländer des Nordseeöls, Großbritannien und Norwegen – ökonomisch von den Preissteigerungen, die die OPEC durchgesetzt hatte. Mitte der 1980er-Jahre wurden sie dann allerdings vom Preisverfall des Öls umso härter getroffen (→ KAPITEL 4.2). Neben fossilen Energieträgern setzte man auch in Osteuropa auf einen Ausbau der Kernenergie.

Osteuropa

12.2 Ökologische Probleme und Umweltbewusstsein

Die kontinuierliche Steigerung des Energieverbrauchs und seine Deckung durch die Verbrennung fossiler Energieträger, aber auch durch den Bau großer Wasserkraftwerke brachten ökologische Probleme und Risiken mit sich. So fasste der Schweizer Umwelthistoriker Christian Pfister den „verschwenderischen Umgang" mit billigen fossilen Energien, die Ausdehnung der Siedlungsflächen, die Intensivierung des Verkehrs, die Explosion der Abfallwirtschaft und die damit einhergehenden steigenden Schadstoffbelastungen für Luft, Wasser und Boden als „1950er Syndrom" zusammen (Pfister 1996). Die steigenden Umweltbelastungen, die in gewisser Weise die ökologische Kehrseite der exzeptionellen ökonomischen Wachstumsprozesse der Nachkriegszeit bildeten, waren eine wesentliche Ursache für die Entstehung von Umweltprotesten. Allerdings wäre es zu einfach, die Proteste, das wachsende Umweltbewusstsein oder die Entstehung ökologischer Bewegungen und Parteien direkt aus den ökologischen Problemen abzuleiten. Sie entstanden vielmehr zumeist zeitversetzt und folgten einer eigenen wissen-

„1950er Syndrom"

Umweltproteste

schaftlichen, medialen und politischen Logik. Während die ökologischen Konsequenzen des „1950er Syndroms" auf regionaler Ebene oft schon zeitgenössisch sichtbar wurden, Proteste hervorriefen und an vielen Stellen behoben werden konnten, kamen seine globalen und zum Teil irreversiblen Folgen erst spät zu Bewusstsein. Die entscheidende Wendezeit des ökologischen Bewusstseins und die Formierungsphase der Umweltbewegungen lag in Westeuropa in den 1970er-Jahren, in Osteuropa hingegen, wo die Umweltbelastungen häufig noch höher waren, zeitlich etwas später (Brüggemeier / Engels 2005).

Umweltbewegungen

In der frühen Nachkriegszeit richteten sich umweltpolitische Proteste meist gegen lokale Verschmutzungen und Probleme. Frühe Umweltinitiativen wandten sich zum Beispiel gegen Staudammprojekte und Flussregulierungen, die sie als zu große Eingriffe in „natürliche" Landschaften ablehnten. Zudem ging es um Gewässer- und Luftverschmutzungen in Großstädten bzw. in der Nähe großer Industrieanlagen, die durch Abwasser- und Abgasrichtlinien behoben werden sollten. Dabei stand zu Beginn die Vermeidung von Gesundheitsgefährdungen im Mittelpunkt. Darüber hinaus waren die frühen Umweltschützer, zum Beispiel in der Bundesrepublik, in vielen Fällen einem konservativen Heimatschutzgedanken verpflichtet und wollten die „natürliche Landschaft" oder die „göttliche Schöpfung" vor dem Raubbau des Menschen schützen und bewahren (Oberkrome 2004; Uekötter 2007, S. 31). Stauseeprojekte zur Energiegewinnung durch Wasserkraft und Gewässerregulierungen riefen nicht nur in Westeuropa Proteste hervor, sondern auch in der Sowjetunion, wo sie oft noch weitaus gigantischere Formen annahmen. Dort bildete sich zum Beispiel 1957 eine Ad-hoc-Koalition gegen die Naturzerstörungen, die infolge des Projekts zur ökonomischen Erschließung des Baikalsees zu erwarten waren. So erreichte das Thema des Umweltschutzes eine breitere Öffentlichkeit über die Kreise wissenschaftlicher Experten hinaus (Gestwa 2003, S. 368).

Früher Umwelt- und Heimatschutz

In den 1970er-Jahren veränderte sich das Nachdenken über Energie und Umwelt und ihre Beziehung zum Menschen in mehreren Hinsichten, die in Analogie zu Pfister zur „1970er Diagnose" zusammengefasst werden können: Im Zeichen der Kybernetik (Steuerungstheorie) wurden Umweltzusammenhänge in komplexen Systemen modelliert, die zumeist in globaler Perspektive gedacht wurden und deren Analyse zeitlich in die Vergangenheit, aber auch und vor allem in die Zukunft ausgedehnt wurde (Kupper 2003, S. 346). Nicht zuletzt die Bilder von der Erde, die durch die Raumfahrt Mitte der 1960er-Jahre möglich geworden waren, hatten das Bewusstsein von der Begrenztheit des Planeten geschärft. Da die Welt und ihre Roh-

„1970er Diagnose"

stoffe endlich seien, so argumentierten viele Autoren, könnten sich wirtschaftliche Wachstumsprozesse nicht unendlich fortsetzen. Nachdem schon Ende der 1960er-Jahre in einer Reihe ökoapokalyptischer Schriften Wachstumskatastrophen vorausgesagt worden waren, versuchte 1972 ein Wissenschaftlerteam um Dennis Meadows am Massachusetts Institute of Technology (MIT) im Auftrag des Club of Rome, einer internationalen Vereinigung von Industriellen, Politikern, Wissenschaftlern und Publizisten, die „Grenzen des Wachstums" zu bestimmen (Meadows u. a. 1972). Aufgrund der wissenschaftlichen Autorität der Autoren, der exakten von Computern berechneten Modelle sowie einer geschickten PR-Strategie löste der Bericht ein großes Echo aus. Auch wenn sich die Prognosen im Nachhinein als falsch erwiesen, schärften sie doch das Bewusstsein für die möglichen langfristigen Folgen der auf fossilen Energieträgern basierenden Wachstumsprozesse. Ihre Diskussion unterstützte die Ausbildung von Umweltbewegungen, die nicht mehr nur einzelne Missstände beheben wollten, sondern den Wachstumspfad der Industriegesellschaften grundsätzlich infrage stellten und eine „Rückkehr zum menschlichen Maß", zum ökologischen Gleichgewicht oder einen Übergang zu „sanften Energien" forderten (Lovins 1977; Schumacher 1978; Kupper 2004).

Umweltpolitische Proteste konzentrierten sich in den 1970er-Jahren überwiegend auf die Atomenergie, die seit ihrer Einführung weltweit von zum Teil schweren Störfällen begleitet gewesen war, wie zum Beispiel 1957 im britischen Windscale / Sellafield oder 1979 im US-amerikanischen Harrisburg. Kernkraftgegner verwiesen auf die gegenwärtigen Gefahren, die von Atomkraftwerken ausgingen, aber auch auf die Risiken für zukünftige Generationen angesichts der fehlenden Konzepte für eine sichere Endlagerung atomarer Abfälle. Ihre Proteste gegen den Bau von Atomanlagen wie in der Bundesrepublik in Whyl oder Wackersdorf, die zu Allianzen mit der lokalen Bevölkerung führten, wurden zu einem wesentlichen Motor für die Ausbildung von Umweltbewegungen. Deren schlimmste Befürchtungen bewahrheiteten sich, als am 26. April 1986 einer der Reaktoren im sowjetischen Kernkraftwerk in Tschernobyl in der Ukraine explodierte und eine der bisher größten Umweltkatastrophen auslöste.

Bei diesem Größten Anzunehmenden Unfall (GAU) wurde nach Schätzungen eine Menge an Radioaktivität freigesetzt, die jene der Bomben von Hiroshima und Nagasaki (→ KAPITEL 3.1) um das 100-fache übertraf. Die sowjetischen Behörden waren vollkommen unzureichend auf den GAU vorbereitet – die zu seiner Bekämpfung eingesetzten Rettungskräfte waren ohne Schutzanzüge äußerst hohen Strahlendosen

Grenzen des Wachstums

Kritik am Wachstumspfad

Atomenergie und Proteste

Tschernobyl und seine Folgen

ausgesetzt, sodass viele von ihnen starben oder schwer erkrankten. Die nahegelegene Stadt Pripjat wurde zwar evakuiert, aber die sowjetische Regierung versuchte zunächst, den Vorfall geheim zu halten. Erst als skandinavische Experten begannen, erhöhte Strahlungswerte festzustellen, die offenkundig aus der Sowjetunion kamen, wurden der Vorfall und seine Ausmaße publik (Brüggemeier 1998). In Westeuropa unterschied sich der Umgang der Regierungen mit den anfangs unklaren Risiken und Gefahren in Abhängigkeit von den jeweils verfolgten atompolitischen Strategien. Die Katastrophe von Tschernobyl trug nicht nur zur zunehmenden Delegitimierung der kommunistischen Herrschaft in Osteuropa bei, sondern verursachte auch einen massiven Vertrauensverlust in die Beherrschbarkeit der mit der Kernenergie einhergehenden Risiken in Westeuropa – außer in Frankreich und Belgien.

Die Versuche der französischen Regierung, die Katastrophe von Tschernobyl herunterzuspielen, hatten zunächst zu Misstrauen in der Bevölkerung geführt. Doch wies die Kernenergie zu Beginn der 1990er-Jahre in Frankreich schon wieder hohe Akzeptanzwerte auf. Dies zeigt die grundsätzlich große Bereitschaft vieler Menschen, Umweltrisiken zu vergessen oder sie zu akzeptieren. Angesichts des bisherigen Ausbleibens vieler prognostizierter Umweltkatastrophen bzw. der vorausgesagten Erschöpfung der weltweiten Rohstoff- oder Ölreserven, könnten die zahlreichen ökologischen Mahnungen zudem einen abstumpfenden Effekt gehabt haben (Uekötter/Hohensee 2004). Dies galt zum Beispiel für die in der Bundesrepublik intensiv geführten Debatten zu Beginn der 1980er-Jahre über das „Waldsterben" oder am Ende des Jahrzehnts über das „Ozonloch". Insbesondere die seit den 1990er-Jahren verstärkten internationalen politischen Diskussionen über den durch die Nutzung fossiler Energieträger herbeigeführten „Klimawandel" sowie das Erreichen eines weltweiten Fördermaximums in der Ölproduktion, des sogenannten Peak-Oil, zeigen zudem, wie schwierig es ist, Prognosen von globaler Reichweite wissenschaftlich zu etablieren und zugleich politische Schlussfolgerungen und Handlungsanweisungen daraus abzuleiten.

Gewöhnung und Abstumpfung

12.3 Nationale und internationale Umweltpolitik

Im öffentlichen Bewusstsein in Westeuropa gelten Umweltschutz und Umweltpolitik oft als Konsequenzen der Mobilisierungsarbeit von Bürgerinitiativen und Umweltgruppen, die eigentlich widerstrebende Politiker dazu gezwungen hätten, sich der Umwelt anzunehmen. In

Umweltpolitik

Osteuropa hingegen, wo es autonome Umweltbewegungen nicht gegeben habe, sei ein noch stärkerer Raubbau an der Natur betrieben worden. Diese vor allem von ökologischen Aktivisten vorgebrachte Erklärung des umweltpolitischen Wandels, dass Graswurzelbewegungen die hohe Politik zu Veränderungen gezwungen hätten, erfasst jedoch allenfalls einen Teilaspekt der Bedeutungssteigerung der Umweltpolitik in der zweiten Hälfte des 20. Jahrhunderts. Zum einen gab es umweltpolitische Bewegungen auch in Osteuropa, und zum anderen setzten sich Umweltschutzmaßnahmen in Westeuropa in einem komplexen Wechselspiel von lokalen Initiativen, nationaler und internationaler Politik durch.

Wachstum der Umweltbewegungen Das weltweite Wachstum der Umweltbewegungen ist eines der bemerkenswertesten zivilgesellschaftlichen Phänomene im letzten Drittel des 20. Jahrhunderts (→ KAPITEL 11.4). Protestierten 1970 schon ca. zwanzig Millionen Amerikaner am jährlichen „Earth Day" für einen schonenderen Umgang mit den natürlichen Ressourcen, waren es 1990 schätzungsweise 200 Millionen Menschen in 140 Ländern. **Umweltschutzverbände** Auch die 1969 in den USA gegründete Umweltschutzorganisation Friends of the Earth internationalisierte sich rasch und verfügte bei ihrem 40-jährigen Jubiläum über Mitgliedsorganisationen in 77 Ländern mit insgesamt mehr als zwei Millionen Mitgliedern (McNeill 2005, S. 358). Seit 1971 macht die Organisation Greenpeace mit spektakulären Aktionen und inzwischen fast drei Millionen Unterstützern in 46 Ländern auf ökologische Bedrohungen aufmerksam. In der Bundesrepublik, wie auch in den übrigen westlichen Industrieländern, lag die entscheidende Formierungs- und Erweiterungsphase der Umweltbewegungen in den frühen 1970er-Jahren. Obwohl die Aktivität von unabhängigen Umweltschutzverbänden im kommunistischen Osteuropa grundsätzlich eingeschränkter war, gab es doch auch in der Sowjetunion eine Reihe von Organisationen, die sich dem Thema widmeten. Die in den 1950er-Jahren von Parteifunktionären übernommene Gesellschaft für Naturschutz (VOOP) wurde hier mit 29 Millionen Mitgliedern in den 1980er-Jahren die größte Naturschutzorganisation der Welt und zugleich die größte nichtstaatliche Organisation in der UdSSR (Weiner 1999, S. 11).

Grüne Parteien in Europa Neben den Umweltschutzgruppen gründeten sich in den 1970er-Jahren in den westlichen Industrieländern zudem ökologische Parteien, die das Parteienspektrum in manchen Ländern auf lange Sicht erweitern konnten. In Europa wurde zuerst in Großbritannien, motiviert durch das ökoapokalyptische Manifest *Blueprint for Survival* (Goldsmith u. a. 1972), im Jahr 1973 die Partei „People" gegründet, die sich später in „Ecology Party" und dann in „Green Party" umbenannte. Sie blieb zwar in den 1970er-Jahren die wichtigste ökologische Partei in Europa, erreichte aber bis 1984 niemals mehr als vier Prozent der Wählerstimmen und hatte nur 3 000 Mitglieder (Richardson 1995, S. 6f.; Ditt 2005, S. 55). Auch in Frankreich wurden die von Richtungskämpfen gespaltenen Grünen („Les Verts") bis in die 1980er-Jahre nicht einflussreicher, während die 1980 gegründete bundesdeutsche Partei „Die Grünen" mit dem Einzug in Länderparlamente und in den Deutschen Bundestag (1983) schnelleren Erfolg hatte. 1989 traten die europäischen Grünen mit einem gemeinsamen Manifest zur Europawahl an und wurden damit auf europäischer Ebene zu einer ernstzunehmenden politischen Größe.

Umweltbewegungen und grüne Parteien trugen zur Steigerung des ökologischen Bewusstseins und zur Etablierung von Umwelt- und Naturschutz als politischen Themen bei, doch ist dieser Prozess keineswegs auf sie zurückzuführen. Schon vor ihrem starken Wachstum in den 1970er-Jahren kamen in den westlichen Industrienationen aus den etablierten politischen Parteien Initiativen zur Umweltschutzgesetzgebung. In der Bundesrepublik trat der SPD-Kanzlerkandidat Willy Brandt im Bundestagswahlkampf 1961 mit der Forderung hervor, der „Himmel über der Ruhr" müsse wieder blau werden. Neben der Luftverschmutzung wurden seit dem Ende der 1950er-Jahre in Westeuropa vor allem die Sauberkeit der Gewässer und der Schutz des Bodens verstärkt Gegenstand von Gesetzen. Ende der 1960er-Jahre kam es dann zu einer Zusammenfassung der umweltpolitischen Kompetenzen auf Regierungsebene zunächst in Schweden und dann in Großbritannien, wo 1971 die konservative Regierung der Tories ein eigenes Umweltministerium errichteten. In der Bundesrepublik wurden erstmals bei den Verhandlungen über eine Koalition von SPD und FDP im Jahr 1969 ökologische Zuständigkeiten unter dem Schlagwort „Umwelt" im Bereich des Innenministeriums gebündelt, doch erst 1986 erfolgte die Einrichtung eines eigenständigen Bundesministeriums. Zu Beginn der 1970er-Jahre entwickelten die Regierungen der Bundesrepublik und Großbritanniens aber bereits Umweltprogramme und verabschiedeten eine Reihe von Umweltgesetzen, bis der umweltpolitische Ehrgeiz mit der Ölkrise und dem wirtschaftlichen Abschwung 1974 einen Dämpfer erfuhr (Brüggemeier 1998, S. 208–211; Hünemörder 2004; Ditt 2005).

Vielleicht noch stärker als liberal-kapitalistische Denksysteme war der Kommunismus von dem Anspruch gekennzeichnet, die Natur einer rationalen Herrschaft zu unterwerfen und für die Zwecke des Menschen nutzbar zu machen. Alle Regierungschefs der Sowjetunion

Umweltschutzgesetzgebung

Umweltministerien

Umwelt in der Sowjetunion

– von Josef W. Stalin über Nikita S. Chruschtschow bis Leonid I.
Breschnew – verfolgten gewaltige Umgestaltungsprojekte der Umwelt, die zur Stabilisierung des Kommunismus beitragen sollten.
Nach Stalins Tod 1953 wandelte sich der rhetorische Umgang mit
der Natur von ihrer Beherrschung und Unterwerfung hin zum rationalen Einsatz ihrer Ressourcen, und zwischen 1957 und 1964 wurden erste Naturschutzgesetze in den Sowjetrepubliken erlassen. Allerdings blieb Umweltschutz ein politisch nachgeordnetes Anliegen, und
die zuständigen Stellen verfügten weder über ausreichende Kompetenzen noch Mittel zur Etablierung eines wirksamen Umweltschutzes.

Umweltbilanz des
Kommunismus

Auch weil sich Umweltschutz und Energiesparen betriebswirtschaft-
lich nicht rechneten, sah die ökologische Bilanz des Kommunismus
katastrophal aus: 1989 war ein Sechstel der Sowjetunion, in dem ein
Drittel der Bevölkerung lebte, ein ökologisches Notstandsgebiet
(Gestwa 2003, S. 357f.). Da die Artikulation von Natur- und Um-
weltschutzbelangen jedoch verhältnismäßig wenig eingeschränkt war,
bildeten sich in diesem Bereich immer wieder Gruppen oder kurzzei-
tige Allianzen, die über das Umweltthema grundsätzlicheren Protest
gegen die kommunistische Politik ausdrückten. Umweltgruppen schufen so zum Beispiel in der DDR einen wichtigen Raum zivilgesellschaftlicher Aktivität, der das System destabilisierte, auch und gerade
weil Daten über Umweltbelastungen geheim gehalten wurden und so
Misstrauen entstand. Darüber hinaus wurden Fragen von Umwelt
und Energie beispielsweise in den baltischen Republiken politisch in-
strumentalisiert, indem sie als Argumente für die Bestrebungen dienten, von der Sowjetunion unabhängig zu werden (Weiner 1999;
Stoltzfus 2003; Högselius 2006).

Wegen des grenzüberschreitenden Charakters vieler ökologischer
Probleme wie zum Beispiel der Gewässerreinhaltung, waren die Umwelt und ihr Schutz nicht nur Anliegen nationaler, sondern auch internationaler Politik. So kam es schon früh zu einer Reihe umweltpolitischer Konferenzen mit zahlreichen Teilnehmern aus vielen
Staaten, wie zum Beispiel der Internationalen Luftreinhaltungskonfe-
renz im Oktober 1959 in London oder der UNESCO-Biosphären-
konferenz von 1968. Diese Expertentreffen wirkten – wie auch die
große UN-Umweltkonferenz in Stockholm, auf der im Jahr 1972 das
United Nations Environment Programm (UNEP) gegründet wurde –
auf die nationalen Ausgestaltungen der Umweltpolitik zurück (Hünemörder 2003). Allerdings blieben die Erfolge internationaler Tagun-
gen oft hinter den Erwartungen der Beteiligten zurück. So gilt noch
immer die Konferenz von Montreal aus dem Jahr 1987, in deren

Internationale
Konferenzen

Schlussprotokoll ozonschädliche Aerosole verboten wurden, als
größter Konferenzerfolg (Uekötter 2007, S. 37).

Seit den 1990er-Jahren stellte der Klimawandel bzw. die Erderwärmung durch das Verbrennen fossiler Energieträger das wichtigste Thema auf UN-Umweltkonferenzen von Rio de Janeiro (1992) bis Kopenhagen (2009) dar. Dem 1989 vom UNEP gegründeten Ausschuss Intergovernmental Panel on Climate Change (IPCC) kam hierbei die wichtige Funktion zu, einen so abstrakten und langwierigen Prozess wie den Klimawandel überhaupt erst sichtbar gemacht und seine Folgen angedeutet zu haben. In Anerkennung der Tatsache, dass ökologische Fragen dieser Dimension massive Auswirkungen auf ökonomische und soziale Entwicklungen sowie internationale Konflikte haben, wurde das IPCC 2007 mit dem Friedensnobelpreis ausgezeichnet. **Klimawandel**

Neben der Aktivität der Vereinten Nationen intensivierten sich auch die Umweltschutzbemühungen auf europäischer Ebene. Nachdem der Europarat bereits 1963 die Einrichtung eines Komitees für Natur- und Landschaftsschutz beschlossen und das Jahr 1970 zum „Europäischen Naturschutzjahr" erklärt hatte, gingen seit den 1980er-Jahren immer mehr Umweltschutzbestimmungen von der EU aus. Die Bilanz wirkt hier zwar mit der Nitratrichtlinie von 1991, der Fauna-, Flora-, Habitat-Richtlinie von 1992, der Feinstaubrichtlinie von 1999 und der Wasserrahmenrichtlinie von 2000 zunächst beeindruckend. Doch sind Erfolgsgeschichten des Umweltschutzes insofern ergänzungsbedürftig, als immer auch bedacht werden muss, dass viele ökologisch wichtige Projekte gescheitert sind. So zeichnet sich für die Geschichte der Umwelt und der Umweltbewegungen seit dem Zweiten Weltkrieg in Europa insgesamt eine ambivalente Bilanz ab: Auf der einen Seite kam das Thema Ökologie in der Mitte der Gesellschaft an, sodass es sich Ende der 1980er-Jahre selbst die konservative britische Premierministerin Margaret Thatcher zu eigen machte. Auf der anderen Seite gingen aber viele der ursprünglichen Forderungen nach einer Alternative zur Wachstumsorientierung der energieintensiven europäischen Gesellschaften in diesem Prozess verloren (Uekötter 2007, S. 37; Bess 2003). **Umweltschutz in der EU** **Erfolgsgeschichte?**

Fragen und Anregungen

• Wie verhielten sich Umweltprobleme, Umweltbewusstsein und die Realisierung umweltpolitischer Maßnahmen zueinander?

• Erläutern Sie das „1950er Syndrom" und die „1970er Diagnose".

- Erklären Sie, inwiefern die in Kapitel 8 analysierten Veränderungen der Lebensweisen und Orientierungsmuster das „1950er Syndrom" und die „1970er Diagnose" beeinflussten.

Lektüreempfehlungen

Forschung

- Michael Bess: The Light-Green Society. Ecology and Technological Modernity in France, 1960–2000, Chicago 2003. *Zeigt, wie ökologisches Denken und Verhalten in Frankreich im Mainstream der politischen Kultur Einzug hielten, dabei aber zugleich zentrale Vorstellungen der Ökologiebewegung verloren gingen, sodass nur eine „hellgrüne Gesellschaft" entstand.*

- Dick Richardson / Chris Rootes (Hg.): The Green Challenge. The Development of Green Parties in Europe, London 1995. *Einzelne Aufsätze vergleichen Entstehung und Entwicklung der grünen Parteien in Europa.*

- Václav Smil: Energy in the Twentieth Century. Resources, Conversions, Costs, Uses, and Consequences, in: Annual Review of Energy and the Environment 25, 2000, S. 21–51. *Kurzer, eher technischer, aber trotzdem gut lesbarer Überblickstext über die globale Entwicklung des Primärenergieverbrauchs im 20. Jahrhundert.*

- Frank Uekötter: Umweltgeschichte im 19. und 20. Jahrhundert, München 2007. *Sehr knappe Zusammenfassung der umweltgeschichtlichen Entwicklungen der Nachkriegszeit, deren ausführlicher Literaturbericht hilfreich ist.*

- Umweltgeschichte und Geschichte der Umweltbewegungen, Archiv für Sozialgeschichte 43, 2003. *Themenheft mit instruktiven Beiträgen auch zur europäischen Nachkriegszeit.*

- Daniel Yergin: The Prize. The Epic Quest for Oil, Money and Power, New York 1991 (deutsch: Der Preis. Die Jagd nach Öl, Geld und Macht, Frankfurt a. M. 1991). *Geschichte des Öls im 20. Jahrhundert, die in den Wertungen zahlreiche Probleme aufweist, wegen ihrer Faktendichte und guten Lesbarkeit aber noch immer als Einstieg in das Thema geeignet ist.*

13 Transformationen von Raum, Zeit und Öffentlichkeit

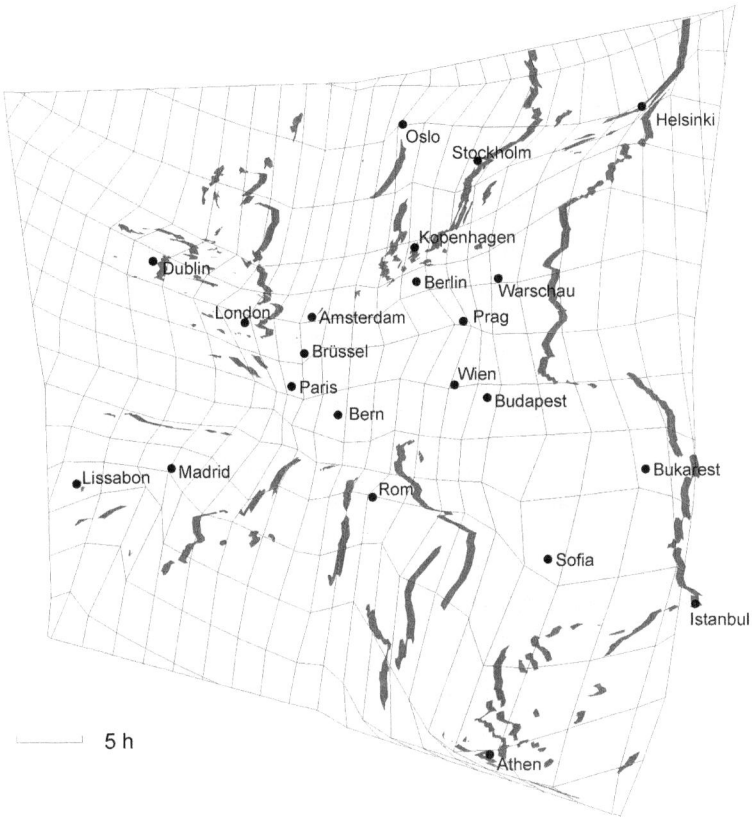

Abbildung 16: Eisenbahnreisezeiten in Europa (1993)

Die abgebildete Zeitkarte unterscheidet sich von gewohnten topografischen Karten, bei denen die Abstände zwischen den Punkten proportional zur Entfernung festgehalten werden: Dagegen sind auf dieser Karte die Abstände zwischen den Punkten proportional zu den 1993 geltenden Eisenbahnreisezeiten innerhalb Europas gekennzeichnet. Auf diese Weise werden die Wechselwirkungen von Raum und Zeit dargestellt, um die mit modernen Verkehrsmitteln einhergehende Verringerung des Zeitaufwands zur Raumüberwindung zu visualisieren (Spiekermann/Wegener 1994). Deutlich wird das unterschiedliche Maß der raum-zeitlichen Verdichtung in Europa, die ausgehend von der westeuropäischen industriellen Kernregion insbesondere zur östlichen Peripherie hin immer geringer wird. Dies verweist gleichermaßen auf unterschiedliche Grade der Urbanisierung (Verstädterung) wie auf das Gefälle des Ausbaus technischer Infrastrukturen.

Historiker und Historikerinnen neigen dazu, sich vor allem mit den politischen und geistigen Dingen zu beschäftigen, und übersehen dabei häufig, wie tiefgreifend wissenschaftliche und technische Veränderungen das Leben der Menschen im 20. Jahrhundert transformiert haben. Insbesondere die rasante Entwicklung von Transport- und Kommunikationsmedien war mit weitreichenden sozialen und gesellschaftlichen Umwälzungen verbunden, die in alle Lebensbereiche eingriffen und dabei das Tempo und die Maßstäbe der Wahrnehmung und des Handelns in Europa seit 1945 revolutionierten. Technische Neuerungen sind aber nicht einfach die Ursache gesellschaftlicher Veränderungen, sondern setzen sich nur in dem Maße durch, wie eine gesellschaftliche und politische Nachfrage besteht, die ihrerseits bereits technisch hervorgerufen sein kann. Genau um solche komplizierten Wechselwirkungen geht es auch im Folgenden: Zuerst wird der Zusammenhang zwischen der gesteigerten Mobilität und der Transformation des europäischen Raumes erörtert und daran anschließend der Zusammenhang zwischen Medienentwicklung und Veränderungen des Kommunikationsverhaltens. Im dritten Teil wird gefragt, welche Auswirkungen diese Prozesse auf die Veränderungen der Öffentlichkeit in Europa nach 1945 besaßen.

13.1 **Transport und Mobilität**
13.2 **Massen- und Kommunikationsmedien**
13.3 **Europäische Öffentlichkeiten**

13.1 Transport und Mobilität

In den letzten Jahren hat die Geschichtswissenschaft sich wieder verstärkt mit der historischen Veränderung von Räumen beschäftigt (Schlögel 2003). Räume sind keine containerartigen statischen Gebilde, in denen sich das Handeln der Menschen vollzieht, sondern sie werden von menschlichen Aktivitäten entscheidend geprägt. Gewandelte Mobilitätsformen sind ein wichtiger Faktor ihrer Veränderung, wie Autobahnen, Eisenbahntrassen, Kanalstraßen und Flughäfen verdeutlichen. Neben den unmittelbaren landschaftlichen Folgen der Verkehrsinfrastruktur stehen hierbei die indirekten Folgen wie etwa die Zersiedelung aufgrund des starken Wachstums der Vorstädte, das wiederum durch die zunehmende Zahl der Berufspendler vorangetrieben wird.

Wiederentdeckung des Raumes

Nach 1945 ging es zunächst vor allem darum, die durch den Krieg zerstörten Verkehrsinfrastrukturen wiederherzustellen, ohne dass die Verkehrsmuster prinzipiell infrage gestellt wurden. Die Wiederherstellung der Transportwege war eine wichtige Voraussetzung für den bald einsetzenden wirtschaftlichen Nachkriegsboom. Zugleich führten politische Faktoren zu einer Achsendrehung der europäischen Verkehrsstrukturen: Als Folge des Kalten Krieges wich die bis dahin bestehende Ost-West-Orientierung einer stärkeren Nord-Süd-Ausrichtung (Trischler 2009, S. 162). Auch wenn technische Infrastrukturen eher Netzwerke bilden als Grenzen ziehen, konnten politische Grenzziehungen wie der Eiserne Vorhang solche Netzwerke doch durchtrennen. Das unterschiedliche Ausmaß der Investitionen in den Verkehrsbereich in Ost- und Westeuropa fügte zudem der sich stetig vertiefenden Teilung eine wichtige Dimension hinzu: Herrschte im Westen das Prinzip der Beschleunigung, stand der Osten aufgrund zunehmend maroder Verkehrsinfrastrukturen eher im Zeichen der Entschleunigung, und so schlug sich der Gegensatz der Blöcke auch in einem noch lange nachwirkenden unterschiedlichen Raum-Zeit-Verhältnis nieder.

Wiederherstellung nach 1945
Ost-West-Trennung der Verkehrsstrukturen

1945 beherrschte noch die Eisenbahn das Verkehrswesen in Europa. Doch schon bald wurde der Eintritt in das Zeitalter der Massenmotorisierung nachvollzogen, das in den USA bereits in der Zwischenkriegszeit begonnen hatte. Bereits um 1960 hatte zumindest in Westeuropa die Eisenbahn ihre führende Stellung an den Straßenverkehr verloren, wo LKW und PKW zugleich die noch in den 1950er-Jahren dominierenden Fahrräder verdrängten. Voraussetzung dieser Entwicklung war neben der allmählich gestiegenen Massenkaufkraft und der Verbilligung der Kosten für Anschaffung und Unterhalt von Pkw auch die verbesserte Straßeninfrastruktur durch Asphaltierung

Verlagerung von der Schiene auf die Straße

bisheriger Schotterstraßen sowie der Autobahnbau. In der Bundesrepublik wuchs das Autobahnnetz sprunghaft von 2110 (1945) auf 4110 (1970) und schließlich 8 198 Kilometer (1980). Aber auch die sinkende Attraktivität der Eisenbahnen durch mangelnde Investitionen sowie die wachsende Bedeutung individueller Mobilität als Ausdruck eines modernen Lebensstils, zu dem neben steigenden Einkommen die durch Verringerung der Arbeitszeiten wachsende Freizeit beitrug, verstärkten diesen Trend (Merki 2008, S. 56, 59) (→ KAPITEL 7, 8). Selbst die spätere Einführung komfortabler Hochgeschwindigkeitszüge in manchen Ländern änderte nichts daran, dass die Eisenbahn ihre einstige Vorherrschaft dauerhaft verloren hatte.

Wachsende Bedeutung des LKW-Verkehrs

Zudem nahm der nationale und internationale LKW-Verkehr kontinuierlich zu. Nach ersten Abkommen in den frühen Nachkriegsjahren zur Erleichterung des grenzüberschreitenden Frachtverkehrs brachten später die EWG/EG bzw. die EU weitere Liberalisierungsschritte. Der Maastricht-Vertrag (1992) (→ KAPITEL 4.4) verpflichtete die EU ausdrücklich zum Ausbau transnationaler europäischer Netzwerke im Bereich des Verkehrs, der Kommunikation und der Energie. Die Verlagerung des Verkehrs von der Schiene auf die Straße wurde jedoch nicht nur zur Grundlage einer „logistischen Revolution", welche die Grundlage des „postfordistischen Zeitalters" bildete (→ KAPITEL 5.3), sondern schuf gleichzeitig neue Probleme wie Landschaftszerstörung sowie Lärm- und Abgasbelästigungen. Die immer wieder geforderte Umkehr oder zumindest Begrenzung dieser Entwicklung wurde jedoch nicht zuletzt durch die Dominanz nationaler Eisenbahngesellschaften und Eisenbahntechnik behindert, die sich unter anderem in einer starken Zersplitterung der Stromsysteme, der Betriebsleitsysteme und zum Teil sogar der Spurweiten niederschlug (Vahrenkamp 2009).

Autobahn und „freie Welt"

Die Ost-West-Teilung zeichnete sich im Ausbau der Straßen ebenso ab wie im unterschiedlichen Motorisierungsgrad und beim jeweiligen Anteil der verschiedenen Verkehrsmittel am Transportaufkommen – allerdings bei starken Differenzen innerhalb der beiden Blöcke (→ ABBILDUNG 17). Beim Straßenbau entwickelten sich die Strukturen und damit auch das jeweilige Landschaftsbild auseinander: Der private Autoverkehr wurde von nordamerikanischen Lobbyisten als Ausdruck einer auf individueller Freiheit basierenden westlichen Lebensweise angepriesen, deren Ziel der „freie Verkehrsfluss" war. Diesem Ziel wurden besonders in den 1960er- und 1970er-Jahren in den USA und Europa oftmals die Innenstädte angepasst. Bis Ende der 1980er-Jahre wurde überdies im westlichen Europa nach Vorbildern aus den USA ein 40 000 Kilometer langes Netz von Europastraßen ausgebaut, das neben

	EG/EU	B	D	F	I	L	NL	DK	IRL	UK	EL	E	P	A	FIN	S
EG-6 1958	3239	114	2408	188	242	–	287	34	–	–	–	–	–	20	–	30
EG-9 1973	17086	1026	5258	2275	5090	34	1251	273	–	1879	76	737	66	586	125	547
EG-10 1981	25517	1315	7784	5289	5900	44	1831	515	–	2748	91	2053	132	936	194	721
EG-12 1986	30544	1549	8437	6019	5997	58	1978	593	8	3038	91	2580	196	1248	204	798
EU-15 1995	45252	1666	11190	8275	6435	115	2208	796	70	3307	420	3962	687	1588	388	1145
EU-15 2001	52748	1726	11712	10068	6478	115	2291	971	125	3582	742	9571	1659	1633	549	1526

Autobahnstrecken insgesamt (km)

kursiv: Schätzungen

Bisherige EG/EU-Mitgliedstaaten

Neue EG/EU-Mitgliedstaaten

Künftige EG/EU-Mitgliedstaaten

Abbildung 17: Autobahnstrecken in der EG/EU in Kilometern (aus: 50 years of figures 2003, S. 113)

dem Ostblock gleichfalls Staaten an der westeuropäischen Peripherie wie Griechenland ausschloss (Mom 2005, S. 759–753; Blomkvist 2006). Deutlich zeichnete sich die Ost-West-Teilung auch an den Wasserstraßen und Hafenverbindungen ab, wo zahlreiche traditionelle Verbindungen gekappt und neue hergestellt wurden.

Luftverkehr wird zum Massenverkehrsmittel

Nach dem Zweiten Weltkrieg vollzog sich in Europa allmählich der Übergang des Luftverkehrs vom bürgerlich-elitären Modell des Reisens, dessen luxuriöses Image noch einige Zeit nachwirkte, zum Massenverkehrsmittel. Genau genommen war in dieser Hinsicht der Ostblock der Vorreiter, war doch die sowjetische Aeroflot – gemessen an der Zahl der Passagiere – schon in den 1950er-Jahren die größte Fluggesellschaft der Welt. Nach 1945 garantierte zunächst die Regulierung des Flugmarkts durch ein internationales Kartell hohe Preise. Erst durch die Einführung der Tourist und später der Economy Class in den 1950er-Jahren sowie durch das Vordringen von Charterflügen seit den späten 1960er-Jahren, sanken die Preise allmählich. Anfang der 1980er-Jahre wurde der europäische Flugverkehr weiter liberalisiert und viele einstmals staatliche Fluggesellschaften privatisiert.

Liberalisierung und Privatisierung

In der Folge verschwanden oder fusionierten viele Fluglinien, die einst den Status nationaler Symbole besessen hatten, wie beispielsweise die schweizerische Fluggesellschaft Swissair, während Charter- und später auch Billigfluggesellschaften immer größere Bedeutung auf dem stetig expandierenden Flugmarkt erlangten. Waren Flugzeuge nach 1945 noch überwiegend ein Transportmittel für Geschäftsreisende gewesen, gewann seit den 1960er-Jahren der Tourismus einen immer größeren Anteil, und schon in den 1980er-Jahren hatte das Flugzeug die Bahn als bevorzugtes Reisemittel für Ferienreisen überflügelt (Spode 1989, S. 502–509; Lyth / Dienel 1998, S. 3–12).

Auswirkungen des Endes des Kalten Krieges

Das Ende des Kalten Krieges bedeutete eine tiefe Zäsur für die europäische Verkehrsentwicklung. In den Ländern des ehemaligen Ostblocks wurde nun – ähnlich wie in Südeuropa nach dem Ende der dortigen Diktaturen (→ KAPITEL 10.2) – die Verkehrsinfrastruktur mit massiver Unterstützung der EU ausgebaut, alte Verbindungen wurden wieder hergestellt und neue Netzwerke geknüpft. Dies bedeutete insbesondere neue Autobahnen und Bahnstrecken sowie den sprunghaften Anstieg des Straßenverkehrs. Insgesamt kam es in Europa zu einem dramatischen Mobilitätsanstieg: Betrug die durchschnittlich täglich zurückgelegte Distanz pro Person 1970 noch 17 Kilometer, so lag sie 30 Jahre später schon bei 35 Kilometern (Kaschuba 2009, S. 178).

Im Zusammenhang einer europäischen Zeitgeschichte finden meist die transnationalen Verkehrsströme große Aufmerksamkeit. In Anlehnung an Überlegungen aus der Nationalismusforschung wird besonders nach der integrierenden Wirkung der durch Verkehr und Kommunikation erzeugten sozialen Interaktionen gefragt. Die „verborgene Integration Europas" vollzieht sich in dieser Perspektive „in einer wachsenden Zirkulation von Personen, Gütern und Wissensbeständen", die von der Entwicklung und Nutzung technischer Infrastruktursysteme angetrieben wird (Trischler 2009, S. 167f.). Eine besondere Rolle für die „europäische Kommunikation von unten" spielt der Tourismus, der oftmals in einem reziproken Verhältnis zur Arbeitsmigration steht: Die Touristen stammten vielfach aus jenen Ländern, die als Zielländer der Arbeitsmigration (→ KAPITEL 6.2) dienten, und deren Ausgangsländer bildeten wiederum häufig das Ziel der Touristen. „Insofern begegneten sich Italiener und Deutsche, Spanier und Franzosen immer doppelt und jeweils in vertauschten Rollen", teils als Gäste, teils als Gastgeber (Mergel 2006, S. 116). Der daraus resultierende Trend zur transnationalen Kommunikation konkurrierte allerdings mit der Ausprägung von spezifischen, auf Migranten bzw. Touristen ausgelegten Infrastrukturen in den jeweiligen Gastländern.

Abgesehen von Sonderfällen wie Ungarn und Jugoslawien trennte der Eiserne Vorhang bis zu seinem Ende auch die östlichen von den westlichen Touristenströmen. Dass ostdeutsche Touristen schließlich 1989 das Schlupfloch Ungarn nutzten, um in den Westen zu gelangen und damit die finale Krise der DDR herbeiführten, verweist jedoch auch auf den Eigensinn von Reiseströmen jenseits der durch technische Infrastrukturen vorgegebenen Wege. Nach dem Fall des Eisernen Vorhangs erreichte der Reiseverkehr in Europa eine neue Intensität, wobei Spediteure, Touristen und Arbeitsuchende – oder solche, die beides verbinden –, die lange Zeit zwangsweise verödete Ost-West-Achse wieder belebten (Schlögel 2009).

„Verborgene Integration Europas"

Transnationale Kommunikation

Reiseströme in Ost und West

13.2 Massen- und Kommunikationsmedien

Nicht allein die Verbreitung und Aneignung neuer Verkehrstechnologien, sondern ebenso die Veränderungen der Medien transformierten die Wahrnehmung von Raum und Zeit in Europa. Dabei geht es gleichermaßen um Massen- wie um Kommunikationsmedien. Beide standen nach 1945 noch relativ unverbunden nebeneinander, bis seit den späten 1990er-Jahren die Grenzen zwischen ihnen immer stärker zerflossen, wofür vor allem die Entwicklung des Internet verantwortlich war. Damit verlor zugleich die traditionelle Unterscheidung in Massenmedien mit geringer und Kommunikationsmedien mit hoher Interaktivität ein Stück weit an Geltung. Bei dem Versuch, den Zusammenhang von Medienentwicklung und Veränderungen des Kommunikationsverhaltens zu interpretieren, lässt sich an Überlegungen des Zeithistorikers Axel Schildt anknüpfen, der das 20. Jahrhundert als eine Abfolge massenmedialer Ensembles betrachtet. Diese waren jeweils durch Leitmedien charakterisiert: Zeitung, Radio und Fernsehen (Schildt 2001). Im Folgenden wird dieses hilfreiche Schema zeitlich ergänzt und in Beziehung zur Entwicklung der Kommunikationsmedien gesetzt. Ähnlich wie beim Verkehr gilt auch hier, dass in Europa nach 1945 Entwicklungen abliefen, die sich in den USA bereits früher vollzogen hatten.

Abfolge massenmedialer Ensembles

In mediengeschichtlicher Perspektive bedeutete das Ende des Zweiten Weltkrieges in Europa ein Anknüpfen an die Strukturen eines bereits in der Zwischenkriegszeit entstandenen massenmedialen Ensembles, in dem das Radio (und in zweiter Linie auch der Tonfilm) das bisherige Leitmedium Tageszeitung (im Verbund mit Illustrierten und Stummfilmen) abgelöst hatte. Blieb also nach 1945 das Grundmuster erhalten, so veränderte sich der Anteil der Medien am Gesamtensemble zum Teil erheblich: Aufgrund politischer „Säuberungen" und Neuorientierungen wurden in Europa in der Nachkriegszeit zahlreiche Zeitungen, Zeitschriften sowie Rundfunksender neu gegründet. Die dabei entstehende Medienlandschaft blieb in erster Linie national organisiert, wobei sich jedoch im Gefolge des Kalten Krieges unterschiedliche Muster des staatlichen Einflusses ausprägten: In den westeuropäischen Ländern (soweit dort nicht zunächst noch Diktaturen fortbestanden) wurde vor allem versucht, die Folgen der nationalsozialistischen bzw. faschistischen Gleichschaltung zu überwinden. Allerdings blieb hier insbesondere beim Rundfunk – und später ebenso beim Fernsehen – der staatliche Einfluss in der Regel groß. Auf ähnliche Weise erneuerte sich vielfach auch die überkommene Parteibindung vieler Zeitungen, wenngleich nicht im selben Maße wie vorher. Dagegen wurden die Medien in den Ländern des sowjetischen Machtbereichs bald wieder zum Objekt der staatlichen Medienpolitik, die keinerlei Meinungsvielfalt zuließ.

Brüche und Kontinuitäten nach 1945

Medien im Kalten Krieg

Zur Geschichte der Medien im Kalten Krieg gehörte aber gleichfalls der Versuch, etwa durch die Ausstrahlung spezieller Rundfunkprogramme das jeweilige Informationsmonopol der anderen Seite zu durchbrechen. Angesichts der monopolisierten Medienlandschaft im sowjetischen Machtbereich spielte dies dort jedoch eine größere Rolle für die Bevölkerung als im Westen. Trotz aller Bemühungen, zu denen neben Verboten etwa auch Störsender gehörten, gelang es niemals, den Eisernen Vorhang in medialer Hinsicht gänzlich zu schließen. Das verhinderten außerdem Briefkontakte, denn der Brief, der in eine lange Tradition der Schreibkultur eingebunden war, fungierte nach 1945 zunächst noch völlig ungebrochen als Hauptform der persönlichen Kommunikation über größere Distanzen. Das Telefon blieb dagegen anfänglich noch weitgehend ein Privileg wohlhabender Kreise oder von Behörden und trug damit zugleich Züge eines Status- bzw. Machtsymbols.

Etwa seit den späten 1950er-Jahren bildete sich ein neues mediales Ensemble aus. In dessen Mittelpunkt stand das Fernsehen, dessen Bedeutung in Europa allerdings aufgrund der anfänglich noch hohen Kosten der Empfangsgeräte mit unterschiedlicher Geschwindigkeit zunahm. In Westeuropa besaß 1955 lediglich ein Siebtel der Haushalte ein Fernsehgerät, doch bereits 1965 war der Anteil auf 90 Prozent angestiegen. In Osteuropa besaß dagegen 1955 kaum ein Haushalt ein Fernsehgerät, was sich zehn Jahre später nur geringfügig geändert hatte. Noch 1967 besaß gerade einmal ein Drittel aller osteuropäischen Haushalte ein Fernsehgerät, und erst 1985 war ganz Europa mit Fernsehen versorgt. So hinkte der östliche Teil Europas dem Westen hier ungefähr 20 Jahre hinterher, auch wenn die DDR durch einen höheren Ausstattungsgrad eine Ausnahme bildete (→ KAPITEL 7.1). Gleichwohl waren die Voraussetzungen dafür geschaffen, dass über das Fernsehen das Leitbild westlicher Lebens- und Konsumstile hinter dem Eisernen Vorhang verbreitet wurde. Dort wurde das Fernsehen jedoch nicht zu einem Wegbereiter des „Kinosterbens", das in Teilen Westeuropas stattfand. Während die Konkurrenz des Fernsehens Zeitungen und Rundfunk kaum bedrohte, erlebte das Kino in Skandinavien, Großbritannien und den deutschsprachigen Ländern einen starken Besucherrückgang. In Frankreich und im südlichen Europa hielt sich das Kino allerdings besser und in Osteuropa gewann es sogar noch an Bedeutung. Erst seit den 1970er-Jahren begann sich auch die bis heute bestehende Dominanz der US-amerikanischen Filmproduktionen in europäischen Kinos zu entwickeln (Kaelble 2007, S. 275f.).

Fernsehen als neues Leitmedium

„Kinosterben"

Ost-West-Schere der
Kommunikations-
medien

Zugleich zeigte sich eine Ost-West-Schere der Kommunikationsmedien: In dieser Phase setzte sich das Telefon in Westeuropa als allgemein verfügbares Kommunikationsmittel durch, und dauertelefo-
nierende Teenager auf der Familiencouch lösten den auf ihrem
Diwan telefonierenden weiblichen Hollywoodstar als Filmklischee
ab. Auf der östlichen Seite des Eisernen Vorhangs blieb das Telefon
immer noch ein knappes Gut (→ KAPITEL 7.1) und behielt auf diese
Weise seine Funktion als Mittel sozialer Kontrolle der Kommunikation, da auch private Gespräche dadurch meist nur unter Beobach-
tung stattfinden konnten. Ein westliches Privileg war zudem, dass die
bislang vor allem von Zeitungsredaktionen und Polizeidienststellen
genutzte Technik des Fernkopierens in den 1970er- und 1980er-Jah-
ren in Gestalt der Faxgeräte zur Standardanwendung erst in Büros
und dann auch in Privathaushalten wurde. Generell wurde die sich
immer weiter öffnende Schere in der technologischen Entwicklung
zwischen Ost und West zugleich prägend für die Entwicklung von
Medien und Kommunikation, wobei die Auswirkungen bis auf die
Mikroebene der sozialen Interaktionen herunterreichten.

Veränderungen von
Privatheit und
Öffentlichkeit

Medien der Massen- wie der Privatkommunikation veränderten
auch immer wieder das Verhältnis von Privatheit und Öffentlichkeit:
Ein wichtiges Beispiel dafür sind Radio und Fernsehen, die anfänglich vor allem gemeinschaftlich in der Öffentlichkeit rezipiert wurden, bis sich der Konsum immer mehr in die private Sphäre der eigenen Wohnung verlagerte. Diese Tendenz erfasste seit der Einführung
von Videokassetten bzw. anschließend von DVDs mit einiger Verzögerung auch den Film. Insbesondere im Bereich der privaten Kommunikation werden jedoch die Grenzen zwischen privaten und öffentlichen Räumen immer fließender, wenn man etwa an soziale
Netzwerke im Internet und öffentliches Handytelefonieren denkt. So
sind die sozialen Auswirkungen des jüngsten medialen Ensembles,
das in technischer Hinsicht durch die Computerisierung der Massen-
wie der Alltagskommunikation geprägt wird, noch gar nicht endgültig absehbar (→ ASB REICHARDT, KAPITEL 6).

Zwischen
Privatisierung und
Staatseinfluss

Neben den technischen Möglichkeiten veränderten sich darüber
hinaus die Besitzverhältnisse der Massenmedien grundlegend: Der
große Staatseinfluss, der lange Zeit ein Charakteristikum der europäischen Massenmedien gewesen war, wich in den 1980er-Jahren in
Westeuropa einer auch in diesem Bereich einsetzenden Privatisierung.
Für den Medienkonsumenten wurde dies insbesondere durch die Ver-
vielfältigung der Rundfunk- und Fernsehprogramme aufgrund der
Entstehung privater Sender bemerkbar, für deren Produktionen oft-

mals nordamerikanische Medienformate als Vorbild dienten. Die mit
Namen wie Reinhard Mohn (Bertelsmann), Silvio Berlusconi (Media-
set, Mondadori, Einaudi) und Rupert Murdoch (News Corporation)
verbundene Entstehung internationaler Medienkonzerne trieb die radikale Transformation der europäischen Medienlandschaft voran.
Nach dem Ende des Kalten Krieges veränderte sich auch die Medienlandschaft in Osteuropa: Einige Länder wie Tschechien, Ungarn und
Polen übernahmen relativ schnell das westliche Mediensystem. Dagegen war insbesondere in den Staaten der Russischen Föderation der
unmittelbare Staatseinfluss auf die Medien ungebrochen. Auch private Medienunternehmer in Osteuropa blieben stark abhängig von der
Politik (Williams 2005, S. 15–114).

Während sich die Massenmedien seit den 1980er-Jahren in vielen
Fällen pluralisierten und dabei oft auch regionalisierten, führte dies
gleichzeitig zu einer starken Homogenisierung der Medienformate im
europäischen Maßstab. Dort, wo transnationale Fernsehereignisse
entstanden, wie besonders bei Sportveranstaltungen, wirken sie nicht
nur gemeinschaftsstiftend, sondern verstärken mitunter zugleich auch
nationale Stimmungen. Der seit 1956 stattfindende internationale
Musikwettbewerb Eurovision Song Contest, der neben Fußballüber-
tragungen *das* transnationale europäische Medienereignis bildet, hat
sich seit dem Beitritt der östlichen Nachbarländer nach dem Ende
des Kalten Krieges stark gewandelt. Auseinandersetzungen um eine
Stimmenabgabe entlang der Frontlinien des ehemaligen Eisernen
Vorhangs verweisen sowohl auf die Bedeutung nationaler kultureller Traditionen wie auch auf das Fortleben einer Ost-West-Konkur-
renz.

Nachdem seit den 1980er-Jahren die ersten Personal Computer
(PC) zunächst in erster Linie für Büroanwendungen und Spiele eingesetzt wurden, revolutionierte seit Mitte der 1990er-Jahre das Internet gleichermaßen Massen- und Kommunikationsmedien. Hatte
die Einführung neuer Leitmedien bis dahin überwiegend zur Pluralisierung der Medien geführt, produzierte der Übergang von analo-
gen zu digitalen Medien gänzlich neue Herausforderungen. Die
zunehmende Verlagerung der Werbemärkte ins Internet sowie veränderte Muster der Mediennutzung schwächten nicht nur die Position von Zeitungen, Zeitschriften und Fernsehen. Vielmehr sind die
traditionellen Ton- und Bildmedien auch durch die digitale Verviel-
fältigung medialer Inhalte und deren mühelose Weiterverbreitung
bedroht. Vor allem aber verschmolzen Massenmedien und Medien
der privaten Kommunikation immer stärker miteinander, nicht zu-

Pluralisierung und
Homogenisierung

Umwälzung der
Medienlandschaft
durch das Internet

Mobiltelefone

letzt seit sich die in den 1980er-Jahren als Yuppie-Accessoire aufge-kommenen, anfänglich ziegelsteingroßen Mobiltelefone zu einem all-gemeinverfügbaren Konsumartikel gewandelt haben. Empfang und Bereitstellung verschiedenartiger Medieninhalte werden immer mehr zu einer Selbstverständlichkeit. Am gewiss nur vorläufigen Ende dieser Entwicklung steht die Möglichkeit, über *Twitter* und *Youtube* nahezu in Echtzeit eigene Medieninhalte weltweit verfügbar zu ma-chen.

13.3 Europäische Öffentlichkeiten

Begriff
„Öffentlichkeit"

Die Entwicklung der Medien in Europa veränderte auch die Ge-stalt der Öffentlichkeit. Der Begriff „Öffentlichkeit" wird in sehr unterschiedlicher Weise definiert, doch besteht ein gemeinsames Merkmal vieler Definitionen darin, dass es sich dabei um einen Diskussionsraum handelt, der zwischen privater und staatlicher Sphäre angesiedelt ist und in dem Themen von allgemeiner Rele-vanz verhandelt bzw. überhaupt erst erzeugt werden (Kaelble u. a. 2002, S. 21f.). Die meisten Definitionen zielen weiterhin einerseits auf die Rolle von Öffentlichkeit bei der Bildung von Kollektiven und andererseits auf die Frage der gesellschaftlichen Kontrolle staat-licher Macht.

Nationale
Öffentlichkeiten in
Westeuropa

Während des Zweiten Weltkrieges hatte Öffentlichkeit – selbst in den wenigen verbliebenen liberalen Demokratien – nur in einer von der Zensur stark eingeschränkten Form existiert. Nach 1945 entwi-ckelten sich in Westeuropa – solange dort nicht noch Diktaturen fortbestanden, wie etwa in Spanien und Portugal – wieder freie Öf-fentlichkeiten als „Medium der Selbstreferenz der Gesellschaft" (Im-hof 1996, S. 4). Auffällig war dabei, dass sich Öffentlichkeit in erster Linie im nationalen Rahmen ausbildete, während der allmählich ent-stehende institutionelle Aufbau der westeuropäischen Integration zu-nächst kaum zur Entstehung einer europäischen Öffentlichkeit bei-trug.

Öffentlichkeit und
Demokratie

Der immer wieder behauptete enge Zusammenhang von Öffent-lichkeit und Demokratie, der im Zeichen des Kalten Krieges von be-sonderer Bedeutung für die Abgrenzung vom sowjetisch beherrschten „Osten" war, führte mehrfach zu kritischen Einwänden. Der Philo-soph Jürgen Habermas diagnostizierte 1961 einen „Strukturwandel der Öffentlichkeit", bei dem das „räsonierende Publikum von Privat-leuten" unter den „Bedingungen der sozialstaatlichen Massendemokratie" auseinanderfalle (Habermas 1990, S. 356f.). Dies bedeutete für ihn zugleich das Ende einer dem Staat kritisch gegenüberstehenden öffentlichen Kommunikation. Warnte Habermas also vor der drohenden staatlichen Durchdringung der Sozialsphäre, kritisierte der US-amerikanische Soziologe Richard Sennett 1974 die zunehmende Intimisierung der öffentlichen Angelegenheiten, die zu einem „Verfall und [...] Ende des öffentlichen Lebens" führen würde (Sennett 2004). Doch gibt es auch optimistischere Stimmen, die in der neuen massenmedialen Kommunikationskultur ein demokratisches Potenzial erblicken. Dies basiert insbesondere auf der Voraussetzung, dass „man in der ‚medialen Gestalt' der Massengesellschaft eine eigenständige politische Produktivkraft sieht und nicht nur eine Bühne für die Kommunikation von Politik", wofür die transnationale 68er-Bewegung (→ KAPITEL 11.3) als ein erstes Beispiel gelten kann (Weisbrod 2001, S. 283). Wie man sich zu diesen Einschätzungen positioniert, hängt von den Erwartungen an die Leistungen und die Funktionsweise der Öffentlichkeit und der Medien ab.

In den sowjetisch beherrschten Teilen Europas konnte sich nach 1945 keine freie Öffentlichkeit im westlichen Sinne entwickeln. Allerdings bedeutet dies nicht, dass es in Osteuropa keine Formen der gesellschaftlichen Selbstverständigung bzw. der Kommunikation zwischen Staat und Gesellschaft gegeben hätte. Im Gegenteil: Gerade das Fehlen einer Öffentlichkeit im liberalen Sinne zwang die Herrschenden im sowjetischen Machtbereich – jedenfalls nach den Erfahrungen wiederholter Volksaufstände (→ KAPITEL 11.2) – dazu, nach Wegen zu suchen, auf denen sie mit ihrer Bevölkerung kommunizieren konnten. Auf allen Ebenen der Gesellschaft gab es Funktionäre von Staat und Partei, die nicht nur der Durchsetzung der offiziellen Politik dienten, sondern zugleich auch als Kanäle, durch welche die Stimmungen und Meinungen der Bevölkerung an die politischen Schaltstellen weitergeleitet werden konnten. Hinzu kamen weitere spezifische Verfahren, die eine Ersatzöffentlichkeit herstellen sollten. So gab es etwa in der DDR eine Vielzahl staatlich organisierter öffentlicher Diskussionen über einzelne Gesetzesvorhaben, bei denen – zumindest wenn keine grundsätzlichen Belange des Regimes berührt wurden – zahlreiche Änderungsvorschläge produziert wurden, die durchaus auch Berücksichtigung fanden (Fulbrook 2008). Zudem entstanden dort ähnlich wie in anderen sozialistischen Staaten seit den 1970er-Jahren subkulturelle Bewegungen und Dissidentenkreise (→ KAPITEL 11.2). Teilweise gefördert durch den KSZE-Prozess (→ KAPITEL 3.3) entwickelten sich diese kritischen Strömungen nicht nur in

Öffentlichkeit in Osteuropa

Subkultur und Dissidenten

207

der DDR, sondern gleichfalls in der Tschechoslowakei, in Polen und sogar in der Sowjetunion in Ansätzen zu einer Art von Gegenöffentlichkeit. Eine wichtige Voraussetzung dafür war, dass Dissidenten im sowjetischen Machtbereich Zugang zu westlichen Medien fanden.

Derartige Verflechtungen zwischen westlichen und östlichen Medienöffentlichkeiten spielten auch eine wichtige Rolle bei den diversen Aufständen im sowjetischen Machtbereich. Dies konnte, wie in Ungarn 1956, zu tragischen Ergebnissen führen, suggerierten doch die westlichen Medien eine Unterstützung der Proteste, die politisch nicht eingelöst wurde. Denn dies hätte der damals im Westen vorherrschenden Status-Quo-Orientierung widersprochen (→ KAPITEL 3.2, 11.2). Anders verhielt sich es sich bei den Unruhen im Ostblock 1989/90. Hier bot der Blick westlicher Kameras den Demonstranten nicht nur partiellen Schutz vor Repressionen, sondern er verstärkte zugleich die delegitimierende Wirkung der Demonstrationen für die kommunistischen Regimes im Osten: Die Medien bildeten die politischen Ereignisse nicht nur ab, sondern schufen sie zum Teil erst und wurden damit selbst zu einem wesentlichen Faktor der politischen Destabilisierung. Das eindringlichste Beispiel dafür lieferte die Öffnung der Berliner Mauer am 9. November 1989, bei der die bundesdeutsche Fernsehberichterstattung den Verlauf und die Dynamik der Ereignisse in hohem Maße beeinflusste (→ KAPITEL 3.4).

Auch nach dem Ende des Kalten Krieges blieben die Ansätze zur Entwicklung einer europäischen Öffentlichkeit allenfalls zaghaft. Die europäischen politischen Institutionen hatten bereits in den letzten Jahrzehnten des 20. Jahrhunderts großen Einfluss gewonnen. Dagegen blieb es in Europa in erster Linie bei nationalen Öffentlichkeiten. Jenseits dessen fächerten sich diese eher in regionale oder spezifische transnationale Konstellationen auf, als auf einer europäischen Ebene zu verschmelzen. Ausnahmen bildeten vor allem intellektuelle Eliten und Expertenöffentlichkeiten, die allerdings oftmals eher transatlantisch als europäisch ausgerichtet sind. So verfestigte sich bislang ein starkes Ungleichgewicht zwischen der Entstehung eines transnationalen europäischen Machtzentrums in Brüssel und einer nur in Ansätzen erkennbaren transnationalen europäischen Öffentlichkeit (Kaelble u. a. 2002, S. 27). Das daraus resultierende Fehlen einer europäischen kritischen Diskussion, die die Tätigkeit dieser Institution kontinuierlich begleitet, trägt auch erheblich zu dem immer wieder beklagten Demokratiedefizit der EU bei (→ KAPITEL 4.3).

Westmedien als Verstärker von Protesten im Osten

Europäische Öffentlichkeit?

Fragen und Anregungen

- Diskutieren Sie die Ursachen und die Ergebnisse der Veränderung der europäischen Verkehrsstrukturen seit 1945.

- Erörtern Sie die sozialen Auswirkungen der Entwicklung der Massen- und Kommunikationsmedien.

- In welchem Verhältnis stehen Medien, Öffentlichkeit und Demokratie in Europa?

Lektüreempfehlungen

- **Andreas Fickers: Eventing Europe. Europäische Fernseh- und Mediengeschichte als Zeitgeschichte**, in: Archiv für Sozialgeschichte 49, 2009, S. 391–416. *Innovative Verknüpfung medien- und technikhistorischer Perspektiven.*

  Forschung

- **Kurt Imhof: „Öffentlichkeit" als historische Kategorie und als Kategorie der Historie**, in: Schweizerische Zeitschrift für Geschichtswissenschaft 46, 1996, S. 3–25. *Grundlegende begriffsgeschichtliche Reflexionen zum Begriff „Öffentlichkeit".*

- **Hartmut Kaelble: Sozialgeschichte Europas. 1945 bis zur Gegenwart**, München 2007, S. 269–298. *Einführender Überblick zur Geschichte der Medien und der europäischen Öffentlichkeit seit 1945.*

- **Ralf Roth / Karl Schlögel (Hg.): Neue Wege in ein neues Europa. Geschichte und Verkehr im 20. Jahrhundert**, Frankfurt a. M. 2009. *Hervorragende Aufsatzsammlung zu verschiedensten Aspekten der europäischen Verkehrsgeschichte.*

- **Axel Schildt: Das Jahrhundert der Massenmedien. Ansichten zu einer künftigen Geschichte der Öffentlichkeit**, in: Geschichte und Gesellschaft 27, 2001, S. 177–206. *Systematischer Überblick, der eine gute Einführung in Gegenstand und Begrifflichkeiten bietet.*

- **Karl Schlögel: Im Raume lesen wir die Zeit. Über Zivilisationsgeschichte und Geopolitik**, München / Wien 2003. *Anregende Studie, die mittlerweile als Klassiker der als „spatial turn" bezeichneten Wiederentdeckung der Kategorie des Raumes gilt.*

14 Fazit: Europäische Zeitgeschichte

Abbildung 18: ČSSR im Umbruch 1989 Demonstration auf dem Wenzelsplatz in Prag

Der Václavské náměstí (Wenzelsplatz) im Zentrum von Prag gilt nicht nur in der Tschechischen Republik als einer der schönsten Plätze Europas. Auf ihm versammelten sich im November 1989 Tausende von Menschen, um gegen die herrschende Ordnung zu demonstrieren. Durch das Schütteln ihrer Schlüsselbunde läuteten sie die „samtene Revolution" ein und trugen zum Ende der kommunistischen Herrschaft in Osteuropa bei. So wie viele Beteiligte den Eindruck hatten, Geschichte zu machen, scheinen sich in den Aufnahmen der Demonstrationen komplexe Geschichtsabläufe zu verdichten. Daher dienen sie an Jahrestagen zusammen mit anderen Bildern immer wieder zur Illustration vergangener Geschehnisse. Gerade in Bezug auf die jüngste Vergangenheit prägen häufig reproduzierte Aufnahmen Geschichtsbilder, wie zum Beispiel das der „friedlichen Revolution", in der Hunderttausende einfache Menschen mit ihrem Protest ein politisches System zu Fall brachten.

1989 – oder genauer gesagt: der Zeitraum von 1989 bis zur Auflösung der Sowjetunion im Jahr 1991 – gilt vielen als die zentrale Zäsur der jüngeren Zeitgeschichte. Der Kalte Krieg verlor seine globale Ordnungskraft und eine neue, „unübersichtlicher" wirkende Konstellation trat an seine Stelle. Schon die Zeitgenossen beurteilten diese Ereignisse als fundamentalen Einschnitt und sahen sich am Beginn einer neuen Epoche, wenn nicht gar am „Ende der Geschichte". So argumentierte der amerikanische Politikwissenschaftler Francis Fukuyama, im Sinne von Hegels Philosophie sei die Geschichte mit dem weltweiten Sieg der liberaldemokratischen Ordnung zum Ende gekommen (Fukuyama 1992). Zwanzig Jahre und zahlreiche Kriege später folgt dieser These niemand mehr. Nichtsdestoweniger bilden die Jahre von 1989 bis 1991 in vielerlei Hinsicht einen entscheidenden Bruch in der jüngsten Vergangenheit. Als Zäsur ist diese Phase aber nicht alternativlos, zumal die Setzung von Epochengrenzen immer von der jeweiligen Perspektive und Schwerpunktsetzung abhängt, wie im ersten Abschnitt gezeigt wird. Zäsuren dienen immer auch als erinnerungspolitische Identifikationsangebote, zu denen viele Zeithistorikerinnen und -historiker beitragen möchten. Dieser Beitrag wird im zweiten Unterkapitel analysiert. Im dritten Abschnitt wird danach gefragt, wie zeithistorische Analysen in europäischer Perspektive aussehen können.

14.1 Räume und Zeitrhythmen
14.2 Erinnerung und europäische Identitäten
14.3 Europäische Zeitgeschichte erforschen

14.1 Räume und Zeitrhythmen

Wie in den bisherigen Kapiteln gezeigt wurde, ist Europa keine fixe Einheit mit vorgängigen Strukturen, deren Geschichte ganz einfach erzählt werden könnte. Die Beschreibung und Definition Europas, seine Außen- und Binnengrenzen hängen vielmehr von der Perspektive ab, die auf den Gegenstand eingenommen wird. Diese entscheidet nicht nur über die Ordnung des Raumes, sondern auch über die Interpunktion der Zeit, die historischen Einschnitte und Entwicklungsdynamiken. So ergaben sich bei der Untersuchung der verschiedenen Aspekte europäischer Zeitgeschichte jeweils eigene räumliche und zeitliche Strukturen, die sowohl aus der Eigenlogik des untersuchten Teilaspekts als auch aus unserem Standpunkt in der Gegenwart folgten.

Trotz dieser Heterogenität europäischer Zeitgeschichte, die kein einheitliches *master narrative* (Meistererzählung) erlaubt, zeigte sich in vielen Kapiteln eine Hegemonialperspektive, die durch den Kalten Krieg bestimmt wurde. Die Konfrontation zwischen den USA und der Sowjetunion führte nach dem Ende des Zweiten Weltkrieges zur Teilung des Kontinents in Ost- und Westeuropa und prägte so das wichtigste räumliche Ordnungsmuster europäischer Zeitgeschichte. Durch die fundamentale Prägekraft der Ost-West-Teilung bildete der Zusammenbruch des Kommunismus bzw. die Überwindung der Blockkonfrontation in den Jahren 1989–91 dann auch in vielen Hinsichten die wichtigste Zäsur der europäischen Nachkriegsgeschichte. Sie strukturierte die Erzählung in vielen Kapiteln, die wichtige Entwicklungslinien der vergangenen Jahrzehnte von unserem eigenen Standpunkt aus zunächst in West-, dann in Ost- und ab den 1990er-Jahren in Gesamteuropa nachzuzeichnen suchten.

Die Teilung Europas prägte die internationale Politik des Kontinents durch Militärbündnisse, Aufrüstung und Abrüstungsversuche, durch Krisen, in denen militärische Auseinandersetzungen nahe zu sein schienen, sowie durch Entspannungsbemühungen (→ KAPITEL 3). Die Blockkonfrontation löste die Einheit Europas aber nicht nur durch den sogenannten Eisernen Vorhang auf, der bis Ende der 1980er-Jahre eine schwer zu überwindende Grenze bildete und Europa in politisch, wirtschaftlich und gesellschaftlich ungleiche Teile spaltete. Durch die Intervention und Präsenz der Supermächte USA und UdSSR in Europa verschwammen auch seine politischen Außengrenzen. Für politikhistorische Analysen bedeutet die globale Konfliktkonstellation des Kalten Krieges, dass sie sich nur in seltenen Fällen auf europäische oder gar einzelne nationale Regierungen konzentrieren dürfen. Vielmehr müssen sie zumeist auch Bezug auf die politischen Strategien der Supermächte nehmen, die fast immer einflussreich waren. Selbst die Unterscheidung von West- und Osteuropa als solche, die über weite Strecken als Leitdifferenz fungierte, kann nicht geografisch gerechtfertigt werden. Sie ergibt nach 1945 nur dann einen Sinn, wenn man sie auf den Konflikt zwischen den USA und der UdSSR bezieht, der die europäische Zeitgeschichte strukturierte.

Neben der Außenpolitik bestimmte der Kalte Krieg bzw. die Systemkonfrontation zwischen staatssozialistischen und liberal-demokratischen Ordnungsvorstellungen in unterschiedlichem Maße auch die Innenpolitik der europäischen Länder. Dies galt für die Gestaltung und Handhabung der Staats- und Rechtsordnungen genauso wie für die Wirtschafts- und Sozialordnungen (→ KAPITEL 2, 4, 10). Aus den unterschiedlichen Strukturentscheidungen in der Nachkriegszeit ergaben sich dann verschiedene politische und wirtschaftliche Entwicklungen (→ KAPITEL 5). Wohlstands- und Konsumsteigerungen verliefen anders, politische Veränderungen erfolgten – vor allem durch die Abwesenheit einer freien Öffentlichkeit bzw. einer legitimen Sphäre zivilgesellschaftlicher Aktivität – im Ostblock auf andere Weise als im Westen und für die soziale Frage wurden unterschiedliche Lösungen gesucht und angeboten (→ KAPITEL 7, 9, 11). Die Teilung Europas, deren artifizieller Charakter nirgendwo deutlicher wurde als in Deutschland, durchschnitt etablierte Verkehrs- und Kommunikationswege, schränkte die Ost-West-Migration deutlich ein und erschwerte so den Austausch auf allen Ebenen (→ KAPITEL 6, 12).

Nichtsdestoweniger zeigten sich an vielen Stellen verhältnismäßig einheitliche Entwicklungslinien in Europa, die im Vergleich mit außereuropäischen Regionen besonders hervortreten (Kaelble 2007). Der wirtschaftliche Boom war, wenn auch in unterschiedlichen Ausprägungsgraden, ein gesamteuropäisches Phänomen (→ KAPITEL 5). Genauso waren die Wohlstandssteigerungen zwar verschieden schnell und stark, bewirkten aber doch nach und nach fast überall ein neues Konsumverhalten (→ KAPITEL 7). Lebensweisen und Orientierungsmuster veränderten sich in West- und Osteuropa rasant und zwar nicht vollkommen unabhängig voneinander, sondern auch in Kommunikation über den Eisernen Vorhang hinweg (→ KAPITEL 8). Und selbst in den Bereichen, in denen sich die west- und osteuropäischen Länder am deutlichsten voneinander abgrenzen wollten, in Fragen der Demokratie sowie der Wirtschafts- und Sozialordnung, blieben sie doch gerade durch diese Abgrenzung wechselseitig aufeinander bezogen

West- und Osteuropa

Dimensionen des Ost-West-Gegensatzs

Gesamteuropäische Bezüge

(→ KAPITEL 9, 10). Daraus folgt – anders als oft behauptet wird – nicht, dass in historischen Arbeiten immer beide Seiten gleichberechtigt vergleichend untersucht werden müssten, wohl aber, dass die Entwicklungen der einen Seite ohne einen Blick auf die andere kaum zu verstehen sind. Hier kann es jedoch keine allgemeine Handlungsanleitung geben. Vielmehr ergibt sich jede Untersuchungsanordnung letztlich aus den zugrundeliegenden Forschungsinteressen und der daraus abgeleiteten Fragestellung.

Egal, ob man sich auf die Differenzen zwischen Ost- und Westeuropa oder auf die trotz der Teilung vorhandenen Bezüge konzentriert – in beiden Fällen bildet der Zusammenbruch des Kommunismus 1989–91 die entscheidende Zäsur der europäischen Nachkriegsgeschichte, die vor allem in Osteuropa massive Diskontinuität bedeutete: Die kommunistischen Systeme pluralisierten sich, staatsmonopolistische Wirtschaftsordnungen erlebten Privatisierungswellen, vorher nahezu unüberwindliche Grenzen wurden durchlässig, und die zuvor auf den Westen beschränkten politischen und wirtschaftlichen Integrationsprinzipien wurden gesamteuropäisch ausgeweitet. Die Zäsur von 1989–91 bildet also einen fundamentalen Einschnitt, der in vielerlei Hinsicht die über vierzig Jahre relativ stabile europäische Nachkriegsordnung beendete. Die Tiefe der Zäsur ist jedoch nicht naturgegeben, sondern sie hängt von der gewählten Perspektive ab. Weitet man den Blick globalgeschichtlich auf die Rolle Europas in der Welt und die Entwicklung des Staatensystems insgesamt aus, kann man berechtigterweise fragen, ob nicht die Dekolonisation der weitaus wichtigere und folgenreichere Einschnitt war (Schwarz 2003a, S. 4). 1989–91 erscheint dann als Abschluss einer Epoche, der nur endgültig den Weg frei machte für Entwicklungen, die schon vorher und in anderen Weltregionen ihren Ursprung gehabt hatten.

In Abhängigkeit von der Perspektive erscheinen aber auch ganz andere Einschnitte im Untersuchungszeitraum als fundamental: Kommunikationsgeschichtlich wären dies die strukturellen Transformationen des medialen Ensembles, die einmal in den 1950er-Jahren mit dem Aufkommen des Fernsehens und dann wieder in den 1990er-Jahren mit der beginnenden Breitennutzung des Internet durch das *World Wide Web* erfolgten. Transportgeschichtlich weist die Zeit seit 1945 eher ein kontinuierliches Wachstum des Individualverkehrs auf, weil die epochalen Einschnitte mit den Erfindungen des Automobils und des Flugzeugs hier früher lagen (→ KAPITEL 13). Das Verkehrswachstum zog zusammen mit anderen energieintensiven Lebens- und Produktionsweisen wiederum ökologische Folgen nach sich, die vor

Zäsur 1989–91

Bedeutung der Perspektive

Alternative Perspektiven und Zäsuren

allem in den 1970er-Jahren ins Bewusstsein kamen und zum Gegenstand politischer Gestaltung wurden (→ KAPITEL 12). Aus umweltpolitischer Sicht spricht daher viel dafür, hier eine entscheidende, weltgeschichtliche Zäsur anzusetzen (Sieferle 1994, S. 248). Auch bezogen auf eine Geschichte der Gewalt kann argumentiert werden, dass eher die Dekolonisierungskriege und Europas neue Kriege nach dem Ende des Ost-West-Konflikts wichtige Einschnitte bildeten (→ KAPITEL 10).

Noch weniger als aus der Perspektive des Kalten Krieges bildet Europa unter diesen Gesichtspunkten eine Einheit. Die beschriebenen Prozesse waren nicht auf den europäischen Kontinent beschränkt, sondern die Wissenschafts-, Technik-, Umwelt-, Kommunikations- und Konsumgeschichte zeichnet sich durch globalhistorische Zäsuren aus. Das heißt nicht, dass sie überall auf der Welt mit der gleichen Intensität zu spüren gewesen wären, wohl aber, dass sie potenziell von globaler Reichweite waren und neue Strukturen etablierten. Auch in Europa war ihre Wirkung national und regional äußerst verschieden. Neue Verkehrswege schufen neue räumliche Ordnungen, die einige Teile der Bevölkerung ein- und andere ausschlossen, genauso wie der Anschluss oder Nichtanschluss an moderne Kommunikationsnetze über die Möglichkeiten wirtschaftlicher und gesellschaftlicher Partizipation entscheidet.

Je nach Perspektive gehen die Geschichten europäischer Länder oder Regionen also nicht in einer gemeinsamen europäischen Geschichte auf, sondern liefen dieser oft entgegen. Während z. B. die meisten westeuropäischen Länder in den 1970er-Jahren mit einer Wirtschaftskrise umgehen mussten (→ KAPITEL 5), boomte die norwegische Wirtschaft aufgrund der beginnenden Erdölförderung. In vielen Ländern stehen der europäischen Einigung zudem starke regionalistische Kräfte gegenüber, die ihre Besonderheiten betonen und sich allen Europäisierungstendenzen widersetzen. Damit liefern sie vielleicht populärere Identifikationsangebote für Menschen, die in dieser Region geboren sind und sie ihr Leben lang höchstens zu Urlaubsreisen verlassen, als viele Analysten der Entstehung einer europäischen Gesellschaft, die selbst ein viel mobileres Leben führen, wahrhaben wollen. Jemandem, der 1960 in Nordirland geboren wurde, mag es zudem wie ein Hohn vorkommen, wenn die Zeit seit dem Ende des Zweiten Weltkrieges in Europa als eine besonders friedliche Epoche charakterisiert wird.

Globale Prozesse in Europa

Regionale Differenzen

216

14.2 Erinnerung und europäische Identitäten

Eine wissenschaftliche Zeitgeschichte Europas nimmt, ob sie will oder nicht, stets auch zur Zugehörigkeit bzw. Nichtzugehörigkeit von Ländern und Regionen zu Europa Stellung. Indem sie Prozesse des Einschlusses in bzw. des Ausschlusses aus Europa beobachtet, wirkt sie zugleich auf ihren Beobachtungsgegenstand zurück. Dies geschieht insbesondere dadurch, dass die Zeitgeschichtsschreibung neben der unmittelbaren Erinnerung der Zeitgenossen und der offiziellen Erinnerungskultur an der Herstellung von Geschichtsbildern beteiligt ist. Professionelle Historiker und Historikerinnen konkurrieren auf diesem Feld mit den vielfältigen Formen des nichtwissenschaftlichen öffentlichen Gebrauchs der Geschichte (Hockerts 2002). Geschichtsbilder

Geschichtsbilder sind ein wichtiges Element des Zusammenhalts von „gedachten Gemeinschaften" (Anderson 1983), die sich nicht zuletzt durch Erzählungen über ihre jeweilige Vergangenheit konstituieren: Dies gilt für Familien ebenso wie für Nationen. Nach 1945 bildete sich in Europa allerdings nur eine relativ schwache Erinnerungsgemeinschaft aus. Entsprechende Ansätze blieben zunächst vor allem auf Westeuropa konzentriert und bemühten meist die Idee des „Abendlandes" als Ursprungsmythos. Auch nach 1990 machte eine solche europäische Erinnerungsgemeinschaft bislang nur bescheidene Fortschritte. Dem antiken Mythos von Europa (→ KAPITEL 1.1) stehen weiter mächtige Mythen der Nationen gegenüber. Für die Zeit seit 1945 spielten hier in erster Linie konkurrierende Erinnerungen an den Zweiten Weltkrieg und seine Folgen die Hauptrolle (Flacke 2004). Europa als Erinnerungs-gemeinschaft?

Für die europäische Erinnerungslandschaft bildete der Eiserne Vorhang eine wichtige Grenze, und die damit verbundene Ost-West-Teilung blieb auch nach 1989/90 bis zur Gegenwart äußerst wirkungsmächtig. Jenseits den nationalen Erinnerungskulturen dominiert auf westlicher Seite seit einigen Jahrzehnten eine auf die Ermordung der europäischen Juden im Zweiten Weltkrieg konzentrierte öffentliche Erinnerungskultur, wobei diese nicht auf Europa beschränkt ist, sondern auch die USA einschließt (Eckel/Moisel 2008). Auf der östlichen Seite des ehemaligen Eisernen Vorhangs spielte hingegen nach 1945 die Erinnerung an den Sieg der Sowjetunion über das nationalsozialistische Deutschland die zentrale Rolle. Nach dem Ende des sowjetischen Imperiums ist dort die Erinnerung an die Sowjetunion selbst in den Mittelpunkt gerückt; sei es als Erinnerung an erlittene Unterdrückung oder an vergangene Größe (François 2004). West-Ost-Teilung der Erinnerungskulturen

Westliche
Erinnerungskultur

Seit dem Ende des Kalten Krieges wird die westliche, vom Holocaust-Gedenken geprägte Erinnerungskultur oftmals zum Maßstab für die Zugehörigkeit zu einem Europa, das von der Definitionsmacht der EU geprägt ist. Probleme bereitet dies nicht nur für die vormals westlichen Länder mit ihrem hohen Bevölkerungsanteil an Migranten ohne familiäre Bezüge zur jeweiligen nationalen Geschichte des Zweiten Weltkrieges. Vielmehr bringt dies vor allem für die

Osteuropäische
Erfahrungen

osteuropäischen Länder mit ihrer doppelten Opfererfahrung – als Opfer des nationalsozialistischen Krieges und des stalinistischen Terrors – erhebliche Schwierigkeiten mit sich. So konkurrieren etwa in Polen Auschwitz und Katyn als zentrale Erinnerungsorte – d. h. das Symbol der Ermordung der europäischen Juden durch Deutschland und das Symbol der Ermordung polnischer Offiziere durch die Sowjetunion. Europäische geschichtspolitische Kontroversen, bei denen

Geschichtspolitische
Kontroversen

die wissenschaftliche Zeitgeschichte wiederum als teilnehmende Beobachterin mitwirkt, betrafen in jüngster Zeit beispielsweise auch die Frage des Umgangs mit Vertreibungen während und nach dem Zweiten Weltkrieg (→ KAPITEL 2.1). Deutschen Initiativen, die europäischen Dimensionen des historischen Phänomens der Vertreibung hervorzuheben, stehen dabei polnische Proteste gegenüber, die hierin eine Relativierung deutscher Schuld und Verantwortung sowie der polnischen Opferrolle sehen (Bingen u. a. 2003).

Wie sehr die Anerkennung eigener historischer Großverbrechen mittlerweile als Voraussetzung für die Zugehörigkeit zu Europa gilt, zeigt sich auch etwa daran, dass der Ausschluss der Türkei aus Europa immer wieder mit deren Weigerung, den Völkermord an den Armeniern im Ersten Weltkrieg anzuerkennen, begründet wird. Diese Form der Geschichtspolitik kann sogar so weit gehen, dass die Leugnung oder umgekehrt auch die Behauptung bestimmter historischer

Strafbewehrung von
Geschichtsbildern

Tatsachen in manchen europäischen Ländern strafbewehrt ist. So ist in Deutschland die Leugnung des Holocaust strafbar, und in Frankreich verabschiedete die Nationalversammlung 2006 ein Gesetz, wonach die Leugnung des Völkermords an den Armeniern unter Strafe steht, während in der Türkei wiederum schon die Erwähnung dieses Genozids bestraft werden kann.

Staatliche
Einflussnahme

Die staatliche Einflussnahme auf offizielle Geschichtsbilder ist grundsätzlich ein ambivalentes Unterfangen. Einerseits existieren offizielle Bemühungen, nationale Feindbilder in Europa abzubauen. Historikerkommissionen aus verschiedenen Ländern versuchen zum Beispiel gemeinsam, die jeweiligen Geschichtslehrbücher von der Vermittlung feindseliger Stereotypen zu bereinigen und damit einen Beitrag zur Überwindung historisch tradierter, angeblicher „Erbfeind-schaften" in Europa zu leisten. Auch etablierten sich im Gefolge der Entspannungspolitik seit den 1970er-Jahren (→ KAPITEL 3.3) eine deutsch-polnische sowie später eine deutsch-tschechische Schulbuch-kommission. Demgegenüber gab es bis in die jüngste Vergangenheit in Europa immer wieder Versuche, nationale Mythen zur Legitimie-rung nationalistischer Leidenschaften heranzuziehen, wie etwa insbe-sondere im Zusammenhang des jugoslawischen Bürgerkriegs in den 1990er-Jahren (→ KAPITEL 10.4). Ohnehin ist schon lange umstritten, inwieweit die wissenschaftliche Zeitgeschichte kollektive Identifika-tionsangebote über Vergangenheitserzählungen herstellen kann und soll (dafür: Nipperdey 1975; dagegen: Kocka 1986). In ganz beson-derem Maße gilt dies, wenn es um ihre Einbeziehung in staatliche Geschichtspolitik geht. Da die Zeitgeschichte ähnlich wie die Ge-schichtswissenschaft insgesamt jedoch einen Teil ihrer öffentlichen Anerkennung aus derartigen Funktionen erhält, fällt es ihr schwer, sich solchen Vereinnahmungen zu entziehen.

Geschichtspolitik und „Identität"

Insgesamt sollte der Beitrag der akademischen Geschichtsschrei-bung zu kollektiven Identifikationsprozessen aber nicht überbewertet werden. Hier liegt häufig eine Überschätzung des eigenen Fachs bzw. ein historischer Fehlschluss vor: Weil Historikerinnen und Historiker sich für bestimmte Vergangenheitserzählungen interessieren, über-schätzen sie deren gesellschaftliche Relevanz. Auch wenn Identität grundsätzlich eng mit Vergangenheitserzählungen verbunden ist, folgt daraus noch nicht, dass die von Historikern und Historikerinnen er-zählten Geschichten hierbei von Bedeutung sind. Weil Identitäten im-mer plural sind, können Menschen sich in verschiedenen Kontexten mit je verschiedenen Rollen identifizieren. Daher sollte in der Ge-schichtswissenschaft nicht nach kollektiven Identitäten, sondern viel-mehr nach Identifikationen bzw. Identifikationsprozessen gefragt werden. Für diese können Erzählungen ganz unterschiedlicher Ver-gangenheiten eine Rolle spielen: Die Geschichte des eigenen Fußball-vereins zum Beispiel, die nur erinnert oder oral tradiert wurde, mag in vielen Zusammenhängen von größerer identitätsstiftender Kraft sein als nationale, religiöse oder europäische Angebote. Weil Identitä-ten keine stabilen und festgelegten Größen sind, hängt es vom jewei-ligen Kontext ab, wie und womit sich Menschen identifizieren.

Rolle akademischer Geschichtsschreibung

Identifikations-prozesse

Der gegenwärtige Boom der Kategorie „Erinnerung", der die De-batten um „Identität" und „Zugehörigkeit" seit einigen Jahren be-stimmt, steht am vorläufigen Ende einer historischen Ahnenreihe von Kategorien, mit deren Hilfe versucht wurde, Europa oder auch die

Eigenschaften des „Europäers" zu bestimmen. Aber weder der Versuch, diesen als eine bestimmte Menschenrasse, noch etwa durch ein besonderes musikalisches Hörvermögen zu definieren, konnten sich dauerhaft behaupten. Die Beschäftigung mit Kategorien dieser Art kann jedoch den Blick dafür schärfen, dass es sich bei „Europa" und den „Europäern" um Konstruktionen handelt, die aus wandelbaren Diskursen und Praktiken hervorgehen (Patel/Lipphardt 2009, S. 24f.) – und dazu gehört insbesondere die Erinnerungskultur. Als Teil dieses Prozesses darf sich die Geschichtswissenschaft nicht einfach affirmativ, also bejahend und bekräftigend, verhalten. Vielmehr sollte sie Identifikationsprozesse genauso wie ihren eigenen Beitrag zu diesen kritisch reflektieren. In letzter Konsequenz bildet ein solches „aufklärerisches" Verständnis von Zeitgeschichte ironischerweise zugleich ein wichtiges Element des traditionellen „europäischen" Wissenschaftsverständnisses.

Die Konstruktion Europas und des Europäers *(Marginalie)*

14.3 Europäische Zeitgeschichte erforschen

Warum europäische Zeitgeschichte? *(Marginalie)*

Warum soll man sich mit europäischer Zeitgeschichte beschäftigen, wenn es nicht darum gehen kann, durch die Erzählung einer gemeinsamen Vergangenheit starke kollektive Identitäten zu stiften? Ist eine Zeitgeschichte Europas überhaupt ein sinnvoller Untersuchungsgegenstand – angesichts seiner an den Grenzen unklaren und intern heterogenen räumlichen Strukturen sowie der Vielgestaltigkeit und Multirhythmik der politischen, wirtschaftlichen, sozialen und kulturellen Entwicklungen? Warum schreiben wir europäische Zeitgeschichte, wenn es so schwierig ist, diesen Gegenstand überhaupt zu fassen und unmöglich seine Geschichte in ein einheitliches Narrativ zu pressen? Es liegt nahe, in Anbetracht dieser Schwierigkeiten zu resignieren und sich auf vermeintlich leichter zu definierende historische Objekte zu konzentrieren, wie zum Beispiel Staaten, Regionen, Personengruppen oder Individuen. Letztlich kann die Entscheidung, womit man sich auf welche Weise historiografisch beschäftigen möchte, nur aus den je eigenen Erkenntnisinteressen und Fragen abgeleitet werden. Die Erforschung europäischer Zeitgeschichte ist hier eine Möglichkeit unter vielen, die aber trotz der oben genannten Schwierigkeiten lohnend ist.

Ob und inwiefern europäische Perspektiven in zeithistorischen Untersuchungen sinnvoll sind, muss in Bezug auf konkrete Fragen und Forschungsinteressen geklärt werden. Allerdings war Europa in der zweiten Hälfte des 20. Jahrhunderts und weit darüber hinaus als Bezugsgröße in so vielen verschiedenen Kontexten historisch wirkmächtig, dass eine Geschichtsbetrachtung unter Ausblendung der europäischen Dimension oft verkürzt und unvollständig ist. Das gilt nicht nur für die im engeren Sinne politische Geschichte der europäischen Integration, wo die Einheit Europas als Ziel fungiert: In wirtschaftlicher Hinsicht wird die Ausbildung einer spezifisch europäischen Wirtschaftsweise und -ordnung diskutiert, in sozialgeschichtlicher Perspektive stehen die Besonderheiten des europäischen Sozialmodells zur Debatte. Auch Diskussionen über Rechtsordnungen und Menschenrechte konzentrieren sich auf einen „europäischen Wertekanon", der weltweit gelten oder sich angeblich im Konflikt mit anderen Vorstellungen befinden soll.

Europa als
Referenzrahmen

Diese Bezüge auf Europa waren nicht nur in der Geschichte Europas von großer Bedeutung. Die idealisierte Vorstellung eines von allen Widersprüchen befreiten Gebildes „Europa", das in den vergangenen Jahrhunderten einen politischen, sozialen, wirtschaftlichen und kulturellen Modernisierungsprozess durchlaufen habe, fungierte auch auf anderen Kontinenten als Zielvorgabe der eigenen Entwicklung. Nicht zuletzt aufgrund des Ausgreifens Europas auf den Rest der Welt im Zuge des Kolonialismus, diente und dient Europa in den kolonisierten Ländern vielfach als Folie, um Geschichte und Gegenwart zu bewerten. Die Dekonstruktion oder „Provinzialisierung" dieses „hyperrealen" Europas, die der indische Historiker Dipesh Chakrabarty wirkmächtig gefordert hat, kann unter anderem dadurch erfolgen, dass man die Konstruktionsprozesse dieser Europavorstellungen sowie die Vielgestaltigkeit Europas und seine Verflechtungen mit der Welt untersucht (Chakrabarty 2000).

„Provincializing
Europe"

Hierzu ist es notwendig, Europa nicht als geschlossenes Gefäß zu betrachten, in dem sich eine einheitliche Geschichte in der Zeit vollzieht. Denn dann würde Europa lediglich die Nation als zentralen Referenzrahmen der historischen Analyse ersetzen, nicht jedoch die grundsätzlichen Probleme einer derart begrenzten Geschichtsbetrachtung überwinden. Das Aufbrechen nationaler Denkmuster und Bezugsgrößen ist nur dann gewinnbringend, wenn Europa nicht genauso wie zuvor der Nationalstaat, also als abgeschlossen und homogen, gedacht wird. Am wenigsten ist gewonnen, wenn europäische Geschichte, wie heute an manchen Universitäten üblich, so definiert wird, dass man sich mit einem europäischen Land beschäftigt, das weder Deutschland heißt noch in Osteuropa liegt, da für Letzteres der Professor für Osteuropäische Geschichte zuständig ist.

Nation und Europa

Wie die vielen guten Ansätze zu einer europäischen Zeitgeschichte, auf denen wir unser Buch aufbauen konnten, bereits zeigen, geht es weder um die Addition von Geschichten, die in Europa spielen, noch um die Erzählung einer einheitlichen Geschichte Europas, sondern vielmehr um eine Geschichtsschreibung in europäischer Perspektive. Diese müsste die gegenwärtige Gestalt und Bedeutung Europas als imaginäre wie als reale Größe zugleich verständlich und kritisierbar machen. Dazu sollte sie sich vor allem auf die Zentralbereiche konzentrieren, an denen europäische Identität festgemacht wird und die zur Konstruktion des „hyperrealen" Europa dienten. Wenn Europa dann noch in seiner Interaktion mit anderen Weltregionen betrachtet wird, kann europäische Zeitgeschichte einen Beitrag zur Überwindung nationaler wie auch eurozentrischer Beschränkungen leisten. Da dies aber kein Wert an sich ist, gibt es keinen Imperativ, Zeitgeschichte ausschließlich in europäischer Perspektive zu schreiben. Sowohl auf regionaler wie auch auf nationaler, europäischer oder globaler Ebene können gute oder schlechte Geschichten verfasst werden. Denn über die Qualität der Geschichten entscheiden die Fragestellung und die Argumentation, aber nicht die Aufnahmeebene.

Überwindung des Eurozentrismus

Fragen und Anregungen

- Diskutieren Sie verschiedene Möglichkeiten, die europäische Nachkriegsgeschichte zu periodisieren.

- Erläutern Sie, in welchen Hinsichten 1989 eine Zäsur war und in welchen nicht. Wovon hängt die Entscheidung darüber ab?

- Welchen Beitrag kann und soll die Zeitgeschichtsschreibung zu europäischen Identitätsbildungsprozessen leisten?

Lektüreempfehlungen

Forschung

- Lorraine Bluche / Veronika Lipphardt / Kiran Klaus Patel (Hg.): Der Europäer – Ein Konstrukt. Wissensbestände, Diskurse, Praktiken, Göttingen 2009. *Sehr anregender Sammelband, der die Konstruktion des Europäers im 20. Jahrhundert aus vielen überraschenden Perspektiven untersucht.*

- Dipesh Chakrabarty: Provincializing Europe. Postcolonial Thought and Historical Difference, Princeton 2000. *Reflexionen darüber, was es bedeutet, den eigenen Bildungsprozess und die eigene Geschichte als Inder in europäischen Kategorien denken und damit zugleich als defizitär bewerten zu müssen.*

- Etienne François: Meistererzählungen und Dammbrüche. Die Erinnerung an den Zweiten Weltkrieg zwischen Nationalisierung und Universalisierung, in: Monika Flacke (Hg.), Mythen der Nationen. 1945 – Arena der Erinnerungen, Bd. 1, Mainz 2004, S. 13–28. *Prägnanter Aufsatz, der die geschichtspolitischen Entwicklungen in Europa von 1945 bis zur Gegenwart in vergleichender Perspektive diskutiert.*

- Francis Fukuyama: The End of History and the Last Man, New York, N. Y. 1992. *Viel diskutierte Streitschrift, die in hegelianischer Perspektive das Ende der Geschichte ankündigte, das dann aber doch ausblieb.*

- Gesellschaftsgeschichte Europas als europäische Zeitgeschichte, Archiv für Sozialgeschichte 49, 2009. *Instruktive Aufsätze zu speziellen Aspekten der europäischen Zeitgeschichte beleuchten deren Potenzial.*

15 Serviceteil

15.1 Die Praxis historischen Arbeitens

Der Prozess des historischen Arbeitens gliedert sich in verschiedene Schritte: die Stabilisierung des Vorwissens, die Definition der Fragestellung, das Finden und die Lektüre von Quellen und Literatur sowie das Abfassen und Präsentieren der eigenen Analyse. Diese Schritte sind nicht fein säuberlich voneinander getrennt, sondern jeder neue macht ein Überdenken der vorangegangenen nötig. Eine Reihe nützlicher Einführungsbücher erläutert die Methoden und Hilfsmittel geschichtswissenschaftlichen Arbeitens: Schritte historischen Arbeitens

- Gunilla Budde / Dagmar Freist / Hilke Günther-Arndt (Hg.): Geschichte. Studium, Wissenschaft, Beruf, Berlin 2008. *Das Akademie Studienbuch stellt die Grundlagen und Arbeitsweisen des Faches dar und gibt viele nützliche Ratschläge zu Einzelfragen.* Einführungsbücher

- Nils Freytag / Wolfgang Piereth: Kursbuch Geschichte. Tipps und Regeln für wissenschaftliches Arbeiten, Paderborn 2004. *Ohne unnötigen Ballast werden hier praktische Fragen der Geschichtsforschung in leicht verständlicher Form präsentiert.*

- Gabriele Metzler: Einführung in das Studium der Zeitgeschichte, Paderborn 2004. *Sowohl eine inhaltliche Einführung in die vor allem deutsche Geschichte seit 1945 als auch eine nützliche Zusammenstellung von Nachschlagewerken, Hilfsmitteln und Zeitschriften.*

- Ludolf Herbst: Komplexität und Chaos. Grundzüge einer Theorie der Geschichte, München 2004. *Systematische Einleitung in grundsätzliche Fragen historischen Arbeitens, wie man den Untersuchungsgegenstand bestimmt und eine historische Frage formuliert.*

15.2 Vorwissen – Lexika und Handbücher

Anders als bei weiter zurückliegenden Epochen verfügt man als interessierter Zeitgenosse und Zeitungsleser oder Nutzer anderer Medien in Bezug auf die jüngere Zeitgeschichte bereits über ein verhältnismäßig großes Vorwissen. Dramatisch gesprochen ist dieses Vorwissen Fluch und Segen zugleich: Einerseits muss man zwar den Forschungsprozess nicht bei Null beginnen, andererseits ist es aber oft schwierig, die nötige Distanz zum Gegenstand herzustellen, um zu interes- Vorwissen

Allgemeine Lexika

Brockhaus und
Encyclopaedia
Britannica

Wikipedia

Spezifische Lexika

Aufstellung:
Nachschlagewerke

Historische
Handbücher

santen Ergebnissen zu kommen, die sich von dem unterscheiden, was man täglich in den Medien erfahren kann. Es ist daher wichtig, dem eigenen Vorwissen und den eigenen Vorurteilen nicht zu vertrauen, sondern sie mithilfe von Lexika und Handbüchern zu stabilisieren, zu erweitern und eventuell zu korrigieren. Unerlässlich ist hier die Arbeit mit den klassischen Enzyklopädien wie dem *Brockhaus*, dessen 21. Auflage im Jahr 2006 fertiggestellt wurde oder der *Encyclopaedia Britannica*, deren 15. Auflage 2007 erschienen ist. Beide Lexika gibt es inzwischen auch in digitaler Form und sie sind über die meisten Universitätsbibliotheken verfügbar. Während die *Britannica online* (Web-Adresse: www.search.eb.com) in begrenztem Maß auch auf andere Ressourcen im Internet verlinkt, hat die *Brockhaus Enzyklopädie online* (Web-Adresse: www.brockhaus-enzyklopaedie.de) nur ein internes Verweisungssystem. Auch wenn die Artikel in den beiden Enzyklopädien grundsätzlich besser und solider sind, ist darüber hinaus die Arbeit mit *Wikipedia* sinnvoll (Web-Adresse: http://en.wikipedia.org). Zum einen erschließen die Links der Wikipedia-Artikel vielfältigere Quellen und Informationen, die im Internet verfügbar sind. Zum anderen integriert die schnell wachsende Online-Enzyklopädie verschiedene – zum Beispiel popkulturelle – Wissensbereiche, die in den anderen Lexika vernachlässigt werden, in bestimmten zeithistorischen Kontexten aber relevant sein können.

Jenseits dieser allgemeinen Nachschlagewerke gibt es unzählige spezifische Lexika zu verschiedenen Wissensbereichen, wie zum Beispiel Wirtschaft, Religion, Philosophie und Wissenschaftstheorie, Literatur und so weiter, die hier nicht alle aufgezählt werden können. Die vor allem englischsprachigen, spezifisch historischen Lexika gehen zumeist kaum über die allgemeinen Lexika hinaus und sind daher wenig hilfreich, wie zum Beispiel das von Bernard A. Cook herausgegebene *Europe since 1945. An Encyclopedia* (New York / London 2001).

Eine Aufstellung historisch relevanter (nicht nur deutscher) Lexika, Nachschlagewerke und Handbücher bietet:

- **Winfried Baumgart: Bücherverzeichnis zur deutschen Geschichte. Hilfsmittel, Handbücher, Quellen**, 15., durchgesehene und erweiterte Auflage, München 2003.

Neben den nach Stichwörtern geordneten Lexika sind Handbücher das zweite wichtige Hilfsmittel im Anfangsstadium des historischen Arbeitens. Historische Handbücher liefern eine zusammenhängende Erzählung über die Entwicklung einer Region oder eines Themenkomplexes in einer bestimmten Epoche und bieten darüber hinaus erste Literaturhinweise zur vertiefenden Lektüre sowie bisweilen auch Einführungen in Forschungsdiskussionen. Die meisten Handbuchreihen in den verschiedenen Ländern konzentrieren sich auf Nationalgeschichten, wie in Deutschland insbesondere die im Oldenbourg-Verlag erscheinenden Reihen *Oldenbourg Grundriss der Geschichte* und *Oldenbourg Enzyklopädie deutscher Geschichte* oder das *Gebhardt: Handbuch der deutschen Geschichte*. Eine europäische Perspektive bieten vor allem die folgenden Bände:

Handbuchreihen

Handbücher mit europäischer Perspektive

- **Theodor Schieder (Hg.): Europa im Zeitalter der Weltmächte** (Handbuch der europäischen Geschichte, Band 7.1), Stuttgart 1979. *Klassisches Handbuch, inzwischen veraltet, aber in einzelnen Bereichen für die Zeit bis 1970 noch immer lesenswert.*

- **Handbuch der Geschichte Europas,** 10 Bände, Stuttgart 2002ff. *Die im utb-Verlag von Peter Blickle herausgegebene Reihe reicht bisher erst bis zu Band 9, der 1945 endet.*

- **Jost Dülffer: Europa im Ost-West-Konflikt. 1945–1991** (Oldenbourg-Grundriss der Geschichte, Band 18), München 2004. *Sehr gute und kompakte Einführung in der bewährten Dreiteilung der Oldenbourg-Grundrisse (Darstellung, Grundprobleme und Tendenzen der Forschung, Literatur), die sich auf die politische Geschichte der Blockkonfrontation in Europa konzentriert.*

- **Europäische Zeitgeschichte,** hg. v. Thomas Mergel und Martin Schulze-Wessel, Göttingen 2005ff. *Reihe mit Studien zu verschiedenen europäischen Ländern. Bisher erschienen sind die Bände zur britischen, ungarischen und italienischen Geschichte seit 1945.*

- **Europäische Geschichte im 20. Jahrhundert in 10 Bänden,** hg. v. Ulrich Herbert, München 2010ff. *Neue Reihe zur Geschichte einzelner Länder; bisher erschienen sind die Bände zu Italien, Spanien und Großbritannien.*

- **Europäische Geschichte, hg. v. Wolfgang Benz,** Frankfurt a. M. 1996ff. *In dieser Reihe sind mittlerweile über 35 Bände zu einer Vielfalt spezieller Aspekte der europäischen Geschichte vom Mittelalter bis zur Gegenwart erschienen.*

Es gibt viele weitere Handbücher zu den Geschichten einzelner Länder, der Europäischen Union oder zu bestimmten Themenkomplexen, die entweder in den entsprechenden Unterkapiteln zitiert wurden oder leicht bibliografisch erschlossen werden können.

15.3 Literaturrecherche und Bibliografien

Nachdem das Vorwissen stabilisiert und eine genauere Fragestellung formuliert wurde, muss als nächstes die zur Beantwortung der Frage relevante Forschungsliteratur gesucht werden. Dazu dienen allgemeine und speziell historische Bibliografien, die genauso wie die Handbücher auch in ihrer Mehrzahl nationale Referenzräume haben. Für **Bibliografien zur** die deutsche Geschichte empfiehlt sich die Recherche mit den folgen-**deutschen Geschichte** den online verfügbaren Bibliografien, die allerdings trotz ihres Fokus auch Titel zur europäischen Geschichte verzeichnen:

- **Jahresberichte für Deutsche Geschichte,** Web-Adresse: www.jdg-online.de. *Die kontinuierlich aktualisierte Bibliografie verzeichnet Aufsätze, Monografien und Sammelbände, die vor allem seit 1990 erschienen sind und eignet sich immer als erster Rechercheeinstieg.*

- **Historische Bibliographie,** Web-Adresse: www.oldenbourg.de/ verlag/ahf. *Verzeichnet ebenfalls historische Literatur seit 1990 und zusätzlich die Einträge noch nicht veröffentlichter Forschungsprojekte aus dem „Jahrbuch der Historischen Forschung".*

- **OPAC des Instituts für Zeitgeschichte (IfZ) München,** Web-Adresse: www.ifz-muenchen.de/bibliothek.html. *Grundsätzlich sind Bibliografien Bibliothekskatalogen bei der Literaturrecherche vorzuziehen, aber der gut verschlagwortete Online-Katalog des IfZ, der die Bibliografie zur Zeitgeschichte fortsetzt, bildet hier eine Ausnahme.*

Bibliografien zu Für die anderen europäischen Länder gibt es ähnliche Angebote, die **europäischen** hier nicht alle vorgestellt werden können. Ein Überblick liefern die **Ländern** folgenden Verzeichnisse:

- **Clio online Guides,** Web-Adresse: www.clio-online.de. *Das Online-Fachportal für Geschichtswissenschaft, das von verschiedenen Institutionen betrieben wird, liefert einen nützlichen, thematisch, epochal und regional gegliederten Überblick über fachspezifische Online-Recherchemöglichkeiten; bisher unter anderem zu Osteuropa, Frankreich, Großbritannien, Italien, Österreich und der Schweiz.*

- **European Historical Bibliographies,** Web-Adresse: www.histbib.eu. *Portal der Berlin-Brandenburgischen Akademie der Wissenschaften, das zentrale historische Bibliografien vorstellt und gegebenenfalls auf ihre Online-Zugänge verlinkt.*

Länderübergreifende Einen stärker länderübergreifenden Zugang erlauben zudem die fol-**Bibliografien** genden Bibliografien:

- **Historical Abstracts.** *Die kostenpflichtige Online-Ressource, die von vielen Universitätsbibliotheken bereitgestellt wird, verzeichnet historische Aufsätze aus über 2 000 Zeitschriften und 90 Ländern in mehr als vierzig Sprachen zur gesamten Weltgeschichte (abgesehen von den USA und Kanada) sowie selbstständige Publikationen.*

- **Internationale Bibliographie der Zeitschriftenliteratur Online.** *Fächerübergreifende Datenbank von Aufsätzen aus geistes- und sozialwissenschaftlichen Zeitschriften aus mehr als vierzig Ländern. Während die Papierversion seit über hundert Jahren besteht, greift die Online-Version auf mehrere Millionen Aufsätze seit 1983 zurück und wird monatlich aktualisiert. Daneben verzeichnet die* **Internationale Bibliographie der Rezensionen Online** *seit 1985 publizierte Rezensionen.*

- **JSTOR, EBSCO Publishing, etc.** *Im eigentlichen Sinne keine Bibliografien, sondern Anbieter von Fachzeitschrifteninhalten in digitaler Form. Da alle diese Angebote kostenpflichtig sind, variiert ihre Verfügbarkeit von Bibliothek zu Bibliothek. JSTOR ermöglicht in seinen umfangreicheren Ausführungen die Volltextsuche über historische und aktuelle Fachzeitschriften sowie den sofortigen Zugriff auf die Texte.*

15.4 Zeitschriften

Auch wenn man Zeitschriftenaufsätze grundsätzlich über Bibliografien erschließt, ist es hilfreich, bestimmte Zeitschriften genauer zu kennen und sie bei konkreten Forschungsfragen direkt zu konsultieren. Eine wichtige Funktion zur ersten Orientierung kommt Rezensionszeitschriften zu, die einen schnellen Einblick in aktuelle Forschungsliteratur und ihre Wahrnehmung im Fach gewähren:

Rezensionszeitschriften

- **sehepunkte**, Web-Adresse: www.sehepunkte.de. *Monatlich erscheinendes Online-Rezensionsjournal mit Besprechungen zur allgemeinen Geschichte und Kunstgeschichte.*

- **H-Soz-u-Kult – Humanities Sozial- und Kulturgeschichte,** Web-Adresse: http://hsozkult.geschichte.hu-berlin.de. *Größtes Online-Kommunikationsforum der deutschen Geschichtswissenschaft, das täglich Tagungsankündigungen, Rezensionen und andere Beiträge zur deutschen, europäischen und außereuropäischen Geschichte veröffentlicht; hervorgegangen aus einem Diskussionsforum des H-Net.*

- **H-Net – Humanities and Social Sciences Online**, Web-Adresse: www.h-net.org. *Mailinglisten zu fast allen erdenklichen historischen Themenfeldern von unterschiedlicher Qualität, die meist auch Rezensionen verschicken. Interessant sind etwa: H-German, H-France, H-Diplo, H-Albion, etc.*

- **Archiv für Sozialgeschichte**, Web-Adresse: http://library.fes.de/cgi-bin/populo/rezensionen.pl. *Veröffentlicht viele Rezensionen, die ab dem Jahr 2000 online verfügbar sind. Zudem findet man hier hilfreiche Literaturberichte, die sich oft als Einstieg in ein neues Thema eignen.*

- **Neue politische Literatur.** *Die Zeitschrift veröffentlicht seit 1956 Rezensionen und Forschungsberichte, die ebenfalls zur Themenfindung und -ausgestaltung nützlich sein können.*

In allen Wissenschaften wird die Kommunikation wesentlich über Zeitschriften hergestellt. Die Zeitschriften sind entweder in Papierform oder online (s. o.) zugänglich und werden über die jeweiligen Bibliothekskataloge oder bundesweit über die Zeitschriftendatenbank erschlossen (Web-Adresse: http://dispatch.opac.ddb.de). Forschungen zur europäischen Zeitgeschichte finden sich unter anderem in den folgenden Zeitschriften:

Zeitschriften zur europäischen Zeitgeschichte

- **Vierteljahrshefte für Zeitgeschichte**, 1953ff., Web-Adresse: www. ifz-muenchen.de/heft-archiv.html. *Wird vom Institut für Zeitgeschichte in München herausgegeben und beschäftigt sich vor allem mit der deutschen politischen Geschichte seit 1917 und hier wiederum insbesondere mit der Geschichte des Nationalsozialismus. Abgesehen von den letzten Jahrgängen online zugänglich.*

- **Zeithistorische Forschungen / Studies in Contemporary History**, 2004ff., Web-Adresse: www.zeithistorische-forschungen.de. *Zeitschrift des Zentrums für Zeithistorische Forschung in Potsdam, deren Hefte sowohl in Papierform als auch online erscheinen.*

- **Journal of Contemporary History**, 1966ff. *Zentrale englischsprachige Zeitschrift für die Geschichte des 20. Jahrhunderts.*

- **Internationale Politik** (von 1946 bis 1994: Europa-Archiv), 1995ff. *Von der Deutschen Gesellschaft für Auswärtige Politik (DGAP) herausgegebene Zeitschrift, die sich intensiv mit der Geschichte der europäischen Integration beschäftigt und wichtige Dokumente veröffentlicht.*

- **Jahrbuch für Europäische Geschichte**, 2000ff. *Zeitschrift des Instituts für europäische Geschichte in Mainz; einmal im Jahr erscheint ein Themenband zu einem Aspekt der Geschichte Europas seit dem späten Mittelalter.*

- **European History Quarterly**, 1971ff. *Enthält Beiträge zur westeuropäischen Geschichte vom späten Mittelalter bis zum 20. Jahrhundert.*

- **Journal of Contemporary European History**, 1992ff. *Veröffentlicht Beiträge zur Geschichte West- und Osteuropas einschließlich Großbritanniens seit dem Ersten Weltkrieg.*

- **Journal of Modern European History**, 2003ff. *Themenhefte mit Beiträgen zur west- und osteuropäischen Geschichte in deutscher, englischer und französischer Sprache.*

15.5 Quellensuche

Potenziell kann alles, was dazu geeignet ist, Informationen über vergangene Zeiten zu liefern, eine Quelle sein. Deshalb gibt es keinen zentralen Quellenzugang zur jüngsten Zeitgeschichte. Angesichts der explosionsartigen Ausweitung von Text-, Bild- und Tondokumenten im 20. Jahrhundert sind hier den Möglichkeiten und der Fantasie keine Grenzen gesetzt. Quelleneditionen, die für das Mittelalter oder die alte Geschichte eine hohe Bedeutung haben, spielen für die Zeitgeschichte eine geringere Rolle. Nichtsdestoweniger lohnt ein Blick in die folgenden wachsenden Online-Angebote:

Ausweitung der Quellen

Online-Quellensammlungen

- **EuroDocs**, Web-Adresse: http://eudocs.lib.byu.edu. *Zusammenstellung online verfügbarer Quellen zur Geschichte der europäischen Länder sowie zu länderübergreifenden europäischen Institutionen, die von der Harold B. Lee Bibliothek der Brigham Young University angelegt wurde.*

- **European History Primary Sources**, Web-Adresse: http://primary-sources.eui.eu/. *Vom Europäischen Hochschulinstitut in Florenz betriebene Seite, die auf historische Quellen zur europäischen Geschichte im Internet verlinkt.*

- **Themenportal Europäische Geschichte**, Web-Adresse: www.europa.clio-online.de/. *Zu Clio-online gehörende Internetplattform, die ausgewählte Quellen zu verschiedenen Aspekten der europäischen Geschichte publiziert und kommentiert.*

Grundsätzlich ist es jedoch empfehlenswert, sich in der eigenen Arbeit nicht auf vorgefertigte Quelleneditionen zu verlassen, sondern aus der Logik der eigenen Frage heraus zu überlegen, mit welchen Quellen sie überzeugend zu beantworten ist. Hier gibt es kein Patentrezept, aber wohl zentrale Quellen, die in vielen Kontexten relevant sind. Das gilt vor allem für die Publikationen der verschiedenen politischen Institutionen auf nationaler und europäischer Ebene, wie zum Beispiel die stenografischen Berichte über die Sitzungen der Parlamente, Gesetzesblätter oder statistische Jahrbücher, aber auch die großen Akteneditionen zur Außenpolitik. Viele dieser Publikationen sind inzwischen online zugänglich und über EuroDocs erschlossen, die übrigen müssen klassisch über Bibliothekskataloge gesucht werden. Auf europäischer Ebene sind gerade für die jüngste Zeitgeschichte immer mehr Dokumente online zugänglich:

Dokumente europäischer Institutionen

- **Europa. Gateway to the European Union,** Web-Adresse: http://europa.eu/documentation/official-docs/index_en.htm. *Veröffentlicht Dokumente des Europaparlaments, der Kommission und diverser anderer Institutionen.*

- **Eurostat,** Web-Adresse: http://epp.eurostat.ec.europa.eu. *Statistiken zur wirtschaftlichen und gesellschaftlichen Entwicklung der Europäischen Union.*

Immer gilt, dass nur ein Bruchteil der von den Institutionen produzierten Quellen publiziert wird. Nicht veröffentlichte Quellen wandern in die Archive, wo sie zumeist nach einer Sperrfrist von dreißig Jahren zugänglich sind. Auch die Archivlandschaft ist wesentlich national organisiert, und die Akten der europäischen Behörden werden in Florenz archiviert. Oft lohnt ein Blick auf die Online-Findbücher auf den Webseiten der Archive wie zum Beispiel:

Historische Archive

- **Bundesarchiv in Koblenz,** Web-Adresse: www.bundesarchiv.de/.

- **The National Archives of the United Kingdom,** Web-Adresse: www.nationalarchives.gov.uk.

- **Archives nationales de France,** Web-Adresse: www.archivesnationales.culture.gouv.fr.

- **Historical Archives of the European Union,** Web-Adresse: www.eui.eu/Research/HistoricalArchivesOfEU/Index.aspx.

16 Anhang

→ ASB
Akademie Studienbücher, auf die der vorliegende Band verweist

ASB BLASCHKE   Olaf Blaschke: Europäische Geschichte im 20. Jahrhundert bis 1945, Berlin 2011.

ASB BUDDE / FREIST / GÜNTHER-ARNDT   Gunilla Budde / Dagmar Freist / Hilke Günther-Arndt (Hg.): Geschichte. Studium – Wissenschaft – Beruf, Berlin 2008.

ASB PIERENKEMPER   Toni Pierenkemper: Wirtschaftsgeschichte. Die Entstehung der modernen Volkswirtschaft, Berlin 2009.

ASB REICHARDT   Ulfried Reichard: Globalisierung. Literaturen und Kulturen des Globalen, Berlin 2010.

ASB SCHÖSSLER   Franziska Schössler: Einführung in die Gender Studies, Berlin 2009.

Informationen zu weiteren Bänden finden Sie unter www.akademie-studienbuch.de

16.1 Zitierte Literatur

50 Years of Figures 2003   50 Years of Figures on Europe. Data 1952–2001, Luxembourg, Office for Official Publications of the European Communities, 2003, www.eds-destatis.de/downloads/publ/KS-49-02-264-3A-N.pdf, Stand: 26.2.2010.

Abelshauser 2004   Werner Abelshauser: Deutsche Wirtschaftsgeschichte seit 1945, München 2004.

Abramson / Inglehart 1995   Paul R. Abramson / Ronald Inglehart: Value Change in Global Perspective, Ann Arbor, Mich. 1995.

Albertini 1990   Rudolf von Albertini: Das Ende des Empire. Bemerkungen zur britischen Dekolonisation, in: Wolfgang J. Mommsen (Hg.), Das Ende der Kolonialreiche. Dekolonisation und die Politik der Großmächte, Frankfurt a. M. 1990, S. 25–46.

Allen 2005   Ann Taylor Allen: Feminism and Motherhood in Western Europe, 1890–1970. The Maternal Dilemma, New York 2005.

Aly 2008   Götz Aly: Unser Kampf. 1968 – ein irritierter Blick zurück, Bonn 2008.

Anderson 1983   Benedict Anderson: Imagined Communities. Reflections on the Origins and Spread of Nationalism, London 1983.

Aust u. a. 2000   Andreas Aust / Sigrid Leitner / Stephan Lessenich (Red.): Sozialmodell Europa, Opladen 2000.

Baberowski 2003   Jörg Baberowski: Der rote Terror. Die Geschichte des Stalinismus, München 2003.

Bade 2002   Klaus J. Bade: Europa in Bewegung. Migration vom späten 18. Jahrhundert bis zur Gegenwart, München 2002.

Bauman 2007   Zygmunt Bauman: Consuming Life, Cambridge 2007.

Bayly / Harper 2007   Christopher Bayly / Tim Harper: Forgotten wars. The end of Britain's Asian Empire, London 2007.

Bell 1975   Daniel Bell: Die nachindustrielle Gesellschaft, Frankfurt a. M. / New York 1975.

Bender 1995   Peter Bender: Die „Neue Ostpolitik" und ihre Folgen. Vom Mauerbau bis zur Vereinigung, München 1995.

Berghoff 2004   Hartmut Berghoff: „All for your delight". Die Entstehung des modernen Tourismus und der Aufstieg der Konsumgesellschaft in Großbritannien, in: Rolf Walter (Hg.), Geschichte des Konsums (Erträge der 20. Arbeitstagung der Gesellschaft für Sozial- und Wirtschaftsgeschichte, 23.–26. April 2003 in Greifswald), Stuttgart 2004, S. 199–215.

Bernecker / Pietschmann 2005   Walther L. Bernecker / Horst Pietschmann: Geschichte Spaniens. Von der frühen Neuzeit bis zur Gegenwart, 4. überarb. u. aktual. Aufl., Stuttgart 2005.

Bess 2003   Michael Bess: The Light-Green Society. Ecology and Technological Modernity in France, 1960–2000, Chicago, Ill. 2003.

von Beyme 1971   Klaus von Beyme: Vom Faschismus zur Entwicklungsdiktatur. Machtelite und Opposition in Spanien, München 1971.

Bingen u. a. 2003   Dieter Bingen / Włodzimierz Borodziej / Stefan Troebst (Hg.): Vertreibungen europäisch erinnern? Historische Erfahrungen – Vergangenheitspolitik – Zukunftskonzeptionen, Wiesbaden 2003.

Bispinck u. a. 2004   Henrik Bispinck / Jürgen Danyel / Hans H. Hertle / Hermann Wentker (Hg.): Aufstände im Ostblock. Zur Krisengeschichte des realen Sozialismus (Forschungen zur DDR-Gesellschaft), Berlin 2004.

Blackbourn 2006   David Blackbourn: The Conquest of Nature. Water, Landscape and the Making of Modern Germany, London 2006.

Blackburn 2001   Robert Blackburn: The Institutions and Processes of the Convention, in: ders. / Polakiewicz 2001, S. 1–29.

Blackburn / Polakiewicz 2001   Robert Blackburn / Jörg Polakiewicz (Hg.): Fundamental Rights in Europe. The European Convention on Human Rights and its Member States, 1950–2000, Oxford 2001.

Blitz 2006   Brad K. Blitz (Hg.): War and Change in the Balkans. Nationalism, Conflict and Cooperation, Cambridge 2006.

Bloed 1993   Arie Bloed: The Conference on Security and Co-operation in Europe. Analysis and Basic Documents, 1972–1993, Dordrecht 1993.

Blomkvist 2006   Pär Blomkvist: Roads for Flow – Roads for Peace. Lobbying for a European Highway System, in: Erik van der Vleuten / Arne Kaijser (Hg.), Networking Europe. Transnational Infrastructures and the Shaping of Europe, 1850–2000, Sagamore Beach, Mass. 2006, S. 161–186.

Bock 2000   Gisela Bock: Frauen in der europäischen Geschichte. Vom Mittelalter bis zur Gegenwart, München 2000.

Bös 2007   Mathias Bös: Ethnizität und Grenzen in Europa, in: Petra Deger / Robert Hettlage (Hg.), Der europäische Raum. Die Konstruktion europäischer Grenzen, Wiesbaden 2007.

Borchardt 1977   Knut Borchardt: Trend, Zyklus, Strukturbrüche, Zufälle: Was bestimmt die deutsche Wirtschaftsgeschichte des 20. Jahrhunderts?, in: Vierteljahresschrift für Sozial- und Wirtschaftsgeschichte 64, 1977, S. 145–178.

Bourdieu 1987   Pierre Bourdieu: Die feinen Unterschiede. Kritik der gesellschaftlichen Urteilskraft, Frankfurt a. M. 1987.

Boyer 1994   Paul S. Boyer: By the Bomb's Early Light. American Thought and Culture at the Dawn of the Atomic Age, Chapel Hill, N. C. 1994.

Boyer 2008   Christoph Boyer: Zwischen Pfadabhängigkeit und Zäsur. Ost- und westeuropäische Sozialstaaten seit den siebziger Jahren des 20. Jahrhunderts, in: Konrad H. Jarausch (Hg.), Das Ende der Zuversicht? Die siebziger Jahre als Geschichte, Göttingen 2008, S. 103–119.

Boyer 2009   Christoph Boyer: Lange Entwicklungslinien europäischer Sozialpolitik im 20. Jahrhundert. Eine Annäherung, in: Archiv für Sozialgeschichte 49, 2009, S. 25–62.

Bracher 1986   Karl Dietrich Bracher: Doppelte Zeitgeschichte im Spannungsfeld politischer Generationen, in: Bernd Hey / Peter Steinbach (Hg.), Zeitgeschichte und politisches Bewusstsein, Köln 1986, S. 53–71.

Branche 2007   Raphaelle Branche: FLN et OAS. Deux terrorismes en guerre d'Algérie, in: European Review of History 14, 2007, S. 325–342.

Brubaker 1992   Rogers Brubaker: Citizenship and Nationhood in France and Germany, Cambridge, Mass. 1992.

Brüggemeier 1998   Franz-Josef Brüggemeier: Tschernobyl, 26. April 1986. Die ökologische Herausforderung, München 1998.

Brüggemeier / Engels 2005   Franz-Josef Brüggemeier / Jens Ivo Engels (Hg.): Natur- und Umweltschutz nach 1945. Konzepte, Konflikte, Kompetenzen, Frankfurt a. M. 2005.

Brunn 1982   Gerhard Brunn: Gewalt und Terror im Nationalismus der spanischen Grenzprovinzen. Die ETA, in: Wolfgang J. Mommsen / Gerhard Hirschfeld (Hg.), Sozialprotest, Gewalt, Terror. Gewaltanwendung durch politische und gesellschaftliche Randgruppen im 19. und 20. Jahrhundert, Stuttgart 1982, S. 135–162.

Brunn 2002   Gerhard Brunn: Die Europäische Einigung von 1945 bis heute, Stuttgart 2002.

Buchanan 2006   Tom Buchanan: Europe's Troubled Peace, 1945–2000, Malden, Mass. 2006.

Buchheim 1990   Christoph Buchheim: Die Wiedereingliederung Westdeutschlands in die Weltwirtschaft 1945–1958, München 1990.

Calic 2006   Marie-Janine Calic: Krieg und Frieden in Bosnien-Hercegovina, erw. Neuausg., Frankfurt a. M. 2006.

Castillo 2005   Greg Castillo: Domesticating the Cold War. Household Consumption as Propaganda in Marshall Plan Germany, in: Journal of Contemporary History 40, 2005, S. 261–288.

Chakrabarty 2000   Dipesh Chakrabarty: Provincializing Europe. Postcolonial Thought and Historical Difference, Princeton, N. J. 2000.

Clayton 1994   Anthony Clayton: The Wars of French Decolonization, London 1994.

Cmiel 2004   Kenneth Cmiel: The Recent History of Human Rights, in: American Historical Review 109, 2004, S. 117–135.

Commissariat Général 1979   Commissariat Général du Plan. Commission de l'Énergie et des Matières Premières du VIIIe Plan [1979]: Rapport sur les Bilans de la Politique Énergetigue de 1973 à 1978. Unter Mitarbeit von D. Maillard. Paris: La Documentation Francaise.

Conrad 2002   Geschichte und Gesellschaft 28, 2002, Mental Maps, hg. dieses Hefts: Christoph Conrad.

Conrad / Kocka 2001   Christoph Conrad / Jürgen Kocka (Hg.): Staatsbürgerschaft in Europa. Historische Erfahrungen und aktuelle Debatten, Hamburg 2001.

Conrad / Randeria 2002   Sebastian Conrad / Shalini Randeria (Hg.): Jenseits des Eurozentrismus. Postkoloniale Perspektiven in den Geschichts- und Kulturwissenschaften, Frankfurt a. M. 2002.

Conze 1998   Eckart Conze: Konfrontation und Détente. Überlegungen zur historischen Analyse des Ost-West-Konflikts, in: Vierteljahrshefte für Zeitgeschichte 46, 1998, S. 269–282.

Cook 2005   Hera Cook: The Long Sexual Revolution. English Women, Sex, and Contraception, 1800–1975, Oxford 2005.

Craig / Radchenko 2008   Campbell Craig / Sergey Radchenko: The Atomic Bomb and the Origins of the Cold War, New Haven, CT 2008.

Crew 2003a   David F. Crew: Consuming Germany in the Cold War. Consumption and National Identity in East and West Germany, 1949–1989. An Introduction, in: Crew 2003b, S. 1–20.

Crew 2003b   David F. Crew (Hg.): Consuming Germany in the Cold War, Oxford 2003.

Crouch 1999   Colin Crouch: Social Change in Western Europe, Oxford 1999.

Darwin 1988   John Darwin: Britain and Decolonization. The Retreat from Empire in the Post-War World, Basingstoke 1988.

Davies 1997   Norman Davies: Europe. A History. Reprinted with Corrections, Oxford u. a. 1997.

Davis 2007   Tracy C. Davis: Stages of Emergency. Cold War Nuclear Civil Defense, Durham, N. C. 2007.

Diederichsen 2004   Diedrich Diederichsen: Die Leitplanken des Zeitgeists. Haupt- und Nebenströmungen in der Kultur der Umbaugesellschaft, in: Theater heute – Jahrbuch 2004, S. 44–56.

Diner 2000   Dan Diner: Das Jahrhundert verstehen. Eine universalhistorische Deutung, Frankfurt a. M. 2000.

Ditt 2005   Karl Ditt: Vom Natur- zum Umweltschutz? England 1949–1990, in: Brüggemeier / Engels 2005, S. 38–61.

Doering-Manteuffel 1999   Anselm Doering-Manteuffel: Wie westlich sind die Deutschen? Amerikanisierung und Westernisierung im 20. Jahrhundert, Göttingen 1999.

Doering-Manteuffel / Raphael 2008   Anselm Doering-Manteuffel / Lutz Raphael: Nach dem Boom. Perspektiven auf die Zeitgeschichte seit 1970, Göttingen 2008.

Dülffer 2004   Jost Dülffer: Europäische Zeitgeschichte. Narrative und historiographische Perspektiven, in: Zeithistorische Forschungen / Studies in Contemporary History, Online-Ausgabe 1, 2004, Heft 1, www.zeithistorische-forschungen.de / 16126041-Duelffer-1-2004, Stand: 26.2.2010.

Eckel / Moisel 2008   Jan Eckel / Claudia Moisel (Hg.): Universalisierung des Holocaust? Erinnerungskultur und Geschichtspolitik in internationaler Perspektive, Göttingen 2008.

Eckert 2008   Andreas Eckert: Spätkoloniale Herrschaft. Dekolonisation und internationale Ordnung, in: Archiv für Sozialgeschichte 48, 2008, S. 3–20.

Eichengreen 2001   Barry Eichengreen: Economy, in: Mary Fulbrook / Timothy C. W. Blanning (Hg.), Europe since 1945, Oxford 2001.

Eichengreen 2007   Barry Eichengreen: The European Economy since 1945, Princeton / Oxford 2007.

Einheitliche Europäische Akte 1986   Einheitliche Europäische Akte, unterzeichnet von den Außenministern der EG-Mitgliedsstaaten in Luxemburg am 17. / 28. Februar 1986, in: Europa-Archiv, 1986, S. 163–182.

Einhorn / Sever 2005   Barbara Einhorn / Charlie Sever: Gender, Civil Society and Women's Movements in Central and Eastern Europe, in: Jude Howell / Diane Mulligan (Hg.), Gender and Civil Society. Transcending Boundaries, London u. a. 2005, S. 23–53.

Elvert 2006   Jürgen Elvert: Die europäische Integration, Darmstadt 2006.

Engelmann / Kowalczuk 2005   Roger Engelmann / Ilko-Sascha Kowalczuk (Hg.): Volkserhebung gegen den SED-Staat. Eine Bestandsaufnahme zum 17. Juni 1953, Göttingen 2005.

Engels 2006   Jens-Ivo Engels: Umweltgeschichte als Zeitgeschichte, in: Aus Politik und Zeitgeschichte 56, 2006, Heft 13, S. 32–38.

Erdmann 1999   Elisabeth Erdmann: Europa, in: Der Neue Pauly. Enzyklopädie der Antike, Bd. 13, Stuttgart / Weimar 1999, S. 1060–1064.

Erklärung der französischen Regierung 1950   Erklärung der französischen Regierung über eine gemeinsame deutsch-französische Schwerindustrie vom 9. Mai 1950 (Schumanplan), in: Europa-Archiv, 1950, S. 3091f.

Esping-Andersen 1989   Gösta Esping-Andersen: Three Worlds of Welfare Capitalism, New York 1989.

Etzemüller 2007   Thomas Etzemüller: Ein ewigwährender Untergang. Der apokalyptische Bevölkerungsdiskurs im 20. Jahrhundert, Bielefeld 2007.

Falk 2003   Barbara J. Falk: The Dilemmas of Dissidence in East-Central Europe. Citizen Intellectuals and Philosopher Kings, Budapest 2003.

Fallenbuchl 1987/88   Zbigniew M. Fallenbuchl: The Council for Mutual Economic Assistance and Eastern Europe, in: International Journal 43, 1987–1988, S. 106–126.

Ferraresi 1996   Franco Ferraresi: Threats to Democracy. The Radical Right in Italy after the War, Princeton, N. J. 1996.

Fink u. a. 1998a   Carole Fink/Philipp Gassert/Detlef Junker (Hg.): 1968. The World Transformed, Cambridge, Mass. 1998.

Fink u. a. 1998b   Carole Fink/Philipp Gassert/Detlef Junker: Introduction, in: dies. 1998a, S. 1–27.

Fisch 1994   Jörg Fisch: Die deutschen Reparationen und die Teilung Europas, in: Wilfried Loth (Hg.), Die deutsche Frage in der Nachkriegszeit, Berlin 1994, S. 67–101.

Flacke 2004   Monika Flacke (Hg.): Mythen der Nationen. 1945 – Arena der Erinnerungen, 2 Bde., Mainz 2004.

Flora 2005   Peter Flora: Editorial Introduction. The Unity and Diversity of Europe, in: Franz Rothenbacher (Hg.), The European Population since 1945, Basingstoke 2005, S. V–XVI.

Foitzik 2001   Jan Foitzik: Entstalinisierungskrise in Ostmitteleuropa 1953–1956. Vom 17. Juni bis zum ungarischen Volksaufstand. Politische, militärische, soziale und nationale Dimensionen, Paderborn 2001.

Forsthoff 1971   Ernst Forsthoff: Der Staat der Industriegesellschaft. Dargestellt am Beispiel der Bundesrepublik Deutschland, München 1971.

François 2004   Etienne François: Meistererzählungen und Dammbrüche. Die Erinnerung an den Zweiten Weltkrieg zwischen Nationalisierung und Universalisierung, in: Flacke 2004, S. 13–28.

Frei 2006   Norbert Frei (Hg.): Transnationale Vergangenheitspolitik. Der Umgang mit deutschen Kriegsverbrechern in Europa nach dem Zweiten Weltkrieg, Göttingen 2006.

Frei 2008   Norbert Frei: 1968. Jugendrevolte und globaler Protest, München 2008.

Frejka 2008   Tomas Frejka: Weite Teile Europas dauerhaft im Geburtentief, in: Demografische Forschung 5, 2008, Heft 4, S. 1f.

Fremdling 1998   Rainer Fremdling: Wirtschaftsgeschichte und das Paradigma der Rückständigkeit, in: Eckart Schremmer (Hg.), Wirtschafts- und Sozialgeschichte. Gegenstand und Methode, Stuttgart 1998, S. 101–115.

Fukuyama 1992   Francis Fukuyama: The End of History and the Last Man, New York 1992.

Fulbrook 2008   Mary Fulbrook: Ein ganz normales Leben. Alltag und Gesellschaft in der DDR, Darmstadt 2008.

Funk/Mueller 1993   Nanette Funk/Magda Mueller (Hg.): Gender Politics and Post-Communism. Reflections from Eastern Europe and the Former Soviet Union, New York u. a. 1993.

Furman 1997   Dmitir Y. Furman: Religion and Politics in Mass Consciousness in Contemporary Russia, in: Hartmut Lehmann (Hg.), Säkularisierung, Dechristianisierung, Rechristianisierung im neuzeitlichen Europa. Bilanz und Perspektiven der Forschung, Göttingen 1997, S. 291–303.

Gabriel 2008   Karl Gabriel: Säkularisierung und Religiosität im 20. Jahrhundert, in: Rödder/Elz 2008, S. 97–106.

Gaddis 1983   John Lewis Gaddis: The Emerging Post-Revisionist Synthesis on the Origins of the Cold War, in: Diplomatic History 7, 1983, S. 171–204.

Gaddis 1997   John Lewis Gaddis: We Now Know. Rethinking Cold War History, Oxford/New York 1997.

Gaddis 2005   John Lewis Gaddis: The Cold War. A New History, New York 2005.

Gal/Kligman 2000   Susan Gal/Gail Kligman: The Politics of Gender after Socialism. A Comparative-Historical Essay, Princeton, N. J. 2000.

Gallagher 1979   Tom Gallagher: Controlled Repression in Salazar's Portugal, in: Journal of Contemporary History 14, 1979, S. 385–402.

Gehrke 2007   Bernd Gehrke: 1968 und die Arbeiter. Studien zum „proletarischen Mai" in Europa, Hamburg 2007.

Gerhard 2008   Ute Gerhard: Frauenbewegung, in: Roland Roth/Dieter Rucht (Hg.), Die sozialen Bewegungen in Deutschland seit 1945. Ein Handbuch, Frankfurt a. M. 2008, S. 187–218.

Gerwarth/Haupt 2007   Robert Gerwarth/Heinz-Gerhard Haupt: Internationalising Historical Research on Terrorist Movements in Twentieth Century Europe, in: European Review of History 14, 2007, S. 275-281.

Gestwa 2003   Klaus Gestwa: Ökologischer Notstand und sozialer Protest. Ein umwelthistorischer Blick auf die Reformunfähigkeit und den Zerfall der Sowjetunion, in: Archiv für Sozialgeschichte 43, 2003, S. 349–383.

Geyer/Schaefer 2004   David C. Geyer/Bernd Schaefer (Hg.): American Détente and German Ostpolitik 1969–1972, Washington, D. C. 2004.

Giesecke 2001   Jens Giesecke: Der Mielke-Konzern. Die Geschichte der Stasi 1945–1990, München 2001.

Gilcher-Holtey 1998   Ingrid Gilcher-Holtey (Hg.): 1968. Vom Ereignis zum Gegenstand der Geschichtswissenschaft, Göttingen 1998.

Goldsmith u. a. 1972   Edward Goldsmith/Robert Allen unter Mitarbeit von Michael Allaby/John Davoll/Sam Lawrence: A Blueprint for Survival, in: The Ecologist 2, 1972, S. 1.

Gosewinkel 2006   Dieter Gosewinkel: Europa als politischer Grenzbegriff – eine Skizze, in: Ariane Berhoin Antal/Sigrid Quack (Hg.), Grenzüberschreitungen. Festschrift für Hedwig Rudolph, Berlin 2006, S. 35–47.

Götz 2001   Norbert Götz: Ungleiche Geschwister. Die Konstruktion von nationalsozialistischer Volksgemeinschaft und schwedischem Volksheim, Baden-Baden 2001.

Graf/Große Kracht 2007   Friedrich Wilhelm Graf/Klaus Große Kracht (Hg.): Einleitung. Religion und Gesellschaft im Europa des 20. Jahrhunderts, in: dies. (Hg.), Religion und Gesellschaft. Europa im 20. Jahrhundert. Tagung des „Arbeitskreises für Moderne Sozialgeschichte" im April 2006, Köln 2007, S. 1–45.

de Grazia 2005   Victoria de Grazia: Irresistible Empire. America's Advance Through Twentieth-Century Europe, Cambridge, Mass. 2005.

Habermas 1990   Jürgen Habermas: Strukturwandel der Öffentlichkeit. Untersuchungen zu einer Kategorie der bürgerlichen Gesellschaft (1961), Frankfurt a. M. 1990.

Hahn/Olschowsky 1996   Hans Henning Hahn/Heinrich Olschowsky (Hg.): Das Jahr 1956 in Ostmitteleuropa, Berlin 1996.

Harrison 2003   Hope Millard Harrison: Driving the Soviets up the Wall. Soviet-East German Relations, 1953–1961, Princeton, N. J. 2003.

Haupt 2003   Heinz-Gerhard Haupt: Konsum und Handel. Europa im 19. und 20. Jahrhundert, Göttingen 2003.

Haustein 2007   Sabine Haustein: Vom Mangel zum Massenkonsum. Deutschland, Frankreich und Großbritannien im Vergleich, 1945–1970, Frankfurt a. M. 2007.

Hecht 1998   Gabriele Hecht: The Radiance of France. Nuclear Power and National Identity after World War II, Cambridge, Mass. 1998.

Heidemeyer 1994   Helge Heidemeyer: Flucht und Zuwanderung aus der SBZ/DDR 1945/1949–1961. Die Flüchtlingspolitik der Bundesrepublik Deutschland bis zum Bau der Berliner Mauer, Düsseldorf 1994.

Henke 1991   Klaus-Dietmar Henke: Die Trennung vom Nationalsozialismus. Selbstzerstörung, politische Säuberung, „Entnazifizierung", Strafverfolgung, in: ders./Woller 1991a, S. 21–83.

Henke/Woller 1991a   Klaus-Dietmar Henke/Hans Woller (Hg.): Politische Säuberung in Europa. Die Abrechnung mit Faschismus und Kollaboration nach dem Zweiten Weltkrieg, München 1991.

Henke/Woller 1991b   Klaus-Dietmar Henke/Hans Woller: Einleitung, in: dies. 1991a, S. 7–20.

Herbert 2002   Ulrich Herbert: Liberalisierung als Lernprozeß. Die Bundesrepublik in der deutschen Geschichte – eine Skizze, in: ders. (Hg.), Wandlungsprozesse in Westdeutschland. Belastung, Integration, Liberalisierung 1945–1980, Göttingen 2002, S. 7–49.

Herbert/Schildt 1998   Ulrich Herbert/Axel Schildt: Kriegsende in Europa, in: dies. (Hg.), Kriegsende in Europa. Vom Beginn des deutschen Machtzerfalls bis zur Stabilisierung der Nachkriegsordnung 1944–1948, Essen 1998, S. 7–34.

Herbst 1989   Ludolf Herbst: Option für den Westen. Vom Marshallplan bis zum deutsch-französischen Vertrag, München 1989.

Herbst 1993   Ludolf Herbst: Der Marshallplan als Herrschaftsinstrument? Überlegungen zur Struktur amerikanischer Nachkriegspolitik. Antrittsvorlesung, 12. Mai 1992, Berlin 1993.

Herbst 1998   Ludolf Herbst: Die wirtschaftliche Integration des Ostblocks und der RGW. Positionen de KPTsch und der SED in der Reformdebatte der 60er Jahre, in: Hans Lemberg (Hg.), Im geteilten Europa. Tschechen, Slowaken und Deutsche in ihren Staaten 1948–1989, Essen 1998, S. 135–151.

Hertle u. a. 2002   Hans-Hermann Hertle/Konrad H. Jarausch/Christoph Kleßmann (Hg.): Mauerbau und Mauerfall. Ursachen – Verlauf – Auswirkungen, Berlin 2002.

Herzog 2005   Dagmar Herzog: Sex after Fascism. Memory and Morality in Twentieth-Century Germany, Princeton, N. J. 2005.

Hickethier/Hoff 1998   Knut Hickethier/Peter Hoff: Geschichte des deutschen Fernsehens, Stuttgart 1998.

Hildermeier 1998   Manfred Hildermeier: Geschichte der Sowjetunion 1917–1991. Entstehung und Niedergang des ersten sozialistischen Staates, München 1998.

Hillmann 2001   Karl-Heinz Hillmann: Zur Wertewandelforschung. Einführung, Übersicht und Ausblick, in: Georg W. Oesterdiekhoff/Norbert Jegelka (Hg.), Werte und Wertewandel in westlichen Gesellschaften. Resultate und Perspektiven der Sozialwissenschaften, Opladen 2001, S. 15–40.

Hilton 2003   Matthew Hilton: Consumerism in Twentieth-Century Britain. The Search for a Historical Movement, Cambridge 2003.

Hilton 2007   Matthew Hilton: Consumers and the State since the Second World War, in: The Annals of the American Academy of Political and Social Science 611, 2007, Heft 1, S. 66–81

Hitchcock 2003   William I. Hitchcock: The Struggle for Europe. The Turbulent History of a Divided Continent, 1945–2002, New York 2003.

Hobsbawm 1994   Eric Hobsbawm: Das Zeitalter der Extreme. Weltgeschichte des 20. Jahrhunderts, München / Wien 1994.

Hockerts 1993   Hans Günter Hockerts: Zeitgeschichte in Deutschland. Begriff, Methoden, Themenfelder, in: Historisches Jahrbuch 113, 1993, S. 98–127.

Hockerts 1998   Hans Günter Hockerts: Einführung, in: ders. (Hg.), Drei Wege deutscher Sozialstaatlichkeit. NS-Diktatur, Bundesrepublik und DDR im Vergleich, München 1998, S. 7–25.

Hockerts 2002   Hans Günter Hockerts: Zugänge zur Zeitgeschichte. Primärerfahrung, Erinnerungskultur, Geschichtswissenschaft, in: Jarausch / Sabrow 2002, S. 39–73.

Hockerts 2003   Hans Günter Hockerts: Einführung, in: ders. (Hg.), Koordinaten deutscher Geschichte in der Epoche des Ost-West-Konflikts, München 2003, S. VII–XVII.

Hockerts 2007   Hans Günter Hockerts: Vom Problemlöser zum Problemerzeuger? Der Sozialstaat im 20. Jahrhundert, in: Archiv für Sozialgeschichte 47, 2007, S. 3–29.

von Hodenberg 2006   Christina von Hodenberg: Konsens und Krise. Eine Geschichte der westdeutschen Medienöffentlichkeit 1945–1973, Göttingen 2006.

Hoffman 2006   Bruce Hoffman: Terrorismus – der unerklärte Krieg. Neue Gefahren politischer Gewalt, Bonn 2006.

Högselius 2006   Per Högselius: Connecting East and West? Electricity Systems in the Baltic Region, in: Erik van der Vleuten / Arne Kaijser (Hg.), Networking Europe. Transnational Infrastructures and the Shaping of Europe, 1850–2000, Sagamore Beach 2006, S. 245–275.

Horkheimer / Adorno 1969   Max Horkheimer / Theodor W. Adorno: Dialektik der Aufklärung. Philosophische Fragmente (1944), Frankfurt a. M. 1969.

House 2006   Jim House: Paris 1961. Algerians, State Terror, and Memory, Oxford 1961.

Hubbert 1962   Marion King Hubbert: Energy Resources. A Report to the Committee on Natural Resources of the National Academy of Sciences – National Research Council, Washington, D.C. 1962.

Hünemörder 2003   Kai F. Hünemörder: Vom Expertennetzwerk zur Umweltpolitik. Frühe Umweltkonferenzen und die Ausweitung der öffentlichen Aufmerksamkeit für Umweltfragen in Europa (1959–1972), in: Archiv für Sozialgeschichte 43, 2003, S. 275–296.

Hünemörder 2004   Kai F. Hünemörder: Die Frühgeschichte der globalen Umweltkrise und die Formierung der deutschen Umweltpolitik (1950–1973), Stuttgart 2004.

Hüser 2003   Dietmar Hüser: Rap-Musik – Straßen-Politik – Bürger-Republik. Ein populärmusikalisches Aufklärungsprojekt zwischen politisierter Soziokultur und politischer Deutungskultur, in: Jannis Androutsopoulos (Hg.), HipHop. Globale Kultur – lokale Praktiken, Bielefeld 2003, S. 168–189.

Imhof 1996   Kurt Imhof: „Öffentlichkeit" als historische Kategorie und als Kategorie der Historie, in: Schweizerische Zeitschrift für Geschichtswissenschaft 46, 1996, S. 3–25.

Inglehart 1977   Ronald Inglehart: The Silent Revolution. Changing Values and Political Styles among Western Publics, Princeton, N. J. 1977.

Inglehart 1997   Ronald Inglehart: Modernization and Postmodernization. Cultural, Economic, and Political Change in 43 Societies, Princeton, N. J. 1997.

Inglehart 2008   Ronald Inglehart: Changing Values among Western Publics from 1970 to 2006, in: West European Politics 31, 2008, S. 130–146.

Jansen 2004   Christian Jansen: Brigate Rosse und Rote Armee Fraktion. ProtagonistInnen, Propaganda und Praxis des Terrorismus der frühen siebziger Jahre, in: Oliver von Mengersen (Hg.), Personen – soziale Bewegungen – Parteien. Beiträge zur neuesten Geschichte. Festschrift für Hartmut Soell, Heidelberg 2004, S. 483–500.

Jansen 2007 Christian Jansen: Italien seit 1945, Göttingen 2007.

Jarausch / Sabrow 2002 Konrad H. Jarausch / Martin Sabrow (Hg.): Verletztes Gedächtnis. Erinnerungskultur und Zeitgeschichte im Konflikt, Frankfurt a. M. 2002.

Jobs 2007 Richard Ivan Jobs: Riding the New Wave. Youth and the Rejuvenation of France after the Second World War, Stanford, Calif. 2007.

Judt 2006 Tony Judt: Geschichte Europas von 1945 bis zur Gegenwart, München / Wien 2006.

Kaelble 1997 Hartmut Kaelble: Europäische Besonderheiten des Massenkonsums 1950–1990, in: Hannes Siegrist (Hg.), Europäische Konsumgeschichte. Zur Gesellschafts- und Kulturgeschichte des Konsums (18. bis 20. Jahrhundert), Frankfurt a. M. 1997, S. 169–203.

Kaelble 2000 Hartmut Kaelble: Wie kam es zum Europäischen Sozialmodell?, in: Aust u. a. 2000, S. 39–53.

Kaelble 2007 Hartmut Kaelble: Sozialgeschichte Europas. 1945 bis zur Gegenwart, München 2007.

Kaelble 2008 Hartmut Kaelble: Selbstverständnis und Gesellschaft der Europäer. Aspekte der sozialen und kulturellen Europäisierung im späten 19. und 20. Jahrhundert, Frankfurt a. M. 2008.

Kaelble u. a. 2002 Hartmut Kaelble / Martin Kirsch / Alexander Schmidt-Gernig: Zur Entwicklung transnationaler Öffentlichkeiten und Identitäten im 20. Jahrhundert. Eine Einleitung, in: dies. (Hg.), Transnationale Öffentlichkeiten und Identitäten im 20. Jahrhundert, Frankfurt a. M. 2002, S. 7–33.

Kaschuba 2009 Wolfgang Kaschuba: Europäischer Verkehrsraum nach 1989 – die Epoche der zweiten Globalisierung, in: Roth / Schlögel 2009, S. 175–194.

Kasper 1997 Michael Kasper: Baskische Geschichte in Grundzügen, Darmstadt 1997.

Kaufmann 1973 Franz-Xaver Kaufmann: Sicherheit als soziologisches und sozialpolitisches Problem. Untersuchungen zu einer Wertidee hochdifferenzierter Gesellschaften, 2., umgearb. Aufl., Stuttgart 1973.

Kaufmann 2003 Franz-Xaver Kaufmann: Varianten des Wohlfahrtsstaats. Der deutsche Sozialstaat im internationalen Vergleich, Frankfurt a. M. 2003.

Keane 2003 John Keane: Global Civil Society?, Cambridge 2003.

Klages 1993 Helmut Klages: Traditionsbruch als Herausforderung. Perspektiven der Wertewandelsgesellschaft, Frankfurt a. M. / New York 1993.

von Klimó 2006 Árpád von Klimó: Ungarn seit 1945, Göttingen 2006.

Kocka 1986 Jürgen Kocka: Geschichte – wozu?, in: Wolfgang Hardtwig (Hg.), Über das Studium der Geschichte, München 1990, S. 427–443.

Kocka 2000 Jürgen Kocka: Zivilgesellschaft als historisches Problem und Versprechen, in: Manfred Hildermeier (Hg.), Europäische Zivilgesellschaft in Ost und West. Begriff, Geschichte, Chancen, Frankfurt a. M. 2000, S. 13–40.

Kolko / Kolko 1972 Joyce Kolko / Gabriel Kolko: The Limits of Power, New York 1972.

König 2008 Wolfgang König: Kleine Geschichte der Konsumgesellschaft. Konsum als Lebensform der Moderne, Stuttgart 2008.

Koselleck 1988 Reinhart Koselleck: Begriffsgeschichtliche Anmerkungen zur Zeitgeschichte, in: Victor Conzemius (Hg.), Die Zeit nach 1945 als Thema kirchlicher Zeitgeschichte. Referate der internationalen Tagung in Hünigen / Bern (Schweiz) 1985. Andreas Lindt zum Gedenken, Göttingen 1988, S. 17–31.

Kühn 1999 Hartmut Kühn: Das Jahrzehnt der Solidarnosc. Die politische Geschichte Polens 1980–1990; mit einem historiographischen Anhang bis 1997, Berlin 1999.

Kupper 2003 Patrick Kupper: Die „1970er Diagnose". Grundsätzliche Überlegungen zu einem Wendepunkt der Umweltgeschichte, in: Archiv für Sozialgeschichte 43, 2003, S. 325–348.

Kupper 2004   Patrick Kupper: „Weltuntergangs-Visionen aus dem Computer". Zur Geschichte der Studie „Die Grenzen des Wachstums" von 1972, in: Uekötter/Hohensee 2004, S. 98–111.

Kurme 2006   Sebastian Kurme: Halbstarke. Jugendprotest in den 1950er Jahren in Deutschland und den USA, Frankfurt a. M. 2006.

Kusmierz 2008   Zoe A. Kusmierz: „The glitter of your kitchen pans". The Kitchen, Home Appliances, and Politics at the American National Exhibition in Moscow, 1959, in: Sebastian M. Herrmann (Hg.), Ambivalent Americanizations. Popular and Consumer Culture in Central and Eastern Europe, Heidelberg 2008, S. 253–272.

van Laak 2008   Dirk van Laak: Planung. Geschichte und Gegenwart des Vorgriffs auf die Zukunft, in: Geschichte und Gesellschaft 34, 2008, S. 305–326.

Lagrou 2000   Pieter Lagrou: The Legacy of Nazi Occupation. Patriotic Memory and National Recovery in Western Europe, 1945–1965, Cambridge 2000.

Lauren 1998   Paul Gordon Lauren: The Evolution of International Human Rights. Visions Seen, Philadelphia, PA 1998.

Leffler 1999   Melvyn P. Leffler: The Cold War. What Do „We Now Know", in: American Historical Review 104, 1999, S. 501–524.

Leffler 2004   Melvyn P. Leffler: The Beginning and the End. Time, Context and the Cold War, in: Olav Njolstad (Hg.), The Last Decade of the Cold War. From Conflict Escalation to Conflict Transformation, London/New York 2004, S. 29–59.

Leffler 2007   Melvyn P. Leffler: For the Soul of Mankind. The United States, the Soviet Union, and the Cold War, New York 2007.

Lemke 2006   Michael Lemke (Hg.): Schaufenster der Systemkonkurrenz. Die Region Berlin-Brandenburg im Kalten Krieg, Köln 2006.

Lewis 1994   Paul G. Lewis: Central Europe since 1945, London/New York 1994.

Lipgens 1968   Walter Lipgens: Europa-Föderationspläne der Widerstandsbewegungen 1940–1945. Eine Dokumentation, München 1968.

Lipgens 1977   Walter Lipgens: Die Anfänge der europäischen Einigungspolitik 1945–1950, Stuttgart 1977.

Loth 2002   Wilfried Loth: Die Teilung der Welt. Geschichte des Kalten Krieges 1941–1955, erw. Neuausg., 10. Aufl., München 2002.

Lovins 1977   Amory Bloch Lovins: Sanfte Energie. Das Programm für die energie- und industriepolitische Umrüstung unserer Gesellschaft, Reinbek 1979.

Luks 1997   Leonid Luks: Der „Sonderweg" des polnischen Katholizismus (1945–1989), in: Hartmut Lehmann (Hg.), Säkularisierung, Dechristianisierung, Rechristianisierung im neuzeitlichen Europa. Bilanz und Perspektiven der Forschung, Göttingen 1997, S. 234–248.

Lundestad 2004   Geir Lundestad: The European Role at the Beginning and Particularly the End of the Cold War, in: Olav Njolstad (Hg.), The Last Decade of the Cold War. From Conflict Escalation to Conflict Transformation, London/New York 2004, S. 60–79.

Lyth/Dienel 1998   Hans-Liudger Dienel/Peter Lyth (Hg.): Flying the Flag. European Commercial Air Transport since 1945, London/New York 1998.

Maier 2003   Charles S. Maier: Two Sorts of Crises. The „Long" 1970s in the West and the East, in: Hans Günter Hockerts (Hg.), Koordinaten deutscher Geschichte in der Epoche des Ost-West-Konflikts, München 2003, S. 49–62.

Maier 1993   Klaus A. Maier (Hg.): Das Nordatlantische Bündnis 1949–1956, München 1993.

Malinowski / Sedlmaier 2006   Stephan Malinowski / Alexander Sedlmaier: „1968" als Katalysator der Konsumgesellschaft. Performative Regelverstöße, kommerzielle Adaptionen und ihre gegenseitige Durchdringung, in: Geschichte und Gesellschaft 32, 2006, S. 238–267.

Marrus 1989   Michael R. Marrus: Die Unerwünschten. Europäische Flüchtlinge im 20. Jahrhundert, Göttingen / Hamburg 1989.

Martens 2007   Stefan Martens: Frankreich zwischen „Histoire contemporaine" und „Histoire du temps présent", in: Vierteljahrshefte für Zeitgeschichte 55, 2007, S. 583–616.

Mastny / Byrne 2005   Vojtech Mastny / Malcolm Byrne (Hg.): A Cardboard Castle? An Inside History of the Warsaw Pact, Budapest 2005.

Mazower 2000   Mark Mazower: Der dunkle Kontinent. Europa im 20. Jahrhundert, Berlin 2000.

Mazurek / Hilton 2007   Malgorzata Mazurek / Matthew Hilton: Consumerism, Solidarity and Communism. Consumer Protection and the Consumer Movement in Poland, in: Journal of Contemporary History 42, 2007, S. 313–341.

McLeod 2007   Hugh McLeod: The Religious Crisis of the 1960s, Oxford 2007.

McNeill 2005   John Robert McNeill (Frank Elstner): Blue Planet. Die Geschichte der Umwelt im 20. Jahrhundert, Bonn 2005.

Meadows u. a. 1972   Dennis L. Meadows / Donella H. Meadows / Erich Zahn / Peter Milling: Die Grenzen des Wachstums. Bericht des Club of Rome zur Lage der Menschheit, Stuttgart 1972.

Mergel 2005   Thomas Mergel: Großbritannien seit 1945, Göttingen 2005.

Mergel 2006   Thomas Mergel: Transnationale Kommunikation von unten: Tourismus in Europa nach 1945, in: ZeitRäume 1, 2006, S. 115–126.

Merkel 1999   Ina Merkel: Utopie und Bedürfnis. Die Geschichte der Konsumkultur in der DDR, Köln 1999.

Merki 2008   Christoph Maria Merki: Verkehrsgeschichte und Mobilität, Stuttgart 2008.

Merl 1997   Stephan Merl: Staat und Konsum in der Zentralverwaltungswirtschaft. Rußland und die ostmitteleuropäischen Länder, in: Hannes Siegrist (Hg.), Europäische Konsumgeschichte. Zur Gesellschafts- und Kulturgeschichte des Konsums (18. bis 20. Jahrhundert), Frankfurt a. M. 1997, S. 205–241.

Milward / Brennan / Romero 1994   Alan S. Milward / George Brennan / Federico Romero (Hg.): The European Rescue of the Nation-State, London 1994.

Miranda 2003   Jorge Miranda: Portugal, in: Albrecht Weber (Hg.), Fundamental Rights in Europe. Part B, Leiden / Boston 2003.

Mittag 2008   Jürgen Mittag: Kleine Geschichte der Europäischen Union. Von der Europaidee bis zur Gegenwart, Münster 2008.

Moeckli 2008   Daniel Moeckli: Human Rights and Non-Discrimination in the „War on Terror", Oxford 2008.

Möller 2003   Horst Möller: Was ist Zeitgeschichte?, in: ders. / Udo Wengst (Hg.), Einführung in die Zeitgeschichte, München 2003, S. 13–51.

Moloney 2002   Ed Moloney: A Secret History of the IRA, New York 2002.

Mom 2005   Gijs Mom: Roads without Rails. European Highway-Network Building and the Desire for Long-Range Motorized Mobility, in: Technology and Culture 46, 2005, S. 745–772.

Mommsen 1990   Wolfgang J. Mommsen (Hg.): Das Ende der Kolonialreiche. Dekolonisation und die Politik der Großmächte, Frankfurt a. M. 1990.

Mooser 1983 Josef Mooser: Abschied von der „Proletarität". Sozialstruktur und Lage der Arbeiterschaft in der Bundesrepublik in historischer Perspektive, in: Werner Conze (Hg.), Sozialgeschichte in der Bundesrepublik Deutschland. Beiträge zum Kontinuitätsproblem, Stuttgart 1983, S. 143–186.

Mulholland 2007 Marc Mulholland: Irish Republican Politics and Violence before the Peace Process, 1968–1994, in: European Review of History 14, 2007, S. 397–421.

Muller 1999 James W. Muller (Hg.): Churchill's „Iron Curtain" Speech Fifty Years Later, Columbia, MO 1999.

Niedhardt 2004 Gottfried Niedhardt: Ostpolitik. Phases, Short-Term Objectives, and Grand Design, in: David C. Geyer/Bernd Schaefer (Hg.), American Détente and German Ostpolitik 1969–1972, Washington, D.C. 2004, S. 118–136.

Nipperdey 1975 Thomas Nipperdey: Wozu noch Geschichte?, in: Wolfgang Hardtwig (Hg.), Über das Studium der Geschichte, München 1990, S. 366–388.

Normand u. a. 2008 Roger Normand/Sarah Zaidi/Richard A. Falk: Human Rights at the UN. The Political History of Universal Justice, Bloomington, Ind. 2008.

Oberkrome 2004 Willi Oberkrome: Deutsche Heimat. Nationale Konzeptionen und regionale Praxis von Naturschutz, Landschaftsgestaltung und Kulturpolitik in Westfalen-Lippe und Thüringen (1900–1960), Paderborn 2004.

Ohse/Pollack 2008 Marc-Dietrich Ohse/Detlef Pollack: Dissidente Gruppen in der DDR (1949–1989), in: Roland Roth/Dieter Rucht (Hg.), Die sozialen Bewegungen in Deutschland seit 1945. Ein Handbuch, Frankfurt a. M. 2008, S. 363–390.

Oliveira Marques 2001 António Henrique Rodrigo de Oliveira Marques: Geschichte Portugals und des portugiesischen Weltreichs, Stuttgart 2001.

Olson 1985 Mancur Olson: Aufstieg und Niedergang von Nationen. Ökonomisches Wachstum, Stagflation und soziale Starrheit, Tübingen 1985.

Osterhammel 1992 Jürgen Osterhammel: Spätkolonialismus und Dekolonisation, in: Neue Politische Literatur 37, 1992, S. 404–426.

Overmans 1990 Rüdiger Overmans: 55 Millionen Opfer des Zweiten Weltkrieges? Zum Stand der Forschung nach mehr als 40 Jahren, in: Militärgeschichtliche Mitteilungen 48, 1990, S. 103–121.

Overy 2003 Richard Overy: Russlands Krieg. 1941–1945, Reinbek 2003.

Parsons 1949 Talcott Parsons: Age and Sex in the Social Structure of the United States (1942), in: ders. (Hg.), Essays in Sociological Theory, London 1949, S. 89–103.

Patel/Lipphardt 2009 Kiran Klaus Patel/Veronika Lipphardt: Einleitung, in: Lorraine Bluche/Veronika Lipphardt/Kiran Klaus Patel (Hg.), Der Europäer – ein Konstrukt. Wissensbestände, Diskurse, Praktiken, Göttingen 2009, S. 7–32.

Pauer 2000 Jan Pauer: Charta 77, in: Wolfgang Eichwede/Ivo Bock (Hg.), Samizdat. Alternative Kultur in Zentral- und Osteuropa: die 60er bis 80er Jahre, Bremen 2000, S. 52–63.

Pfister 1996 Christian Pfister: Das „1950er Syndrom". Die umweltgeschichtliche Epochenschwelle zwischen Industriegesellschaft und Konsumgesellschaft, in: ders./Peter Bär (Hg.), Das 1950er Syndrom. Der Weg in die Konsumgesellschaft. 2., unveränd. Aufl., Bern 1996, S. 51–96.

Poiger 1997 Uta G. Poiger: Rock'n'Roll, Female Sexuality, and the Cold War Battle over German Identities, in: Robert G. Moeller (Hg.), West Germany under Construction. Politics, Society, and Culture in the Adenauer Era, Ann Arbor, Mich. 1997, S. 373–410.

Poiger 2000 Uta G. Poiger: Jazz, Rock, and Rebels. Cold War Politics and American Culture in a Divided Germany, Berkeley, CA 2000.

Pollack 1998   Detlef Pollack: Einleitung. Religiöser Wandel in Mittel- und Osteuropa, in: ders./Irena Borowik/Wolfgang Jagodzinski (Hg.), Religiöser Wandel in den postkommunistischen Ländern Ost- und Mitteleuropas, Würzburg 1998, S. 9–52.

Pollack 2006   Detlef Pollack: Explaining Religious Vitality. Theoretical Considerations and Empirical Findings in Western and Eastern Europe, in: Manuel Franzmann (Hg.), Religiosität in der säkularisierten Welt. Theoretische und empirische Beiträge zur Säkularisierungsdebatte in der Religionssoziologie, Wiesbaden 2006, S. 83–104.

Pollack/Wielgohs 2004a   Detlef Pollack/Jan Wielgohs (Hg.): Dissent and Opposition in Communist Eastern Europe. Origins of Civil Society and Democratic Transition, Aldershot 2004.

Pollack/Wielgohs 2004b   Detlef Pollack/Jan Wielgohs: Comparative Perspectives on Dissent and Opposition to Communist Rule, in: dies. 2004a, S. 231–266.

Pollack/Wielgohs 2004c   Detlef Pollack/Jan Wielgohs: Introduction, in: dies. 2004a, S. ix–xviii.

Preston 1986   Paul Preston: The Triumph of Democracy in Spain, London 1986.

Preston 1995   Paul Preston: The Politics of Revenge. Fascism and the Military in Twentieth Century Spain, London 1995.

Radkau 2000   Joachim Radkau: Natur und Macht. Eine Weltgeschichte der Umwelt, München 2000.

Ramet 2005   Sabrina P. Ramet: Thinking about Yugoslavia. Scholarly Debates about the Yugoslav Breakup and the Wars in Bosnia and Kosovo, Cambridge 2005.

Raphael 2004   Lutz Raphael: Europäische Sozialstaaten in der Boomphase (1948–1973). Versuch einer historischen Distanzierung einer „klassischen Phase" des europäischen Wohlfahrtsstaats, in: Hartmut Kaelble/Günter Schmid (Hg.), Das europäische Sozialmodell. Auf dem Weg zum transnationalen Sozialstaat, 2. Aufl., Berlin 2004, S. 51–73.

Rauhut 2002   Michael Rauhut: Rock in der DDR. 1964 bis 1989, Bonn 2002.

Reinhard 1985   Wolfgang Reinhard: Geschichte der europäischen Expansion. Bd. 2: Die neue Welt, Stuttgart 1985.

Reinhard 1990   Wolfgang Reinhard: Geschichte der europäischen Expansion. Bd. 4: Dritte Welt Afrika, Stuttgart u. a. 1990.

Reynolds 2000   David Reynolds: One World Divisible. A Global History Since 1945, New York 2000.

Richardson 1995   Dick Richardson: The Green Challenge. Philosophical, Programmatic and Electoral Considerations, in: ders./Chris Rootes, The Green Challenge. The Development of Green Parties in Europe, London 1995, S. 4–22.

Richter/Richter 2009   Hedwig Richter/Ralf Richter: Der Opfer-Plot. Probleme und Felder der deutschen Arbeitsmigrationsforschung, in: Vierteljahrshefte für Zeitgeschichte 57, 2009, S. 61–97.

Ritter 1989   Gerhard A. Ritter: Der Sozialstaat – Entstehung und Entwicklung im internationalen Vergleich, 2., überarb. u. erhebl. erw. Aufl., München 1991.

Rödder/Elz 2008   Andreas Rödder/Wolfgang Elz (Hg.): Alte Werte – Neue Werte. Schlaglichter des Wertewandels, Göttingen 2008.

Rokkan 2009   Stein Rokkan: Staat, Nation und Demokratie in Europa. Die Theorie Stein Rokkans. Aus seinen ges. Werken rekonstruiert und eingel. von Peter Flora, Frankfurt a. M. 2009.

van Rooden 1997   Peter van Rooden: Secularization, Dechristianization and Rechristianization in the Netherlands, in: Hartmut Lehmann (Hg.), Säkularisierung, Dechristianisierung, Rechristianisierung im neuzeitlichen Europa. Bilanz und Perspektiven der Forschung, Göttingen 1997, S. 131–153.

Ross 2002   Kristin Ross: May '68 and Its Afterlives, Chicago, IL 2002.

Roth / Rucht 2008   Roland Roth / Dieter Rucht: Einleitung, in: dies. (Hg.), Die sozialen Bewegungen in Deutschland seit 1945. Ein Handbuch, Frankfurt a. M. 2008, S. 9–39.

Roth / Schlögel 2009   Ralf Roth / Karl Schlögel (Hg.): Neue Wege in ein neues Europa. Geschichte und Verkehr im 20. Jahrhundert, Frankfurt a. M. 2009.

Rothfels 1953   Hans Rothfels: Zeitgeschichte als Aufgabe, in: Vierteljahrshefte für Zeitgeschichte 1, 1953, S. 1–8.

Ryback 1990   Timothy W. Ryback: Rock Around the Bloc. A History of Rock Music in Eastern Europe and the Soviet Union, New York 1990.

Sabrow 2003   Martin Sabrow (Hg.): Zeitgeschichte als Streitgeschichte. Große Kontroversen seit 1945, München 2003.

Sànchez-Cuenza 2007   Ignacio Sànchez-Cuenza: The Dynamics of Nationalist Terrorism. ETA and the IRA, in: Terrorism and Political Violence 19, 2007, S. 289–306.

Santel 1995   Bernhard Santel: Migration in und nach Europa. Erfahrungen, Strukturen, Politik, Opladen 1995.

Sapelli 1995   Giulio Sapelli: Southern Europe since 1945. Tradition and Modernity in Portugal, Spain, Italy, Greece and Turkey, London / New York 1995.

Sassen 2000   Saskia Sassen: Migranten, Siedler, Flüchtlinge. Von der Massenauswanderung zur Festung Europa, 3. Aufl., Frankfurt a. M. 2000.

Schildt 1993   Axel Schildt: „Mach mal Pause!". Freie Zeit, Freizeitverhalten und Freizeitdiskurse in der westdeutschen Wiederaufbaugesellschaft, in: Archiv für Sozialgeschichte 33, 1992, S. 357–406.

Schildt 2001   Axel Schildt: Das Jahrhundert der Massenmedien. Ansichten zu einer künftigen Geschichte der Öffentlichkeit, in: Geschichte und Gesellschaft 27, 2001, S. 177–206.

Schildt / Siegfried 2006   Axel Schildt / Detlef Siegfried: Youth, Consumption and Politics in the Age of Radical Change, in: dies. (Hg.), Between Marx and Coca-Cola. Youth Cultures in Changing European Societies, 1960–1980, Oxford 2006, S. 1–35.

Schlögel 2003   Karl Schlögel: Im Raume lesen wir die Zeit. Über Zivilisationsgeschichte und Geopolitik, München / Wien 2003.

Schlögel 2009   Karl Schlögel: Europa in Bewegung. Die Transformation Europas und die Transformation des europäischen Verkehrsraumes, in: Roth / Schlögel 2009, S. 29–46.

Schmidt u. a. 2004   Manfred G. Schmidt / Tobias Ostheim / Nico A. Siegel / Reimut Zohlnhöfer (Hg.): Der Wohlfahrtsstaat. Eine Einführung in den historischen und internationalen Vergleich, Wiesbaden 2007.

Schmidt-Gernig 2004   Alexander Schmidt-Gernig: Das „kybernetische Zeitalter". Zur Bedeutung wissenschaftlicher Leitbilder für die Politikberatung am Beispiel der Zukunftsforschung der 60er und 70er Jahre, in: Stefan Fisch / Wilfried Rudloff (Hg.), Experten und Politik. Wissenschaftliche Politikberatung in geschichtlicher Perspektive, Berlin 2004, S. 349–368.

Schneckener 2006   Ulrich Schneckener: Transnationaler Terrorismus. Charakter und Hintergründe des „neuen" Terrorismus, Frankfurt a. M. 2006.

Schraepler 1998   Ernst Schraepler: Die Entwicklung nach dem Zweiten Weltkrieg bis 1970, in: Gerhard Commichau (Hg.), Die Entwicklung der Menschen- und Bürgerrechte von 1776 bis zur Gegenwart, 6. Aufl. Göttingen / Zürich, S. 34–41.

Schrecker 2004   Ellen Schrecker (Hg.): Cold War Triumphalism. The Misuse of History after the Fall of Communism, New York 2004.

Schulz 2002   Kristina Schulz: Der lange Atem der Provokation. Die Frauenbewegung in der Bundesrepublik und Frankreich 1968–1976, Frankfurt a. M. 2002.

Schumacher 1978   Ernst F. Schumacher: Die Rückkehr zum menschlichen Maß. Alternativen für Wirtschaft und Technik. „Small is Beautiful", unter Mitarbeit von George MacRobie, Reinbek 1978.

Schutts 2003   Jeff R. Schutts: Born Again in the Gospel of Refreshment? Coca Colonization and the Re-Making of Postwar German Identity, in: Crew 2003b, S. 121–150.

Schwarz 2003a   Hans-Peter Schwarz: Ost-West, Nord-Süd. Weltpolitische Betrachtungen zur deutschen Teilungsepoche, in: Hans Günter Hockerts (Hg.), Koordinaten deutscher Geschichte in der Epoche des Ost-West-Konflikts, München 2003, S. 1–27.

Schwarz 2003b   Hans-Peter Schwarz: Die neueste Zeitgeschichte, in: Vierteljahreshefte für Zeitgeschichte 51, 2003, S. 5–28.

Schwarz / Donley 1985   Jürgen Schwarz / Michael B. Donley: SALT – Strategic Arms Limitation Talks. Dokumente und Materialien, München 1985.

Schweizer 1994   Peter Schweizer: Victory. The Reagan Administration's Secret Strategy that Hastened the Collapse of the Soviet Union, New York 1994.

Sennett 2004   Richard Sennett: Verfall und Ende des öffentlichen Lebens. Die Tyrannei der Intimität (1974), 14. Aufl., Frankfurt a. M. 2004.

Sieferle 1982   Rolf Peter Sieferle: Der unterirdische Wald. Energiekrise und industrielle Revolution, München 1982.

Sieferle 1994   Rolf Peter Sieferle: Epochenwechsel. Die Deutschen an der Schwelle zum 21. Jahrhundert, Berlin 1994.

Siegenthaler 1996   Hansjörg Siegenthaler: Zur These des „1950er Syndroms". Die wirtschaftliche Entwicklung der Schweiz nach 1945 und die Bewegung relativer Energiepreise, in: Christian Pfister / Peter Bär (Hg.), Das 1950er Syndrom. Der Weg in die Konsumgesellschaft, 2., unveränd. Aufl., Bern 1996, S. 97–103.

Siegfried 2006   Detlef Siegfried: Time Is on My Side. Konsum und Politik in der westdeutschen Jugendkultur der 60er Jahre, Göttingen 2006.

Sonntag 2004   Stefanie Sonntag: Poland, in: Pollack / Wielgohs 2004a, S. 3–28.

Soutou 2004   Georges-Henri Soutou: De Gaulle's France and the Soviet Union from Conflict to Détente, in: Wilfried Loth (Hg.), Europe, Cold War and Coexistence, 1953–1965, London 2004, S. 173–189.

Spiekermann / Wegener 1994   Klaus Spiekermann / Michael Wegener: The Shrinking Continent: New Time Space Maps of Europe, in: Environment and Planning B. Planning and Design 21, 1994, S. 653–673.

Spode 1989   Hasso Spode: Von der Luftpolitik zur Deregulierung: Das Flugzeug und der Massentourismus, in: Roth / Schlögel 2009, S. 491–514.

Springhall 2003   John Springhall: Decolonization since 1945. The Collapse of European Overseas Empires, Basingstoke 2003.

Steiner 2004   André Steiner: Von Plan zu Plan. Eine Wirtschaftsgeschichte der DDR, München 2004.

Steiner 2008   André Steiner: Die siebziger Jahre als Kristallisationspunkt des wirtschaftlichen Strukturwandels in West und Ost?, in: Konrad H. Jarausch (Hg.), Das Ende der Zuversicht? Die siebziger Jahre als Geschichte, Göttingen 2008, S. 29–48.

Stoltzfus 2003   Nathan Stoltzfus: Public Space and the Dynamics of Environmental Action. Green Protest in the German Democratic Republic, in: Archiv für Sozialgeschichte 43, 2003, S. 385–403.

Stöver 2007   Bernd Stöver: Der Kalte Krieg. Geschichte eines radikalen Zeitalters 1947–1991, München 2007.

Struett 2008   Michael J. Struett: The Politics of Constructing the International Criminal Court. NGOs, Discourse, and Agency, New York 2008.

Sturm 2001   Imke Sturm: Zuwanderungspolitik in Großbritannien und Frankreich. Ein historischer Vergleich 1945–1962, Frankfurt a. M. / New York 2001.

Sturm-Martin 2009   Imke Sturm-Martin: Annäherung in der Diversität. Europäische Gesellschaften und neue Zuwanderung seit dem Zweiten Weltkrieg, in: Archiv für Sozialgeschichte 49, 2009, S. 215–230.

Süß 2007   Winfried Süß: Der bedrängte Wohlfahrtsstaat. Deutsche und europäische Perspektiven auf die Sozialpolitik der 1970er-Jahre, in: Archiv für Sozialgeschichte 47, 2007, S. 95–126.

Tanner 1998   Jakob Tanner: „The Times They are A-Changin'". Zur subkulturellen Dynamik der 68er Bewegungen, in: Gilcher-Holtey 1998, S. 207–223.

Taylor 2006   Karin Taylor: Let's Twist Again. Youth and Leisure in Socialist Bulgaria, Wien u. a. 2006.

Terhoeven 2007   Petra Terhoeven: Opferbilder – Täterbilder. Die Fotografie als Medium linksterroristischer Selbstermächtigung in Deutschland und Italien während der 70er Jahre, in: Geschichte in Wissenschaft und Unterricht 58, 2007, S. 380–399.

Therborn 2000   Göran Therborn: Die Gesellschaften Europas 1945–2000, Frankfurt a. M. 2000.

Tomka 2004   Béla Tomka: Wohlfahrtsstaatliche Entwicklung in Ostmitteleuropa und das europäische Sozialmodell, 1945–1990, in: Hartmut Kaelble / Günter Schmid (Hg.), Das europäische Sozialmodell. Auf dem Weg zum transnationalen Sozialstaat (WZB-Jahrbuch 2004), Berlin 2004, S. 107–139.

Trentmann 2004   Frank Trentmann: Beyond Consumerism. New Historical Perspectives on Consumption, in: Journal of Contemporary History 39, 2004, S. 373–401.

Trischler 2009   Helmut Trischler: Geteilte Welt? Verkehr in Europa im Zeichen des Kalten Krieges, 1945–1990, in: Roth / Schlögel 2009, S. 156–174.

von Trotha 2008   Trutz von Trotha: Die bürgerliche Familie ist tot. Vom Wert und Wandel der gesellschaftlichen Normen, in: Rödder / Elz 2008, S. 78–93.

Trumbull 2001   Gunnar Trumbull: Strategies of Consumer-Group Mobilization. France and Germany in the 1970s, in: Martin Daunton / Matthew Hilton (Hg.), The Politics of Consumption. Material Culture and Citizenship in Europe and America, Oxford 2001, S. 261–282.

Uekötter 2007   Frank Uekötter: Umweltgeschichte im 19. und 20. Jahrhundert, München 2007.

Uekötter / Hohensee 2004   Frank Uekötter / Jens Hohensee (Hg.): Wird Kassandra heiser? Die Geschichte falscher Ökoalarme, Stuttgart 2004.

Unander 2004   Fridtjof Unander: Oil Crises and Climate Challenges. 30 Years of Energy Use in IEA Countries, Paris 2004.

Vahrenkamp 2009   Richard Vahrenkamp: Logistik und Gütertransport in Europa 1950 bis 2000, in: Roth / Schlögel 2009, S. 453–475.

Völkl 1991   Ekkehard Völkl: Abrechnungsfuror in Kroatien, in: Henke / Woller 1991a, S. 358–394.

Waldmann 2005   Peter Waldmann: Terrorismus. Provokation der Macht, 2. Aufl., München 2005.

Wallace / Kovatcheva 1998   Claire Wallace / Sijka Kovatcheva: Youth in Society. The Construction and Deconstruction of Youth in East and West Europe, Houndmills 1998.

Walther 2006   Rudolf Walther: Terror und Terrorismus, in: Wolfgang Kraushaar (Hg.), Die RAF und der linke Terrorismus, Hamburg 2006, S. 64–77.

Wedel 1992   Janine R. Wedel (Hg.): The Unplanned Society. Poland During and After Communism, New York 1992.

Weiner 1999   Douglas R. Weiner: A Little Corner of Freedom. Russian Nature Protection from Stalin to Gorbachëv, Berkeley, CA 1999.

Weinhauer 2004   Klaus Weinhauer: Terrorismus in der Bundesrepublik der Siebzigerjahre. Aspekte einer Sozial- und Kulturgeschichte der Inneren Sicherheit, in: Archiv für Sozialgeschichte 44, 2004, S. 219–242.

Weinhauer 2006   Klaus Weinhauer: „Staat zeigen". Die polizeiliche Bekämpfung des Terrorismus in der Bundesrepublik bis Anfang der 1980er Jahre, in: Wolfgang Kraushaar (Hg.), Die RAF und der linke Terrorismus, Bd. 2, Hamburg 2006, S. 932–947.

Weisbrod 2001   Bernd Weisbrod: Medien als symbolische Form der Massengesellschaft. Die medialen Bedingungen von Öffentlichkeit im 20. Jahrhundert, in: Historische Anthropologie 9, 2001, S. 270–283.

Wentker 2003   Hermann Wentker: Justiz und Politik in der DDR, in: Rainer Eppelmann / Bernd Faulenbach / Ulrich Mählert (Hg.), Bilanz und Perspektiven der DDR-Forschung, Paderborn u. a. 2003, S. 126–132.

Westad 2000   Odd Arne Westad (Hg.): Reviewing the Cold War. Approaches, Interpretations, Theory, London 2000.

Westad 2005   Odd Arne Westad: The Global Cold War. Third World Interventions and the Making of our Times, Cambridge 2005.

Wettig 2006   Gerhard Wettig: Chruschtschows Berlin-Krise 1958 bis 1963. Drohpolitik und Mauerbau, München 2006.

Williams 2005   Kevin Williams: European Media Studies, London 2005.

Wirsching 2008   Andreas Wirsching: Eltern – Paare – Singles. Privatheitswerte im Wandel, in: Rödder / Elz 2008, S. 69–77.

Wirsching 2009   Andreas Wirsching: Konsum statt Arbeit? Individualität in der modernen Massengesellschaft, in: Vierteljahrshefte für Zeitgeschichte 57, 2009, S. 171–200.

Wright 2001   Shelley Wright: International Human Rights, Decolonisation and Globalisation. Becoming Human, London 2001.

Wyman 1989   Mark Wyman: DP. Europe's Displaced Persons, 1945–1951, London / Toronto 1989.

Yergin 1991   Daniel Yergin: The Prize. The Epic Quest for Oil, Money, and Power, New York 1991.

Zarusky 2002   Jürgen Zarusky (Hg.): Die Stalin-Note vom 10. März 1952. Neue Quellen und Dokumente, München 2002.

Ziemann 2008   Benjamin Ziemann: Situating Peace Movements in the Political Culture of the Cold War. Introduction, in: ders. (Hg.), Peace Movements in Western Europe, Japan and the USA during the Cold War, Essen 2008, S. 11–38.

16.2 Abbildungsverzeichnis

Abbildung 1: The World, Serie 1145, Weltkarte des Geological Survey (1998); Geological Survey, Reston, Virginia, Copyright of the United States Government.

Abbildung 2: Angaben über die Todeszahlen im Zweiten Weltkrieg in verschiedenen historischen Darstellungen, aus: Rüdiger Overmans: 55 Millionen Opfer des Zweiten Weltkrieges? Zum Stand der Forschung nach mehr als 40 Jahren, in: Militärgeschichtliche Mitteilungen 48, 1990, S. 103–121; hier: S. 103.

Abbildung 3: Raketenbasis auf Kuba während der Kuba-Krise 1962 (23. Oktober 1962) (nach picture-alliance). picture-alliance / akg-images.

Abbildung 4: So funktioniert die EU (Stand: 16. Januar 1995), Globus-Infografik Nr. 2430. picture-alliance / dpa-infografik.

Abbildung 5: Wachstum des Bruttoinlandsprodukts pro Kopf, 1820–2000 (durchschnittliche kumulierte jährliche Wachstumsrate), nach Barry Eichengreen: The European Economy since 1945, Princeton / Oxford 2007, S. 17.

Abbildung 6: Die französische Fußballnationalmannschaft in Dublin (2005). (Dublin, IRELAND: French football team players listen to the national anthem before the WC 2006 qualifying football match France vs Ireland, 07 September 2005 at the Lansdowne Road Stadium in Dublin, following the wish of a lookalike of French President Jacques Chirac). AFP / Getty Images.

Abbildung 7: Anteil der ausländischen Bevölkerung in Westeuropa 1950–95 (in Prozent); aus: Göran Therborn: Die Gesellschaften Europas 1945–2000, Frankfurt a. M. 2000, S. 62.

Abbildung 8: Bevölkerung Deutschlands bis 2050 – 12. koordinierte Bevölkerungsvorausberechnung. Statistisches Bundesamt, Wiesbaden 2006.

Abbildung 9: Madame est servie! Voici des domestiques électriques (Werbeanzeige aus der Zeitschrift Marie Claire, März 1955), aus: Victoria de Grazia: Irrestible Empire. America's advance through twentieth-century Europe, Cambridge, MA 2005, S. 440.

Abbildung 10: Janette Beckman / Redferns: Foto der Sex Pistols, London (1. Januar 1977). L-R Sid Vicious, Johnny Rotten (John Lydon), Steve Jones, Paul Cook – posed, group shot (Photo by Janette Beckman / Redferns). getty images, Redferns, Premium Archive.

Abbildung 11: Victor Weisz: Welfare State, Evening Standard, 5. August 1965. Solo Syndication Ltd / British Cartoon Archive, University of Kent.

Abbildung 12: Sozialausgaben der westeuropäischen und ostmitteleuropäischen OECD-Staaten, 1960–2000 (durchschnittliche Anteile in Prozent des Bruttoinlandsprodukts), aus: Hartmut Kaelble: Sozialgeschichte Europas. 1945 bis zur Gegenwart, München 2007, S. 342.

Abbildung 13: Beisetzung von Bobby Sands, 7. Mai 1981. dpa – Bildarchiv; picture-alliance / dpa.

Abbildung 14: Plakat der Solidarność, August 1981 (Solidarność, 10 Millionen Mitglieder, Danzig August '80, Polen 31. August '81). Archiv Forschungsstelle Osteuropa, Bremen.

Abbildung 15: Marion King Hubbert: Verbrauch fossiler Energieträger in der Geschichte, aus: Marion King Hubbert: Energy Resources. A Report to the Committee on Natural Resources of the National Academy of Sciences – National Research Council. Washington 1962, S. 91.

Abbildung 16: Eisenbahnreisezeiten in Europa (1993). Spiekermann & Wegener, Stadt- und Regionalforschung (S&W), Dortmund.

Abbildung 17: Autobahnstrecken in der EG/EU in Kilometern, aus: 50 Years of Figures on Europe. Data 1952–2001, Luxembourg, Office for Official Publications of the European Communities, 2003, S. 113.

Abbildung 18: ČSSR im Umbruch 1989 Demonstration auf dem Wenzelsplatz in Prag. picture-alliance / dpa; dpa – Bildarchiv.

Der Verlag hat sich um die Einholung der Abbildungsrechte bemüht. Da in einigen Fällen die Inhaber der Rechte nicht zu ermitteln waren, werden rechtmäßige Ansprüche nach Geltendmachung ausgeglichen.

16.3 Personenverzeichnis

Abelshauser, Werner 80
Adenauer, Konrad 12, 48
Adorno, Theodor W. 115

Bauman, Zygmunt 115
Bell, Daniel 83
Berlusconi, Silvio 205
Beveridge, William H. 140f.
Bismarck, Otto von 141
Borchardt, Knut 79
Brando, Marlon 124
Brandt, Willy 51, 191
Breschnew, Leonid I. 50, 192

Carter, Jimmy 50, 52
Castro, Fidel 42
Chakrabarty, Dipesh 221
Chirac, Jacques 89f.
Chruschtschow, Nikita S. 42, 48, 64, 112, 192
Churchill, Winston 43, 59, 140

Dalos, György 172
de Gaulle, Charles 51, 65f., 162, 175
Dean, James 124
Domenech, Raymond 90
Dubček, Alexander 169
Dutschke, Rudi 175

Esping-Andersen, Gösta 138f., 145

Ford, Henry 83
Forsthoff, Ernst 115
Franco, Francisco 35, 132, 154, 157
Freyer, Hans 114
Friedman, Milton 85
Fukuyama, Francis 212

Gehlen, Arnold 114
Gorbatschow, Michail S. 54f., 64

Habermas, Jürgen 206f.
Haupt, Heinz-Gerhardt 107
Havel, Václav 172
Hobsbawm, Eric 17, 173
Ho Chi Minh 38
Honecker, Erich 55
Horkheimer, Max 115
Hubbert, Marion King 181f.
Huntington, Samuel P. 133

Jánossy, Ferencz 80
Jaruzelski, Wojciech 170

Kádár, János 169
Kaelble, Hartmut 109, 139
Karadžić, Radovan 162
Kennedy, John F. 42, 48
Keynes, John M. 85
Kohl, Helmut 55
Kondratjew, Nikolaj 80

Lipgens, Walter 59

Marcuse, Herbert 115
Marshall, George F. 44
Meadows, Dennis 188
Michnik, Adam 172
Milošević, Slobodan 162
Mohn, Reinhard 205
Monnet, Jean 61, 65
Murdoch, Rupert 205

Nagy, Imre 48, 169f.
Nixon, Richard 112

Papon, Maurice 162
Patočka, Jan 172
Pfister, Christian 186f.

Reagan, Ronald 52f., 56
Roosevelt, Franklin D. 140
Rothfels, Hans 16, 21
Rumsfeld, Donald 163

Salazar, António 35, 153f., 161
Schdanov, Andrej 44
Schildt, Axel 202
Schuman, Robert 61
Schumpeter, Joseph 80
Schwarzer, Alice 177
Sennett, Richard 207
Šik, Ota 170
Solschenizyn, Alexander 172
Stalin, Josef W. 45, 47–49, 112, 155, 171, 192
Sukarno, Achmed 37

Thatcher, Margaret 85, 145, 161, 193
Therborn, Göran 107, 177
Tito, Josip Broz 45, 162

Trotzki, Leo 12
Truman, Harry S. 43, 45

Ulbricht, Walter 48

Wałęsa, Lech 54

Wilson, Harold 136
Wojtiła, Karol 171

Yergin, Daniel 184

Zidane, Zinédine 90

16.4 Glossar

Amerikanisierung Prozess der Ausbreitung US-amerikanischer Produktionsformen und Konsumpraktiken in anderen Ländern. → Westernisierung. → KAPITEL 4.1, 7.2

Bürgerrechte Rechte, die nur die Angehörigen eines bestimmten Staatswesens haben (z. B. politische Rechte). → KAPITEL 10.1

Consumerism Wirtschaftsauffassung, die der Steigerung des → Konsums zentrale Bedeutung zumisst; bezeichnet aber auch die Bemühungen von Konsumenten, für ihre Rechte einzutreten. → KAPITEL 7.1, 7.3

Dekolonisation Oft mit blutigen Konflikten einhergehende Beendigung der → kolonialen Herrschaft, woraufhin viele Länder Afrikas und Asiens selbstständig wurden. → KAPITEL 2.4, 6.1, 10.4

Demografie Bevölkerungswissenschaft; meist statistische Beschreibung der Zusammensetzung einer Bevölkerung und ihrer Veränderung. → KAPITEL 6.4

Diktatur Autoritäre Herrschaftsform, in der die exekutive, judikative und legislative Gewalt nicht geteilt, sondern bei einer Person oder einer bestimmten Personengruppe oder Partei konzentriert ist. → KAPITEL, 2.3, 10.1, 10.2

Dissidenz Abweichendes oder widerständiges Verhalten in autoritären Systemen, die das Verhalten und die Äußerungen der Bevölkerung kontrollieren. → KAPITEL 11.1, 11.2, 13.3

Eiserner Vorhang 1946 von Winston Churchill geprägte Metapher für die Grenze zwischen dem liberal-demokratischen und dem sowjetischen Einflussbereich in Europa. → KAPITEL 3.1

Entspannungspolitik Politische Bemühungen, die entweder auf die Abschwächung der Konfrontation zwischen Ost- und Westeuropa bzw. eine Verringerung der Kriegsgefahr oder aber auf die Überwindung der Blöcke zielten. → KAPITEL 3.3

Fordismus Auf Henry Ford zurückgehendes Produktionsregime standardisierter Massenfertigung günstiger Güter, die von ausreichend bezahlten Arbeitern erworben werden können. → KAPITEL 5

Freihandel Außenwirtschaftliches Prinzip, dass Güter möglichst ohne Zölle und andere Handelshemmnisse zwischen Volkswirtschaften ausgetauscht werden sollen. → KAPITEL 3.1, 5.1

Feminismus Theorie und Bewegung, die für die politische, rechtliche, wirtschaftliche und soziale Gleichstellung der Frauen eintritt. → KAPITEL 8.3, 11.4

Globalisierung Intensivierung der weltwirtschaftlichen Arbeitsteilung und des Güteraustausches durch neue Technologien; Verstärkung weltweiter Interdependenzen, die auch zu stärkeren kulturellen und gesellschaftlichen Kontakten führt. → KAPITEL 5.3, 8.2

Europäische Integration Prozess des immer engeren Zusammenschlusses europäischer Länder in → intergouvernementalen und → supranationalen Institutionen zur Erleichterung wirtschaftlicher Austauschbeziehungen und gemeinsamen Politikgestaltung. → KAPITEL 4

Exklusion Ausschluss; sozialwissenschaftlicher Begriff zur Bezeichnung der Nicht-Zugehörigkeit zu einer Gruppe (Gegenbegriff → Inklusion).

Inklusion Einschluss; Zugehörigkeit zu einer Gruppe (Gegenbegriff → Exklusion).

Intergouvernementalität Zwischenstaatlichkeit; Zusammenarbeit von Regierungen im Rahmen internationaler Organisationen, ohne dass Souveränitätsrechte an diese abgetreten werden. → KAPITEL 4

Kalter Krieg Auseinandersetzung zwischen den Vereinigten Staaten und der Sowjetunion von 1945 bis 1989/91, die aufgrund der wechselseitigen atomaren Bedrohung nicht zu einem direkten militärischen Konflikt, einem „heißen Krieg," führte. → KAPITEL 3, 4, 7.2, 14.1

Keynesianismus Auf John M. Keynes zurückgehende wirtschaftstheoretische Lehre, der zufolge der Staat die gesamtwirtschaftliche Nachfrage steuern könne und solle, um so stabiles Wachstum zu erreichen. → KAPITEL 5

Kolonialismus Wesentlich wirtschaftlich motivierte Herrschaft vor allem europäischer Länder über andere Weltregionen. → **KAPITEL 2.4, 6.1, 10.4**

Kollaboration Zusammenarbeit; als Kollaborateure bezeichnet man Personen, die während einer Besatzungsherrschaft mit den Besatzern zusammenarbeiten. → **KAPITEL 2.2**

Konsum Erwerb und Verbrauch von Gütern. → **KAPITEL 7**

Korporatismus Wirtschaftliches System, in dem sich Arbeitgeber und Arbeitnehmer nicht in Arbeitskämpfen, sondern in friedlichem Einvernehmen über die Löhne einigen; auch abwertender Begriff für den großen Einfluss von Interessenverbänden. → **KAPITEL 5.1, 10.2**

Kybernetik Steuerungswissenschaft; befasst sich mit den Regelungsvorgängen in natürlichen und technischen Systemen und wurde als universal anwendbare Wissenschaft vor allem in den 1960er- und 1970er-Jahren populär. → **KAPITEL 5.1**

Marktwirtschaft Wirtschaftsordnung, in der im Gegensatz zur → Planwirtschaft die Steuerung von Produktion, Investition und → Konsum grundsätzlich den Wirtschaftssubjekten überlassen wird, die auf dem Markt interagieren; der Staat soll das Funktionieren des Marktes garantieren. → **KAPITEL 4, 5**

Marshallplan 1947 nach dem US-amerikanischen Außenminister George F. Marshall benannter Plan zum wirtschaftlichen Wiederaufbau der im Zweiten Weltkrieg stark zerstörten Länder Europas. → **KAPITEL 3.1, 4.1, 5.1**

Meistbegünstigung Prinzip, demzufolge Handelsvergünstigungen, die einem Partner zugestanden werden, allen zugestanden werden müssen. → **KAPITEL 3.1, 4.1**

Menschenrechte Mit der Geburt erworbene unveräußerliche Rechte aller Menschen. → **KAPITEL 10.1**

Narrativ Erzählmuster, das einer ungeordneten Ereignisfolge eine bestimmte Struktur gibt, zum Beispiel als Erfolgsgeschichte oder als Tragödie. → **KAPITEL 1.3, 14.1**

Öffentlichkeit Diskussionsraum zwischen privater und staatlicher Sphäre, in dem Themen von allgemeiner Relevanz verhandelt bzw. überhaupt erst erzeugt werden. → **KAPITEL 11.1, 13.3**

Planwirtschaft → Zentralverwaltungswirtschaft

Postfordismus Flexibilisierung des fordistischen Produktionsregimes. → Fordismus. → **KAPITEL 5.3**

Rechtsstaat Staat, in dem die Exekutivgewalt an eine gesetzliche Ordnung gebunden ist und durch diese beschränkt wird; die Geltung der Rechtsordnung wird durch eine unabhängige Justiz gewährleistet. → **KAPITEL 10**

Säkularisierung Verweltlichung; Prozess des Einflussverlusts der Religion in verschiedenen Lebensbereichen, aber auch die Transformation religiöser Denkweisen und Praktiken in weltlichen Zusammenhängen. → **KAPITEL 8.4**

Soziale Bewegung Netzwerk von Organisationen und Gruppen, die über einen längeren Zeitraum durch verschiedene Formen des Protests versuchen, gesellschaftliche oder politische Veränderungen zu erreichen. → **KAPITEL 11.1, 11.4, 12.3**

Sozialstaat In Deutschland gebräuchlicherer Begriff für → Wohlfahrtsstaat, der auch noch die rechtliche Regelung der Arbeitsbeziehungen umfasst. → **KAPITEL 9.1**

Supranationalität Übertragung nationaler Kompetenzen auf eine überstaatliche Ebene in einer internationalen Organisation, die dann für die Mitgliedsstaat bindende Entscheidungen fällen kann. → **KAPITEL 4**

Terrorismus Systematische, aber unvorhersehbare Gewalttaten, die sich nicht im physischen Akt erschöpfen, sondern auf die psychische Wirkung bei Dritten zielen und eine politische Ordnung destabilisieren sollen. → **KAPITEL 10.3**

Wertewandel Begriff, mit dem Sozialwissenschaftler seit den 1970er-Jahren versuchen, die Veränderungen der Lebensweisen und Orientierungsmuster vor allem zwischen den Generationen zu erfassen. → **KAPITEL 8.1**

Westernisierung Wechselseitige Aneignung, Beeinflussung und Durchdringung US-amerikanischer und westeuropäischer Lebensweisen. → Amerikanisierung. → KAPITEL 4.1, 7.2

Wohlfahrtsstaat Staat, der Maßnahmen zur Absicherung fundamentaler Lebensrisiken (Krankheit, Invalidität, Armut, Arbeitslosigkeit, Alter) für seine Bürgerinnen und Bürger ergreift. → KAPITEL 9.1

Zeitgeschichte Die „Epoche der Mitlebenden und ihre wissenschaftliche Behandlung" (Hans Rothfels). → KAPITEL 1.2, 14.3

Zentralverwaltungswirtschaft Wirtschaftsordnung, in der eine staatliche Lenkungs- und Planungsbehörde die zentralen Wirtschaftsprozesse (Investition, Produktion, Konsum) insgesamt zu steuern versucht. → Planwirtschaft. → KAPITEL 4, 5

Zivilgesellschaft Sphäre freiwilliger Zusammenschlüsse von Bürgerinnen und Bürgern jenseits von Wirtschaft und Politik, aber auch bloß privater Interaktionen. → KAPITEL 11.1

Danksagung und Widmung

Für tatkräftige Mitwirkung an der Erstellung einzelner Teile des Buches danken wir Marcus Böick (Serviceteil), Hanne Leßau (Abbildungen) und Christoph Wehner (Literaturverzeichnis). Darüber hinaus haben wir von ihren inhaltlichen Anregungen profitiert. Wichtige Hinweise und Verbesserungsvorschläge gaben außerdem Henning Borggräfe, Lutz Budraß, Paul Erker, Moritz Föllmer, Veronika Gillich, Habbo Knoch, Tanja Penter, Jan-Erik Schulte, Walter Sperling und Janosch Steuwer. Ihnen allen sei herzlich gedankt. Zur Vorbereitung des Buches dienten zudem verschiedene Lehrveranstaltungen an der Ruhr-Universität Bochum, in denen die Reaktionen der Studierenden ein wichtiges Korrektiv für unsere Überlegungen bildeten. Ihnen gilt unser Dank genauso wie Angela Borgwardt und Katja Leuchtenberger für das umsichtige und kritische Lektorat sowie die immer angenehme Zusammenarbeit.

Unsere Vorstellungen von der Geschichtswissenschaft im Allgemeinen und der Zeitgeschichte im Besonderen wurden wesentlich beeinflusst von Ludolf Herbst. Ihm ist dieses Buch in Dankbarkeit gewidmet.

Constantin Goschler und Rüdiger Graf
Berlin und Bochum im März 2010